M A S T E R I N G
SPANISH

HEAR IT · SPEAK IT · WRITE IT · READ IT

LEVEL TWO

Developed for the
**FOREIGN SERVICE INSTITUTE,
DEPARTMENT OF STATE**
by Robert P. Stockwell
J. Donald Bowen
Ismael Silva-Fuenzalida

BARRON'S

Cover design by Milton Glaser, Inc.

This course was developed for the Foreign Service Institute, Department of State.

The title of the original course is *Spanish Basic Course.*

This edition published in 1992 by Barron's Educational Series, Inc.

All inquiries should be addressed to:
Barron's Educational Series, Inc.
250 Wireless Boulevard
Hauppauge, New York 11788

Paper Edition

International Standard Book No. 0-8120-1360-3

A large part of the text of this book is recorded on the accompanying tapes as follows:

Tape 1A	Unit 16, pages 1-28	Tape 7A	Unit 24, pages 355-377
Tape 1B	Units16-17, pages 28-58	Tape 7B	Unit 24, pages 378-405
Tape 2A	Units17-18, pages 59-88	Tape 8A	Unit 24, pages 406-426
Tape 2B	Unit 18, pages 89-120	Tape 8B	Units 25-26, pages 427-453
Tape 3A	Unit 19, pages 121-146	Tape 9A	Units 26-27, pages 454-480
Tape 3B	Units 19-20, pages 146-180	Tape 9B	Unit 27, pages 481-510
Tape 4A	Units 20-21, pages 181-209	Tape 10A	Units 27-28, pages 511-533
Tape 4B	Units 20-21, pages 211-245	Tape 10B	Unit 28, pages 534-564
Tape 5A	Units 21-22, pages 247-270	Tape 11A	Units 28-29, pages 565-593
Tape 5B	Unit 22, pages 271-302	Tape 11B	Unit 29, pages 593-621
Tape 6A	Unit 23, pages 303-325	Tape 12A	Unit 30, pages 622-632
Tape 6B	Unit 23, pages 327-354	Tape 12B	Unit 30, pages 633-659

On the tapes, selected statements about life and customs in Spain adapted from
Express Track to Spanish by Susana Chiabrando, Francisco Ferrero, and
Angels Valera, translated and edited by Allen Pomerantz.

PRINTED IN THE UNITED STATES OF AMERICA

345   800   9876543

Table of Contents

16.1   BASIC SENTENCES.   Sightseeing.

Molina and the Harrises are driving around the city in Jose's car.

ENGLISH SPELLING	AID TO LISTENING	SPANISH SPELLING
the sector, section	èl-sèktőr ↓	el sector
commercial	kòmèrşyál ↓	comercial
Molina		*Molina*
This is the business section.	éstę ǀ èşèlsèktór ǀ kòmèrşyá'l ↓	Este es el sector comercial.
better, best	mèhő'r ↓	mejor
the store	là-tyéndà ↓	la tienda
the city	là-şyùđá'đ ↓	la ciudad
The best stores in the city are here. [1]	àkíęstán ǀ làzmèhorèstyendàz ǀ dèlàşyùđáđ ↓	Aquí están las mejores tiendas de la ciudad.
to her	sé' ↓ lé' ↓	se (le)
Harris		*Harris*
Man, don't tell my wife *that*. [2]	ómbrè ↓ nó ǀ sèlòdígą ǀ àmįèspósà ↓	¡Hombre! ¡No se lo diga a mi esposa!
Mrs. Harris		*Sra. Harris*
Why not?	pòrkéno ↓	¿Por qué no?
the people	là-héntè ↓	la gente

What a lot of people on the street. What's happening?	kékantiɗa |ɗéhéntę |ênlákáɭɭè↓ kepásá↓	¡Qué cantidad de gente en la calle! ¿Qué pasa?
special	ĕspḝᶻyá́l↓	especial
to stroll	pàséár↓	pasear
Molina Nothing special. They're just strolling.	nàɗą |ènèspḝᶻyál↓ ĕstampasȩándò↓	*Molina* Nada en especial. Están paseando.
today	óy↓	hoy
to finish	àkábàr↓	acabar
to have just... (3)	àkábar-ɗè↓	acabar de...
the Mass	là-mìsá↓	la misa
Today is Sunday and they've just come out of church.	óyȩᶻɗòmìŋgo |ɹ̧ákában |dèsàlírɗèmísà ↓	Hoy es domingo y acaban de salir de misa.
the church	lą-iglésyà↓	la iglesia
Mrs. Harris What church is that?	kéịglésyąès̨àké(l)yà ↓	*Sra. Harris* ¿Qué iglesia es aquélla?
the cathedral	là-kàtèdrá́l ↓	la catedral
Molina It's the cathedral.	éz |làkàtèdraḻ↓	*Molina* Es la catedral.

the ministry	él—ministéryó↓	el ministerio
the relation	lá—rrèlàṣyón↓	la relación
exterior	é(k)stéryór↓	exterior
the Foreign Affairs Office	él—ministéryo ǀdérrèlàṣyónes— e(k)steryórès↓	el Ministerio de Relaciones **Exteriores.**
And that's the Foreign Office.	¡esę ǀésęlministéryo ǀdérrèlàṣyónes e(k)steryórès↓	Y ése es el Ministerio de Relaciones **Exteriores.**
the cafe	él—kàfé↓	el café
so	tán↓	tan
full	(l)yénò ↓	lleno

Harris
Jean, see how full the cafes are?

yín↓ bézloskafés ǀ tán(l)yénòs ǀ

Harris
Jean, ¿ves los cafés tan llenos?

seen (to see)	bistó↓ bér↓·	visto (ver)
from appearances, apparently	pòr—ló—bistò↓	por lo visto
here (4)	àká↓	acá
to take, to drink	tómár↓	tomar
the coffee	él—kàfé↓	el café

Mrs. Harris
Yes, apparently they drink more coffee
here than in the U.S.

sí↓ pórlóbistǫ ǀàká ǀtómánmáskafé ǀ
kénlòsęstádòsúnídòs↓

Sra. Harris
Sí. Por lo visto, acá toman más café
que en los Estados Unidos.

the pretext, excuse

to get together, assemble

to converse, to chat

Harris
It's just an excuse to get together and talk.

(I) would like (to want) (5)

old, ancient

Mrs. Harris
I'd like to see the old part of the city.

Molina
It's not worth the trouble.

the year

it makes... that it is; it has been... for

neglected (to neglect, abandon)

It's been neglected for years.

nonsense

magnificent

Harris
What do you mean! It's magnificent!

él—préte(k)stó↓

rréwnirsè↓

kómbèrsár↓

é(s)sóloumpreté(k)sto ‖pàràréwnirse
akombersár↓

kisyérà↓ kèrér↓

àntígwò ↓

yókisyéràbér ‖ làpártèàntíqwà ‖ dèlàsyùdád ↓

nóbálèlàpénà ↓

él—anyò↓

áṣè...kè-èstá ↓

àbàndònádò ↓ àbàndònár ↓

áṣèányòs ‖ kèstá ‖ múyàbàndònádà ↓

kè—bá↓

màgnífikò ↓

kébá ↓ éz ‖ màgnífikà ↓

el pretexto

reunirse

conversar

Harris
Es sólo un pretexto para reunirse a conversar.

quisiera (querer)

antiguo

Sra. Harris
Yo quisiera ver la parte antigua de la ciudad.

Molina
No vale la pena.

el año

hace... que está

abandonado (abandonar)

Hace años que está muy abandonada.

qué va

magnífico

Harris
¡Qué va! Es magnífica.

(I) was (to be)	èstúbè ↓ èstá·r ↓	estuve (estar)
(a few days) ago	áṣẹ-ùnòz-đíàs ↓	hace (unos días)
I was there a few days ago.	yóẹstúbẹàí ǀ áṣẹùnòzđíàs ↓	Yo estuve ahí hace unos días.
the foot	èl-pyé ↓	**el pie**
to go by foot	ír-à-pyé ↓	**ir a pie**
Some other day we'll *walk* through it.	ótròđíà ǀ bámòsàpyé ↓	Otro día vamos a pie.
because	pórkè↓	**porque**
narrow	èstréchò↓	estrecho
Because the streets there are very narrow.	pórkèlàskà(l)yès ǀ à(l)yí ǀ sónmúyèstréchàs ↓	Porque las calles allí son muy estrechos.

16.10   Notes on the basic sentences

(1) Several times in previous notes the differences between the distributions (and therefore meanings) of certain Spanish prepositions and their English counterparts have been called to your attention. In this sentence there occurs a conspicuous example of such difference: English has 'the best stores *in* the city,' Spanish has 'the best stores *of* the city.'

(2) In the build-up the item /se/ *se* is identified as belonging with /le/ *le*, the indirect clitic pronoun with which you are already familiar. A full explanation of the replacement of /le/ by /se/ under certain conditions will appear in Unit 20. In the meanwhile, simply note that two clitic pronouns both beginning with /l/ never occur in sequence together: the first one is always replaced by /se/. Thus in this sentence the impossible /lelo/ *le lo* has become /selo/ *se lo*.

(3) Special attention should be called to this construction, since it is quite different from anything in English but is very common in Spanish. The only way in which 'to have just done something' is normally translated into Spanish is by this idiom: /akabár—de/ plus the infinitive of the verb.

(4) While it is hazardous to generalize about the complex distributional differences that make up the difference in meaning between this item /aká/ *acá* and a very similar item /akí/ *aquí*, in many occurrences such as this one it may rightly be pointed out that /aká/ means 'around here , in this general area, hereabouts' as against /akí/ which means 'right here, in this specific area.'

(5) The form /kısyéra/ *quisiera* belongs with past subjunctive forms, which will not be examined until Unit 49. It is, however, very frequent in this particular meaning, and this usage is simply special to this one form, not associated with the customary past subjunctive usages.

16.2   DRILLS AND GRAMMAR

16.21   Pattern drills

16.21.1   Redundant constructions with indirect clitic pronouns

  A. Presentation of pattern

                                        ILLUSTRATIONS

—————————————	1 ámı |tráygame |sópadelegúmbrès↓	*A mí* tráigame sopa de legumbres.
Does it suit *you?*	2 átı |tekombyéne↑	¿*A ti te* conviene?
Does it suit *you?*	3 ạústeḋ |lekombyéne↑	¿*A Ud. le* conviene?
Does it suit *him?*	4 ạel |lekombyéne↑	¿*A él le* conviene?
Does it suit *her?*	5 ạeĺya |lekombyéne↑	¿*A ella le* conviene?
ugly	féò↓	feo
It seems ugly *to us.*	6 ánósótroz |nospareşeféó↓	*A nosotros nos* parece feo.

It seems strict *to you all?*   7   ạústédez |lespareşerriguróso↑   *¿A ustedes les parece riguroso?*

It seems strict *to them(m).*   8   ạéỵoz |lespareşerrigurósó↓   *A ellos les parece riguroso.*

It seem wonderful *to them(f).*   9   ạéỵaz |lespareşestupéndó↓   *A ellas les parece estupendo.*

EXTRAPOLATION

	Indirect clitic	Redundant construction
1 sg	me	a—mí
2 fam sg	te	a—tí
2 - 3 sg	le	a—ustéd
		a—él
		a—é()ya
1 pl	nos	a—nosótros
2 - 3 pl	les	a—ustédes
		a—é()yos
		a—é()yas

NOTES

a. Redundant relator phrases, composed of /a/ plus a pronoun, are used to restate the indirect clitic pronoun.

b. Such redundant phrases are used with 2 - 3 clitics to clarify their reference, or with any clitics for contrastive emphasis.

16.7

16.21.11 Substitution drills — Person-number substitution

1   àmí |mefáltạumbaúl↓
    ạnósotroz_____↓   ạnósotroz |nosfáltạumbaúl↓
    àkármen_____↓   àkármen |lefáltạumbaúl↓
    ạéƚyoz_____↓   ạéƚyoz |lesfáltạumbaúl↓
    ạústeḓ_____↓   ạústeḓ |lefáltạumbaúl↓

2   ạél |legústạelkóché↓
    ànósotroz_____↓   ạnósotroz |nozgústạelkóché↓
    ạústeḓez_____↓   ạústeḓez |lezgústạelkóché↓

---

1   *A mí* me falta un baúl.

    A nosotros_____.   A nosotros nos falta un baúl.
    A Carmen_____.   A Carmen le falta un baúl.
    A ellos_____.   A ellos les falta un baúl.
    A Ud._____.   A Ud. le falta un baúl.

2   *A él* le gusta el coche.

    A nosotros_____.   A nosotros nos gusta el coche.
    A Uds._____.   A Uds. les gusta el coche.

àmí_____↓   àmí |megustaelkóchè↓

àeλya_____↓   àeλya |legustaelkóchè↓

3 ànósotroz |nosparesegrándè↓

àhóse_____↓   àhóse |leparesegrándè↓

àhwanłamaria_____↓   àhwanłamaria |lesparesegrándè↓

àmí_____↓   àmí |meparesegrándè↓

àtí_____↓   àtí |teparesegrándè↓

A mí _____ .   A mí me gusta el coche.

A ella _____ .   A ella le gusta el coche.

3 *A nosotros* nos parece grande.

A José_____ .   A José le parece grande.

A Juan y a María_____ .   A Juan y a María les parece grande.

A mí _____ .   A mí me parece grande.

A ti _____ .   A ti te parece grande.

Number substitution

1 àmí |mefáltalabísà↓   ànósotroz |nosfáltalabísà↓

2 ȧéꞷyaz |lespáreȿeŋkáràs↓   ȧéꞷya |lepáreȿeŋkáràs↓

3 ànósotroz |nozgústȧelwíski↓   àmı |megústȧelwíski↓

4 ȧústeḋ |nolegústanáḋà↓   ȧústeḋez |nolezgústanáḋà↓

5 àmı |mebamuymál↓   ànósotroz |nozbamuymál↓

6 ȧel |lekombyénelpréȿyó↓   ȧéꞷyoz |leskombyénelpréȿyó↓

7 ànósotroz |nospáreȿeamáble↓   àmı |mepáreȿeamáble↓

---

1 *A mí* me falta la visa.   A nosotros nos falta la visa.

2 *A ellas* les parecen caras.   A ella le parecen caras.

3 *A nosotros* nos gusta el whiskey.   A mí me gusta el whiskey.

4 *A Ud.* no le gusta nada.   A Uds. no les gusta nada.

5 *A mí* me va muy mal.   A nosotros nos va muy mal.

6 *A él* le conviene el precio.   A ellos les conviene el precio.

7 *A nosotros* nos parece amable.   A mí me parece amable.

16.21.12 Response drill

	1	ạ̇ustéḋ↓ lėpȧréṣė̇⟨ŋ⟩líḃróḃwenọ̇↑omȧlö↓	ȧmí |mėpȧréṣė̇ |múybwénö↓
	2	ạ̇ustéḋès↓ lézọ̇ústạ̇ėlẉiskạ̇↑olạ̇ṣerbéṣạ̇↓	ȧnösótroz |nözọ̇ústạ̇ėlẉiskí↓
[ạ̇ustéḋ↓]	3	ȧkyénlegústạ̇ |elẉíski↓	ȧmí |mėgústạ̇ |ė̇lẉíski↓
[ȧmí↓]	4	ȧkyénlegústan |lazgȧfȧs↓	ạ̇ustéḋ légústȧn↓
[ạ̇é⟨ỹ⟩ạ̇↓]	5	ạ̇él |lefȧltarrópa↑	nó↓ ạ̇élnó↓ ạ̇é⟨ỹ⟩ạ̇↓
[ạ̇ustéḋès↓]	6	ạ̇é⟨ỹ⟩oz |léspȧréṣelẉíski |ḃarȧto↑	nó↓ ạ̇é⟨ỹ⟩oznó↓ ȧnösótrós↓

---

	1 A Ud., ¿le parece el libro bueno o malo?	A mí me parece muy bueno.
	2 A Uds., ¿les gusta el whisky o la cerveza?	A nosotros nos gusta el whisky.
(a Ud.)	3 ¿A quién le gusta el whisky?	A mí me gusta el whisky.
(a mí)	4 ¿A quién le gustan las gafas?	A Ud. le gustan.
(a ella)	5 ¿A él le falta ropa?	No, a él no, a ella.
(a Uds.)	6 ¿A ellos les parece el whisky barato?	No, a ellos no, a nosotros.

[ạústéd↓]	7	ạel | lebamál | akí↑	nó↓ ạelnó↓ ȧmí↓
	8	ȧtí | tegústạeledifíşyo | delkámpo↑	sí↓ ȧmímegustamúchȯ↓
	9	ạústedez | lezgústalạeskwéla↑	sí↓ ánósotroz | nozgustamúchȯ↓
	10	ạél | lebabyénakí↑	sí↓ ạel | lėbá | muybyén‿ákí↓
	11	ȧtí | teparéşekarmem | boníta↑	sí↓ ȧmí | mėpȧréşė | muyboníta↓

(a Ud.)	7	¿A él le va mal aquí?	No, a él no, a mí.
	8	¿A ti te gusta el Edificio del Campo?	Sí, a mí me gusta mucho.
	9	¿A Uds. les gusta la escuela?	Sí, a nosotros nos gusta mucho.
	10	¿A él le va bien aquí?	Sí, a él le va muy bien aquí.
	11	¿A ti te parece Carmen bonita?	Sí, a mí me parece muy bonita.

16.21.13 Translation drill — Paired sentences

1 He sends me the newspaper.

   He sends *me* the newspaper.

                         mémándạ |elperyóđikò↑

                         àmí |mémándạ |elperyóđikò↓

                           Me manda el periódico.

                           A mí me manda el periódico.

2 He's given us the furniture.

   He's given *us* the furniture.

                         nòs.áđáđò | lòzmwéblès ↓

                         ànòsótròz | nòs.áđáđòlòzmwéblès ↓

                           Nos ha dado los muebles.

                           A nosotros nos ha dado los muebles.

3 I speak to them in English.

   I speak to *them* in English.

                         lès.áblọèniŋglés ↓

                         ạé(l)yòz | lès.áblọèniŋglés ↓

                           Les hablo en inglés.

                           A ellos les hablo en inglés.

4 I write her in Spanish.

   I write *her* in Spanish.

                         léskríbọenẹspạŋyól↓

                         ạé(l)yà | léskríbọenẹspạŋyól ↓

                           Le escribo en español.

                           A ella le escribo en español.

5 She cleans the apartment for him.

   She cleans the apartment for *him*.

                       lélimpyạ |elapartaméntò↓

                       ạél |lélimpyạ |elapartaméntò↓

                           Le limpia el apartamento.

                           A él le limpia el apartamento.

6 He brings us the car.

   He brings *us* the car.

                       nóstraẹlkárrò↓

                       ànósótroz |nostraẹlkárrò↓

                           Nos trae el carro.

                           A nosotros nos trae el carro.

7 He writes me very little.

   He writes *me* very little.

                       méskríbemúypókò↓

                       àmí |méskríbemúypókò↓

                           Me escribe muy poco.

                           A mí me escribe muy poco.

8 He helps her to clean.   lęȧyuɗalimpyár↓   Le ayuda a limpiar.

   He helps *her* to clean.   ȧeñya|lęȧyuɗalimpyár↓   A ella le ayuda a limpiar.

9 She washes their (the) shirts for them.   lėzlabalaskamísȧs↓   Les lava las camisas.

   She washes their (the) shirts for *them*. ȧeͻyoz|lezlabalaskamísȧs↓   A ellos les lava las camisas.

B. Discussion of pattern

     The 2 - 3 forms of the indirect clitic pronouns are ambiguous in their reference, since they can correspond to any of three subject pronoun forms. If this ambiguity is not clarified in the context of the sentence or situation, it will be clarified by a 'redundant construction'. The construction is really not redundant, of course; the term is used to designate a construction which restates the reference of a clitic pronoun.

     The redundant construction consists of the relator /a/ plus an appropriate nonclitic pronoun. It has considerable freedom of occurrence in a sentence, appearing before or after the clitic-verb combination, though not necessarily *immediately* before or after.

     This relator phrase, as well as clarifying a 2-3 clitic form, may appear with *any* clitic pronoun to supply emphasis or contrast. Clitic pronouns normally appear unstressed and are not emphasized by a shift in word stress as is usual in English; emphasis is given by the addition of a redundant phrase, which *can* appear under strong stress and / or a higher pitch. Thus, 'He sends me the newspaper' would be /memánda|elperyóđiko↓/ but 'He sends *me* the newspaper' would be /amí|me mánda|elperyóđiko↓/

16.21.2   Question intonation patterns — No questions

A. Presentation of pattern

ILLUSTRATIONS

_____   1   tyenęunlapiş↑   2   2 2↑
                                                                        ¿Tiene un lápiz?

Don't you have a pencil?   nótyenęunlapiş| 2 2   3 1 |
                                                                        ¿No tiene un lápiz?

_____

Isn't she studying?

_____

Aren't they coming by boat?

2 éstaęstúdyándo↑

    noęstaęstúdyandó|

3 byénenembárko↑

    nóbyenenembarkó|

1 2   2 2↑
¿Está estudiando?

    2   2   3 1|
¿No está estudiando?

    2   2 2↑
¿Vienen en barco?

    2   2   3 1|
¿No vienen en barco?

EXTRAPOLATION

Yes-no question	No (with surprise)
/1222↑/	/no/ + /2231 |/

NOTES

a. A negative question with a /2231 \|/ pattern usually
anticipates a negative answer, expressing surprise on
the part of the questioner.

16.21.21 Substitution drill — Pattern substitution

1	kyéręuntragó↑	nokyéręuntragó⎸
2	tyénelekipahé↑	notyénelekipahé⎸
3	áblạespạṇyól↑	nọáblạespạṇyól⎸
4	é(s)suyalạiḍeá↑	nọé(s)suyalạiḍeá⎸
5	légustalabıtạşyón↑	nolégustalabıtạşyón⎸
6	légustanlozmwéblés↑	nolégustanlozmwéblés⎸

---

2 2 2 ↑ 1 ¿Quiere un trago?	2 2 3 1⎸ ¿No quiere un trago?
2 2 2↑ 2 ¿Tiene el equipaje?	2 2 3 1⎸ ¿No tiene el equipaje?
2 22 ↑ 3 ¿Habla español?	2 2 31⎸ ¿No habla español?
1 2 22↑ 4 ¿Es suya la idea?	2 2 31⎸ ¿No es suya la idea?
1 2 22↑ 5 ¿Le gusta la habitación?	2 2 31⎸ ¿No le gusta la habitación?
1 2 2 2↑ 6 ¿Le gustan los muebles?	2 2 3 1⎸ ¿No le gustan los muebles?

7   kyérehamon↑   nókyerehamon|

8   kyérelmenú↑   nókyerelmenú|

9   kábelmalétın↑   nókabelmalétın|

10   éstaǫkupaďo↑   noǫstaǫkupaďo|

11   tyénelcheke↑   notyénelchekě|

	2	22 ↑
7 ¿Quiere jamón?		

	2	31 │
¿No quiere jamón?		

	2	22 ↑
8 ¿Quiere el menú?		

	2 2	31│
¿No quiere el menú?		

	2	22↑
9 ¿Cabe el maletín?		

	2 2	31 │
¿No cabe el maletín?		

	1 2	2 2↑
10 ¿Está ocupado?		

	2 2	3 1 │
¿No está ocupado?		

	2	2 2↑
11 ¿Tiene el cheque?		

	2 2	3 1│
¿No tiene el cheque?		

B. Discussion of pattern

A question pattern of /2231│/ which is cast in the negative anticipates a negative answer which is a cause of surprise to the questioner. Often the question will also show modifications in pronunciation beyond the regular intonation features, such as openness or laxness and / or a stretching of the pitch intervals.

16.22   Replacement drills

A   éstę |eşelsektórkomerşyál↓   éstę |eşelsektórbonító↓

1 _____bonító↓   éstos |sonlo(s)sektórezbonítós↓

2 ____son_____↓   éstas |sonlaspártezbonítás↓

3 _____pártez____↓   éstą |ezlapártebonítá↓

4 éstą_____↓   éstą |ezlapártetraŋkílá↓

5 _____traŋkílá↓   éstą |eşunapártetraŋkílá↓

6 _____una_____↓   éstas |són<u>ú</u>náska(l)yestraŋkílás↓

7 _____ka(l)yes____↓

A   Este es el sector comercial.

1 _____bonito.   Este es el sector bonito.

2 ____son_____.   Estos son los sectores bonitos.

3 _____partes____.   Estas son las partes bonitas.

4 Esta _____.   Esta es la parte bonita.

5 _____tranquila.   Esta es la parte tranquila.

6 _____una_____.   Esta es una parte tranquila.

7 _____calles____.   Estas son unas calles tranquilas.

B   ákięstán |lázmèhórestyéndàs↓

1 _____apartaméntòs↓   ákięstán |lózmèhóres,apartaméntòs↓

2 ái_____↓   áięstán |lózmèhóres,apartaméntòs↓

3 _____otél↓   áięsta |ęlmèhórotél↓

4 _____otro_____↓   áięstá |ęlótrotél↓

5 donde_____↓   dondestá |ęlótrotél↓

6 _____senyóràs↓   dondestán |las,otra(s)senyóràs↓

7 komọ_____↓   komọestán |las,otra(s)senyóràs↓

B   Aquí están las mejores tiendas.

1 _____apartamentos.   Aquí están los mejores apartamentos.

2 Ahí_____.   Ahí están los mejores apartamentos.

3 _____hotel.   Ahí está el mejor hotel.

4 _____otro_____.   Ahí está el otro hotel.

5 ¿Dónde_____?   ¿Dónde está el otro hotel?

6 ¿_____señoras?   ¿Dónde están las otras señoras?

7 ¿Cómo_____?   ¿Cómo están las otras señoras?

C   keiglésya |es̯ak̯éῢyà↓   késekşyón |es̯ak̯éῢyà↓

1 ___sekşyón_____↓   késekşyón̯es̯ésà↓

2 _____ésà↓   késkwela(s)sonésàs↓

3 __eskwélas_____↓   kwántas̯eskwelas |sonésàs↓

4 kwántas_____↓   kwántozbaúles |sonésòs↓

5 _____baúles____↓   kwántozbaúles |sonsúyòs↓

6 _____súyòs↓   kwálbaúl |e(s)súyò↓

7 kwál_____↓

C   ¿Qué iglesia es aquélla?

1 ¿___sección _____?   ¿Qué sección es aquélla?

2 ¿_____ésa?   ¿Qué sección es ésa?

3 ¿___escuelas_____?   ¿Qué escuelas son ésas?

4 ¿Cuántas_____?   ¿Cuántas escuelas son ésas?

5 ¿___baúles_____?   ¿Cuántos baúles son ésos?

6 ¿_____suyos?   ¿Cuántos baúles son suyos?

7 ¿Cuál_____?   ¿Cuál baúl es suyo?

D   yín↓ bézloskafés |tán(l)yénòs ↑

1   ká(l)yès   ↑   yín↓ bézlàská(l)yes |tán(l)yénas ↑

2   estrechas↑   yín↓ bézlaská(l)yes |tanestréchas↑

3   àké(l)yà   ↑   yín↓ bés |àké(l)yàká(l)yè|tanestrécha↑

4   párte   ↑   yín↓ bés | àké(l)yàpártè |tanestrécha↑

5   antigwa↑   yín↓ bés | àké(l)yàpártè |tanantigwa↑

6   rrèkwerdas   ↑   yín↓ rrèkwerdas| àké(l)yàpártè |tanantigwa↑

7 sèɲyorés   ↑   sèɲyorés↓ rrèkwerdan| àké(l)yàpártè |tán antigwa↑

D   Jean, ¿ves los cafés tan llenos?

1 ___, ¿___calles___?   Jean, ¿ves las calles tan llenas?

2 ___, ¿___ estrechas?   Jean, ¿ves las calles tan estrechas?

3 ___, ¿___ aquella ___?   Jean, ¿ves aquella calle tan estrecha?

4 ___, ¿___ parte___?   Jean, ¿ves aquella parte tan estrecha?

5 ___, ¿___ antigua?   Jean, ¿ves aquella parte tan antigua?

6 ___, ¿recuerdas___?   Jean, ¿recuerdas aquella parte tan antigua?

7 Señores, ¿___?   Señores, ¿recuerdan aquella parte tan antigua?

E   yokisyéráber |làpárteantígwà↓

1   ＿＿＿＿＿ konoşer ＿＿＿＿＿ ↓   yokisyéra |konoşer |làpárteantígwà↓

2   ＿＿＿＿＿＿＿＿ komerşyál↓   yokisyéra |konoşer |làpartekomerşyál↓

3   ＿＿＿＿＿＿ barryo ＿＿＿ ↓   yokisyéra |konoşer |èlbarryokomerşyál↓

4   ＿＿＿ ir |á ＿＿＿＿＿ ↓   yokisyérair |álbarryokomerşyál↓

5   ＿＿＿＿＿＿＿ mázbonítô↓   yokisyérair |álbarryo |mázbonítô↓

6   ＿＿＿＿＿ séktor ＿＿＿＿ ↓   yokisyérair |àlséktor |mázbonítô↓

7   ＿＿ bibir |én ＿＿＿＿＿ ↓   yokisyéra |bibir |ènélséktor |mázbonítô↓

E   Yo quisiera ver la parte antigua.

1   ＿＿＿ conocer ＿＿＿ .   Yo quisiera conocer la parte antigua.

2   ＿＿＿＿＿＿ comercial.   Yo quisiera conocer la parte comercial.

3   ＿＿＿＿＿ barrio ＿＿＿ .   Yo quisiera conocer el barrio comercial.

4   ＿＿＿ ir a ＿＿＿＿ .   Yo quisiera ir al barrio comercial.

5   ＿＿＿＿＿ más bonito.   Yo quisiera ir al barrio más bonito.

6   ＿＿＿＿＿ sector ＿＿＿＿ .   Yo quisiera ir al sector más bonito.

7   ＿＿＿ vivir en ＿＿＿＿ .   Yo quisiera vivir en el sector más bonito.

F   pórkèlàská(l)yès | à(l)yí ↑ sònmúyèstréchàs ↓

1 _____antígwàs↓   pórkèlàská(l)yès | à(l)yí ↑ sònmúyàntígwàs ↓

2 _____èđifìşyos_____↓   pórkèlòs.èđifíşyos | à(l)yí ↑ sònmúyàntígwòs ↓

3 _____akì_____↓   pórkèlòsèđifìşyos | akì↑sònmuyantígwòs↓

4 _____muchos_____↓   pórkèmuchos.èđifìşyos | akì↑sònmúyantígwòs↓

5 _____súşyòs↓   pórkèmuchos.èđifìşyos | akì↑sònmúysúşyòs↓

6 _____kasas_____↓   pórkèmuchaskasas | akì↑sònmúysúşyàs↓

7 _____hentę_____↓   pórkèmuchahéntę | akì↑ęzmúysúşyà↓

F   Porque las calles allí son muy estrechas.

1 _____antiguas.   Porque las calles allí son muy antiguas.

2 _____ edificios _____.   Porque los edificios allí son muy antiguos.

3 _____ aquí _____.   **Porque los edificios aquí son muy antiguos.**

4 _____ muchos _____.   **Porque muchos edificios aquí son muy antiguos.**

5 _____ sucios.   Porque muchos edificios aquí son muy sucios.

6 _____ casas _____.   Porque muchas casa aquí son muy sucias.

7 _____ gente _____.   **Porque mucha gente aquí es muy sucia.**

16.23   Variation drills

A   kékantiɑ́aɑ́ |ɑ́ehéntę |ènlàká̜ye̜↓   ¡Qué cantidad de gente en la calle!

    1 What a lot of cars on the street!   kékantiɑ́aɑ́ |ɑ́ęáwtós |ènlàká̜ye̜↓   ¡Qué cantidad de autos en la calle!

    2 What a lot of kids in the park!   kékantiɑ́aɑ́ |ɑ́enínyòs |ènélpárkè↓   ¡Qué cantidad de niños en el parque!

    3 What a lot of Americans in the cafés!   kékantiɑ́aɑ́ |ɑ́ęamerɪkánós |ènlòskàfés↓   ¡Qué cantidad de americanos en los cafés!

    4 What a lot of stores in the commercial   kékantiɑ́aɑ́ |ɑ́etyéndàs |ènélséktór   ¡Qué cantidad de tiendas en el sector
       section!   kómérşyál↓   comercial!

    5 What a lot of baggage in the custom's   kékantiɑ́aɑ́ |ɑ́ekɪpáhę |ènlàɑ́wánà↓   ¡Qué cantidad de equipaje en la aduana!
       office!

    6 There sure is a lot of work in the   kémobɪmyéntǫ |èn̨làsèkşyóŋkònsúlár↓   !Qué movimiento en la sección consular!
       consular section!

    7 How cheap!   kébarátò↓   ¡Qué barato!

B   óyèzɑ́ómiŋgò |ḻàkában |dèsàlirɑ́emísà↓   Hoy es domingo y acaban de salir de misa.

    1 Today is Friday and they've just come   óyèzbyérnes |ḻàkában |dèsàlirɑ́elạeskwélà↓ Hoy es viernes y acaban de salir de la
       out of school.   escuela.

2 Today is Thursday and they've just come from Annapolis.

óyèshwéƀès | įàkáƀàn | dè(l)yègárd̶eànápòlis ↓

Hoy es jueves y acaban de llegar de Anápolis.

3 Today is Monday and we've just practiced Spanish.

óyèzlúnès | įàkàƀámòz | d̶èpràktikárèspàŋyól ↓

Hoy es lunes y acabamos de practicar español.

4 Today is (the) first and I've just rented an apartment.

óyèsprimérò | įàkáƀò | d̶eàlkilárùn̦àpàrtàméntò ↓

Hoy es primero y acabo de alquilar un apartamento.

5 He's just returned from Cuba.

àkàƀa |d̶èƀòlberd̶ekúƀà↓

Acaba de volver de Cuba.

6 They've just bought a house.

àkàƀàn |d̶èkómpràrunakásà↓

Acaban de comprar una casa.

7 They've just begun.

àkàƀàndempeş̦àr↓

Acaban de empezar.

C àká |tómànmáskafé |kènlòsèstád̶òsùnid̶òs↓

Acá toman más café que en los Estados Unidos.

1 Here they drink more Coca-Cola than in Madrid.

àká |tómànmáskokakóla |kenmad̶ríd̶↓

Acá toman más Coca-Cola que en Madrid.

2 Here there're more stores than in Caracas.

àká |áymàstyéndas |keŋkarákàs↓

Acá hay más tiendas que en Caracas.

3 There're more taxis in Washington than in Richmond.

èŋwáshiŋton |áymástaksıs |kenrríchmòn↓

En Washington hay más taxis que en Richmond.

4 A Cadillac is more expensive than a
   Buick.

úŋkádilak |ézmáskaro |keumbwík↓

Un Cadillac es más caro que un Buick.

5 A Buick is less expensive than a
   Cadillac.

úmbwik |ézmazbarato |keuŋkádilák↓

Un Buick es más barato que un Cadillac.

6 A Buick is bigger than a Chevrolet.

úmbwik |ézmazgrande |keunchebrolé↓

Un Buick es más grande que un Chevrolet.

7 The Hotel Statler is nicer than the
   Hotel Bristol.

élótélestátler |ézmazbonito |kelotél
brístól↓

El Hotel Statler es más bonito que el Hotel
Bristol.

D é(s)sólọumpreté(k)sto |pàrárrèwnìrsẹakombersár↓

Es sólo un pretexto para reunirse a
conversar.

1 It's only an excuse to begin to dance.

é(s)sólọumpreté(k)sto |pàrạèmpéşarabaylár↓

Es sólo un pretexto para empezar a bailar.

2 It's only an excuse to be able to go.

é(s)sólọumpreté(k)sto |pàrápóderír↓

Es sólo un pretexto para poder ir.

3 It's only an idea to practice more.

é(s)sólọunạidéa |pàrápráktikarmás↓

Es sólo una idea para practicar más.

4 It's only an idea to study better.

é(s)sólọunạidéa |pàrạéstúdyarmehór↓

Es sólo una idea para estudiar mejor.

5 It's only an idea to do that well.

é(s)sólọunạidéa |pàrạéresobyén↓

Es sólo una idea para hacer eso bien.

6 It's only an idea to see everything.   é(s)sólǫunạidéa |pàràbertóđò↓   Es sólo una idea para ver todo.

7 It's only a joke to tease.   é(s)sólǫunạbroma |pàràmólèsta'r↓   Es sólo una broma para molestar.

E   áşęáŋyos |kèstámúyabandonáđà↓   Hace años que está muy abandonada.

1 She's been married for years.   áşęaŋyos |kestakasáđà↓   Hace años que está casada.

2 It's been rented for a year.   áşęúnạŋyo |kestálkiláđà↓   Hace un año que está alquilada.

3 They've been together a short time.   áşępókotyémpo |kestaŋhúntòs↓   Hace poco tiempo que están juntos.

4 I've been waiting for two days.   áşęđozđías |kespérò↓   Hace dos días que espero.

5 I've been studying Spanish for two months.   áşęđozmeses |kèstųđyǫespaŋyól↓   Hace dos meses que estudio español.

6 I've been living in this section for a long time.   áşęmuchotyémpo |kébibǫenẹestebárryò↓   Hace mucho tiempo que vivo en este barrio.

7 I've been buying in that store for twenty years.   áşębeyntẹaŋyos |kèkomprǫenẹesatyéndà↓   Hace veinte años que compro en esa tienda.

F   yoȩstubȩai | aȿȩunozdíàs↓   Yo estuve ahí hace unos días.

1 I was here a year ago.   yoȩstubȩaki | aȿȩunányò↓   Yo estuve aquí hace un año.

2 I was in Madrid two years ago. yoȩstubenmadrid | áȿȩdosáñòs↓   Yo estuve en Madrid hace dos años.

3 I was with my girl friend a month ago. yoȩstubekonminóbyȧ | áȿȩunmés↓   Yo estuve con mi novia hace un mes.

4 I was with my friends a short time ago. yoȩstube | konmis amịgos | aȿepókò↓   Yo estuve con mis amigos hace poco.

5 Jose came a long time ago.   hósebinȩ | áȿȩmúchotyémpò↓   José vino hace mucho tiempo.

6 He learned English many years ago. elaprendyoȵnglés | áȿȩmúchosáñyòs↓   El aprendió inglés hace muchos años.

7 They told me that a moment ago. mȩdiheronȩsȩ | áȿȩûnmómentò↓   Me dijeron eso hace un momento.

16.24   Review drill — Masculine demonstrative forms

1 This present is mine.   éstȩrrȩgalȩȩzmíò↓   Este regalo es mío.
  These presents are mine.   éstòzrrȩgalos | sonmíòs↓   Estos regalos son míos.

2 This book is mine.   éstȩlibrȩȩzmíò↓   Este libro es mío.
  These books are mine.   éstòzlibros | sonmíòs↓   Estos libros son míos.

3 This suit is pretty.

 éstétrahezbonító↓

Este traje es bonito.

These suits are pretty.

éstóstrahes |sombonítós↓

Estos trajes son bonitos.

4 This pencil is green.

éstèlapı̧ |ezbérdè↓

Este lápiz es verde.

These pencils are green.

éstózlapı̧es |sombérdès↓

Estos lápices son verdes.

5 This ashtray is small.

éstȩ̀énı̧erǫ |espekéŋyó↓

Este cenicero es pequeño.

These ashtrays are small.

éstó(s)̧énı̧eros |sompekéŋyós↓

Estos ceniceros son pequeños.

6 That trunk is mine.

ésèbáulezmíó↓

Ese baúl es mío.

Those trunks are mine.

ésózbáulès | sonmíós ↓

Estos baúles son míos.

7 That newspaper is mine.

ésèpèryódikǫèzmío ↓

Ese periódico es mío.

Those newspapers are mine.

ésóspèryódikos |sonmíós↓

Esos periódicos son míos.

8 That gentleman is American.

ésèséŋyor |esamerikánó↓

Ese señor es americano.

Those gentlemen are American.

ésó(s)séŋyores |sonamerikánós↓

Esos señores son americanos.

9 That hotel is inexpensive.

éşótélezbarátó↓

Ese hotel es barato.

Those hotels are inexpensive.

ésóşóteles |sombarátós↓

Esos hoteles son baratos.

10 That's my son.

ésèzmį̄íhò ↓

Ese es mi hijo.

Those are my children.

ésò(s)sònmis.íhòs ↓

Esos son mis hijos.

16.29

11 That trunk is small.   ésébáulespekéŋyòↆ   Ese baúl es pequeño.

    Those trunks are small.   ésózbáules |sompekéŋyósↆ   Esos baúles son pequeños.

16.3   CONVERSATION STIMULUS

NARRATIVE 1

1 Saturday evening at the Harrises.   élsábaᵭo |pòrlánochȩ↑énlåkasaᵭelos   El sábado por la noche en la casa de
                 hárrisↆ   los Harris.

2 Colonel Harris, Bob, is talking with   élkórónelhárriz↑ bob↑ èstáblándokon   El coronel Harris, Bob, está hablando
    his wife.   sṵespósàↆ   con su esposa.

3 He tells Jean that tomorrow they're   éꝇl`eᵭiȿȩayin |kèmáŋyana |bán̞apasȩar | El le dice a Jean que mañana van a pasear
    going out for a ride.   enáwtòↆ   en auto.

4 Jean thinks it's a splendid idea.   àyin |leparéȿe |kèsṵn̞aiᵭeᶏestupéndàↆ   A Jean le parece que es una idea estupenda.

5 They don't have a car.   éꝇyoz |notyéneŋkárròↆ   Ellos no tienen carro.

6 But Molina is going to take them in his.   pérómólina |báꝇyèbárlos |en̞eldélↆ   Pero Molina va a llevarlos en el de él.

7 He wants to take them sightseeing (to   èlkyére꜔yèbárlos |àkónóȿerlaȿyuᵭáᵭↆ   El quiere llevarlos a conocer la ciudad.
    know the city).

8 How kind that friend of Bob's is! Don't
   you think?

kẹamáblẹ |ės̟és̟ẹàmígóóèbób↓ nólèspárẹs̟e↑

¡Qué amable es ese amigo de Bob! ¿No
les parece?

DIALOG 1

Jean, pregúntele a Bob que qué van a hacer
Uds. mañana.

kébamos̟a̟s̟er |maŋyánà |bób↓

Jean: ¿Qué vamos a hacer mañana, Bob?

Bob, contéstele que van a pasear en auto.
Pregúntele que qué le parece la idea.

bámòs̟ápàs̟ẹarenàwtó↓ kétepáres̟e |la̠i̠ḓéà↓

Bob: Vamos a pasear en auto. ¿Qué te
parece la idea?

Jean, contéstele que a Ud. le parece
estupenda. ¿Pero en cuál auto?, pregúntele. Uds. no tienen, dígale.

àmi |mépàrés̟èstúpéndà↓ pèrọénkwaláwtó↓
nósotroz |nótènemòs↓

Jean: A mí me parece estupenda. ¿Pero
en cuál auto? Nosotros no tenemos.

Bob, contéstele que en el de Molina. Que
él quiere llevarlos a conocer la ciudad.

énéldèmólinà↓ élkyéreꞪyebárnos |
àkónòs̟erlas̟yuḓáḓ↓

Bob: En el de Molina. El quiere llevarnos
a conocer la ciudad.

Jean, dígale a Bob que qué amable es ese
amigo de él.

kẹamáblẹ |ès̟és̟ẹàmígótúyọ̀↓

Jean: ¡Qué amable es ese amigo tuyo!

NARRATIVE 2

1 Sunday morning.

èldómiŋgoporlamaŋyánà↓

El domingo por la mañana.

2 Bob says they can't go to church today.

bóbḓis̟e |kènópwéḓenɪr |àmis̟a̠ |óy↓

Bob dice que no pueden ir a misa hoy.

3 And he has a good excuse this time.

ityéne̠ |ùmbwémpreté(k)sto̠ |éstàbés̟↓

Y tiene un buen pretexto esta vez.

4 Molina just called.

mòlínạ | àkábàđè(l)yamár ↓

Molina acaba de llamar.

5 He's coming over here right away.

byénèpàràká | ènsègíđà ↓

Viene para acá en seguida.

6 Sure, Bob can ask Molina if he can take them to church.

klárot bób |pwéđèprègúntárlè |àmólinat

sị́él | pwéđè(l)yèbárlòs,àmísà ↓

Claro, Bob puede preguntarle a Molina si él puede llevarlos a misa.

7 But he is sure Molina isn't going to like (it).

pèrǫel |estásegúro |kèàmólina |nólebàgustár↓

Pero él está seguro que a Molina no le va a gustar.

8 Because Molina never goes to church.

pórkèmólína |nuŋkabamísà↓

Porque Molina nunca va a misa.

DIALOG 2

Bob, dígale a Jean que hoy no pueden ir a misa.

óy |nópođémos |ìràmísà |yín↓

Bob: Hoy no podemos ir a misa, Jean.

Jean, pregúntele què cuál es el pretexto este domingo.

kwáles,elpreté(k)stọ |éstèđòmíŋgò ↓

Jean: ¿Cuál es el pretexto este domingo?

Bob, contéstele que Molina acaba de llamar. Que viene para acá en seguida.

mòlínạ | àkábàđè(l)yàmár ↓ byéneparaká | ènsègíđà↓

Bob: Molina acaba de llamar. Viene para acá en seguida.

Jean, pregúntele si no le puede preguntar a él si los puede llevar.

nólèpwéđes |preguntáraẹel |sinóspwéđe (l)yèbár ↑

Jean: ¿No le puedes preguntar a él si nos puede llevar?

Bob, contéstele que está bien. Pero Ud. está seguro que no le va a gustar, dígale.

èstábyén↓ pèrǫèstóysègúro |kènóleba gustár↓

Bob: Está bien. Pero estoy seguro que no le va a gustar.

Jean, pregúntele que por qué no le va a gustar.

pórké |nolebagustár↓

Jean: ¿Por qué no le va a gustar?

Bob, contéstele que porque Molina nunca va a misa.

pórkémólína |nuŋkabamísà↓

Bob: Porque Molina nunca va a misa.

NARRATIVE 3

1 Molina is here. He just arrived.

mòlinaestakí↓ àkabadel̯yegár↓

Molina está aquí. Acaba de llegar.

2 The Harrises are ready.

lòsharrisestánlístòs↓

Los Harris están listos.

3 But they haven't been (gone) to mass yet.

péró |ŋɡanidoamísà |tòdàbíà↓

Pero no han ido a misa todavía.

4 Mr. Molina says he has to go to mass also.

èlséŋyormolina |dișekel |tyénèkẹírà misà |tàmbyén↓

El Sr. Molina dice que él tiene que ir a misa también.

5 The Colonel doesn't say anything.

èlkòrónel |nodișenádà↓

El coronel no dice nada.

6 Jean would like to go to the Cathedral.

yiŋkisyeraír |àlàkàtédrá'l↓

Jean quisiera ir a la Catedral.

7 The Cathedral is an old church, but it's very nice.

làkàtédral |ésùnaiglésya |múybyéhà↓ pèrǫézmuybonítà↓

La Catedral es una iglesia muy vieja, pero es muy bonita.

8 The Colonel hasn't seen (doesn't know) that church.

èlkòrónel |nokonoșẹ |esaiglésyà↓

El coronel no conoce esa iglesia.

9 Because he hasn't been to a church for a long time.

pòrkẹáșemuchotyémpo |kélnòbá |aùnaiglésyà↓

Porque hace mucho tiempo que él no va a una iglesia.

DIALOG 3

José, dígales a los señores buenos días' y pregúnteles si están listos.	bwénȯzd̪ìàs |sèŋyórès↓ èstánlìstos↑	José: Buenos días, señores. ¿Están listos?
Jean, contéstele que sí, pero que Uds. no han ido a misa todavía.	sí↓ pérȯnȯsótro꜖ |nȯémȯsíd̪ȯàmìsà| tȯd̪àbíà↓	Jean: Sí, pero nosotros no hemos ido a misa todavía.
José, dígale a Jean que magnífico, que Ud. también tiene que ir.	màᶢnífikȯ↓ yȯtámbyén |téŋgȯkȩír↓	José: Magnífico. Yo también tengo que ir.
Jean, dígale a Bob, que si no ve. Que el Sr. Molina tiene que ir a misa también.	nȯbéz |bób↑ èlsèŋyȯrmolína |tyénèkȩír àmìsà |támbyén↓	Jean: ¿No ves, Bob? El señor Molina tiene que ir a misa también.
Bob, no conteste nada.	— — — — — — —	Bob: ————————————
José, pregúntele a Jean que a cuál iglesia quieren ir ellos.	àkwàliglésya |kyérènᴊrustéd̪ès↓	José: ¿A cuál iglesia quieren ir ustedes?
Jean, contéstele que dicen que la catedral es una iglesia muy antigua y muy bonita. Que Ud. quisiera ir allí.	dìȩeŋ |kèlàkàtéd̪ràl |èsùnᶏiglésya| muyantigwᶏ |ᴊmuybonítà↓ yȯkìsyérᶏᴉráʎî↓	Jean: Dicen que la catedral es una iglesia muy antigua y muy bonita. Yo quisiera ir allí.
José, pregúntele al coronel si él conoce la catedral.	ùstéd̪kȯnȯȩȩelàkàtéd̪rál |kȯrȯnél↑	José: ¿Ud. conoce la catedral, coronel?
Jean, contéstele al Sr. Molina que no, que hace mucho tiempo que su esposo no va a una iglesia.	nó |sèŋyȯrmolínà↓ áȩèmucho |tyémpo |kȩ mᴉésposo |nobᶏyŋᶏiglésyà↓	jean: No, Sr. Molina. Hace mucho tiempo que mi esposo no va a una iglesia.

16.4   READINGS

16.40   Introduction and list of cognate loan words.

Probably all of the reading you will do in Spanish for a long time to come will present problems of new vocabulary, since writers will be drawing on the tremendous lexicon of the entire Spanish language and not just on the limited vocabulary of this basic course. The potential proportions of this problem are reduced for an English speaker learning Spanish by the considerable number of cognate loan words which English received from French (a sister language to Spanish) particularly between the 12th and 14th centuries, when French was the language of the ruling class in England.

Some of these cognates are spelled identically in English and Spanish, such as *color, capital.* Others show only minor differences, especially in the endings. These words are usually also similar in meaning, though sometimes they can be deceptive. For example *gracioso* means 'funny', 'cute'; it does not mean 'gracious'.

The similarities are sufficiently numerous, however, that a few generalizations can profitably be made about the differences in form that will help a student recognize cognate loan equivalents in Spanish. For one thing, Spanish words tend to end in a vowel. Many Spanish words resemble English cognate loans except that they have an additional final vowel: *americano, defecto, típico, república, decente, importante,* etc.

Of course, symbols that represent English sounds which are not in the inventory of Spanish sounds will be different: thus the *t* in *norte* corresponds with English *th* in *north.* Often, however, a single symbol will stand for one sound in English and another in Spanish, as does the *x* in *Mexico,* and recognition of certain words is as easy from the spelling as from the sounds.

Recognizing the form class (and hence the function) of a word is often helpful in grasping meanings from context. It is worthwhile remembering that nouns usually appear with articles-if one sees an article, he should look for a following noun to associate it with.

Adjectives also frequently have gender marking endings which are helpful clues as to what items in a stream of words are closely associated. In the following sentence: *La señorita de los Estados Unidos es muy bonita,* the final *a* of *bonita* indicates that the pertinent relationship is with *señorita,* not the nearer *Estados Unidos.* Also the appearance of the modifier *muy* helps identify the following word as an adjective which then has to be related elsewhere in the sentence.

Verbs have their characteristic endings in both languages, but certain sets can be correlated. The *-ada* of *situada* is comparable to the *-ed* of *situated,* and this correlation can be extended to many other verbs. Likewise the *-ando* of *comentando* can be associated with the *-ing* of *commenting,* and this correlation also can be extended to many other verbs. Infinitives in English do not have characteristic endings as they do in Spanish; thus the identification of the semantic relationship of pairs like *discutir* and *discuss* is facilitated by dropping off the -ir of the Spanish verb. Such correlations cannot, of course, be analyzed each time one occurs; but the habit of making them is as useful to reading skill as good pronunciation habits are to speaking ability.

Reading involves interpreting a symbolization of speech which is less than complete and less than perfect. Intonation, phrasing, voice quality and so forth are at best only roughly hinted at on the printed page by commas, question marks, periods, italics, and similar devices. Yet these features are often as important to understanding as are the vowels and consonants. With intonational features absent, grammatical relationships are even more important in recreating a meaningful vocal *or* silent reproduction of the phonological elements to assure that they will convey the meanings their author intended.

A student is well advised to get used to looking for *word groups*, rather than single words, as the basic building blocks of full sentences. Single words are the spokes, phrases are the wheels, and the utterance is the vehicle. Useful movement of the vehicle is attained only when the wheels turn. The spokes are there and functioning, but not individually or independently; they hold the hub and the rim together so that the wheel as a whole can function as an integral part of the vehicle.

Below is a list of the cognate loan words that have not occurred before their appearance in the reading selection which follows. Be sure that you can identify their meaning, and ask your instructor about any that are not clear to you.

la capital	là—kàpitál↓
la república	là—rrépublikà↓
típico	típikó↓
latinoamericanas	làtínọàmèrikanás↓
el norte	èl—nortè↓
situada (situar)	sitwaḍà↓ sitwár↓
el color	èl—kólor↓
el defecto	èl—dèféktó↓
decente	dèṣèntè↓
norteamericano	nórtẹàmèrikanò↓

16.41   Reading selection

Los Nuevos Vecinos

En las afueras de la ciudad de Las Palmas, capital de la república de Surlandia, hay un barrio nuevo llamado Barrio Bellavista. Es ahí donde vive don Ricardo Fuentes con su esposa y seis hijos, cuatro varones y dos niñas. Es una familia bastante grande, pero eso es típico de las familias latinoamericanas.

En la parte norte del barrio hay un parque y detrás de ese parque, en la esquina de la Calle Diez y la Avenida Colón, está situada la casa de los Fuentes. Es una casa nueva, de dos pisos, color verde, muy bonita, y sólo tiene el defecto de ser un poco pequeña para una familia tan grande como la de ellos. Por esta razón, don Ricardo ha estado pensando alquilar otra un poco más grande, pero hasta la fecha no ha podido encontrar; las dos o tres casas todavía sin alquilar en ese barrio son, o iguales a la de él o más pequeñas. Claro, ellos pueden mudarse a otra parte de la ciudad, pero no quieren porque Bellavista les gusta mucho y están muy contentos; toda la gente que vive ahí es gente buena y muy decente, y el barrio es nuevo, muy limpio, y sobre todo, muy tranquilo.

Una de esas dos o tres casas nuevas que todavía no han sido alquiladas en este barrio está situada en la misma Calle Diez y casi enfrente de donde viven los Fuentes. Es una casa igualita a la de ellos y mucha gente ha venido a verla. A todos les gusta mucho, pero nadie la quiere por la misma razón: la casa no tiene muebles.

Pero, por fin, la agencia ha podido alquilarla esta semana a la familia de un señor norteamericano que acaba de llegar a Surlandia para trabajar en la Embajada de los Estados Unidos. Esta es la familia Robinson, los nuevos vecinos de los Fuentes.

16.42   Response drill [(1)]

1   ¿Cuál es la capital de Surlandia?

2   ¿En qué parte de Las Palmas está el Barrio Bellavista?

3   ¿Quién vive en ese barrio?

4   ¿Cuántos hijos tienen los Fuentes?

5   ¿Cuántos varones y cuántas niñas?

6   ¿En qué parte del barrio está situada la casa de ellos?

7 ¿Cómo es la casa de ellos?

8 ¿Cuál es el defecto que tiene esa casa?

9 ¿Por qué no alquilan otra, entonces?

10 ¿Por qué les gusta este barrio a los Fuentes?

11 ¿Es la casa de enfrente más grande o más pequeña que la de ellos?

12 ¿Por qué no han podido alquilar esa casa hasta ahora?

13 ¿Ha venido mucha o poca gente a verla?

14 ¿Quién la ha tomado por fin esta semana?

15 ¿Qué va a hacer el Sr. Robinson en Surlandia?

_____

(1) The response drills which accompany this and subsequent reading selections are intended primarily as written assignments to be completed outside of class hours. Hence responses should be in the form of full utterances, so that scoring each sentence will not require reference to the stating of the question.

17.1   BASIC SENTENCES.   Social life in Surlandia.

Molina and Carmen are at the cocktail party which John White has invited them to.

ENGLISH SPELLING	AID TO LISTENING	SPANISH SPELLING
(it) went (to go)	fwé↓ ír↓	fué (ir)
White And the Harrises. How did they make out?	ȷ̇ȧlóshárris↑ komolesfwé↓	*White* Y a los Harris, ¿cómo les fué?
(I) left (to leave)	déhé↓ déhár↓	dejé (dejar)
Molina Okay. I left them at their house.	múybyén↓ lózdéhensukásá↓	*Molina* Muy bien. Los dejé en su casa.
(it) seemed (to seem)	párȩ̇șyó↓ párȩ̇șér↓	pareció (parecer)
White How did the city strike Mrs. Harris?	keleparȩ̇șyó │lașyudad │ȧlȧsȩ̇ŋyórȧhárris↓	*White* ¿Qué le pareció la ciudad a la señora Harris?
(it) pleased (to please)	gústó↓ gústár↓	gustó (gustar)
(she) put (to put, place)	púsó↓ pónér↓	puso (poner)
herself (she) got (to get, become)	sė̇—púsó↓ pónérsė̇↓	se puso (ponerse)
nervous	nėrbyósó↓	nervioso
to get nervous	pónerse—nerbyósó↓	ponerse nervioso

| the traffic | èl—tráfíkò↓ | el tráfico |
| the noise | èl-rrwídò ↓ | el ruido |

Molina
She liked it a lot, but she got nervous with the traffic and the noise.

lègùstomúchó↓ pérósèpuso |nèrbyósa| kònèltrafiko |ₜèlrrwiðó↓

Molina
Le gustó mucho, pero se puso nerviosa con el tráfico y el ruido.

(it) happened (to happen)	pásó↓ pàsár↓	pasó (pasar)
(I) arrived (to arrive)	(l)yègé ↓ (l)yègá·r ↓	**llegué (llegar)**
passed (to pass)	pàsáðó↓ pàsár↓	**pasado (pasar)**
last month	èl—mes—pasáðó↓	el mes pasado

White
The same thing happened to me when I arrived last month.

àmí |mépàsólómizmo |kwándò(l)yègé| ₑlmespasáðó↓

White
A mí me pasó lo mismo cuando llegué el mes pasado.

to accustom	àkòstúmbrár↓	acostumbrar
to accustom oneself	àkòstúmbrarsè↓	acostumbrarse
I'm beginning to get used to...	yá—bóy—àkòstúmbrándòmè↓	ya voy acostumbrándome

But now I'm getting used to everything.

pèróyabóy |àkòstúmbrándomₑatóðó↓

Pero ya voy acostumbrándome a todo.

| even | àún↓ | aún |

Even to so many parties.

àún |àtántasfyéstàs↓

Aún a tantas fiestas.

| (it) turned out (to result, turn out) | rrèsúltó↓ rrèsúltár↓ | resultó (resultar) |

fantastic	fántástikó↓	fantástico

Carmen
By the way. That one the other day turned out to be quite something, didn't it? (1)

àprópósitó ↓ làdélótródíá ↑
rrésúltó |fántástiká↓noî

A propósito. La del otro día resultó fantástica, ¿no?

at least

pór—ló—menós↓

por lo menos

ourselves (we) entertained (to enjoy)

nóz—dibértimós↓ dibértírsè↓

nos divertimos (divertirse)

Molina
At least we enjoyed ourselves thoroughly.

pórlómenoz |nósótroz |nózdibértimozmúchó↓

Molina
Por lo menos nosotros nos divertimos mucho.

(you) left (to leave)

déharón↓ déhár↓

dejaron (dejar)

to leave off, to skip, to miss

déhar—dé↓

dejar de

not even

ní↓

ni

the piece (of music)

lá—pyéşá↓

la pieza

White
You all didn't miss dancing a single number.

ústédez |nódéháróndébàylár |nìunapyéşá↓

White
Ustedes no dejaron de bailar ni una pieza.

(we) were (to be)

fwimós↓ sér↓

fuimos (ser)

last

últimó↓

último

Molina
And we were the last to leave.

ifwimóz |lóşultimos |enírnós↓

Molina
Y fuimos los últimos en irnos.

myself (I) put to bed (to retire)

mę-àkósté ↓ àkóstársè ↓

me acosté (acostarse)

17.3   41

myself (I) got up (to arise)	mê--léƀànté↓ lébàntàrsê↓	me levanté (levantarse)
the pain	èl--dólór↓	**el dolor**
the head	là--kàbéşà↓	la cabeza
the headache	èl--dólor--de--kabéşà↓	el dolor de cabeza
horrible	òrríblé↓	horrible

Carmen
I went to bed at four and got up at eleven with a horrible headache.

yó |męàkóstéąlàskwàtró↓iméléƀànté|
ąlàsónşè | kòn̩úndòlór | đèkàbéşą | òrríblé ↓

Carmen
Yo me acosté a las cuatro y me levanté a las once, con un dolor de cabeza horrible.

less injury, luckily; it could have been worse	ménoz--mál↓	menos mal
there was, there were (to have)	àƀíá ↓ àƀé·r ↓	**había (haber)**
it was necessary to... (2)	àƀíá-kè ↓	había que

Molina
Well, at least we didn't have to go to work. (3)

ménozmál |kènǫàbìa |kètrábáhàr↓

Molina
Menos mal que no había que trabajar.

(I) began (to begin)   èmpéşé↓ èmpèşàr↓   empecé (empezar)

Carmen
I started off the day badly.

yoęmpeşemál |éldíà↓

Carmen
Yo empecé mal el día.

itself (it) fell (to fall)	sê--kàyó↓ káersè↓	se cayó (caerse)
itself to me (it) dropped	sê--mè--kàyó↓	se me cayó

the cup	lá—táşȧ↓	la taza
itself (it) broke (to break)	sė—rrómpyo⁴↓ rrómpersė↓	se rompió (romperse)
itself to me (it) broke	sė—mė—rrómpyo⁴↓	se me rompió

I dropped a cup of coffee and broke the cup._(4)   sėmėkáyo |ụnatáşȧȼekafe |įsėmėrrómpyo⁴↓   Se me cayó una taza de café y se me rompió.

the woman	lá—múhėr↓	la mujer
don't yourself complain (to complain)	nó—te—kéhės↓ kėhȧrsé↓	no te quejes (quejarse)
(it) was (to be)	fwé↓ sér↓	fué (ser)

Molina
Oh, well, don't complain. That was nothing.   bẅenó |múhér↓ nótekéhės↓ éso |nofwénáȼȧ↓   *Molina*
Bueno, mujer, no te quejes. Eso no fué nada.

worse	pėór↓	peor
(it) made (to make)	ịşó↓ ȧşér↓	**hizo (hacer)**
the damage, hurt	ėl—dȧŋyó↓	el daño
to harm, to be harmful	ȧşér—ȡaŋy.ò ↓	hacer daño
the breakfast	ėl—dėsȧyúnȯ ↓	el desayuno

Things went worse with me. Something I ate for breakfast made me sick.   ȧmí | mėfwépęó'r ↓ męíşȯȡáŋyọ |ėldėsȧyúnȯ ↓   A mí me fué peor. Me hizo daño el desayuno.

17.10   Notes on the basic sentences

(1) The word /fantástiko/ *fantástico*, literally the equivalent of English *fantastic*, is used with a good deal less restraint than is the English word. It will be heard in contexts where it can hardly be translated as meaning anything more than 'interesting', 'nice', 'pleasant', or some other slightly-more-than-lukewarm expression.

(2) /abía─ke/ *había que* is the only past tense form of /áy─ke/ *hay que*. /áy─ke/ and /abía─ke/ are fully idiomatic units whose meanings cannot be analyzed out of the component parts /abér/ and /ke/. They should therefore be learned carefully as unit lexical items, in the meaning of impersonal compulsion: 'it is (was) necessary to...', 'one has (had) to...'

(3) Even though it is not built up as a separate word /ke/ homonymous with other occurrences of /ke/, the student should note that in this sentence the word /ke/ *que* which appears after /ménos─mál/ *menos mal* means 'since' or 'because', not 'that' or 'what' as it has in previous occurrences. That is, literally the sentence means something like 'The fact that you got up with a terrible headache wasn't quite such a catastrophe since it wasn't necessary to go to work'.

(4) It may occur to some observant individual that this particular example is rather loaded with constructions of a type which will subsequently need a bit of explanation and drill. Such needs will be filled in Unit 25, and the student should not worry himself about the apparent absence of parallel this construction shows with others he is familiar with. If a literal translation will help, the utterance says, 'A cup of coffee dropped itself with respect to me and broke itself with respect to me'.

17.2   DRILLS AND GRAMMAR

17.21   Pattern drills

17.21.1   Past I tense forms of regular verbs

A. Presentation of pattern

ILLUSTRATIONS

_____	1	yoempeşé |máléldíá↓	Yo *empecé* mal el día.
Did you need many things?	2	neşésitaste |muchaskósas↑	¿*Necesitaste* muchas cosas?
_____	3	ládélotrodía |rrèsúltófántástíkà↓	La del otro día *resultó* fantástica.

We sent the clothes yesterday.

4 mándamozlarrópayér↓   *Mandamos* la ropa ayer.

_____

5 ústedez |nodeharondebaylár↓   Ustedes no *dejaron* de bailar.

I ate very little.

6 yó |kòmí |muypókò↓   Yo *comí* muy poco.

Where did you eat yesterday?

7 dóndekomisteayér↓   ¿Dónde *comiste* ayer?

_____

8 dóndeloaprendyó↓   ¿Dónde lo *aprendió*?

We learned a lot.

9 àprèndimozmúchò↓   *Aprendimos* mucho.

  the student   èl—èstúdyantè↓   el estudiante

  the lesson   là—lèkşyón↓   la lección

The students learned the lesson.

10 lós,èstúdyantes |àprèndyéronlalekşyón↓   Los estudiantes *aprendieron* la lección.

EXTRAPOLATION

	−ár	−ér −ír	
	abl—ár	kom—ér	bıb—ír
1 sg	abl—é	kom—í	bıb—í
2 fam sg	abl—áste	kom—íste	bıb—íste
2-3 sg	abl—ó	kom—yó	bıb—yó
1 pl	abl—ámos	kom—ímos	bıb—ímos
2-3 pl	abl—áron	kom—yéron	bıb—yéron

NOTES

a. There are two sets of past tense forms in Spanish; the set here presented is called past I.

b. Past I tense forms of regular verbs have strong-stressed endings.

c. There is no distinction in the sets of endings for /−ér/ or /−ír/ verbs.

c. The 1 pl forms of /−ár/ and /−ír/ verbs are identical in past I and present tenses.

17.7

17.21.11 Substitution drill — Person-number substitution

1 yónokomprénáďá↓

   karmen_____↓   nókompronáďá↓

   lwísaḻantónyo_____↓   nókompraro(ṇ)náďá↓

   ántonyọịyo_____↓   nókompramoznáďá↓

   ústeď_____↓   nókompronáďá↓

2 é⁀ỵa |ṇỵégóạnóchè↓

   karmeṇịyó_____↓   ṇỵégamosạnóchè↓

   ústeďez_____↓   ṇỵégaronạnóchè↓

---

1 *Yo* no compré nada.

   Carmen_____.   No compró nada.

   Luisa y Antonio____   No compraron nada.

   Antonio y yo_____   No comprámos nada.

   Ud._____.   No compró nada.

2 *Ella* llegó anoche.

   Carmen y yo_____.   Llegamos anoche.

   Uds._____.   Llegaron anoche.

àntónyo_____↓ ⑴yègoạnóchè↓

yó_____↓ ⑴yègeạnóchè↓

3 àntónyoạblókon̩elseɲyór↓

yó_____↓ àblékon̩elseɲyór↓

tú_____↓ àblastekon̩elseɲyór↓

lwisạ_____↓ àblókon̩elseɲyór↓

éliyó_____↓ àblamoskon̩elseɲyór↓

Antonio_____. Llegó anoche.

Yo_____. Legué anoche.

3 *Antonio* habló con el señor.

Yo_____. Hablé con el señor.

Tú_____. Hablaste con el señor.

Luisa_____. Habló con el señor.

El y yo_____. Hablamos con el señor.

4 élkómyó |múytárɗė↓

   elílwisa _____↓   kómyérón |múytárɗė↓

   ántónyọiyó _____↓   kómímòz |múytárɗė↓

   yó _____ __↓   kómí |múytárɗė↓

   tú _____↓   kómístė |múytárɗė↓

5 ántónyọiyó |aprèndímòs.èspáɲyól |àkí↓

   eỌyas _____↓   áprèndyérón èspáɲyól |àkí↓

   ústeɗ _____↓   áprèndyóẹspáɲyól |àkí↓

4 *El* comió muy tarde.

   El y Luisa _____.   Comieron muy tarde.

   Antonio y yo _____.   Comimos muy tarde.

   Yo _____.   Comí muy tarde.

   Tú _____.   Comiste muy tarde.

5 *Antonio y yo* aprendimos español aquí.

   Ellas _____.   Aprendieron español aquí.

   Ud. _____.   Aprendió español aquí.

hwáni`usté₫ _____↓   áprèndyéròn̩espáņyól │ àkí ↓

yó _____↓   áprènd íẹspáņyol │àkí↓

6   kármen │àbryólo ͻrregálòs↓

yó _____↓   ábrílo ͻrregálòs↓

kármen ̩yó _____↓   ábrɩmo ͻlo ͻrregálòs↓

lwisạ _____↓   ábryólo ͻrregálòs↓

ústeₔes _____↓   ábryéronlo ͻrregálòs↓

Juan y Ud. _____.   Aprendieron español aquí.

Yo _____.   Aprendí español aquí.

6 *Carmen* abrió los regalos.

Yo _____.   Abrí los regalos.

Carmen y yo _____.   Abrimos los regalos.

Luisa _____.   Abrió los regalos.

Uds. _____.   Abrieron los regalos.

7 yóbibía(l)yí | dós.áɲyòs ↓

   àntónyọilwísà   _____↓   bibyéronai |dosáɲyòs↓

   lwísà _____↓   biɓyóa(l)yí | dós.áɲyòs ↓

   lwísạiyó _____↓   bìbìmos.ai |dósáɲyòs↓

   é(l)yòz_____↓   bibyéronai |dosáɲyòs↓

_____

7 *Yo* viví ahí dos años.

   Antonio y Luisa ____.   Vivieron ahí dos años.
   Luisa _____.   Vivió ahí dos años.
   Luisa y yo _____.   Vivimos ahí dos años.
   Ellos _____.   Vivieron ahí dos años.

Tense substitution

1	álkilaundormitóryo↓	álkiloundormitóryo↓
2	éstudyodosóras↓	éstúdyedosóras↓
3	déhanlakwéntá↓	déharonlakwéntá↓
4	kómbérsamozdemasyádo↓	kómbérsamozdemasyádo↓
5	mándomuchaskósàs↓	mándemuchaskósàs↓
6	kámbyanloschékès↓	kámbyaronloschékès↓
7	labalaskamísàs↓	lábolaskamísàs↓
8	bebobínò↓	bèbibínò↓
9	áprendembastántè↓	áprèndyerombastántè↓

1	*Alquila* un dormitorio.		Alquiló un dormitorio.
2	*Estudio* dos horas.		Estudié dos horas.
3	*Dejan* la cuenta.		Dejaron la cuenta.
4	*Conversamos* demasiado.		Conversamos demasiado.
5	*Mando* muchas cosas.		Mandé muchas cosas.
6	*Cambian* los cheques.		Cambiaron los cheques.
7	*Lava* las camisas.		Lavó las camisas.
8	*Bebo* vino.		Bebí vino.
9	*Aprenden* bastante.		Aprendieron bastante.

17.13

10 barrelasálà↓   bàrryolasálà↓

11 kómemosˌenˌunrrestorán↓   kómimosˌenˌunrrestorán↓

12 metolapátà↓   ,   mètilapátà↓

13 subenˌelas(ṣ)ensór↓   sùbyoḁnˌelas(ṣ)ensór↓

14 bibḁaí↓   bibíaí ↓

15 èskríbimospókò↓   èskríbimospókò↓

16 abrenlatintorería↓   àbryeronlatintorería↓

17 àprèndemosˌespaŋyól↓   àprèndimosˌespaŋyól↓

---

10 *Barre* la sala.   **Barrió la sala.**

11 *Comemos* en un restorán.   **Comimos en un restorán.**

12 *Meto* la pata.   Metí la pata.

13 *Sube* en el ascensor.   **Subió en el ascensor.**

14 *Vivo* ahí.   **Viví ahí.**

15 *Escribimos* poco.   **Escribimos poco.**

16 *Abren* la tintorería.   Abrieron la tintorería.

17 *Aprendemos* español.   Aprendimos español.

17.21.12 Response drill

1 ánóchę |ùstéɗèstúɗyo↑ǫsalyó↓   ànóchèstúɗye↓

2 ánóchę |ɛ́l̬y̬òsè̩stúɗyaron↑osalyérón↓   ànóchèstúɗyarón↓

3 ánóchę |élèstúɗyo↑ǫsalyó↓   ànóchèstúɗyó↓

4 ánóchę |ùstéɗésè̩stúɗyaron↑osalyérón↓   ànóchèstúɗyamòs↓

[àkí↓]   5 dóndekomyóų̯stéɗ |ày̯ér↓   kòmiąkí↓

[èn̬él̩ş̩éntró↓] 6 dóndekomyéronɛ́l̬y̬ôs |ày̯ér↓   kòmyéronen̬el̩ş̩éntró↓

[èn̬súkás̀à↓]   7 dóndekomyóél |ày̯ér↓   kòmyoẹn̬sukás̀à↓

---

1 ¿Anoche Ud. estudió o salió?   Anoche estudié.

2 ¿Anoche ellos estudiaron o salieron?   Anoche estudiaron.

3 ¿Anoche él estudió o salió?   Anoche estudió.

4 ¿Anoche Uds. estudiaron o salieron?   Anoche estudiamos.

(aquí)   5 ¿Dónde comió Ud. ayer?   Comí aquí.

(en el centro) 6 ¿Dónde comieron ellos ayer?   Comieron en el centro.

(en su casa)   7 ¿Dónde comió él ayer?   Comió en su casa.

[åkí↓]   8   dóndekomyéronụstéđès |àyér↓   kòmimosakí↓

[ùnàmàlétà↓]   9   kékómprástetú |ạyér↓   kòmpreụnamalétà↓

[rropà↓]   10   kékómpraronụstéđès |àyér↓   kòmpramozŕrópà↓

[ùnàplumà↓]   11   kékómpróél |àyér↓   kòmproụnaplúmà↓

[rropà↓]   12   kékómpraroné()ġós |àyér↓   kòmpraronŕrópà↓

[ùnàplumà↓]   13   kòmpróél |unamalétà↑   nó↓ kòmproụnaplúmà↓

[pókó↓]   14   èstúđyáronụstéđez |múchọeldómingó↑   nó↓ èstúđyamospókó↓

(aquí)   8   ¿Dónde comieron Uds. ayer?   Comimos aquí.

(una maleta)   9   ¿Qué compraste tú ayer?   Compré una maleta.

(ropa)   10   ¿Qué compraron Uds. ayer?   Compramos ropa.

(una pluma)   11   ¿Qué compró él ayer?   Compró una pluma.

(ropa)   12   ¿Qué compraron ellos ayer?   Compraron ropa.

(una pluma)   13   ¿Compró él una maleta?   No, compró una pluma.

(poco)   14   ¿Estudiaron Uds. mucho el domingo?   No, estudiamos poco.

[àkí↓] 15 àlmórṣaronéⱳos |eneḷṣéntrọayér↑   nó↓ àlmórṣaronakí↓

16 sàlistétú|eḷdomiŋgo↑   sí↓ sàlí↓

17 sàlyeronμsteðes |eḷdomiŋgo↑   sí↓ sàlimòs↓

18 sàlyeronéⱳos |eḷdomiŋgo↑   sí↓ sàlyerón↓

19 sàlyoél |eḷdomiŋgo↑   sí↓ sàlyó↓

20 légùstoẹstaleḳṣyon↑   sí↓ mègùstomúchó↓

21 lèpàréṣyofáṣil↑   sí↓ mèpàrèṣyó |muyfáṣil↓

(aquí) 15 ¿Almorzaron ellos en el centro ayer?   No, almorzaron aquí.

16 ¿Saliste tú el domingo?   Sí, salí.

17 ¿Salieron Uds. el domingo?   Sí, salimos.

18 ¿Salieron ellos el domingo?   Sí, salieron.

19 ¿Salió él el domingo?   Sí, salió.

20 ¿Le gustó esta lección?   Sí, me gustó mucho.

21 ¿Le pareció fácil?   Sí, me pareció muy fácil.

17.17

17.21.13 Translation drill

1　They arrived here a year ago.

éɲyoz |ɒyègárɔ̀nȧkı |aṣ ̧ȩun̊áɲyó↓

Ellos llegaron aquí hace un año.

2　*I arrived here two weeks ago.*

yó |ɒyȩ̀ȩȩa̧kı |áṣȩ̇d̊o(s) semánas↓

Yo llegué aquí hace dos semanas.

3　I rented a comfortable apartment.

àlkilé |yṇápàrtȧmȇntokómȯ̇d̊ó↓

Alquilé un apartamento cómodo.

4　Carmen helped me a lot.

kȧrmen |mȩ̀ayùd̊omúchó↓

Carmen me ayudó mucho.

5　On Sunday they took a walk around the
　　business section.

èldómiŋgo↑éɲyòspàsȩarom |pórèl
sèktorkomerṣyál↓

El domingo ellos pasearon por el sector
comercial.

6　They didn't see the Ministry of Foreign
　　Affairs.

éɲyoz |nòbyéron |èlminístéryo |
d̊èrrèlàṣyones,esteryóres↓

Ellos no vieron el Ministerio de Relaciones
Exteriores.

7　We saw the cathedral.

bımoz |làkátèd̊rál↓

Vimos la catedral.

8　We found a very large store.

èŋkòntramos |ùnàtyénda |múygránde↓

Encontramos una tienda muy grande.

9　*I bought a suit.*

yó |kòmpreyntráhè↓

Yo compré un traje.

10　She bought many things.

éɲya |kòmprómúchaskósȧs↓

Ella compró muchas cosas.

11 We ate across (the street) from the store.	kómimos |émfréntedelatyéndá↓	Comimos enfrente de la tienda.
12 Did you go out last night?	sályoustéd |anóche↑	¿Salió Ud. anoche?
13 I didn't go out last night.	yonósalí |anóchè↓	Yo no salí anoche.
14 I wrote a lot.	éskríbimúchò↓	Escribí mucho.
15 He studied two hours.	él |èstúdyó |dósóràs↓	El estudió dos horas.

B. **Discussion of pattern**

Spanish has two sets of endings to express past time. These, referred to as past I and past II, reflect an important difference in the way of thinking about events in the past by Spanish speakers. A more complete discussion of the implications of this difference will be presented in Unit 19. For the present, remember that the past I tense forms drilled in this unit do not equate fully with the verbs in the English translations.

Past I forms (sometimes called 'preterit' forms) carry the idea of specificity, in time or in extent. For example, past I forms express a single action completed at a given point of time in the past, or an action repeated a specific number of times within a given period of time. There is an inherent unity implied in any action or event which is reported in past I; that is, the action is regarded as a whole happening or incident, with its beginning, course, and ending equally in view.

The forms of regular past I tense patterns characteristically have strong stress on their endings, a fact which distinguishes all but 1 pl from present tense patterns. In the /—ár/ and /—ír/ theme classes, the 1 pl forms are identical in past I and present tenses, as are the present and past forms of some English verbs like 'cut, put'. The time reference in such verbs must be inferred from the context they appear in. In past I, as in all tenses except present, the /—ér/ and /—ír/ theme classes fall together; that is, they take the same set of endings.

17.21.2   Question intonation patterns — Affirmative confirmation questions

A. Presentation of pattern

ILLUSTRATIONS

Is it bigger?   1   ézmazgránde↑

_____   ézmazgrándė |no↑

Did it turn out unusually well?   2   rrésúltofantástiko↑

_____   rrésúltofantástikȯ |no↑

_____   3   yátyenekasa↑

You already have a house, don't you?   yátyenekásȧ |no↑

| 1   2   2 2↑ |
| ¿Es más grande? |

| 1   2   1   1 \|22 ↑ |
| Es más grande,¿no? |

| 1   2   2   2↑ |
| ¿Resultó fantástico? |

| 1   2   1   1 \| 22 ↑ |
| Resultó fantástico,¿no? |

| 2   2   2 2↑ |
| ¿Ya tiene casa? |

| 2   2   1 1 \| 22 ↑ |
| Ya tiene casa,¿no? |

EXTRAPOLATION

Yes-no question	Affirmative confirmation
/1222↑/	/1211 | nó / 22↑

NOTES

a. When a speaker wants an affirmative confirmation of what he is asking, he follows
      the /1211 |/ pattern with /nó /.
          $\overset{22↑}{}$

17.21.21 Substitution drill — Pattern substitution

1	tràbahamúcho↑	tràbahamúchò |no↑
2	buskakasa↑	buskakásà |no↑
3	tyenenóbya↑	tyenenóbyà |no↑
4	ablạespaŋyol↑	ablạespaŋyól |no↑
5	kreéso↑	kreésò |no↑
6	byenemaŋyana↑	byenemaŋyánà |no↑
7	barretambyen↑	barretambyén |no↑

---

1 2 2 2↑ 1 ¿Trabaja mucho?	1 2 1 1 | 22↑ Trabaja mucho, ¿no?
2 2 2↑ 2 ¿Busca casa?	2 1 1 | 22↑ Busca casa, ¿no?
2 2 2↑ 3 ¿Tiene novia?	2 1 1 | 22 ↑ Tiene novia, ¿no?
2 22 ↑ 4 ¿Habla español?	2 11 | 22 ↑ Habla español, ¿no?
2 2 2↑ 5 ¿Cree eso?	2 1 1 | 22↑ Cree eso, ¿no?
2 2 2↑ 6 ¿Viene mañana?	2 1 1 | 22 ↑ Viene mañana, ¿no?
2 22 ↑ 7 ¿Barre también?	2 11 | 22 ↑ Barre también, ¿no?

8 lábabyén↑   lábabyén |nó↑

9 kyére̦ágwa↑   kyére̦águà |nó↑

10 kyéresópa↑   kyéresópà |nó↑

11 èstalísto↑   èstalístò |nó↑

| | 2   22 ↑ | | 2   11 \| 22 ↑ |
| | 8 ¿Lava bien? | | Lava bien, ¿no? |

| | 2   2   2 ↑ | | 2   1   1\| 22 ↑ |
| | 9 ¿Quiere agua? | | Quiere agua, ¿no? |

| | 2   22 ↑ | | 2   11 \| 22 ↑ |
| | 10 ¿Quiere sopa? | | Quiere sopa, ¿no? |

| | 1 2 2 2 ↑ | | 1 2 1 1 \| 22 ↑ |
| | 11 ¿Está listo? | | Está listo, ¿no? |

B. Discussion of pattern

A question which anticipates an affirmative confirmation in its answer will usually be structured on the pattern /1211 |22↑/, with the last part consisting of the word /nó²²↑/ . This /nó²²↑/ is the equivalent of a number a phrases used in a similar way in English, such as: 'don't you', 'isn't she', 'won't they', 'doesn't it',etc.

17.22   Replacement drills

A   ¡àlóshárris↓ kómolèsfwé↓

1   _____ kétàl_____↓   ¡àlóshárris↓ kétàl|lèsfwé↓

2   _____parèşyó↓   ¡àlóshárris↓ kétàl|lèsparèşyó↓

3   _____ ké_____↓   ¡àlóshárris↓ kélèsparèşyó↓

4   ¡àtí_____↓   ¡àtí↓ kétèparèşyó↓

5   _____gustó↓   ¡àtí↓ kétègustó↓

6   ¡àèⱡyòs_____↓   ¡àèⱡyòs↓ kélèzgustó↓

7   _____pasó↓   ¡àèⱡyòs↓ kélèspasó↓

A   Y a los Harris, ¿cómo les fué?

1   _____ , ¿qué tal _____?   Y a los Harris, ¿qué tal les fué?

2   _____ , ¿ _____ pareció?   Y a los Harris, ¿qué tal les pareció?

3   _____ , ¿qué _____?   Y a los Harris, ¿qué les pareció?

4   Y a ti_____ , ¿ _____?   Y a ti, ¿qué te pareció?

5   _____ , ¿ _____ gustó?   Y a ti, ¿qué te gustó?

6   Y a ellos_____ , ¿ _____?   Y a ellos, ¿qué les gustó?

7   _____ , ¿ _____ pasó?   Y a ellos, ¿qué les pasó?

B   kéleparesyó |lasyudáđ |álásènyórà↓

1 ketál _____↓   ketál |leparesyolasyudáđ |álásènyórà↓

2 _____sènyórès↓   ketál |lesparesyolasyudáđ |álò(s)sènyórès↓

3 _____ésa_____↓   ketál |lesparesyo |ęsasyudáđ |álò(s)sènyórès↓

4 _____ediffsyòs_____↓   ketál |lesparesyeron |esos,ediffsyós |álò(s)

                                            sènyórès↓

5 _____ę́ɔ̨yòs↓   ketál |lesparesyeron |esos,ediffsyós |ą́ę́ɔ̨yòs↓

6 _____embaháđạ_____↓   ketál |lesparesyɔ |ęsạembaháđạ |ą́ę́ɔ̨yọs↓

7 _____tí↓   ketál |teparesyɔ |ęsạembaháđạ |àtí↓

_____

B   ¿Qué le pareció la ciudad a la señora?

1 ¿Qué tal _____?   ¿Qué tal le pareció la ciudad a la señora?

2 ¿ _____señores?   ¿Qué tal les pareció la ciudad a los señores?

3 ¿ _____esa_____?   ¿Qué tal les pareció esa ciudad a los señores?

4 ¿ _____ edificios_____?   ¿Qué tal les parecieron esos edificios a los señores?

5 ¿ _____ellos?   ¿Qué tal les parecieron esos edificios a ellos?

6 ¿ _____ embajada_____?   ¿Qué tal les pareció esa embajada a ellos?

7 ¿ _____ti?   ¿Qué tal te pareció esa embajada a ti?

C   àmí |mèpàsólomízmò↓

1   ạel_____↓   ạél |lèpásólomízmò↓

2   _____nôs_____↓   ànósótroz |nòspàsólomízmò↓

3   _____pàrèşyó___↓   ànósótroz |nòspàrèşyólomízmò↓

4   àtí_____↓   àtí |tèpàrèşyólomízmò↓

5   _____ɖihéron___↓   àtí |tèɖihéronlomízmò↓

6   àhwán_____↓   àhwán |lèɖihéronlomízmò↓

7   _____prègúntaron_____↓   àhwán |lèprègúntaronlomízmò↓

C   A mí me pasó lo mismo.

1   A éL_____.   A él le pasó lo mismo.

2   ____ nos_____.   A nosotros nos pasó lo mismo.

3   _____pareció _____.   A nosotros nos pareció lo mismo.

4   A ti_____.   A ti te pareció lo mismo.

5   _____ dijeron_____.   A ti te dijeron lo mismo.

6   A Juan_____.   A Juan le dijeron lo mismo.

7   _____ preguntaron__.   A Juan le preguntaron lo mismo.

D   làdèlótròdía |rrèsúltófàntàstíkà↓

1 _____ sàlyó _____↓   làdèlótròdía |sàlyófàntàstíkà↓

2 èl _____   èldèlótròdía |sàlyófàntàstíkò↓

3 ____ànóche _____↓   èldèànóche |sàlyófàntàstíkó↓

4 _____ byén↓   èldèànóche |sàlyóbyén↓

5 ____àyer _____   èldèàyer |sàlyóbyén↓

6 _____ ŋyègáróm ____↓   lòzdèàyer |ŋyègárómbyén↓

7 _____ malàs↓   làzdèàyer |ŋyègárónmalàs↓

D   La del otro día resultó fantástica.

1 _____ salió _____ .   La del otro día salió fantástica.

2 El _____ .   El del otro día salió fantástico.

3 ____ anoche _____ .   El de anoche salió fantástico.

4 _____ bien.   El de anoche salió bien.

5 ____ ayer _____ .   El de ayer salió bien.

6 _____ llegaron ____ .   Los de ayer llegaron bien.

7 _____ malas.   Las de ayer llegaron malas.

E   yoֵempeֵşe |maleldíàↆ

1   nòsòtros_____ↆ   nòsótros |èmpèşamoz |maleldíàↆ

2   _____ áɲòↆ   nòsótros |èmpèşamoz |maleláɲòↆ

3   _____byén____ↆ   nòsótros |èmpèşamoz |byénֶláɲòↆ

4   __àkàbamoz_____ↆ   nòsótros |àkàbamoz |byénֶláɲòↆ

5   éⓁⓎos_____ↆ   éⓁⓎos |àkàbarom |byénֶláɲòↆ

6   _____més ↆ   éⓁⓎos |àkàbarom |byénֶlmésↆ

7   __pàso_____ↆ   él |paso |byénֶlmésↆ

E   Yo empecé mal el día.

1   Nosotros_____.   Nosotros empezamos mal el día.

2   _____año.   Nosotros empezamos mal el año.

3   _____bien____.   Nosotros empezamos bien el año.

4   __acabamos_____.   Nosotros acabamos bien el año.

5   Ellos_____.   Ellos acabaron bien el año.

6   _____mes.   Ellos acabaron bien el mes.

7   __pasó_____.   El pasó bien el mes.

F   àmí |mefwépeór↓

1   àtí_____↓   àtí |tefwépeór↓

2   _____mehór↓   àtí |tefwemehór↓

3   ___nos_____↓   ànòsotroz |nosfwémehór↓

4   _____salyó_____↓   ànòsotroz |no(s)salyómehór↓

5   àùstédez_____↓   àùstédez |le(s)salyómehór↓

6   _____fantástikô↓   àùstédez |le(s)salyófantástikô↓

7   _____rresultàrom_____↓   àùstédez |lezrresultàromfantástikôs↓

F   A mí me fué peor.

1   A ti_____.   A ti te fué peor.

2   _____ mejor.   A ti te fué mejor.

3   ___nos_____.   A nosotros nos fué mejor.

4   _____ salió___.   A nosotros nos salió mejor.

5   A Uds._____.   A Uds. les salió mejor.

6   _____ fantástico.   A Uds. les salió fantástico.

7   ___ __resultaron___.   A Uds. les resultaron fantásticos.

17.23   Variation drills

A   lózdėhénsukásà↓   Los dejé en su casa.

1 I left them at their apartment.   lózdėhe |ęnsyapartaméntò↓   Los dejé en su apartamento.

2 I found them on the street.   lósęŋkóntre |ęnlakáꟙyè↓   Los encontré en la calle.

3 I waited for them in the living-room. lósęspère |ęnlasálà↓   Los esperé en la sala.

4 I took them to the airport.   lózꟙyėbé |ạlạeropwértò↓   Los llevé al aeropuerto.

5 I looked for them (f) in the restaurant. lázbùské |ęnęlrrestorán↓   Las busqué en el restorán.

6 I found them (f) in the bathroom.   lásęŋkóntre |ęnęlkwártodebáŋyò↓   Las encontré en el cuarto de baño.

7 I washed them (f) this afternoon.   láꟙlábestatárdè↓   Las lavé esta tarde.

B   sėpúsónėrbyósa |kónęltráfiko |ięlrrwídò↓   Se puso nerviosa con el tráfico y el ruido.

1 She got nervous with the party and the people.   sėpúsónėrbyósa |kónlạfyestạ |ilậhéntè↓   Se puso nerviosa con la fiesta y la gente.

2 She got nervous with so many people.   sėpúsónėrbyósa |kóntántạhéntè↓   Se puso nerviosa con tanta gente.

67

3 He got nervous with all that.   sèpúsónérbyóso |kôntoⅾǫésò↓   Se puso nervioso con todo eso.

4 She was very gay with the drinks.   sèpúsókóntenta |kónlôstragòs↓   Se puso contenta con los tragos.

5 She was very pleased with the car.   sèpúsókóntenta |kôņélawtô↓   Se puso contenta con el auto.

6 He was very happy with the house.   sèpúsókóntento |kónlàkasà↓   Se puso contento con la casa.

7 He was very happy with the glasses.   sèpúsókóntento |kõnlàzgafàs↓   Se puso contento con las gafas.

C pórlómènoz↑nósótroz |nózⅾiⅾértimozmúchò↓   Por lo menos nosotros nos divertimos mucho.

1 At least we dressed right away.   pórlómènoz↑nósótroz |nôzbèstimos,ensegíⅾà↓   Por lo menos nosotros nos vestimos en seguida.

2 At least we got together yesterday.   pórlómènoz↑nósótroz |nôzrrèwnimos,ayér↓   Por lo menos nosotros nos reunimos ayer.

3 At least we took a bath last night.   pórlómènoz↑nósótroz |nôzbàŋyamos,anóchè↓   Por lo menos nosotros nos bañamos anoche.

4 At least we shaved this morning.   pórlómènoz↑nósótroz |nósàfèytamòs |éstà màŋyánà↓   Por lo menos nosotros nos afeitamos esta mañana.

5 Luckily we got used to it soon.   mènozmal |kènósótroz |nós,àkòstúmbramosprónto↓   Menos mal que nosotros nos acostumbramos pronto.

6 Luckily we didn't complain.   mènozmal |kènósótroz |nónoskehámòs↓   Menos mal que nosotros no nos quejamos.

7 Luckily we didn't move.   menozmál |kénósótroz |nónozmuɗámós↓   Menos mal que nosotros no nos mudamos.

D ústeɗez |nóɗéhárónděbàylár |nɪ̧únapyéş̧á↓   Ustedes no dejaron de bailar ni una pieza.

1 You (pl) didn't miss practicing a single day.   ústeɗez |nóɗéhárónděprȁktíkár |nɪ̧úndíá↓   Ustedes no dejaron de practicar ni un día.

2 They (f) didn't stop talking a single minute   é(l)y̧az |nóɗéhárónděkómbèrsár |nɪ̧únmoméntó↓   Ellas no dejaron de conversar ni un momento.

3 Joseph and Manuel didn't miss going out   hóseɪ̧manwél |nóɗéhárónděsàlír |nɪ̧únanóchè↓   José y Manuel no dejaron de salir ni una
  a single night.   noche.

4 The girl never missed straightening up the   làmúchacha |nuŋkaɗehó |ɗģarreglárelkwártó↓   La muchacha nunca dejó de arreglar el
  room.   cuarto.

5 My wife and I never missed going out on   mɪ̧éspoşaɪ̧yó |nuŋkaɗehámoz |ɗèşàlírloz   Mi esposa y yo nunca dejamos de salir los
  Sundays.   ɗomíngòs↓   domingos.

6 My friend Joseph never stopped drinking.   mɪ̧àmígóhóse |nuŋkaɗehoɗetomár↓   Mi amigo José nunca dejó de tomar.

7 We never stopped buying there.   nòsótroz |nuŋkaɗehámoz |ɗèkómprará í↓   Nosotros nunca dejamos de comprar ahí.

E fwímoz |lóşúltímose̞nírnós↓   Fuimos los últimos en irnos.

1 We were the last to get dressed.   fwímoz |lóşúltímos |embestírnós↓   Fuimos los últimos en vestirnos.

17.31   69

2 We were the last to complain.   fwímóz |lós̠ultimos |eŋkehárnós↓   Fuimos los últimos en quejarnos.

3 We were the last to sit down.   fwímóz |lós̠ultimos |ensentárnós↓   Fuimos los últimos en sentarnos.

4 Joseph was the last one to get sea sick.   hóse |fwélúltimo |enmareárse↓   José fué el último en marearse.

5 Betty was the last one to bathe.   béti |fwélaultima |embaŋyárse↓   Betty fué la última en bañarse.

6 He was the first one to notice (it).   él |fwélprimero |emfihárse↓   El fué el primero en fijarse.

7 She was the first one to get used to (it).   éd̮ya |fwéláprimera |enakostumbrárse↓   Ella fué la primera en acostumbrarse.

F   ménozmál |keng̠abía |ketrabahár↓   Menos mal que no había que trabajar.

1 Luckily we didn't have to (it wasn't   ménozmál |keng̠abía |kestud̮yár↓   Menos mal que no había que estudiar.
   necessary to) study.

2 Luckily we didn't have to (it wasn't   ménozmál |keng̠abía |kebaylár↓   Menos mal que no había que bailar.
   necessary to) dance.

3 Luckily we didn't have to (it wasn't   ménozmál |keng̠abía |kesperár↓   Menos mal que no había que esperar.
   necessary to) wait.

4 Luckily we didn't have to (it wasn't   ménozmál |keng̠abía |kelabár↓   Menos mal que no había que lavar.
   necessary to) wash.

5 At least we didn't have to (it wasn't   pórlómenoz |ng̠abía |kebarrér↓   Por lo menos no había que barrer.
   necessary to) sweep.

6 At least we didn't have to (it wasn't necessary to) talk.

pòrlómenoz |nọabía |kẹablár↓

Por lo menos no había que hablar.

7 At least we didn't have to (it wasn't necessary to) leave.

pòrlómenoz |nọabía |kesalír↓

Por lo menos no había que salir.

17.24   Review drill — Possessive phrases with /kyén/

1 Whose is this?

dẻkyénẹsẹéstò↓

¿De quién es esto?

2 Whose is that?

dẻkyénẹsẹésò↓

¿De quién es eso?

3 Whose ashtray is that?

dẻkyén |esẹesẹęeniẹérò↓

¿De quién es ese cenicero?

4 Whose key is that?

dẻkyén |esẹesaℂyábè↓

¿De quién es esa llave?

5 Whose book is that?

dẻkyén |esẹeselíbrò↓

¿De quién es ese libro?

6 Whose suitcase is that?

dẻkyén |esẹesamalétà↓

¿De quién es esa maleta?

7 Whose sheet is that?

dẻkyén |esẹesasábànà↓

¿De quién es esa sábana?

8 Whose photo is that?

dẻkyén |esẹesafótò↓

¿De quién es esa foto?

9 Whose trunk is that?

dẻkyén |esẹesebaúl↓

¿De quién es ese baúl?

10 Whose dollar is that?

dẻkyén |esẹesedólàr↓

¿De quién es ese dólar?

11 Whose table is that?

dẻkyén |esẹesamésà↓

¿De quién es esa mesa?

17.3   CONVERSATION STIMULUS   *NARRATIVE 1*

1 Juan liked the party last night.

áhwán |légústolafyéstą |ànóché↓

A Juan le gustó la fiesta anoche.

2 He thought it was terrific.

lèpàrèşyo |fántastíkà↓

Le pareció fantástica.

3 They throw these parties very often here.

àkidan |esasfyestaz |muyamenúdó↓

Aquí dan esas fiestas muy a menudo.

4 You've got to go to at least three parties
a week.

áykęir |pòrlómenos |àtresfyestas |porsemánà↓

Hay que ir por lo menos a tres fiestas por
semana.

5 But Juan says he can't go to that many.
It'll make him sick.

péròhwandişe |kélnópwedęir |atántàs↓

lęąşedányò↓

Pero Juan dice que él no puede ir a tantas.
Le hace daño.

6 Jose thought the same thing when he
started to work in the Embassy.

lómizmopensohose |kwándǫęmpęşoątrabahar |

enląembahádà↓

Lo mismo pensó José cuando empezó a
trabajar en la Embajada.

7 But he's used to it now.

pérǫáorą |estakostumbrádó↓

Pero ahora está acostumbrado.

8 And he likes it a lot.

ilégusta |múchó↓

Y le gusta mucho.

DIALOG 1

José, pregúntele a Juan si le gustó la
fiesta anoche.

tęgústolafyéstą |anoche |hwán↑

José: ¿Te gustó la fiesta anoche, Juan?

Juan, contéstele que le pareció fantástica.
Pregúntele si dan esas fiestas aquí a
menudo.

mępáręşyo |fántastiká↓ dan |esasfyestas

akí |amenuơo↑

Juan: Me pareció fantástica. ¿Dan esas
fiestas aquí a menudo?

José, dígale que claro. Que aquí hay que
ir por lo menos a tres fiestas por semana.

klaró↓ akí |aykęir |pórlómenos |átres

fyestas |porsemáná↓

José: Claro. Aquí hay que ir por lo menos
a tres fiestas por semana.

Juan, dígale que Ud. no puede ir a tantas.
Que le hace daño.

yónópwęơo |írátantás↓ mępáşęơanyó↓

Juan: Yo no puedo ir a tantas. Me hace
daño.

José, dígale que lo mismo pensó Ud. cuando
empezó a trabajar en la Embajada.

lómizmopenséyo |kwándǫęmpęşęątrabahár |

enląembąhácá↓

José: Lo mismo pensé yo cuando empecé a
trabajar en la Embajada.

Juan, pregúntele si ahora ya está acostumbrado.

ląorá↓ yaęstás |akostumbradǫ↑

Juan: Y ahora, ¿ya estás acostumbrado?

José, contéstele que sí, claro, y que le
gusta mucho.

sí |kláró↓ imęgusta |muchó↓

José: Sí, claro, y me gusta mucho.

NARRATIVE 2

1 By the way, Juan did all right with his
girl.

ąprópósitó↓ áhwan↑lęfwé |múybyęn |

konsuchíká↓

A propósito, a Juan le fué muy bien con su
chica.

2 They didn't miss a single dance.

ęↄyoz↑nóơęharon |dębáylár |nįunapyęşą↓

Ellos no dejaron de bailar ni una pieza.

3 And they got home all right after the party.

iṇyegárómbyen |álákasa |despwezdela fyéstȧ↓

Y llegaron bien a la casa después de la fiesta.

4 Jose and Carmen left the party before ten.

hóseįkarmen |sályerondelafyestạ | antezdelazdyéṣ↓

José y Carmen salieron de la fiesta antes de las diez.

5 They didn't wait for Juan and his girl.

ṇọesperaron |ȧhwaṇįasuchíkȧ↓

No esperaron a Juan y a su chica.

6 Because Carmen began to feel a horrible headache.

pórkėkarṃen |ėmpėṣóạsentir |úndòlorde kabeṣạ |órriblẹ↓

Porque Carmen empezó a sentir un dolor de cabeza horrible.

7 Something she ate made her sick.

ȧlgokekomyo |lẹįṣọdáŋyò↓

Algo que comió le hizo daño.

DIALOG 2

José, dígale que a propósito, que cómo le fué con la chica de él, pregúntele.

ȧpropósitȯ↓ komotefwé |kontuchíkȧ↓

José: A propósito, ¿cómo te fué con tu chica?

Juan, contéstele que muy bien, que no dejaron de bailar ni una pieza.

muybyén↓ nodehamoz |dėbaylár |nįunapyéṣȧ↓

Juan: Muy bien, no dejamos de bailar ni una pieza.

José, pregúntele si llegaron bien a la casa después de la fiesta.

ṇyėgarombyén |alakasa |despwezdelafyestȧ↑

José: ¿Llegaron bien a la casa después de la fiesta?

Juan, dígale que sí, pero por qué no los esperaron a Uds., pregúntele.

sȋ↓ pero |pòrkė |nonos̩esperárȯn↓

Juan: Sí, pero ¿por qué no nos esperaron?

José, dígale que Uds. salieron de la
fiesta antes de las diez.

nòsótros |sálimoz |delafyéstą |
antezdelazdyéş↓

José: Nosotros salimos de la fiesta
antes de las diez.

Juan, pregúntele que por qué, que qué
pasó.

pòrké↓ kepasó↓

Juan: ¿Por qué?, ¿qué pasó?

José, contéstele que Carmen empezó a sentir
un dolor de cabeza horrible. Que algo que
comió le hizo daño.

kármen |èmpèşòąsentír |ùndòlor |dèkàbeşą
orríblè↓ algokekomyo |lęįşòđáŋyò↓

José: Carmen empezó a sentir un dolor de
cabeza horrible. Algo que comió
le hizo daño.

NARRATIVE 3

1 Juan is very sorry about what happened
to Carmen.

hwan |syéntèmuchò |lókélèpásó |ąkármèn↓

Juan siente mucho lo que le pasó a Carmen.

2 Jose took her home right away.

hóse |làⓒyèbòąlakasą |énsègirá↓

José la llevó a la casa en seguida.

3 He took her in a taxi.

làⓒyèbóęņuntáksi↓

La llevó en un taxi.

4 He returned to the party afterwards to
let Juan know about it.

dèspwez |bolbyòąlafyésta |pàrábisárlę
ahwán↓

Después, volvió a la fiesta para avisarle
a Juan.

5 He looked for him, but didn't find him.

lòbúsko |pérónolǫęņkontró↓

Lo buscó, pero no lo encontró.

6 There were so many people there.

àbía |tántahéntę |àⓒyí↓

Había tanta gente allí.

DIALOG 3

Juan, dígale que lo siente mucho. Pregúntele si la llevó a la casa en seguida.	lósyéntomúchò↓ là(l)yèɓástę |alàkásạ| ènsègíđà ↑	Juan: Lo siento mucho. ¿La llevaste a la casa en seguida?
José, contéstele que sí, que la llevó en un taxi.	sí ↓ là(l)yèɓén ụntáksi ↓	José: Sí, la llevé en un taxi.
Juan, pregúntele que por qué no le avisó a Ud.	pórkénòmęàbisástè ↓	Juan: ¿Por qué no me avisaste?
José, dígale que Ud. volvió a la fiesta después y lo buscó, pero no lo encontró. Que había tanta gente.	yoɓolɓí|ạlafyésta|despwést̯ité buskél pèrónotenkontré↓ àɓíà|tántahéntè↓	José: Yo volví a la fiesta después y te busqué, pero no te encontré. Había tanta gente.
Juan, dígale que tiene razón, que había muchísima.	tyénezrrasón↓ àɓía|múchɪsímà↓	Juan: Tienes razón. Había muchísima.

17.4   READINGS

17.40   List of cognate loan words

comentando (comentar)	kòméntándò↓ kòméntár↓
la persona	là̠pérsonà↓
puntual	pùntwál↓
exactamente	ésáktaméntè↓

el minuto	èl-minutò↓
importante	impòrtantè↓
interrumpió (interrumpir)	intèrrûmpyó↓ intèrrûmpír↓
discutir	diskútír↓
insignificantes	insignifikantès↓
el tono	èl—tonò↓
el sarcasmo	èl—sárkazmò↓
el teléfono	èl—tèléfònò↓
exclamó (exclamar)	èsklåmó↓ èsklåmár↓
delicioso	dèlişyosò↓

17.41   Reading selection

Comensando

Es la una de la tarde y don Ricardo, que siempre va a su casa a almorzar, acaba de llegar en su carro. El es una persona muy puntual y siempre llega exactamente a esa hora, ni un minuto antes ni un minuto después. Al bajarse del carro, ve a varios hombres que están metiendo mesas, sillas, camas, sofás, etc., a la casa de enfrente.

—Veo que por fin han podido alquilar esa casa —le dice a Marta, su esposa, que al oír llegar el carro ha salido a encontrarlo. —¿Sabes quiénes son los nuevos vecinos?

—Creo que es una familia americana —contesta ella. —Dicen que son unos señores Robinson. Parece que este señor viene a trabajar con la Embajada de los Estados Unidos y que es una persona muy importante.

—¿Cómo sabes tú? ¿Has hablado con ellos?

—No, pero me lo dijeron las señoritas Martínez, ésas que viven a la vuelta.

17.39   77

—Esas viejas siempre lo saben todo.

—Ay, Ricardo, no digas 'esas viejas', es muy feo decirles así.

—'Señoras', entonces: son demasiado viejas para poder pensar yo en ellas como 'las señoritas Martínez'.

—Pero Ricardo—interrumpió Marta—señoras son las mujeres casadas, ellas son solteras. Por favor, tú no debes....

—Bueno, bueno, no vamos a discutir por cosas tan insignificantes. En fin, ¿qué más te dijeron las 'señoritas' Martínez? —preguntó Ricardo con cierto tono de
   sarcasmo.

—Eso fué todo, sólo que hablé un momento con ellas por teléfono porque estaba muy ocupada cuando me llamaron. Bueno, vamos a sentarnos —exclamó Marta
   hablando de otra cosa—¿tienes mucha hambre?

—Tengo una hambre horrible, ¿qué hay de comer?

—Lo que más te gusta a ti, chuletas de puerco. Y de postre te tengo un pastel de manzana delicioso.

17.42   Response drill

1 ¿Don Ricardo va siempre, o sólo de vez en cuando a almorzar a su casa?

2 ¿A qué hora llega a almorzar?

3 ¿Por qué llega siempre exactamente a esa hora?

4 ¿Qué están haciendo unos hombres en la casa de enfrente?

5 ¿Quiénes son los nuevos vecinos de los Fuentes?

6 ¿Cómo sabe Marta quiénes son?

7 ¿Dónde viven las señoritas Martínez?

8 ¿Por qué no le gusta al señor Fuentes llamarlas 'señoritas'?

9 ¿Son ellas casadas o solteras?

10 ¿Qué más le dijeron las Martínez a Marta de los nuevos vecinos?

11 ¿Cuánto tiempo habló Marta con ellas por teléfono?

12 ¿Por qué habló sólo un momento?

13 ¿Qué le preguntó Marta a su esposo entonces para hablar de otra cosa?

14 ¿Qué tenían de comer ese día?

15 ¿Y de postre?

18.1   BASIC SENTENCES.   Discussing Carmen's work.

Jose Molina, Carmen del Valle y John White continue talking in White's apartment.

ENGLISH SPELLING	AID TO LISTENING	SPANISH SPELLING
the company	là—kòmpàŋyìà↓	la compañía

White
What company do you work for, Carmen? (1)

éŋkekompaŋyìà |tràbáhàustéd |kármèn↓

¿En qué compañía trabaja usted, Carmen?

| the airline | la—àéròlìnéà↓ | la aerolínea |
| national | nàşyónál↓ | nacional |

Carmen
For National Airlines.

énàéròlìneaz |nàşyonálès↓

En Aerolíneas Nacionales.

White
For quite a while? (2)

dèzdèàşe |muchotyémpo↑

¿Desde hace mucho tiempo?

(I) worked, was working (to work)	tràbáhabà↓ tràbáhár↓	trabajaba (trabajar)
the office	la—ófìşìnà↓	la oficina
(they) paid, were paying (to pay)	pàgàbàn↓ pàgár↓	pagaban (pagar)

Carmen
No. I used to work in an office, but they
didn't pay me enough.

nó↓ ántes |tràbáhabàenunàofìşínà↓
péró |nomepagàbam |bastántè↓

No, antes trabajaba en una oficina, pèro
uo me pagaban bastante.

(it) suited, was suiting (to suit, to be
advantageous)

kòmbènìà↓ kòmbènír↓

convenía (convenir)

(you) did (to do)

iş̧isté↓ aşér↓

hiciste (hacer)

Molina
If it didn't suit you, you did well to leave it.

sɪ∩ótékómbènɪą↑iş̧ístébyénen |dehárló↓

Molina
Si no te convenía, hiciste bien en dejarlo.

to be difficult

kóstár↓

costar

Carmen
It was hard for me to do.

mèkósto |bàstánté↓

Carmen
Me costó bastante.

the boss, chief, manager

èl—hefè↓

el jefe

(he) was, was being (to be)

érà↓ sér↓

era (ser)

the person

là—pèrsoná↓

la persona

(I) saw, was seeing (to see)

bèɪà↓ bér↓

veía (ver)

to tell him it

dèş̧ırséló↓

decírselo

The boss was a very nice guy, and I couldn't
see a way to tell him about it. (3)

èlheférà |muybwénapersóną |inóbeɪa|
komodeş̧írsèló↓

El jefe era muy buena persona y no veía
cómo decírselo.

Molina
Another matter... (4)

àblando |dęótrakósá↓

Molina
Hablando de otra cosa.

to invite

ɪnbitár↓

invitar

to visit

bisitár↓

visitar

the mission

là—misyón↓

la misión

the Air Force

là—fwerşą—aéręá↓

la Fuerza Aérea

Harris invited us to visit the Air Mission.   hárriz|nósimbitó|abisitár|lámísyón| Harris nos invitó a visitar la Misión de la
                                  dèláfwerşaérea↓   Fuerza Aérea.

(it) would please (to please)   gústáriá↓ gústár↓   gustaría (gustar)

White   **White**
I'd like to go.   ámi|mègústáriaír↓   A mí me gustaría ir.

(he) said (to say)   díhó↓ dèşir↓   dijo (decir)

(we) could, were able (to be able)   pódiámós↓ pódér↓   podíamos (poder)

that comes, next   kè—byenè↓   que viene

Molina   **Molina**
He said we could come this Saturday or next. (5)   dího|kèpódiamosir|éstesábado| Dijo que podíamos ir este sábado o el que
                                  oelkebyéné↓   viene.

Carmen   **Carmen**
I'm not going to be able to go this   yó|nobóy|àpóder|éstesábádó↓   Yo no voy a poder este sábado.
Saturday.

the purchase   là—komprà↓   la compra

to go (of) shopping   ir—dè—kómpràs↓   ir de compras

I have to go shopping with Mrs. Harris.   tengokęir|dèkompras|kónlàsèŋyoráhárris↓   Tengo que ir de compras con la señora
                                                       Harris.

the next (6)   èl—otró↓   el otro

White   **White**
We can leave it for the next one, then.   pódemozdeharlo|pàràèlótro|èntónşès↓   Podemos dejarlo para el otro, entonces.

don't yourself stay (tostay,   nó—se—kédèn↓ kèdarsè↓   no se queden (quedarse)
remain)

Carmen
No, don't stay away because of me.

nó↓ pórmı |nosekéɗén↓

Carmen
No, por mí no se queden.

go (to go)

bayán↓ ír↓

vayan (ir)

You all go.

báyanústeɗès↓

Vayan ustedes.

(I)'ll call (to call)

Ⓦyàmàréꜜ Ⓦyàmárꜜ

llamaré (llamar)

Molina
Then I'll call the Colonel.

èntónꜱes |Ⓦyàmàréꜜ |alkoronél↓

Molina
Entonces llamaré al Coronel.

to agree to, decide on

kèɗar—én↓

quedar en

We'll settle for going this Saturday at eleven.

kèɗamos |ènkèbamos |èstèsabadɋalasɔ́nꜱè↓

Quedamos en que vamos este sábado
a las once.

18.10   Notes on the basic sentences

(1)   Notice the correlation of /en/ *en* with English *for* in this sentence. 'To work for' and /trabahár—en/ *trabajar en* are semantically equivalent.

(2)   Literally, of course, 'Since it makes much time?' 'Since some time ago?' The Spanish phrase measures duration from a starting point, its English equivalent measures length of time without respect to a starting point.

(3)   The form and meaning of Past II will be discussed subsequently in this unit, but it may be pointed out here that /beſa/ *veía* is an occurrence of the Past II in a meaning that must be considered rather secondary. It should mean something like 'I didn't see' or 'I wasn't seeing', but here it must be translated 'I couldn't see'.

(4)   This is a specific transition utterance: it signals 'I'm changing the subject now'.

(5)   The common way of talking about next week, month, or year, is to refer to it as the one that is coming: 'tomorrow' is, of course, /manyána/ *mañana*, 'day after tomorrow' is /pasádo—manyána/ *pasado mañana*, and anything after that is the one that 'is coming', as in /la—semána—ke—byéne/ *la semaná que viene* 'next week'.

(6)   Your present annotator finds this expression one of the most remarkably difficult to keep straight of all that he knows. You start to enter a classroom and your companion says, 'No, the other' /nó↓ el—ótro↓/ *No. El otro*, and your years of reacting as an English speaker take control of your carefully cultivated Spanish habits and you wonder 'Which other?' — when all he means is 'The next room.' All this is by way of saying: Note this usage carefully or you too will be confused some day.

18.2   **DRILLS AND GRAMMAR**

18.21   **Pattern drills**

18.21.1   **Past II tense forms of regular verbs**

A.   **Presentation of pattern**

ILLUSTRATIONS

————————————————	1 yoȩstabá |límpyándomelozⱺyéntès↓	Yo *estaba* limpiándome los dientes.
You always treated us well.	2 syémpré |nóstratabazⱳyén↓	Siempre nos *tratabas* bien.
She was working in an office.	3 éˆýatrabaháḅa̧ |enȗnȧofi̧şíná↓	Ella *trabajaba* en una oficina.
tired (to tire)	kȧnsádȯ↓ kȧnsár↓	cansado (cansar)
We were tired.	4 ėstábamoskansádȯs↓	*Estábamos* cansados.
————————————————	5 nómepa̧ǥaḅàmbastánté↓	No me *pagaban* bastante.
————————————————	6 yokreȋa |kėlȯsȧmèrikános |éràn	Yo *creía* que los americanos eran más
	mastraŋkílós↓	tranquilos.
You were right.	7 tuteníazrra̧şón↓	Tú *tenías* razón.
————————————————	8 sinotekombenia̧ |i̧şístèbyénendehárlò↓	Si no te *convenía*, hiciste bien en dejarlo.

—————————

9 diho |képóɗiamos.ir |estesábáɗo↓

Dijo que *podíamos* ir este sábado.

They were right.

10 éꞁꞁos |tenianrraşón↓

Ellos *tenían* razón.

EXTRAPOLATION

| | —ár | —ér—ír | |
	abl—ár	kom—ér	bib—ír
1-2-3 sg	abl—ába	kom—ía	bib—ía
2 fam sg	abl—ábas	kom—ías	bib—ías
1 pl	abl—ábamos	kom—íamos	bib—íamos
2-3 pl	abl—ában	kom—ían	bib—ían

NOTES

a. The other set of past tense forms, presented above, is called past II.

b. Past II tense forms of regular verbs have strong stressed endings, always the first syllable of the ending.

c. There is no distinction in the sets of endings for /—ér/or/—ír/ verbs.

84   18.6

18.21.11 Substitution drills — Person-number substitution

1   yóₑstùdyábà(l)yí ↓

    màríₐ_____↓   èstùdyábà(l)yí ↓

    àntonyₒiyó_____↓   èstùdyábàmòs.à(l)yí ↓

    é(l)yòs_____↓   èstùdyábàn.à(l)yí ↓

    ústeđ_____↓   èstùdyábà(l)yí ↓

2   é(l)yà | syémprè(l)yègábàtáɾđè ↓

    nòsotros_____↓   syémprè(l)yègábàmòstáɾđè ↓

    tú_____↓   syémprè(l)yègábàstáɾđè ↓

---

1   *Yo* estudiaba allí.

    María_____.   Estudiaba allí.

    Antonio y yo____.   Estudiábamos allí.

    Ellos_____.   Estudiaban allí.

    Ud._____.   Estudiaba allí.

2   *Ella* siempre llegaba tarde.

    Nosotros_____.   **Siempre llegábamos tarde.**

    Tú _____.   **Siempre llegabas tarde.**

lwísֶᶐᵢkár̄men——————↓   syémpreﬡyegábantárðê↓

yó ———————————↓   syémpreﬡyegábatárðê↓

3 éﬡᶐᵢaz |límpyabantóᵈô↓

    kármen——————↓   límpyabatóᵈô↓

    ústeᵈez——————↓   límpyabantóᵈô↓

    nósotroz——————↓   límpyabamostóᵈô↓

    yó ——————————↓   límpyabatóᵈô↓

      Luisa y Carmen——————.   Siempre llegaban tarde.

      Yo ———————————.   Siempre llegaba tarde.

3 *Ellas* limpiaban todo.

      Carmen ——————.   Limpiaba todo.

      Uds.——————.   Limpiaban todo.

      Nosotros ——————.   Limpiábamos todo.

      Yo——————.   Limpiaba todo.

4 yókomíą |enlaşyucád↓
   ústeđ_____↓   kómią |enlaşyucád↓
   ántonyọikarmeŋ_____↓   kómiaŋ |enlaşyucád↓
   karmeníyo_____↓   kómiamos |enlaşyucád↓
   ełya_____↓   kómią |enlaşyucác↓

5 nósotros |tráiamoseláwtó↓
   el_____↓   tráiąeláwtó↓
   lwisa_____↓   tráiąeláwtó↓
   lwisaįantónyo_____↓   tráianeláwtó↓
   yo_____↓   tráiąeláwtó↓

---

4 *Yo* comía en la ciudad.
   Ud._____.   Comía en la ciudad.
   Antonio y Carmen____.   Comían en la ciudad.
   Carmen y yo_____.   Comíamos en la ciudad.
   Ella_____.   Comía en la ciudad.

5 *Nosotros* traíamos el auto.
   El_____.   Traía el auto.
   Luisa_____.   Traía el auto.
   Luisa y Antonio_____.   Traían el auto.
   Yo_____.   Traía el auto.

6 eǫyas |tråɗúʂɪanmehór↓   tråɗúʂɪamehór↓

   yo_____↓   tråɗúʂɪazmeḥór↓

   tu_____↓   tråɗúʂɪanmehór↓

   ústeɗes_____↓   tråɗúʂɪamozmehór↓

   karmenɪyo_____↓

7 lwɪsa |súbɪaenęlas(ş)ensór↓

   yo_____↓   súbɪaenęlas(ş)ensór↓

   nósotros_____↓   súbɪamos |enęlas(ş)ensór↓

   ústeɗ_____↓   súbɪaenęlas(ş)ensór↓

   eǫyas_____↓   súbɪan |enęlas(ş)ensór↓

---

6 *Ellas* traducían mejor.

   Yo_____.   Traducía mejor.

   Tú_____.   Traducías mejor.

   Uds._____.   Traducían mejor.

   Carmen y yo_____.   Traducíamos mejor.

7 *Luisa* subía en el ascensor.

   Yo_____.   Subía en el ascensor.

   Nosotros_____.   Subíamos en el ascensor.

   Ud. _____ _____.   Subía en el ascensor.

   Ellas_____.   Subían en el ascensor.

Tense substitution

1	nèṣèsito̞ |unlápiṣ↓	nèṣèsitab̞a̞ |unlápiṣ↓
2	èspèramos |alasekretáryà↓	èspèrab̞amos |alasekretáryà↓
3	pàsean |lozd̞omíŋgòs↓	pàṣe̞aban |lozd̞omíŋgòs↓
4	kòbra |d̞emasyád̞ò↓	kòb̞raba |d̞emasyád̞ò↓
5	nokomotántò↓	nokomiatántò↓
6	subempora⌐í↓	sùbiamporaí↓
7	metelapátà↓	mètia̞lapátà↓
8	miro̞ |aesamorénà↓	miraba̞ |aesamorénà↓
9	àblamos |konsу̥íhà↓	àb̞labamos |konsу̥íhà↓
10	barrelkwártò↓	bàrria̞elkwártò↓
11	èmpèṣamos |alaznwébè↓	èmpèṣáb̞àmòs |alaznwébè↓

1	*Necesito* un lápiz.	Necesitaba un lápiz.
2	*Esperamos* a la secretaria.	Esperábamos a la secretaria.
3	*Pasean* los domingos.	Paseaban los domingos.
4	*Cobra* demasiado.	Cobraba demasiado.
5	No *como* tanto.	No comía tanto.
6	*Suben* por ahí.	Subían por ahí.
7	*Mete* la pata.	Metía la pata.
8	*Miro* a esa morena.	Miraba a esa morena.
9	*Hablamos* con su hija.	Hablábamos con su hija.
10	*Barre* el cuarto.	Barría el cuarto.
11	*Empezamos* a las nueve.	Empezábamos a las nueve.

18.21.12 Response drill

1 èláŋyópàsàdo |ùstéotràbàhàbat̩oestùdyábà↓   èláŋyópàsàdo |tràbàhàbà↓

2 èláŋyópàsàdo |ùstéoèstràbàhàbant̩oestùdyábàn↓   èláŋyópàsàdo |tràbàhàbàmòs↓

3 èláŋyópàsàdo |éltràbàhàbat̩oestùdyábà↓   èláŋyópàsàdo |tràbàhàbà↓

4 èláŋyópàsàdo |é(l)yòstràbahábàn ↑ oestùdyábàn ↓   èláŋyópàsàdo |tràbàhàbàn↓

[èŋkàlifórnyà↓] 5 dóndèbibíàn.é(l)yòs |ántèzdèbèníràkí ↓   bìbìanèŋkàlifórnyà↓

[èŋkàlifórnyà↓] 6 dóndebibìàstú |ántèzdèbèníràkí↓   bìbìaèŋkàlifórnyà↓

[èŋkàlifórnyà↓] 7 dóndebibìànustédès |ántèzdèbèníràkí↓   bìbìamos |eŋkàlifórnyà↓

[èŋkàlifórnyà↓] 8 dóndebibìaél |ántèzdèbèníràkí↓   bìbìaèŋkàlifórnyà↓

---

1 ¿El año pasado Ud. trabajaba o estudiaba?   El año pasado trabajaba.

2 ¿El año pasado Uds. trabajaban o estudiaban?   El año pasado trabajábamos.

3 ¿El año pasado él trabajaba o estudiaba?   El año pasado trabajaba.

4 ¿El año pasado ellos trabajaban o estudiaban?   El año pasado trabajaban.

(en California) 5 ¿Dónde vivían ellos antes de venir aquí?   Vivían en California.

(en California) 6 ¿Dónde vivías tú antes de venir aquí?   Vivía en California.

(en California) 7 ¿Dónde vivían Uds. antes de venir aquí?   Vivíamos en California.

(en California) 8 ¿Dónde vivía él antes de venir aquí?   Vivía en California.

[ènlàkásà↓]   9   kwándǫùsteɗesrtuɗyábà |kómiạen̦unrrestoránt   nǫ́↓ kómiạenlakásà↓

[ènlàkásà↓]   lo kwándǫéᵞyoșestuɗyábàn |kómiạen̦en̦unrrestoránt   nǫ́↓ kómiạen̦enlakásà↓

[ènlàkásà↓]   11 kwándǫùsteɗeșestuɗyábàn |kómiạen̦unrrestoránt   nǫ́↓ kómiạmos |enlakásà↓

[ènlàkásà↓]   12 kwándǫelestuɗyábà |kómiạen̦unrrestoránt   nǫ́↓ kómiạenlakásà↓

              13 téniạustéɗawtǫ |ántest   si↓ ántes |teníạwtǫ́↓

              14 téniạnùsteɗeșawtǫ |ántest   si↓ ántes |teníạmoșạwtǫ́↓

              15 téniạneⁱᵞyoșawtǫ |ántest   si↓ ántes |teníạnạ́wtǫ́↓

(en la casa)   9 Cuando Ud. estudiaba, ¿comía en un restorán?   No, comía en la casa.

(en la casa) 10 Cuando ellos estudiaban, ¿comían en un restorán? No, comían en la casa.

(en la casa) 11 Cuando Uds. estudiaban, ¿comían en un restorán?   No, comíamos en la casa.

(en la casa) 12 Cuando él estudiaba, ¿comía en un restorán?   No, comía en la casa.

              13 ¿Tenía Ud. auto antes?   Sí, antes tenía auto.

              14 ¿Tenían Uds. auto antes?   Sí, antes teníamos auto.

              15 ¿Tenían ellos auto antes?   Sí, antes tenían auto.

18.21.13 Translation drill

1 Louise never washed anything.

lwísànuŋka|lababanáɖà↓

Luisa nunca lavaba nada.

2 The shirts were always dirty.

làskàmisàs|syemprestabansúşyàs↓

Las camisas siempre estaban sucias.

3 We used to send them to the laundry.

nósótroz|lázmándabamos|alalabanderíà↓

Nosotros las mandábamos a la lavandería.

4 I took them myself.

yòmízmò|làzɑ̀yèbábà↓

Yo mismo las llevaba.

5 There were always a lot of people there.

syemprę|àbíàmuchahéntę|àɑ̀yí↓

Siempre había mucha gente allí.

6 Louise lived previously in the outskirts.

lwísà|bibíàntes|énlàsàfwèràs↓

Luisa vivía antes en las afueras.

7 She worked in the business district.

tràbàhabą|énèlsèktorkomerşyál↓

Trabajaba en el sector comercial.

8 The traffic made her nervous.

èltráfiko|làpónɪanerbyósà↓

El tráfico la ponía nerviosa.

9 The noise didn't bother us.

ànósótros|èlrrwíɖo|nonozmolestábà↓

A nosotros, el ruido no nos molestaba.

10 We always had something special to do.

syempreteníamos|àlgǫespeşyál|kęàşér↓

Siempre teníamos algo especial que hacer.

11 I used to have an old desk but a good one.

yóteníą|unęskritóryobyéhò|pérótwenò↓

Yo tenía un escritorio viejo pero bueno.

12	I liked it a lot.	mègústabamúchò↓	Me gustaba mucho.
13	Every day at four Louise brought us coffee.	tòdozlordías |àláskwátro |lwísa	nòstráıakafé↓	Todos los días a las cuatro Luisa nos traía café.
14	We also ate apple pie.	kòmíamos |pasteldemanşáná |támbyén↓	Comíamos pastel de manzana también.
15	Carmen and Louise washed the cups.	karmenılwísa |lábabanlastáşàs↓	Carmen y Luisa lavaban las tazas.
16	On Fridays nobody brought anything.	lózbyérnèz	nádyètráíánádà ↓	Los viernes nadie traía nada.
17	They (f) were all tired.	tódàs	èstábàɲkànsádàs ↓	Todas estaban cansadas.

B.   Discussion of pattern

The second set of endings to express past time in Spanish is referred to as past II. These are always distinguished from past I forms in the sense that they 'mean' something different. A full comparison of past I and past II is presented in Unit 19.

Past II forms (sometimes called 'imperfect' forms) carry the idea of indefiniteness, in time or extent. For example, past II forms express actions (or processes) of extended or undetermined duration or an action repeated an indefinite number of times. There is inherently an aspect of indefinite extension in any action or process which is reported in past II; that is, the course of the action is emphasized, rather than its beginning or ending.

The forms of regular past II tense patterns have two or three syllable endings with stress on the first syllable of the ending. There is no distinction between 1 sg and 2-3 sg. Also the /-ér/ and /-ír/ theme classes fall together throughout their past II formation.

18.21.2   Past II tense forms of irregular verbs

A.   Presentation of pattern

ILLUSTRATIONS

—————————————

1   nóbéía | kómòdèṣírsèlò ↓   No *veía* cómo decírselo.

You couldn't see a way to tell him about it?   **2**   nóbéías | kómodeṣírselo↑   ¿No *veías* cómo decírselo?

We couldn't see a way to let him know.   **3**   nóbéíamòs | kómọabisárle↓   No *veíamos* cómo avisarle.

They didn't see how they could get used   **4**   nóbéíaṇ | kómọakostumbrárse↓   No *veían* cómo acostumbrarse.
    to it.

—————————————

5   èlhefę | éràmúybwénapersónà↓   El jefe *era* muy buena persona.

Before, you were more calm.   **6**   ántes | éràzmástraŋkíló↓   Antes *eras* más tranquilo.

In those days we were good friends.   **7**   èṇésòzđías | éràmózmúyamígós↓   En esos días *éramos* muy amigos.

—————————————

8   lòsàmérikanos | érànmástraŋkílós↓ Los americanos *eran* más tranquilos.

—————————————

9   íbàđármę | ùnàđúchà ↓   *Iba* a darme una ducha.

You previously went by boat?   **10** ántes | íbasembárko↑   ¿Antes *ibas* en barco?

We always went by plane.

11 syémprę|íbamosporabyón↓

Siempre *íbamos* por avión.

Beside, they went with
(had) permission.

12 ademas†íbaŋkómpermisó↓

Además, *iban* con permiso.

EXTRAPOLATION

	b—ér	s—ér	—ír
1-2-3 sg	be—ía	—éra	—íba
2 fam sg	be—ías	—éras	—íbas
1 pl	be—íamos	—éramos	—íbamos
2-3 pl	be—ían	—éran	—íban

NOTES

a. There are only three verbs in Spanish with irregular past II tense forms.

b. Of these, /bér/ is irregular only in having the stem /be—/ instead of the stem /b—/.

c. /sér/ and /ír/ have no stems in past II, only an irregular set of endings.

d. The /-ír/ forms are noteworthy as the ancestral forms of /-ír/ past II endings: /íba/ resembles /ába/ by having the /-b-/ that is missing from the /-ía/ endings.

18.21.21 Substitution drills — Person-number substitution

1   yóęràmígòđél ↓

     ùstéđès _____↓   éràn |àmìgòzđél↓

     àntónyọiyó__↓   éràmos |àmìçòzđél↓

     lwìsạ_____↓   éràmìgàđél↓

     é(l)yòs_____↓   éràn |àmígòzđél ↓

2   é(l)yà|syémpręìbàsusfyéstàs↓

     yó_____↓   syémprę |ìbàsusfyéstàs↓

     é(l)yàs _____↓   syémprę |ìbaṇasusfyéstàs↓

---

1   *Yo* era amigo de él.

    Uds._____.   Eran amigos de él.

    Antonio y yo_____.   Eramos amigos de él.

    Luisa_____.   Era amiga de él.

    Ellos_____.   Eran amigos de él.

2   *Ella* siempre iba a sus fiestas.

    Yo_____.   Siempre iba a sus fiestas.

    Ellas _____.   Siempre iban a sus fiestas.

```
    ántónyǫịyó_____↓          syémprę|íbamosạsusfyéstạs↓
    lwisạihosé_____↓          syémprę|íbanạsusfyéstạs↓

3  nósótṛoz|béịamozlasfótòs↓
    é(l)yà_____↓              béịalasfótòs↓
    hwánịlwịsá_____↓          béịanlasfótòs↓
    hwánịyó_____↓             béịamozlasfótòs↓
    yó_____↓                  béịalasfótòs↓
```

Antonio y yo_____.   Siempre íbamos a sus fiestas.
Luisa y José_____.   Siempre iban a sus fiestas.

3 *Nosotros* veíamos las fotos.

   Ella _____.   Veía las fotos.
   Juan y Luisa _____.   **Veían las fotos.**
   Juan y yo_____.   **Veíamos las fotos.**
   Yo_____.   **Veía las fotos.**

Tense substitution

1 somozgórdòs↓   éramozgórdòs↓

2 boyapyé↓   íbapyé↓

3 benasusamígòs↓   bèianasusamígòs↓

4 soyamigosúyò↓   éràmigosúyò↓

5 bámóstodozlozdíàs↓   íbámóstodozlozdíàs↓

6 beomuybyén↓   bèiamuybyén↓

7 sónmuynerbyósòs↓   érànmuynerbyósòs↓

8 banenáwtò↓   ibanenáwtò↓

9 bétodomál↓   bèíàtodomál↓

---

1 *Somos* gordos.   Eramos gordos.

2 *Voy* a pié.   **Iba a pié.**

3 *Ven* a sus amigos.   **Veían a sus amigos.**

4 *Soy* amigo suyo.   **Era amigo suyo.**

5 *Vamos* todos los días.   Ibamos todos los días.

6 *Veo* muy bien.   **Veía muy bien.**

7 *Son* muy nerviosos.   **Eran muy nerviosos.**

8 *Van* en auto.   **Iban en auto.**

9 *Ve* todo mal.   **Veía todo mal.**

18.21.22 Translation drill

1 We were very good friends of the Garcías.

nósótrós |érámóʔmúyamígoʔ |delozgarşíáↆ

Nosotros éramos muy amigos de los García.

2 Alice was a friend of theirs also.

álişyạ | éràmígàđé(l)yós | tàmbyén ↓

Alicia era amiga de ellos también.

3 We always went to the stores together.

syemprẹibamos |àlàstyéndashúntòsↆ

Siempre íbamos a las tiendas juntos.

4 Alice went with us.

áliṣyạ |ibako(n)nosótròsↆ

Alicia iba con nosotros.

5 We saw many pretty things.

béiamoz |múchaskósazbonítàsↆ

Veíamos muchas cosas bonitas.

6 Alice looked at lots of suits.

áliṣya |béiamúchostráhèsↆ

Alicia veía muchos trajes.

7 We went to lots of parties with the Garcías.

ibamos |ánuchasfyéstas |konlozgarşíáↆ

Ibamos a muchas fiestas con los García.

8 Their daughter never went with us.

lạíhàđé(l)yòz |nuŋkạibako(n)nosótròsↆ

La hija de ellos nunca iba con nosotros.

9 Alice and her fiancé went only once in a while.

áliṣyạisunóbyo |sólọiban |đèbeṣẹŋkwándòↆ

Alicia y su novio sólo iban de vez en cuando.

10 Alice was very pretty.

áliṣyạ |éràmuybonítáↆ

Alicia era muy bonita.

11 Her fiancé was (an) American.

ẹlnóƀyòđé(l)yạ | |erámerikánòↆ

El novio de ella era americano.

8.21.3   Question intonation patterns — Negative confirmation questions

A. Presentation of pattern

ILLUSTRATION

Is it worth while?

1   balelapéna↑

       2   22↑
¿Vale la pena?

the truth

    là-ḃérḋáḋ↓

la verdad

It isn't worth while, is it?

    nobalelapéná |ḃérḋaḋ↑

    2 2   1 1 | 1 22↑
No vale la pena, ¿verdad?

_____

2   ézmuykaro↑

    1 2 22↑
¿Es muy caro?

It isn't very expensive, is it?

    noézmuykáró |ḃérḋaḋ↑

    2   21 | 1 22↑
No es muy caro, ¿verdad?

Does it have a bedroom?

3   tyéneḋormitóryo↑

    2   22↑
¿Tiene dormitorio?

It doesn't have a bedroom, does it?

    nótyénéḋòrmitóryò | ḃérḋáḋ↑

    2 2   1 1 | 1 22↑
No tiene dormitorio, ¿verdad?

EXTRAPOLATION

Yes-no question	Negative confirmation
/1222↑/	/nó/ + /2211 | 1 22↑ / berdád/

a.   When a speaker wants a negative confirmation of what he is asking, he follows the

/2211 |/ pattern which includes the word /nó/ with /berdád↑/.

18.21.31 Substitution drill — Pattern substitution

1 báylamúcho↑   nobáylamúchó |bérdad↑

2 byenestanóche↑   nobyenestanóché |bérdad↑

3 bálabóda↑   nobálabóda |bérdad↑

4 kyeremasągwa↑   nókyérémàs.ágwą | bérdád ↑

5 dapropina↑   nodapropíná |bérdad↑

6 kámbyachékes↑   nokambyachékèz |bérdad↑

7 trábahąestasemana↑ˑ   notrabahąestasemáná |bérdad↑

---

2 2 2↑
1 ¿Baila mucho?

2   2 2↑
2 ¿Viene esta noche?

2   2 2↑
3 ¿Va a la boda?

2   2 2↑
4 ¿Quiere más agua?

2   2 2↑
5 ¿Da propina?

2   2 2↑
6 ¿Cambia cheques?

1 2   2 2↑
7 ¿Trabaja esta semana?

2 2 1 1 | 1 22↑
No baila mucho, ¿verdad?

2 2   1 1 | 1 22↑
No viene esta noche, ¿verdad?

2 2   1 1 | 1 22↑
No va a la boda, ¿verdad?

2 2   1 1 | 1 22↑
No quiere más agua, ¿verdad?

2 2   1 1 | 1 22↑
No da propina, ¿verdad?

2 2   1 1 | 1 22↑
No cambia cheques, ¿verdad?

2 2   1 1 | 1 22↑
No trabaja esta semana, ¿verdad?

8   èstákonténtô↑   noǫstákonténtô |bèrđáđ↑

9   bélos,anúnşyos↑   nóbelos,anúnşyóʐ |bèrđáđ↑

10 komprạelperyóđiko↑   nokómprạelperyóđikô |bèrđáđ↑

11 debéđemasyáđo↑   nođebéđemasyáđô |bèrđáđ↑

```
        1 2   2 2↑                              2  2   1 1 | 1 22↑
8  ¿Está contento?                       No está contento, ¿verdad?

          2    2 2↑                           2 2     1 1 | 1 22↑
9  ¿Ve los anuncios?                     No ve los anuncios, ¿verdad?

          2       2 2↑                         2 2       1 1 | 1 22↑
10 ¿Compra el periódico?                 No compra el periódico, ¿verdad?

          2     2 2↑                           2 2     1 1 | 1 22↑
11 ¿Debe demasiado?                      No debe demasiado, ¿verdad?
```

B. Discussion of pattern

A question which anticipates a negative confirmation in its answer usually will be cast in the negative (/nó/ will appear before the verb) and will be structured on
the pattern /2211 |122↑/, with the last part consisting of the word /berdáđ↑/ . The confirmation element is often expanded to /noésberdáđ↑/ .

Equivalent English expressions are: 'are you', 'does it', 'has he', 'did they', or 'aren't you', 'doesn't it', 'hasn't he', 'didn't they', etc.

18.22   Replacement drills

A   èŋkekompaŋyíà |tràbáhạùstéđ↓

1 _____ùstéđès↓   èŋkekompaŋyíà |tràbáhànùstéđès↓

2 _kwál_____↓   èŋkwalkompaŋyíà |tràbáhànùstéđès↓

3 _____tràbàhábàn_____↓   èŋkwalkompaŋyíà |tràbàhábànùstéđès↓

4 _____hòsé↓   èŋkwalkompaŋyíà |tràbàhábàhòsé↓

5 _____ şyuđáđ_____↓   èŋkwalşyuđáđ |tràbàhábàhòsé↓

6 _____bibíà_____↓   èŋkwalşyuđáđ |bibíàhòsé↓

7 _____nósótrós↓   èŋkwalşyuđáđ |bibíàmóznòsótrós↓

A   ¿En qué compañía trabaja usted?

1 ¿ _____ ustedes?   ¿En qué compañía trabajan ustedes?

2 ¿ _cuál_____ ?   ¿En cuál compañía trabajan ustedes?

3 ¿ _____ trabajaban ___?   ¿En cuál compañía trabajaban ustedes?

4 ¿ _____ José?   ¿En cuál compañía trabajaba José?

5 ¿ _____ciudad _____ ?   ¿En cuál ciudad trabajaba José?

6 ¿ _____ vivía _____?   ¿En cuál ciudad vivía José?

7 ¿ _____ nosotros ?   ¿En cuál ciudad vivíamos nosotros?

18.25   103

B̄   èlhéfe̟ |èràmúybwénapersónà↓

1   lòs_____↓   lòshéfes |èrànmúybwénaspersónàs↓

2   _____amígòs↓   lòshéfes |èrànmúybwénos‚amígòs↓

3   ___chìkas_____↓   làschìkas |èrànmúybwénas‚amígàs↓

4   _____màlas_____↓   làschìkas |èrànmúymàlas‚amígàs↓

5   àké͡ʎàs_____↓   àké͡ʎàschìkas |èrànmúymàlas‚amígàs↓

6   _____ombres_____↓   àké͡ʎòs‚ombres |èrànmúymàlos‚amígòs↓

7   _____héfès↓   àké͡ʎòs‚ombres |èrànmúymàloshéfès↓

B   El jefe era muy buena persona.

1 Los_____.   Los jefes eran muy buenas personas.

2 _____amigos.   Los jefes eran muy buenos amigos.

3 ___chicas_____.   Las chicas eran muy buenas amigas.

4 _____malas_____.   Las chicas eran muy malas amigas.

5 Aquellas_____.   Aquellas chicas eran muy malas amigas.

6 ___hombres_____.   Aquellos hombres eran muy malos amigos.

7 _____jefes.   Aquellos hombres eran muy malos jefes.

C   àmí |mégústàrìąír↓

1   _nòsótròz_____↓   ànòsótròz | nòzgùstàríąír ↓

2   _____.tràbàhár↓   ànòsótròz | nòzgùstàríátràbàhár ↓

3   _____gùstàba_____↓   ànòsótròz | nòzgùstábàtràbàhár ↓

4   _é(l)yòz_____↓   ąé(l)yòz | lèzgùstábàtràbàhár ↓

5   _____íròekómpràs↓   ąé(l)yòz | lèzgùstábą | íròekómpràs ↓

6   _____gùstą_____↓   ąé(l)yòz | lèzgústą | íròekómpràs ↓

7   nadye_____↓   ànádyè | lègústą | íròekómpràs ↓

C   A mí me gustaría ir.

1   _ nosotros _____.   A nosotros nos gustaría ir.

2   _____ trabajar.   A nosotros nos gustaría trabajar.

3   _____ gustaba _____.   A nosotros nos gustaba trabajar.

4   _ellos _____.   A ellos les gustaba trabajar.

5   _____ ir de compras.   A ellos les gustaba ir de compras.

6   _____ gusta _____.   A ellos les gusta ir de compras.

7   _ nadie _____.   A nadie le gusta ir de compras.

D   yó |nobóyapočér |éstèsábàdò↓

1 _____ díàs↓   yó |nobóyapočér |éstôzčíàs↓

2 nósótroz_____↓   nósótroz |nobamos,apočér |éstôzčíàs↓

3 _____ tárdè↓   nósótroz |nobamos,apočér |éstàtárdè↓

4 _____benír_____↓   nósótroz |nobamos,abenír |éstàtárdè↓

5 _____íbamos_____↓   nósótroz |nǫíbamos,abenír |éstàtárdè↓

6 _____àkéꞈyà___↓   nósótroz |nǫíbamos,abenír |àkéꞈyàtárdè↓

7 él_____↓   él |nǫíbabenír |àkéꞈyàtárdè↓

D   Yo no voy a poder este sábado.

1 _____días.   Yo no voy a poder estos días.

2 Nosotros _____.   Nosotros no vamos a poder estos días.

3 _____tarde.   Nosotros no vamos a poder esta tarde.

4 _____venir_____.   Nosotros no vamos a venir esta tarde.

5 _____íbamos_____.   Nosotros no íbamos a venir esta tarde.

6 _____aquella___.   Nosotros no íbamos a venir aquella tarde.

7 El_____.   El no iba a venir aquella tarde.

E   pŏd́émoz |d́èhárlo |pàṛàélótró↓

1   pwéd́o_____↓   pwéd́o |d́èhárlo |pàṛàélótró↓

2   _____hwebés↓   pwéd́o |d́èhárlo |pàṛàélhwebés↓

3   _____ése_____↓   pwéd́o |d́èhárlo |pàṛàésehwébès↓

4   pŏd́ía_____↓   pŏd́ía |d́èhárlo |pàṛàésehwébès↓

5   _____àṣérlo_____↓   pŏd́ía |àṣérlo |pàṛàésehwébès↓

6   _____d́íá↓   pŏd́ía |àṣérlo |pàṛàésed́íà↓

7   _____ótro____↓   pŏd́ía |àṣérlo |pàṛàótrod́íà↓

E   Podemos dejarlo para el otro.

1   Puedo_____.   Puedo dejarlo para el otro.

2   _____jueves.   Puedo dejarlo para el jueves.

3   _____ese____.   Puedo dejarlo para ese jueves.

4   Podía_____.   Podía dejarlo para ese jueves.

5   _____hacerlo_____.   Podía hacerlo para ese jueves.

6   _____día.   Podía hacerlo para ese día.

7   _____otro____.   Podía hacerlo para otro día.

F   èntonşez |↷ỳàmàreạlkoronél↓   èntonşez |ɑ̨yàmàreạlhéfè↓

1 _____héfé↓   nuŋka |ɑ̨yamareạlhéfé↓

2 nuŋka_____ _____↓   nuŋka |ɑ̨yamareạlachíkà↓

3 _____chíkà↓   nuŋka |ɑ̨yamare |ạesachíkà↓

4 _____ésa___↓   dèspwéz |ɑ̨yamare |ạesachíkà↓

5 dèspwéz_____↓   dèspwez |ɑ̨yamaré |ạeso(s)seŋyórès↓

6 _____seŋyórès↓   àora |ɑ̨yamare |ạeso(s)seŋyórès↓

7 àora_____↓

F   Entonces, llamaré al Coronel.   Entonces, llamaré al jefe.

1 _____ jefe.   Nunca llamaré al jefe.

2 Nunca_____.   Nunca llamaré a la chica.

3 _____ chica.   Nunca llamaré a esa chica.

4 _____esa____.   Después llamaré a esa chica.

5 Después_____.   Después llamaré a esos señores.

6 _____ señores.   Ahora llamaré a esos señores.

7 Ahora_____.

18.23   Variation drills

A dèzdẹaṣe |múchotyémpò↓   Desde hace mucho tiempo.

1 For such a long time.   dèzdẹaṣe |tántotyémpò↓   Desde hace tanto tiempo.

2 For so many years.   dèzdẹaṣe |tántosáɲòs↓   Desde hace tantos años.

3 For many years.   dèzdẹaṣe |múchosáɲòs↓   Desde hace muchos años.

4 For many days.   dèzdẹaṣe |múchozdíàs↓   Desde hace muchos días.

5 For some days.   dèzdẹaṣẹ |únozdíàs↓   Desde hace unos días.

6 For five days.   dèzdẹaṣe |ṣiŋkodíàs↓   Desde hace cinco días.

7 For five months.   dèzdẹaṣe |ṣiŋkomésès↓   Desde hace cinco meses.

B nó↓ ántes |tràbàhábạ |enụnạofiṣínà↓   No. Antes trabajaba en una oficina.

1 No. Before, I was working at an agency.   nó↓ ántes |tràbàhábạ |enụnahénṣyà↓   No. Antes trabajaba en una agencia.

2 No. Before, I was working in the Embassy.   nó↓ ántes |tràbàhábạ |enlạembahádà↓   No. Antes trabajaba en la embajada.

3 No. Before, I was in the Embassy.   nó↓ ántes |lạembahádà↓   No. Antes estaba en la embajada.

4 No. Before, I was in California.   nó↓ ántes |èstábȩeŋkalifórnyà↓   No. Antes estaba en California.

5 Yes. Before, I was living in California.   sí↓ ántez |bíbȩeŋkalifórnyà↓   Sí. Antes vivía en California.

6 Yes. Before, I was living here.   sí↓ ántez |bíbȩakí↓   Sí. Antes vivía aquí.

7 Yes. Before, I used to eat here.   sí↓ ántes |kòmȩakí↓   Sí. Antes comía aquí.

C áblandodȩȩotrakósà↓   Hablando de otra cosa.

1 Speaking of other things.   ábландodȩȩotraskósàs↓   Hablando de otras cosas.

2 Speaking of another person.   áblando |dȩotrapersónà↓   Hablando de otra persona.

3 Speaking with another person.   áblando |kònotrapersónà↓   Hablando con otra persona.

4 Eating with some friends.   kòmyéndo |kònunòsàmigòs↓   Comiendo con unos amigos.

5 Going out with some friends.   sályendo |kònunòsàmigòs↓   Saliendo con unos amigos.

6 Conversing at the office.   kòmbèrsandȩ |enlȩofișínà↓   Conversando en la oficina.

7 Arriving at the office.   ǫyègandȩ |alȩofișínà↓   Llegando a la oficina.

D hárriznos̩imbitó|a̩bisitárlamisyón↓   Harris nos invitó a visitar la misión.

1 Harris invited us to visit his house.   hárriznos̩imbitó|a̩bisitársukásȧ↓   Harris nos invitó a visitar su casa.

2 Molina invited us to visit the stores.   mólinanos̩imbitó|a̩bisitárlastyéndȧs↓   Molina nos invitó a visitar las tiendas.

3 Juan invited us to see (get acquainted with)   hwa(n)nos̩imbitó|a̩kȯnȯs̩érlas̩yuḑá́ḑ↓   Juan nos invitó a conocer la ciudad.
  the city.

4 Mary took us to see (get acquainted with)   máríánȯz(l)yèbó|a̩kȯnȯs̩érlas̩yuḑáḑ↓   María nos llevó a conocer la cuidad.
  the city.

5 Paul took us to see the downtown (section).   páḃlȯnȯz(l)yèbó|a̩ḃerels̩éntrȯ↓   Pablo nos llevó a ver el centro.

6 He took us to buy some things.   élnȯz(l)yèbó|a̩kȯmprarunaskósȧs↓   El nos llevó a comprar unas cosas.

7 Someone invited us to go out.   álgyen|nos̩imbitȯa̩salír↓   Alguién nos invitó a salir.

E téngoke̩ir|ḑekómpras|kȯnlȧse̩ŋyȯrahárris↓   Tengo que ir de compras con la señora
                                                                                  Harris.

1 I have to go shopping this afternoon.   téngoke̩ir|ḑekómpras|éstȧtarḑè↓   Tengo que ir de compras esta tarde.

2 I have to go out shopping this afternoon.   téngokesalír|ḑekómpras|éstȧtarḑè↓   Tengo que salir de compras esta tarde.

3 I have to go out to eat tonight.   téngokesalír|akomér|éstȧnochè↓   Tengo que salir a comer esta noche.

4 I have to come to work tonight.   téngokeḃenír|atrabahár|éstȧnochè↓   Tengo que venir a trabajar esta noche.

5 I have to come tomorrow.   téŋgo |kèbènirmaŋyánà↓   Tèngo que venir mañana.

6 I have to return tomorrow.   téŋgo |kèbólbérmaŋyánà↓   **Tengo que volver mañana.**

7 I have to return (some) other day.   téŋgó | kébólbérótròdía ↓   **Tengo que volver otro día.**

F bamos |éstèsábaɑɡalasónşè↓   Vamos este sábado a las once.

1 Let's go this Saturday at twelve o'clock.   bamos |éstèsábaɑɡalazɑóşè↓   Vamos este sábado a las doce.

2 Let's go this Sunday at twelve o'clock.   bamos |éstèɑómiŋɡɡalazɑóşè↓   Vamos este domingo a las doce.

3 Let's go this Monday at three o'clock.   bamos |éstèlᴜnesᴀlastrés↓   Vamos este lunes a las tres.

4 Let's go this Thursday at one o'clock.   bamos |éstèhwebesᴀlaᴜnà↓   Vamos este jueves a la una.

5 Let's go this Thursday at two o'clock.   bᵃmos |éstèhwebesᴀlazɑós↓   Vamos este jueves a las dos.

6 Let's go this Friday at two thirty.   bamos |éstèbyérnes |àlàzɑós,ιméɑyà↓ Vamos este viernes a las dos y media.

7 Let's go this week.   bamos |éstasemánà↓   Vamos este semana.

18.24   Review drill — Word order in information questions

1 Where is he?   dóndestaél↓   ¿Dónde está él?

2 Why is he coming?   pórkebyenél↓   ¿Por qué viene él?

3 When is he coming?   kwandobyenél↓   ¿Cuándo viene él?

4 What are you studying?   kestúdyaustéd↓   ¿Qué estudia Ud.?

5 When does he arrive?   kwandoǫyegaél↓   ¿Cuándo llega él?

6 Where does he live?   dóndebiɓél↓   ¿Dónde vive él?

7 What does he have?   kétyenél↓   ¿Qué tiene él?

8 How does he talk?   kómoablaél↓   ¿Cómo habla él?

9 How does he write?   kómoeskriɓél↓   ¿Cómo escribe él?

10 Where do you work?   dóndetrabáhaustéd↓   ¿Dónde trabaja Ud.?

11 How much do you owe?   kwántodéɓeustéd↓   ¿Cuánto debe Ud.?

18.3   CONVERSATION STIMULUS

NARRATIVE 1

1 Jose has been at the Embassy for a long time.	áşémuchotyémpo |kèhòséstaẹnlẹembahá♂à↓	Hace mucho tiempo que José está en la Embajada.
2 He started to work there five years ago.	élempeşó |ạtràbàhara⌣yì↑áşèşiŋkǫáŋyòs↓	El empezó a trabajar allí hace cinco años.
3 He didn't work before that. He was in school.	antezǒeso |nótrabahábà↓ éstabẹenlẹeskwélà↓	Antes de eso no trabajaba. Estaba en la escuela.
4 It wasn't in school where he met Carmen.	nòfwenlẹeskwélà |ḋóndèkònòşyóạkármèn↓	No fué en la escuela donde conoció a Carmen.
5 He met her only a year ago, when she was working as a secretary.	làkónòşyo |áşẹàpénas |unáŋyò↓ kwándòtràbàhaba |komosekretáryà↓	La conoció hace apenas un año, cuando trabajaba como secretaria.

DIALOG 1

Juan, pregúntele a José cuánto tiempo hace que él está en la Embajada.	kwantotyémpǫ |ạşekestás |enlẹembahá♂à| hòsé↓	Juan: ¿Cuánto tiempo hace que estás en la Embajada, José?
José, contéstele que Ud. empezó a trabajar allí hace cinco años.	émpèşé |ạtrabàhara⌣yì↑áşèşiŋkǫáŋyòs↓	José: Empecé a trabajar allí hace cinco años.
Juan, pregúntele en qué trabajaba antes.	èŋketrabahabas̠ántès↓	Juan: ¿En qué trabajabas antes?

José, dígale que Ud. no trabajaba. Que estaba en la escuela.

nótrabahábà↓ èstabạ |ênlạéskwélà↓

José: No trabajaba. Estaba en la escuela.

Juan, pregúntele si fué allí donde conoció a Carmen.

fwéạ(l)yí |dóndekonóşistẹ |akármén↑

Juan: ¿Fué allí donde conociste a Carmen?

José, contéstele que no. Que a Carmen Ud. la conoció hace apenas un año, cuando trabajaba como secretaria en una oficina.

nó↓ àkármén↑làkónóşi |áşẹápénas | únạnyò↓kwándòtràbàhába |kómòsèkrètáryạ |en únạofişínà↓

José: No. A Carmen la conocí hace apenas un año, cuando trabajaba como secretaria en una oficina.

NARRATIVE 2

1 She was very happy in that job.

é(l)yạ |èstábàmúykonténtạ |ènẹsètràbáhò↓

Ella estaba muy contenta en ese trabajo.

2 But she quit because it didn't suit her.

pérólòdèhó |pórkènólekombeníà↓

Pero lo dejó porque no le convenía.

3 They paid her very little.

lèpàgàbàn |múypókò↓

Le pagaban muy poco.

4 She did the right thing in quitting that job, then.

íşóbyén |endèhár |esètràbáhọ |èntónşès↓

Hizo bien en dejar ese trabajo, entonces.

5 Besides, she's soon going to be Mrs. Molina.

àdèmás |próntobasér |làsènyorademolínà↓

Además, pronto va a ser la señora de Molina.

6 But it was hard for her to quit her job.

pérólèkòstó |dèhàreltràbáhò↓

Pero le costó dejar el trabajo.

7 Because she liked the people she worked with very much.

pórkèlègùstábamucho |làhénte |koŋkyén trabahábà↓

Porque le gustaba mucho la gente con quien trabajaba.

DIALOG 2

Juan, pregúntele a José, a propósito, por
qué dejó ella ese trabajo. Que si no
estaba contenta.

áprópósitó↓ pòrké |dehoéˋẏạ |ésetrabáhò↓

nǫ̀èstabakontentà↑

Juan: A propósito, ¿por qué dejó ella
ese trabajo? ¿No estaba contenta?

José, contéstele que sí, pero que no le
convenía. Que pagaban muy poco.

sí↓ péronolekombeníà↓ lèpàgaban |

muypókò↓

José: Sí, pero no le convenía. Le pagaban
muy poco.

Juan, dígale que entonces hizo bien. Que
además, pronto va a ser la Sra. de Molina.

èntónşes |ișobyén↓ àdèmàs |pròntobáser |

làsènyoradèmolínà↓

Juan: Entonces hizo bien. Además pronto
va a ser la señora de Molina.

José, dígale que así es. Pero le costó
dejar el trabajo, dígale.

ásiés↓ pérôlèkòsto |dèhárèltràbáhò↓

José: Así es. Pero le costó dejar el
trabajo.

Juan, pregúntele que cómo, que por qué.

komó↓ pórke↓

Juan: ¿Como? ¿Por qué?

José, dígale que porque le gustaba mucho la
gente con quién trabajaba.

pórkèlègùstabamúcho |làhénte |kǒŋkyén

trabahábà↓

José: Porque le gustaba mucho la gente
con quién trabajaba.

NARRATIVE 3

1 Changing the subject, Harris invited Jose
and Carmen to visit the Air Force
Mission.

àblándo |dèotrakósa↑harrisımbitó |ạhóse

ịakarmen |àbisitárlamısyón |dèlàfwèrşaérèà↓

Hablando de otra cosa, Harris invitó a José
y a Carmen a visitar la Misión de la
Fuerza Aérea.

2 He invited Juan as well, but didn't tell
him what day.

imbitoạhwán |tàmbyém↓péronoled̮iho |kedíà↓

Invitó a Juan también, pero no le dijo qué
día.

3 He told Jose this Saturday or the next.

àhóséleđího|késtésábađo|ǫelkèbyéné↓

A José le dijo que este sábado o el que
viene.

4 Juan would like to go the next.

àhwàn|lègústàrìàir|èlkèbyéné↓

A Juan le gustaría ir el que viene.

5 Carmen would, too.

àkármentambyén↓

A Carmen también.

6 Because this Saturday she has to go
shopping with somebody.

pórkéstésábađǫ|é(l)yàtyénèkęír|đekómpràs|
kònálgyèn↓

Porque este sábado ella tiene que ir de
compras con alguien.

DIALOG 3

Juan, hablando de otra cosa, pregúntele a
José si Harris lo invitó a visitar la
Misión de la Fuerza Aérea.

àblándodǫotrakósà↓ àtitęimbitohárris|
abisitarlamisyón|delafwerşaereat↑

Juan: Hablando de otra cosa, ¿a ti te invitó
Harris a visitar la Misión de la
Fuerza Aérea?

José, contéstele que sí, que lo invitó a Ud.
y a Carmen también.

si↓ męimbitóąmi|ȥàkármentambyén↓

José: Sí, me invitó a mí y a Carmen también.

Juan, dígale que a Ud. también lo invitó,
pero no le dijo qué día.

àmitambyen|męimbitó↓pèrònómeđího|keđíà↓

Juan: A mí también me invitó, pero no me
dijo qué día.

José, contéstele que a Ud. le dijo que este
sábado o el que viene.

àmimeđího|késtésábado|ǫelkèbyéné↓

José: A mí me dijo que este sábado o el que
viene.

Juan, dígale que a Ud. le gustaría ir el que
viene.

àmí|mègústàrìàir|èlkèbyéné↓

Juan: A mí me gustaría ir el que viene.

José, dígale que a Carmen también porque
este sábado ella quedó en ir de compras
con alguien.

àkármentambyém↓pórkéstésábadǫ|
é(l)yàkèđó|ǫnirđekómpràs|kònálgyèn↓

José: A Carmen también porque este sábado
ella quedó en ir de compras con
alguien.

18.4   READINGS

18.40   List of cognate loan words

la continuación	la̱‑kòntinwásyón↓
general	hènèrál↓
excepto	ès(ş)éptò↓
la manera	la̱‑mànèrà↓
diferente	difèréntè↓
francamente	frankaméntè↓
directamente	direktaméntè↓
superior	sùpéryòr↓
por ejemplo	pòr‑èhemplò↓
irritada (irritar)	irritáđà↓ irritár↓
formar	fòrmár↓
la opinión	la̱‑ópinyón↓
la forma	la̱‑fórmà↓
tímido	tímiđò↓

18.41   Reading selection

Comentando (continuación)

Después de almorzar, los niños se levantaron de la mesa, pero don Ricardo y su esposa se quedaron conversando como lo hacían siempre. Después de hablar de otras cosas, don Ricardo volvió al tema de los nuevos vecinos.

—Americanos, ¿eh? —exclamó— ¿Qué piensas tú de los americanos en general?

—Yo no sé, pero me parece que deben ser gente igual a nosotros, excepto que ellos hablan inglés y nosotros español, y que su manera de vivir puede ser un poco
     diferente a la nuestra—contestó ella.— ¿Por qué?, ¿qué crees tú de ellos?

—Francamente no sé qué decir porque nunca los he tratado directamente; sólo hablo de vez en cuando con ellos cuando llegan a la oficina a preguntar cualquier
     cosa. Pero te pregunto porque a don Manuel, el jefe mío, no le gustan. Dice que todos los americanos creen que son superiores a nosotros; que, por ejemplo,
     a la vuelta de su casa vive una familia desde hace más de seis meses, y que hasta la fecha ni él ni los otros vecinos del barrio han podido conocer a esa
     gente. Dice que muchas veces se ha encontrado con ellos en la calle y ha querido hablarles, pero que ellos nada: no dicen ni 'buenos días' ni 'buenas noches'
     y eso lo hacen porque se creen superiores. Y así como es esa familia son todos los americanos, todos son iguales......eso dice don Manuel, yo no —agregó don
     Ricardo al ver que su mujer lo miraba un poco irritada.

—¿Cómo puede ese jefe tuyo formarse una opinión general de la gente así en esa forma? ¿Cómo sabe él si la razón por la cual esos americanos que viven cerca de su
     casa no hablan con nadie es porque no saben hablar español, o porque son muy tímidos, o por muchas otras razones?

—Tienes toda la razón. Don Manuel hace mal en hablar así de los americanos. Pero tú sabes que él es mi jefe y yo no puedo decirle nada. A propósito, ¿no sabes
     si estos señores de enfrente hablan español?

—No, no sé, pero debemos ir a visitarlos y ver si podemos ayudarles en algo. En todo caso, si no hablan español, tú sabes un poco de inglés.

—Hace mucho que no hablo, necesito practicar. Pero vamos esta noche, si quieres.

—No, Ricardo, esta noche no. Mejor mañana; ellos acaban de mudarse y todavía deben tener todo sin arreglar.

—Muy bien—exclamó don Ricardo, levantándose de la mesa— Así tengo tiempo de estudiar un poco esta tarde. Voy a llevarme el libro a la oficina. ¿Dónde está?

18.42   Response drill

1 ¿Qué hacían siempre Ricardo y Marta después de almorzar?

2 Después de hablar de otras cosas, ¿a cuál tema volvieron?

3 ¿Qué pensaba Marta de los americanos en general?

4 ¿Por qué no sabe don Ricardo cómo son los americanos?

5 ¿Qué le parecen al jefe de don Ricardo?

6 ¿Por qué tiene él la opinión de que los americanos creen ser superiores?

7 ¿Dónde vive esa familia de quién él habla?

8 ¿Cuánto tiempo hace que esa familia vive allí?

9 ¿Hace bien don Manuel en hablar así de los americanos?

10 ¿Por qué no puede don Ricardo decirle a él que hace mal?

11 ¿Cuándo van a ir los Fuentes a visitar a los Robinson?

12 ¿Por qué es mejor no ir esta noche?

13 ¿A dónde va a llevar don Ricardo el·libro de inglés?

14 ¿Para qué va a llevarlo allí?

15 ¿Cuánto tiempo hace que él no practica el inglés?

19.1   BASIC SENTENCES.   Visit to Air Mission.

Molina and White go to visit the Mission and are met by Coronel Harris.

ENGLISH SPELLING	AID TO LISTENING	SPANISH SPELLING
pardon (to pardon)	pėrđónė ↓ pėrđóná'r ↓	perdone (perdonar)
that (we) might arrive (to arrive)	kė-(l)yėgáràmòs ↓ (l)yėgá'r ↓	que llegáramos (llegar)
on time	à—ty.empò↓	a tiempo

Molina
Coronel, excuse us for not arriving on time.

kòrónė'l↓pėrđóne │kènó(l)yėgáràmòs.àtyémpò ↓

Molina
Coronel, perdone que no llegáramos a tiempo.

don't yourselves worry (to worry)

no-se-preokúpėn↓ prėòkúparsė↓

no se preocupen (preocuparse)

Harris
Don't give it a thought. What happened?

nosépreòkúpėn↓ kelespasó↓

Harris
No se preocupen. ¿Qué les pasó?

it got late on us

sė-nòs-iṣo-tárđė↓

se nos hizo tarde

to become late

àṣerse-tárđė↓

hacerse tarde

(we) could, were able (to be able)

púđimòs↓ pòđe'r↓

pudimos (poder)

to communicate ourselves (to communicate)

kòmúnikarnòs↓ kòmúnikarsė↓

comunicarnos (comunicarse)

Molina
It got late on us and we couldn't get in touch with you.

sėnòs,iṣotárđė'í inopúđimos │kòmúnikarnòs │

kònústéđ↓

Molina
Se nos hizo tarde y no pudimos comunicarnos con usted.

the line

là—línėà↓

la línea

White
We called but the line was busy.

(l)yàmámòs|pèròlàlínęą |èstábąokupáđà↓

Harris
You're right.

tyénèrrąṣón↓

about, around

kómò↓

the attaché (2)

èl—àgrègađò↓

aerial

àèrèò↓

I was nearly an hour talking with the Air Attaché.

èstube |kòmǫunąorą |àblàndo |kònęlàgrègađǫ
aérèò↓

to pertain, to belong

pèrtènèṣér↓

Molina
This building here....Does it belong to the American Mission?

éstędifíṣyò↓ pèrtènèṣęalamìsyonąamerikaná↑

the war

là—gérrà↓

the War Department

èl—minìstéryo-đè-gérrà ↓

the country

èl—pàís↓

Harris
No. It belongs to the War Department of this country. (3)

nò↓èzđélministéryo |đègérrà |đéstèpàís↓

only

sólàmèntè↓

We only have three rooms here for our offices.

sólàmènte |tènémòsąàkí |tréskwártos |para
ɲwestrasofiṣínàs↓

White
Llamamos pero la línea estaba ocupada.

Harris
Tiene razón.

como

el agregado

aéreo

Estuve como una hora hablando con el Agregado Aéreo.

pertenecer

Molina
Este edificio, ¿pertenece a la Misión Americana?

la guerra

El Ministerio de Guerra

el país

Harris
No, es del Ministerio de Guerra de este país.

solamente

Solamente tenemos aquí tres cuartos para nuestras oficinas.

forty

kwårentå↓

cuarenta

to land

åtèrrişár↓

aterrizar

White
Look at that C-47 coming in.

míraéseşé |kwaréntaisyété |kèstáterrişándó↓

White
Mira ese C-47 que está aterrizando.

to take off **(4)**

dèspègár↓

despegar

Molina
Isn't it the same one that was taking off when
  we were coming?

nọesẹlmizmo |keɗespegaba |kwandobeniamos↑

Molina
**¿No es el mismo que despegaba cuando
  veníamos?**

the motor, engine

èl‑mòtór↓

el motor

Harris
Yes. They're testing the engines.

sí↓èstámpròbando |loⁿmotórès↓

Harris
Sí, están probando los motores.

(we) would be able (to be able)

pòɗriámòs↓ pòɗér↓

podríamos (poder)

Molina
Could we go see it?

pòɗriamos |ıraberlo↑

Molina
¿Podríamos ir a verlo?

Harris
Sure.

klaró↓

Harris
¡Claro!

the base

là‑basè↓

la base

Afterwards I'll introduce you to the base commander.

dèspwéz |lèsprésentọ |àlhefeɗelabásè↓

Después les presento al jefe de la base.

several

báryòs↓

varios

the pilot   èl—pilótò↓   el piloto

And also to some of the pilots.   ìtàmbyén|àbáryoz|delospilótòs↓   Y también a varios de los pilotos.

19.10   Notes on the basic sentences

(1)   This form is a past subjunctive. It will be dealt with in units 49 and following.

(2)   Usage varies in different countries. For instance, in Chile, /adíkto/ *adicto* is frequently used.

(3)   Note /és—de/ *es de*, literally 'it is of.' In the present context this expression translates 'it belongs to'.

(4)   Instead of /despegár/ *despegar*, another item, /dekolár/ *decolar* is regularly heard in Peru, and occasionally in other Latin American countries.

19.2   DRILLS AND GRAMMAR

19.21   Pattern drills

19.21.1   Past I and past II in the same construction

A.   Presentation of pattern

ILLUSTRATIONS

_____   1   ⁀yàmámos|pèrólálinęą|estàbąokupáďà↓   *Llamamos*, pero la línea *estaba* ocupada.

_____   2   sìnótekombenìą↑işístèbyénęndehárlò↓   Si no te *convenía*, *hiciste* bien en dejarlo.

When I called, he wasn't in.   3   kwándòyǫ⁀yame↑ęlnǫestábà↓   Cuando yo *llamé*, él no *estaba*.

I opened a suitcase that wasn't mine.   4   àbriynamalétà|kènǫeramíà↓   *Abrí* una maleta que no *era* mía.

I went out with a girl that spoke Spanish.

5 sàlí |kónúnàsènyòrita |kęáblàtạ̈espạny6l↓   *Salí* con una señorita que *hablaba* español.

6 dího |kèpóďíamos ̦ir |éstes ̩s̩bàďó↓   *Dijo* que *podíamos* ir este sábado.

while

myentràs↓   **mientras**

While I was studying, she went downtown.

7 myéntrà?yóęstuďyabạ̈ é(l)yàfwéạlṣéntrò ↓   Mientras yo *estudiaba*, ella *fué* al centro.

EXTRAPOLATION

	Past I	Past II
Singly	↓ ⌃	· · · · · ⌃
	↓↓↓↓ ⌃	↓ n^{th} ⌃
In combination	=↓· · · · · · · · · · ⌃	

NOTES

a.   ⌃   means present
     ⌃   means past
     ⌃   means future

b. Past I implies definiteness in time or number.
    Past II implies indefiniteness in time or number.

c. In combination, an action in past I occurs during the background of an action in past II.

19.21.11 Translation drills — Contrastive translation [1]

1 I worked (for a time) at the Embassy.   tràbåhenlɐembạháɗà↓   Trabajé en la Embajada.

   I was working (at that time) at the   tràbåhabɐenlɐembaháɗà↓   Trabajaba en la Embajada.
   Embassy.

2 I went down (once) in the elevator.   båhenɐlas(ş)ensór↓   Bajé en el ascensor.

   I went down (customarily) in the elevator. båhabɐenɐlas(ş)ensór↓   Bajaba en el ascensor.

3 I couldn't find the house.   noɐŋkontrabalakásà↓   No encontraba la casa.

   I didn't find the house.   noɐŋkontrelakásà↓   No encontré la casa.

4 I left late (that time).   sålıtárɗè↓   Salí tarde.

   I left late (customarily).   sålıatárɗè↓   Salía tarde.

5 I lived there with my family (at that time). bibıa|kònmifàmílyɐ|à()yí↓ Vivía con mi familia allí.

   I lived there with my family (for a time). bibı|kònmifàmílyɐ|à()yí↓   Viví con mi familia allí.

6 I drank beer (all day).   tòmeşerbéşà↓   Tomé cerveza.

   I drank beer (every day).   tòmabaşerbéşà↓   Tomaba cerveza.

---

(1) For the purpose of this drill, the contexts have been kept minimal. Notice, however, that the implications of the choice of forms in Spanish can often be expressed in English only by an additional (here parenthetical) notation. Something akin to these parenthetical meanings is inherently present in the past I or past II Spanish verb.

7 I wrote very little (that time).   éskríbimuypókò↓   Escribí muy poco.

  I wrote very little (as a rule).   éskríbiamuypókò↓   Escribía muy poco.

8 I ate chops (once).   kòmichulétàs↓   Comí chuletás.

  I ate chops (regularly).   kòmiachulétàs↓   Comía chuletas.

9 I rented the house (that time).   àlkilelakásà↓   Alquilé la casa.

  I was renting the house (at that time).   àlkilabalakásà↓   Alquilaba la casa.

Mixed past tenses [1]

1 When I arrived, he wasn't there.   kwándò(l)yègeʼelnǫestábạ|àí↓   Cuando llegué, él no estaba ahí.

2 I saw an apartment that didn't have (any) furniture.   bí|ụnápàrtàmento|kènoteniamwéblès↓   Vi un apartamento que no tenía muebles.

3 I met a lady who was a friend of his.   kònóşi|ạúnàsènyora|kéràmigadél↓   Conocí a una señora que era amiga de él.

4 I spoke to the girl that I wanted to meet.   àble|kònlàmúchacha|kèkèriakonoşér↓   Hablé con la muchacha que quería conocer.

5 She swept the room that was dirty.   bàrryó|ęlkwárto|kèstabasúşyò↓   Barrió el cuarto que estaba sucio.

6 I went out with a girl that didn't speak English.   sàlí|kònùnàmúchacha|kènǫàblábạịnglés↓   Salí con una muchacha que no hablaba inglés.

---

[1] Each of the sentences in this drill is constructed to require one verb in past I and one verb in past II. Notice that the selection is not simplified by constructional contrasts in English such as 'did go' vs 'was going.'

7 We saw the lady that wanted to buy the house.

bímos |àlàsèɲyóra |kèkèrìakomprárlakásà↓

Vimos a la señora que quería comprar la casa.

8 He bought a car that didn't cost much.

kòmproyṇawto |kénokostàbamúchò↓

Compró un auto que no costaba mucho.

9 I opened a trunk that wasn't mine.

àbriymbaúl |kènǫeramíò↓

Abrí un baúl que no era mío.

10 We cleaned the windows because they were dirty.

limpyámoz |làzbèntanas↑pórkèstàbansúşyàs↓

Limpiamos las ventanas porque estaban sucias.

11 We repeated the sentence because he didn't understand it.

rrèpètímoz |làfrase↑pórkél |nolạentendíà↓

Repetimos la frase porque él no la entendía.

12 While I was having lunch, Juan wrote the letter.

myéntràzyóalmorşabaᵗhwanẹskribyólakártà↓

Mientras yo almorzaba, Juan escribió la carta.

13 While I was there, nobody went out.

myéntràzyó |ẹstabaⱮyi↑nosalyónáⱭyè↓

Mientras yo estaba allí no salió nadie.

Contextual translation [1]

1 We arrived from Cuba two years ago.

Ꝺyègámoz |Ɑèkúbạ |áşèⱭosáɲyòs↓

Llegamos de Cuba hace dos años.

2 When we lived there, we didn't speak Spanish.

kwándòbíbiamos |àⱮyi↑nǫablábamos,ẹspaɲyól↓

Cuando vivíamos allí no hablábamos español.

---

[1] The sentences in this drill, though numbered separately, are contextually related. In each case, the context determines whether the verb will occur in a past I or a past II form.

3 Every week we went to parties.

tóđazla(s)semanas |íbamosafyéstàs↓

Todas las semanas íbamos a fiestas.

4 We used to have lots of fun.

nózđibértiámòz |múchò↓

Nos divertíamos mucho.

5 At that time we had only one child.

éntónşes |téníàmòsuníhò |sólàméntè↓

Entonces teníamos un hijo solamente.

6 We had a girl that took care of him.

téníamos |únàmùchacha |kelọatendíà↓

Teníamos una muchacha que lo atendía.

7 When we arrived in Cuba, we bought a house.

kwándòⓎyégamos |akuba↑kómpramosunakásà↓

Cuando llegamos a Cuba compramos una casa.

8 It was very large.

éràmuygrándè↓

Era muy grande.

9 It had five bedrooms.

téníàşiŋkoⓇormitóryòs↓

Tenía cinco dormitorios.

10 Before leaving there, I fixed it up.

ántez |đésàlirđeaⓎya↑larreglé↓

Antes de salir de allá la arreglé.

11 A friend of mine bought it.

únàmiçomíolakompró↓

Un amigo mío la compró.

12 Actually, he didn't pay me very much.

énrrẹàliđađ↑nómepagomúchò↓

En realidad no me pagó mucho.

13 We lived in Cuba five years.

bíbimos |éŋkuba↑şiŋkọáɲyòs↓

Vivimos en Cuba cinco años.

14 And we liked it a lot.

inózgùstó |múchò↓

Y nos gustó mucho.

15 We left there two years ago.

sàlímozđẹaⓎya↑aşéđòs,aɲyòs↓

Salimos de allá hace dos años.

B. Discussion of pattern

English and Spanish have both developed from what 3000 years ago was a single language. The effects of this relationship can be seen in the many structural features the two languages have in common, such as number in nouns, person and case in pronouns, and tense in verbs. However, 3000 years is a long time, and the resultant differences are now as apparent as the similarities. For example, there is no gender agreement in English, the case distinctions of the pronouns are not the same, and the concept of tense in verbs is different, which is the subject of the present discussion.

In terms of form, the English verb system differentiates only what we call *past* from something we can best refer to negatively as *nonpast*. This nonpast can be differentiated structurally on the construction level into *present* and *future* (i.e., future can be expressed only through a *construction:* 'goes' vs 'will go'; there is no *tense* to express futurity.)

So English verbs differentiate three periods of time:

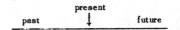

The present is represented as a point on the time line moving at a constant rate from past toward future.

For Spanish, the concept of *past* must be divided into two ideas that might be labelled *aspects*. For convenience these are referred to as past I and past II. Thus the Spanish concept of chronology must be represented:

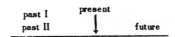

Note that the relationship between the two past tenses is not a temporal one. They could not be shown in a linear sequence one after the other, since both are represented in relation to present and future.

Note also that the presence of two categories in past time means that the choice of one or the other is always obligatory. One cannot be noncommittal; the speaker must choose between past I, with implications of unity and definiteness inherent in such a choice, and past II, with implications of extended duration and indefiniteness inherent in that choice. In other words, *past* is possible only when one selects between the 'I' and the 'II', unlike English where the selection of the additional implications is not forced with every reference to past time.

This choice does not greatly trouble a Spanish speaker. He has lived with the distinction since childhood, and he automatically makes the aspect distinction when he makes the time distinction. Indeed, he may feel at a loss in a language like English, because the available past tense forms do not say everything that he wants them to.

An English speaker learning Spanish, however, must make the additional aspect choice *every time he uses past tens* , and until he builds the distinction into his usage so it operates below the level of awareness, as it does for Spanish speakers, he will likely find the choice difficult and burdensome. This is not strange; English speakers completely lack experience in making such a choice.

Nor can an error in the choice of past I or past II be lightly dismissed as a 'slight' error (after all, they're both *past*). Past I is distinguished from past II by as great a difference as either is from present or future tenses, and the wrong choice will be just as conspicuous.

In fact, it may result in greater confusion for one important reason: without distinguishing context, past I can appear in almost any sentence past II can appear in, but with the important consideration that it *means* something different. This is why it is especially important to get a 'feel' for the difference between past I and past II.

An analogy to photography may help in understanding how past I differs from past II. Photography is a visual method of recording past time. A snapshot is like past I in recording a single event distinct from other similar events, and it has the unity of its single occurrence. The emphasis is on the event as separate and complete. A motion picture is more like past II in recording an extension of time with emphasis on moving action and continuity. The temporal limits of the action are hazy, and we are aware of the intimate relation to what precedes and follows as being part of the action at any point. The key words in this analogy are 'event' and 'action': the event in past I implies 'what happened', and the action in past II implies 'what was going on'.

The following diagrams may be helpful in differentiating the two past tenses:

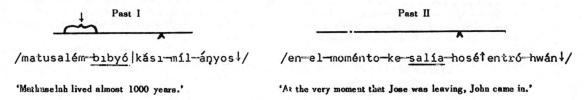

Past I	Past II
/anóche-(l)yegó-hwán↓/	/hwán-syémpre|salía-de-nóche↓/
'John arrived last night.'	'John always went out at night.'

Past I is a unit event of momentaneous or specifically limited duration. Past II is an action of indefinitely extended duration. However, length of duration in the past is not absolute, but highly relative. The determining thing is the attitude of the speaker toward the situation as a discrete unit or as an extension. Several centuries can be thought of as a single event, or a minute may provide background extension for a more limited event:

Past I	Past II
/matusalém-bibyó|kási-míl-áɲyos↓/	/en-el-moménto-ke-salía-hosé↑entró-hwán↓/
'Mathuselah lived almost 1000 years.'	'At the very moment that Jose was leaving, John came in.'

If the degree of definiteness or indefiniteness is in terms of the number of times an action is repeated, the distribution can be charted as follows:

Past I	Past II
/fwímos-kwátro-béşes↓/	/ántes|íbamos-tódos-los-días↓/
'We went four times.'	'Previously, we went every day.'

In the first example the four 'goings' are considered as discrete, sequential events, and they are therefore reported in past I. Note the following two sentences, which show that a context can be established to convey the concept of duration or the concept of discreteness (even though the exact number of repetitions is not stated) merely by the choice of past tense forms.

/en‒ése‒tyémpo |fwímos‒múchas‒béşes↓/   /ántes |íbamos‒múchas‒béşes↓/

'At that time, we went many times.'   'Previously, we went many times.'

Other specific examples and contrasts follow.

Past I is typically used for narration of sequential events (what happened), each thought of as dissociated from preceding and following events, and as having equal grammatical status:

/el‒señór‒salyó↑ fwé‒a‒un‒rrestorán↑ ı‒komyó‒múcho↓/

'The gentleman went out, went to a restaurant, and ate a lot.'

Separation into distinct events may be sequential or just conceptual; i.e., nonsequential actions (or conditions) may also be thought of so isolated and distinct:

/los‒días‒fwéron‒bonítos↓ syémpre‒işo‒sól |kwándo‒fwímos‒al‒kámpo↓/

'The days were beautiful; it was always sunny when we went to the country.'

By way of contrast, and regardless of translation, past II is used for background description (what was going on). Therefore, a sentence which has a past II form rarely makes sense if uttered in isolation (/el‒señór‒komía↓/The gentleman was eating') unless the specific conditions under which such background information occurred are made explicit, because the very occurrence of a past II form creates a context which strongly implies another event happening against the backdrop of that context. This other event may be specifically stated (in past I) or it may be suggested by the overall context:

/el‒día‒estába‒boníto↓ por‒éso |fwímos‒a‒la‒pláya↓/

'The day was pretty; so, we went to the beach.'

/entónşes |bıbíamos‒en‒karákas↓/

'Then, we were living in Caracas.'

Most important for the drills in this section is the relationship of verbs in past I and past II in the same sentence. If one action is in progress (past II) when an interrupting action occurs (past I), the interruption represents a discrete event portrayed against a continuous background:

Past I and past II

/kwándo—yó—ʘyamé↑él—no—estába↓/

'When I called, he wasn't there.'

Time of day (with /sér/) is reported as background information in a sentence like /éran—las—dós↓/ 'It was two o'clock.' But the isolated expression seems truncated unless the context supplies an event occurring against that background, as /éran—las—dós│kwándo—salí↓/ 'It was two o'clock when I left.'

A customary or habitual action in the past creates a background when reported in past II. Thus the sentence /íbamos—a—la—pláya│tódos—los—días↓/ 'We went to the beach every day' by implication also says 'at the time I'm referring to.' Otherwise, even an indefinitely repeated action can be reported in past I: /fwímos—a—la—pláya—múchas—béşes↓/ 'We went to the beach many times.'

Actions planned for occurrence in the past, whether or not the plans were carried out, are reported as background in past II:

/hwán—íba—a—pasár│por—mí↓ péro—nó—pasó↓/

'John was going to come by for me; but he didn't.'

/yó—pensába│ír—á—méhiko↓ ı—fwí↓/

'I was planning to go to Mexico, and I did.'

Note the contrast in meaning, between what happened and what was intended, in the following two sentences:

/yó—nó—súpe│a—ké—óra—ʘyegó↓/   /yó—nó—sabía│a—ké—óra—ʘyegába↓/

'I didn't know what time you arrived.'   'I didn't know when you were arriving (were going to arrive, would arrive).'

Coterminous actions (actions of simultaneous duration) are usually reported in past II, and again the implication is that they are background:

/hwán—leía│myéntras—yó—estudyába↓/ (/así│andubímos—múy—byén↓/)

'John read while I studied. This way we got along fine.'

This discussion has given no 'rules' about the use of past I and past II in Spanish, because it is almost impossible to do so in terms of English, where the distinctions involved are not part of the formal structure of the language. These distinctions are simple and obvious to a native speaker of Spanish; in a very real sense, his language compels him to make them.

One thing is certain: the distinction cannot be taught by simply correlating past I to 'did' (*did speak*) and past II to 'was' (*was speaking*). While this correlation takes care of some occurrences, there are too many like: /yó—nó—sabía—ke—él—ablába—espaŋyól↓/ 'I didn't know he spoke Spanish,' where both 'did know' and 'spoke' translate past II forms.

A possible correlation of the differences between the two past tenses in Spanish to analogous English constructions might be found in the following pair:

> I heard Bill speak.
>
> I heard Bill speaking.

In the first example the implication is that I heard the whole speech; in the second, I imply that I heard only the middle part. The first situation considers Bill's speech as a unit event; the second as a continuing process. The verb constructions of these two English utterances do not parallel the past I and past II tense formations in Spanish, but they may show how English in a roundabout way makes a distinction which in Spanish is normal to all past situations and is accomplished merely by the choice of a past I or a past II tense form.

19.21.2   Question intonation patterns — Echo questions

A.   Presentation of pattern

ILLUSTRATIONS

I said how much do I owe you?

1   kwántoleɗébò↓

    kèkwántoleɗebò↓

        2   11↓
¿Cuánto le debo?

          1   2   3 1↓
¿Qué cuánto le debo?

Where are you from?

I said where are you from?

2   déɗondeșustéɗ↓

    kéɗéɗondeșustéɗ↓

1 2   11↓
¿De dónde es usted?

       1   2   31↓
¿Que de dónde es usted?

I said can we see it?

3   póɗemozberló↑

    kèsipóɗemozberló↓

1 2   2 2↑
¿Podemos verlo?

     1   2   3 1↓
¿Que si podemos verlo?

I said do you like the room?

4   lègusțaelkwartó↑

    kèsilégusțaelkwartò↓

1 2   2 2 ↑
¿Le gusta el cuarto?

     1   2   3 1↓
¿Que si le gusta el cuarto?

EXTRAPOLATION

Information question or statement	Echo question
/1211↓/	/1 231↓/ ke

Yes-no question	Echo question
/1222↑/	/1 231↓/ kes₁

NOTES

a.   Echo questions occur on the contrastive /1231↓/ pattern.

b.   Weak stressed /ke.../ precedes an information question, /kes₁.../ a yes-no question.

19.15

135

19.21.21 Substitution drill — Pattern substitution

1 ėŋkeạbenidabibė↓   kẽŋkeạbenidabibė↓

2 dondestalasiⁿyà↓   kėdondestạlasiⁿyà↓

3 àkęorabá↓   kẹàkęoraba↓

4 kyenẹsẹsachíkà↓   kėkyenẹsẹsachikà↓

5 kyentyenemikópà↓   kėkyentyenemikopà↓

6 kwandobamudársė↓   kėkwandobamudarsė↓

7 kwantostyénė↓   kėkwantostyenė↓

---

   1   2   11↓
¿En qué avenida vive?

     2   11↓
2 ¿Dónde está la silla?

   1   2 11↓
3 ¿A qué hora va?

     2   11↓
4 ¿Quién es esa chica?

     2   11↓
5 ¿Quién tiene mi copa?

     2   11↓
6 ¿Cuándo va a mudarse?

     2 11↓
7 ¿Cuántos tiene?

   1   2   31↓
¿Que en qué avenida vive?

   1 2   31↓
¿Que dónde está la silla?

   1   2 31↓
¿Que a qué hora va?

   1 2   31↓
¿Que quién es esa chica?

   1 2   31↓
¿Que quién tiene mi copa?

   1 2   31↓
¿Que cuándo va a mudarse?

   1 2 31↓
¿Que cuántos tiene?

8   dóndestálahénşyà↓   kédondestálahénşyà↓

9   sonrrigurosós↑   kèsisonrrigurosós↓

10   àkabandesalír↑   kèsɪàkabandesalɪ́r↓

11   ényae(s)soltéra↑   kèsɪényae(s)soltérà↓

12   balşentró↑   kèsibalşentró↓

13   banakomér↑   kèsibanakomér↓

14   bibenunotél↑   kèsibibenunotél↓

---

         2   1 1↓   1 2   3 1↓
8 ¿Dónde está la agencia?   ¿Que dónde está la agencia?

      1   2 2↑   1   2   3 1↓
9 ¿Son rigurosos?   ¿Que si son rigurosos?

      1 2   22 ↑   1   2   31 ↓
10 ¿Acaban de salir?   ¿Que si acaban de salir?

         2   22 ↑   1   2   31↓
11 ¿Ella es soltera?   ¿Que si ella es soltera?

         2   2 2↑   1   2   3 1 ↓
12 ¿Va al centro?   ¿Que si va al centro?

         2   22 ↑   1   2   31 ↓
13 ¿Van a comer?   ¿Que si van a comer?

         2   22 ↑   1   2   31↓
14 ¿Vive en un hotel?   ¿Que si vive en un hotel?

15 éstadesokupádo↑   kèsịéstadesokupadó↓

16 bálelapéna↑   kèsíbalelapenà↓

17 éstasegúro↑   kèsịéstaseguró↓

```
      1 2    2 2↑                              1     2     3 1↓
15 ¿Está desocupado?                    ¿Que si está desocupado?
      2    2 2↑                               1   2     3 1↓
16 ¿Vale la pena?                         ¿Que si vale la pena?
      1 2   2 2↑                              1     2   3 1↓
17 ¿Está seguro?                           ¿Que si está seguro?
```

B.   Discussion of pattern

Echo questions, questions repeated because they were not heard or understood, normally appear on the contrastive pattern /1231 ↓ /. The actual repetition is preceded by the weak stressed forms /kesi.../ (for a yes-no question) or /ke.../ (for an information question). These are equivalent to the 'I said' part of a sentence in English in: 'I said when are you coming?'

An echo question formed on the above pattern could be expanded as follows:

/ke-kwánto-le débo↓/   'I said how much do I owe you?'

/le-díhe|ke-kwántó-le-débo↓/   'I said how much do I owe you?'

The difference between English and Spanish on this point is one of construction type. The repetition in English is a direct quotation; in Spanish it is an indirect quotation, which requires the relator /ke/.

19.22   Replacement drills

A   èstúbe |kómǫunǫórǫ |àblá ndò |

1 _____ dós_____ ↓   èstúbè | kómòdós̩.óràs | àbländò ↓

2 _____ èstúdyándò| èstúbè | kómòdós̩.óràs | èstùdyándò ↓

3 _____ àpénàz_____ ↓   èstúbę̀ | àpénàz | dòs̩.óràs | èstùdyándò ↓

4 _____ unǫ_____ ↓   èstúbę̀ | àpénàs | únǫórǫ | èstùdyándò ↓

5 _____ èskríbyéndò| èstúbę̀ | àpénàs | únǫórǫ | èskrìbyéndò ↓

6 _____ moméntò_____ ↓   èstúbę̀ | àpénàs | únmòméntǫ | èskrìbyéndò ↓

7 _____ (l)yàmándò ↓   èstúbę̀ | àpénàs | únmòméntò | (l)yàmándò ↓

A   Estuve como una hora hablando.

1 _____ dos _____ :   Estuve como dos horas hablando.

2 _____ estudiando.   Estuve como dos horas estudiando.

3 _____ apenas _____ .   Estuve apenas dos horas estudiando.

4 _____ una _____ .   Estuve apenas una hora estudiando.

5 _____ escribiendo.   Estuve apenas una hora escribiendo.

6 _____. momento _____.   Estuve apenas un momento escribiendo.

7 _____ llamando.   Estuve apenas un momento llamando.

B   éstèđifíşyò ↓ pèrtènéşȩ | àlàmisyón.àmèrikána ↑   éstèđifíşyò ↓ pèrtènéşȩ | àlministéryòđègérrà ↑

1 _____ ministéryòđègérrà ↑   àké(l)yòs.éđifíşyòs ↓ pèrtènéşèn | àlministéryòđè

2 àké(l)yòs _____ ↑   gérrà ↑

                                                                               àké()yàskásàs↓pèrtènéşèn |àlministéryòđegérrà↑

3 _____kásàs_____ ↑   àké(l)yàskásàs ↓ pèrtènéşèn | àlòs.àmèrikánòs ↑

4 _____amerikánost↑   àkèlàbyón↓pèrtènéşȩ |alos.amerikanost↑

5 _____abyón_____ ↑   àkèlàbyón↓pèrtènéşȩ |àlgyent↑

6 _____àlgyent↑   àké()yakósà↓pèrtènéşȩ |àlgyent↑

7 _____kósà_____ ↑

B   Este edificio, ¿pertenece a la Misión Americana?

1 _____ , ¿ _____ Ministerio de Guerra?   Este edificio, ¿pertenece al Ministerio de Guerra?

2 Aquellos____ , ¿ _____ ?   Aquellos edificios, ¿pertenecen al Ministerio de Guerra?

3 ____casas , ¿ _____ ?   Aquellas casas, ¿pertenecen al Ministerio de Guerra?

4 _____ , ¿ _____ americanos?   Aquellas casas, ¿pertenecen a los americanos?

5 ____avión, ¿ _____ ?   Aquel avión, ¿pertenece a los americanos?

6 _____ , ¿ _____ a alguien?   Aquel avión, ¿pertenece a alguien?

7 ____ cosa , ¿ _____ ?   Aquella cosa, ¿pertenece a alguien?

C   éz | đelministéryóđègérrà ↓

1   pèrtènéşe_____↓   pèrtènéşe | àlministéryóđègérrà ↓

2   _____misyónₐamerikáná↓   pèrtènéşe | àlàmisyón.àmèrikáná ↓

3   _____pilótos_____↓   pèrtènéşe | àlóspilótòs.àmèrikánòs ↓

4   són_____↓   són | dèlóspilótòs.àmèrikánòs ↓

5   _____espàɳyólès↓   són | dèlóspilótòs.èspàɳyólès ↓

6   _____èmbàhád̮ₐ_____↓   són | dèlₐèmbàhád̮ₐèspàɳyólà ↓

7   pèrtènéşen_____↓   pèrtènéşèn | àlₐèmbàhád̮ₐèspàɳyólà ↓

C   Es del Ministerio de Guerra.

1 Pertenece _____.   Pertenece al Ministerio de Guerra.

2 _____ Misión Americana.   Pertenece a la Misión Americana.

3 _____ pilotos _____.   Pertenece a los pilotos americanos.

4 Son _____.   Son de los pilotos americanos.

5 _____ españoles.   Son de los pilotos españoles.

6 _____ Embajada _____.   Son de la Embajada Española.

7 Pertenecen _____.   Pertenecen a la Embajada Española.

D   sòlàméntè | tènémòs.àkí ↑ tréskwártòs ↓

1   sólò _____ ↓   sólò |tènémos.àkí↑tréskwártòs↓

2   _____ òfişínàs ↓   sólò |tènémos.àkí↑tresofişínàs↓

3   _____ à(l)yí _____ ↓   sólò | tènémòs.à(l)yí ↑ trés.òfişínàs ↓

4   _____ tèníamòs _____ ↓   sólò |tèníamos |à(l)yí↑tresofişínàs↓

5   syémprè_____ ↓   syémprè |tèníamos |à(l)yí↑tres.ofişínàs↓

6   _____ nwéstràs _____ ↓   syémprè |tèníamos |à(l)yí ↑ nwèstràsòfişínas ↓

7   _____ abyónès↓   syémprè |tèníamos |à(l)yí↑nwéstròsabyónès↓

D   Solamente tenemos aquí tres cuartos.

1   Sólo _____ .   Sólo tenemos aquí tres cuartos.

2   _____ oficinas.   Sólo tenemos aquí tres oficinas.

3   _____ allí _____ .   Sólo tenemos allí tres oficinas.

4   _____ teníamos _____ .   Sólo teníamos allí tres oficinas.

5   Siempre _____ .   Siempre teníamos allí tres oficinas.

6   _____ nuestras ___ .   Siempre teníamos allí nuestras oficinas.

7   _____ aviones.   Siempre teníamos allí nuestros aviones.

E   mírạ |eseʂe |kwaréntạisyétè |késtáterriʂándó↓

1 _____ ᵭespegándó↓   mírạ |eseʂe |kwaréntạisyétè |késtaᵭespegándó↓

2 _____ ȧbyóɳ_____ ↓   mírạ |esẹabyóɳ |kèstaᵭespegándó↓

3 ____ ésos _____ ↓   mírạ |esos̠abyónès |kèstandespegándó↓

4 _____ ⑾ẏegándó↓   mírạ |esos̠abyónès |kèstán(l)yégándò ↓

5 _____ chikàs _____ ↓   mírạ |aesaschíkàs |kèstán(l)yégándò ↓

6 _____ komyéndó↓   mírạ |aesaschíkàs |kèstaŋkomyéndó↓

7 ____ akeⒸyas_____ ↓   mírạ |akeⒸyaschíkàs |kèstaŋkomyéndó↓

E   Mira ese C-47 que está aterrizando.

1 _____ despegando.   Mira ese C-47 que está despegando.

2 _____ avión_____ .   Mira ese avión que está despegando.

3 ____ esos _____ .   Mira esos aviones que están despegando.

4 _____ llegando.   Mira esos aviones que están llegando.

5 _____ chicas_____ .   Mira a esas chicas que están llegando.

6 _____ comiendo.   Mira a esas chicas que están comiendo.

7 ____ aquellas _____ .   Mira a aquellas chicas que están comiendo.

F   itámbyen↑ábáryoz |delospilótòs↓

1 _____señórás↓   itámbyén↑àbáryaz |dela(s)señórás↓

2 _____múchaz_____↓   itámbyén↑àmúchaz |dela(s)señórás↓

3 _____ésas_____↓   itámbyén↑àmúchaz |desa(s)señórás↓

4 _____héfès↓   itámbyén↑àmúchoz |desoshéfès↓

5 _____úno_____↓   itámbyén↑ạuno |desoshéfès↓

6 _____chíkàs↓   itámbyén↑ạuna |desaschíkàs↓

7 _____ótrà_____↓   itámbyén↑ạotra |desaschíkàs↓

F   Y también a varies de las pilotos.

1 _____, señoras.   Y también a varias de las señoras.

2 _____muchas_____..   Y también a muchas de las señoras.

3 _____esas_____..   Y también a muchas de esas señoras.

4 _____jefes .   Y también a muchos de esos jefes.

5 _____uno_____.   Y también a uno de esos jefes.

6 _____chicas.   Y también a una de esas chicas.

7 _____otra_____..   Y también a otra de esas chicas.

19.23   Variation drills

A   nópùđímòs | kòmùnikárnòskòn.ùstéđ ↓   No pudimos comunicarnos con Ud.

1   We couldn't get in touch with the boss.   nópùđímòs | kòmùnikárnòskònèlhéfè ↓   No pudimos comunicarnos con el jéfe.

2   We couldn't get in touch with you (fam).   nópùđímòs | kòmùnikárnòskòntígò ↓   No pudimos comunicarnos contigo.

3   We couldn't sit down at the party.   nópùđímòs | sèntárnòs.ènlàfyéstà ↓   No pudimos sentarnos en la fiesta.

4   We couldn't pay attention to the date.   nópùđímòs | fihárnòs.ènlàféchà ↓   No pudimos fijarnos en la fecha.

5   We couldn't (go) bathing without   nópùđímoz | bàɲyárnò(s)simpèrmísò ↓   No pudimos bañarnos sin permiso.
     permission.

6   We couldn't shave right away.   nópùđímòs | àfèytárnòs.ènsègíđà ↓   No pudimos afeitarnos en seguida.

7   We couldn't leave right away.   nópùđímòs | írnòs.ènsègíđà ↓   No pudimos irnos en seguida.

B   (l)yàmámòs | péròlàlínẹạ | èstábạòkùpáđà ↓   Llamamos, pero la línea estaba ocupada.

1   We called, but everything was occupied.   (l)yàmámòs | péròtóđọ | èstábạòkupáđò ↓   Llamamos, pero todo estaba ocupado.

2   We arrived, but the house was empty.   (l)yègámòs | péròlàkásạ | èstábạđèsòkupáđà ↓   Llegamos, pero la casa estaba desocupada.

3   We arrived, but everything was taken.   (l)yègámòs | péròtóđọ | èstábàtòmáđò ↓   Llegamos, pero todo estaba tomado.

4   We arrived, but everyone was (all were)   (l)yègámòs | péròtóđòs | èstábàṇkànsáđòs ↓   Llegamos, pero todos estaban cansados.
     tired.

5 We returned, but the tables were taken.   bólbimos |pérólázmesas |estábantomáɑás↓   Volvimos, pero las mesas estaban tomadas.

6 We returned, but the building was rented.   bólbimos |pérǫèléɑifìȿyǫ |estábalkiláɑó↓   Volvimos, pero el edificio estaba alquilado.

7 We returned, but the car had been (was)   bólbimos |pérǫèlawto |ȿyaèstábakomprádó↓   Volvimos, pero el auto ya estaba comprado.
   already bought.

C nǫeșelmízmo |kéɑèspègaba |kwandobeníamos↑   ¿No es el mismo que despegaba cuando
                                                    veníamos?

1 Isn't it the same one that was taking off   nǫeșelmízmo |kéɑèspègaba |kwando❨ɫ❩ȿyegabamos↑   ¿No es el mismo que despegaba cuando
   as (when) we were arriving?   llegábamos?

2 Isn't it the same one that was landing as   ·nǫéșelmízmo |kèàtèrrisaba |kwando❨ɫ❩ȿyegabamos↑   ¿No es el mismo que aterrizaba cuando
   (when) we were arriving?   llegábamos?

3 Isn't it the other one that was leaving   nǫeșelótro |kèsália |kwandobeniamos↑   ¿No es el otro que salía cuando veníamos?
   as (when) we were coming?

4 Isn't it the other one that was coming as   nǫeșelótro |kèbénia |kwandosaliamos↑   ¿No es el otro que venía cuando salíamos?
   (when) we were leaving?

5 Isn't it the other one (f) that was arriving   nǫezla̧ótra |kè❨ɫ❩ȿyègaba |kwandosaliamos↑   ¿No es la otra que llegaba cuando salíamos?
   as (when) we were leaving?

6 Isn't it the lady who was coming down as   nǫezlaseṇyóra |kèbàhaba |kwandosaliamos↑   ¿No es la señora que bajaba cuando salíamos?
   (when) we were leaving?

7 Isn't it the man who was going up when   nǫeșelómbre |kèsúbia |kwandobahábamos↑   ¿No es el hombre que subía cuando bajábamos?
   we were coming down?

D sí↓ èstámpróbàndo |lozmòtórès↓   Sí. Están probando los motores.

1 Yes. They're testing the plane.   sí↓ èstámpróbàndo |èlàbyón↓   Sí. Están probando el avión.

2 Yes. They're testing the car.   sí↓ èstámpróbàndo |elkóchè↓   Sí. Están probando el coche.

3 Yes. They're fixing the engine.   sí↓ èstánàrrègládo |elmótór↓   Sí. Están arreglando el motor.

4 Yes. They're fixing the street.   sí↓ èstánàrrèglándo |lakáḷyè↓   Sí. Están arreglando la calle.

5 Yes. They're checking the car.   sí↓ èstánrrèbísàndo |elkóchè↓   Sí. Están revisando el coche.

6 Yes. They're checking the bill.   sí↓ èstánrrèbísàndo |lakwéntà↓   Sí. Están revisando la cuenta.

7 Yes. They're making (out) the bill.   sí↓ èstánàşyéndo |lakwéntà↓   Sí. Están haciendo la cuenta.

E pòdríamos |iràbérlo↑   ¿Podríamos ir a verlo?

1 Could we go get acquainted with it?   pòdríamos |iràkonoşérlo↑   ¿Podríamos ir a conocerlo?

2 Could we go look at it?   pòdríamos |iràmirárlo↑   ¿Podríamos ir a mirarlo?

3 Could we go out to see it?   pòdríamos |salìràbérlo↑   ¿Podríamos salir a verlo?

4 Could we go out and buy it?   pòdríamos |salìràkomprárlo↑   ¿Podríamos salir a comprarlo?

5 Could we come and do it?	pòdríamoz |beníraşérlo↑	¿Podríamos venir a hacerlo?
6 Could we come and look for it?	pòdríamoz |benírabuskárlo↑	¿Podríamos venir a buscarlo?
7 Could we go down and fix it?	pòdríamoz |baharàrreglárlo↑	¿Podríamos bajar a arreglarlo?

| F dèspwéz \|lèsprésentǫ \|àlhéfeɗelabásè↓ | Después les presento al jefe de la base. |

1 Afterwards, I'll introduce you to the head (boss) of the office.	dèspwéz |lèsprésentǫ |àlhéfeɗelaͺofişínà↓	Después les presento al jefe de la oficina.
2 Afterwards, I'll introduce you to the gentleman of the house.	dèspwéz |lèsprésentǫ |àlsèɲyorɗelakásà↓	Después les presento al señor de la casa.
3 Afterwards, I'll bring you today's paper.	dèspwéz |lèstráygǫ |èlpèryoɗikoɗęóy↓	Después les traigo el periódico de hoy.
4 Before, I'll bring you the suitcases.	àntez |lèstráygolazmalétàs↓	Antes les traigo las maletas.
5 Before, I'll bring (take) you the letters.	àntez |lèzǫ̀yébolaskártàs↓	Antes les llevo las cartas.
6 Then, I'll bring (take) you the coffee.	èntónşez |lèzǫ̀yéboͺelkafé↓	Entonces les llevo el café.
7 Then, I'll give you the information.	èntónşez |lèzɗoylaͺimformaşyón↓	Entonces les doy la información.

19.24   Review drill — Spanish simple tense for English verb construction in interrogations

1 When is he coming?   kwandobyénè↓   ¿Cuándo viene?

2 Is he coming tomorrow?   byénèmànyana↑   ¿Viene mañana?

3 Who are you going to the party with?   kòŋkyembalafyéstà↓   ¿Con quién va a la fiesta?

4 Are you going with the little plump girl?   bákònlàgòrɖita↑   ¿Va con la gordita?

5 How are you all going?   komobán↓   ¿Cómo van?

6 Are you going all going by car?   bánénawto↑   ¿Van en auto?

7 When are you leaving?   kwandosálè↓   ¿Cuándo sale?

8 Are you leaving tomorrow?   sálèmànyana↑   ¿Sale mañana?

9 When do you eat?   kwandokomęustéɑ↓   ¿Cuándo come Ud.?

10 Do you eat at six?   kómęàlà(s)seys↑   ¿Come a las seis?

11 Where do you work?   dondetrabáhà↓   ¿Dónde trabaja?

12 Do you work downtown?   tràbáhąènèlşentro↑   ¿Trabaja en el centro?

13 Who do you study with?   kòŋkyeŋęstúɖyà↓   ¿Con quién estudia?

14 Do you study with Carmen?　　　èstúḋyàkóŋkarmen↑　　　　　　　¿Estudia con Carmen?

15 Do you drink cuba libre?　　　　tómàkúbàlìbre↑　　　　　　　　　¿Toma cuba libre?

19.3　CONVERSATION STIMULUS

NARRATIVE 1

1 Jose and Juan were going to visit the
   base where the U. S. Air Force
   Mission has its offices.

hóseᶎhwan↑ibanabisitar|labáse↑dóndèlà

misyon |dèláfwerşaerea |dèlósëstádòsùniḋos |

tyénesùs̜ofiṣínàs↓

José y Juan iban a visitar la base donde
la Misión de la Fuerza Aérea de los
Estados Unidos tiene sus oficinas.

2 Jose came by for Juan, but Juan wasn't
   ready yet.

hósepas̜oporhwán↓ pèróhwan |noe̜stabalístó |

tòḋàbíà↓

José pasó por Juan, pero Juan no estaba
listo todavía.

3 Jose called him about five times to let
   him know he was coming over.

hóseloⓃ̜yamo |kómóṣiŋkobe̜ṣes↑párábisarle |

kebeníà↓

José lo llamó como cinco veces para
avisarle que venía.

4 But the line was busy,

pérólàlinea̜ |estabąokupáḋà↓

Pero la línea estaba ocupada.

5 because Juan was talking with a
   friend of his,

pórkèhwán |estàbablando↑kónùnàmiꜰᴏsuꜰo |

porque Juan estaba hablando con un
amigo suyo,

6 who had just arrived from the States.

ke̜àkàbabade̜Ⓝ̜yegar |dèlòsês̜tàdosꜱuniḋòs↓

que acababa de llegar de los Estados Unidos.

DIALOG 1

José, pregúntele a Juan si no está listo
todavía.

noéstazlísto |toďabia↑

José: ¿No estás listo todavía?

Juan, contéstele que no. Pregúntele que
por qué no le avisó que venía tan temprano.

no↓ pórkenomęabisáste |kèbènías |tán

tempránò↓

Juan: No. ¿Por qué no me avisaste que
venías tan temprano?

José, dígale que Ud. lo llamó como cinco
veces pero la línea estaba ocupada.

tè(l)yàmé|kómòşiŋkobéşès↓ pérólálinęą |

estabąokupáďà↓

José: Te llamé como cinco veces, pero
la línea estaba ocupada.

Juan, dígale que Ud. estaba hablando con
un amigo suyo que acaba de llegar de los
Estados Unidos.

éstábáblando |kònyνą̀migomío |kęákabaďé

(l)yègár |ďèlòsèstaďosｕníďòs↓

Juan: Estaba hablando con un amigo
mío que acaba de llegar de los
Estados Unidos.

NARRATIVE 2

1   Colonel Harris, Bob, seems a little
    worried.

èlkòrónełharris | bob↑ páreşę |ùmpóko

pręokupáďò↓

El coronel Harris, Bob, parece un poco
preocupado.

2   Because Juan and Jose have not arrived
    yet.

pórkèhwanıhose |nọanꞶｙegáďò|tòďàbíà↓

Porque Juan y José no han llegado todavía.

3   When they arrive, Jose tells the colonel
    that Juan wasn't ready when he came
    by for him.

kwándò(l)yégàn↑hòseleďişęalkoronél |kèhwán |

noęstabalístò |kwándòpásopoﾃél↓

Cuando llegan, José le dice al coronel que
Juan no estaba listo cuando pasó por él.

4 And that he, Juan, didn't know the colonel   ikẹel| hwán† nosabía|kẹlkȯrȯnél|lȯs   Y que él, Juan, no sabía que el coronel
   was expecting them at ten.   ȯspẹrabalazḍyéṣ↓   los esperaba a las diez.

5 The colonel tells them it's all right, not   ẹlkȯrȯnél|lẹzḍiṣẹ|kestȧbyén↓kẹnȯse   El coronel les dice que está bien, que
   to worry.   prẹokúpẹn↓   no se preocupen.

6 Carmen didn't come. She had to go   kármen |nobínȯ↓ tẹnía|kẹírḍẹkompras | Carmen no vino. Tenía que ir de compras
   shopping with the colonel's wife.   kȯnlạẹspȯsaḍelkȯronél↓   con la esposa del coronel.

                                       DIALOG 2

Bob, pregúnteles a José y a Juan que qué   kȯlespasó↓ pȯrkeꞭyegáron |tantárḍẹ↓   Bob: ¿Qué les pasó? ¿Por qué llegaron
les pasó, que por qué llegaron tan tarde.   tan tarde?

José, contéstele que Juan no estaba listo   hwán |nọẹstabalístȯ |kwándȯpȧsépórél↓   José: Juan no estaba listo cuando pasé
cuando Ud. pasó por él.   por él.

Juan, dígale a Bob que es que Ud. no sabía   ẹskẹyonosabía|kẹústeḍ |nȯsẹspẹrábalaz   Juan: Es que yo no sabía que Ud. nos
que él los esperaba a Uds. a las diez.   ḍyéẓ↓bób↓   esperaba a las diez, Bob.

Bob, contésteles que está bien, que no se   ẹstȧbyén↓ nȯseprẹokúpẹn↓ nobinokármen↑   Bob: Está bien, no se preocupen. ¿No
preocupen. Pregúnteles si no vino Carmen.   vino Carmen?

José, contéstele que no, que le parece que   nó↓ mẹpȧreṣẹ|kẹtẹnía|kẹírḍẹkompras |kȯn   José: No, me parece que tenía que ir de
tenía que ir de compras con la señora de él.   súsẹŋyorá↓   compras con su señora.

Bob, dígale que tiene razón, que ahora   tyẹnerraṣón↓ ȧorarrekwẹrḍȯ↓   Bob: Tiene razón. Ahora recuerdo.
recuerda.

NARRATIVE 3

1 That same evening Jose was talking with Carmen,

ésámiʒmanóchet hósestabablándo |konkármèn↓

Esa misma noche José estaba hablando con Carmen,

2 and told her what he and Juan saw at the air base.

iléḋiho |lókelihwámbyéron |ènlábas̞aérg̣à↓

y le dijo lo que él y Juan vieron en la base aérea.

3 They visited the buildings.

bisitáronlos̞eḋifís̞yòs↓

Visitaron los edificios.

4 But they didn't (get to) see many planes.

pérónóbyéron |múchos̞abyónès↓

Pero no vieron muchos aviones.

5 Only the Mission's C—47 was there.

sólo̞ |él s̞ekwaréntg̣isyéte |ḋelamisyón |éstábáí↓

Sólo el C—47 de la Misión estaba ahí.

6 The others had just taken off when they arrived at the base.

lós̞otros |ákábabandeḋespegart kwándo̞ell̞yoz |

Ӆyegáronalabásè↓

Los otros acababan de despegar cuando ellos llegaron a la base.

7 Carmen told Jose that she went shopping with Mrs. Harris.

kármen |leḋíhg̣ahosét keḀyafwedekómpras |

kònlásèn̞yoraḋehárris↓

Carmen le dijo a José que ella fué de compras con la Sra. de Harris.

8 But that they didn't buy anything,

pérókènokómpraro(n)náḋà↓

Pero que no compraron nada,

9 because Mrs. Harris thought everything was too expensive.

pórkg̣àlàsèn̞yoraḋeharriz |lèpárés̞yótkètóḋo̞ |

éstábàmuykáró↓

porque a la Sra. de Harris le pareció que todo estaba muy caro.

DIALOG 3

Carmen, pregúntele a José que cómo les
fué en la base aérea. Que si vieron
muchas cosas.

kómolesfwé |ęnlabáșęaéręà↓ byéronmúchas
kosas↑

Carmen: ¿Cómo les fué en la base aérea?
¿Vieron muchas cosas?

José, contéstele que conocieron los edificios solamente.

kònóșımóz |lòs̟édífíșyós |sòlámént̬è↓

José: Conocimos los edificios, solamente.

Carmen, pregúntele que cuántos aviones
vieron?

kwántos̟abyón̬èz |byérón↓

Carmen: ¿Cuántos aviones vieron?

José, contéstele que sólo el C—47 que pertenece a la Misión.

sólǫèlșekwárént̬ạisyét̬e |kèpèrt̬ènéș̟ęala
mısyón↓

José: Sólo el C—47 que pertenece a la
Misión.

Carmen, pregúntele que dónde estaban los
aviones de guerra, entonces.

ídondestában |lòs̟àbyónèzd̟ęgérrą |èntón̬ș̣ès↓

Carmen: ¿Y dónde estaban los aviones de
guerra, entonces?

José, contéstele que acababan de despegar
cuando Uds. llegaron. Ahora pregúntele
Ud. a ella si compró muchas cosas con la
Sra. de Harris.

àkàbában |dèdèspègár↑kwándǫhósotróz
ǫyegámòs↓ ítú↓ kómprastemúchaskósas |
konlasęnyoradeharris↑

José: Acababan de despegar cuando nosotros llegamos. Y tú, ¿compraste
muchas cosas con la Sra. de Harris?

Carmen, dígale que no compraron nada. Que
a la señora le pareció que todo estaba
muy caro.

nòkòmpramoznádà↓ àlàsęnyora |lèparęșyó↑
kétoḍo |ęstábàmuykáró↓

Carmen: No compramos nada. A la señora
le pareció que todo estaba muy
caro.

19.4   READINGS

19.40   List of cognate loan words

graduado (graduarse)	gráđwađó↓ gráđwarsé↓
la universidad	la̧—únibérsiđáđ↓
terminar	términár↓
los estudios	lós—éstuđyós↓
entrado (entrar)	éntrađó↓ éntrár↓
el servicio	él—sérbi̧şyó↓
diplomático	diplómatikó↓
el gobierno	él—góbyérnó↓
durante	dúraņtè↓
el clima	él—klímá↓
segunda	ségundá↓
Florida	flóriđá↓

19.41   Reading selection

Los Robinson

Fred Robinson, su esposa, Virginia, y dos hijas, Jane y Ruth, habían llegado a Surlandia dos semanas antes de mudarse a la casa que acababan de alquilar en Bellavista. El era un hombre de unos treinta años, graduado de la Universidad de Princeton, quien, después de terminar sus estudios en esa universidad, había entrado al servicio diplomático de los Estados Unidos. Esta era la primera vez que salía de su país como empleado de gobierno, y él y Virginia estaban muy contentos de que era a Surlandia y no a otra parte adonde su gobierno lo mandaba. Las razones eran dos: primero, que ya ellos conocían este país; habían estado ahí unos días durante su viaje de bodas y habían quedado encantados con la gente, con las ciudades, con el clima, en fin, con todo. La segunda razón era que Surlandia estaba bastante cerca de Florida, donde vivía toda la familia de Fred. Sería muy fácil y barato para los Robinson, entonces, ir a menudo a visitar a la familia y a los muchos amigos que tenían en Florida ---un viaje de seis horas por avión.

Los Robinson empezaron a buscar casa desde el mismo día que llegaron a Las Palmas, la capital de Surlandia, pero ya habían pasado dos semanas, casi tres, y todavía no habían encontrado una casa como ellos querían. Todo este tiempo estaban viviendo en un hotel carísimo y ya ellos no sabían que iban a hacer para pagar la cuenta. Todos los días no hacían más que ver casas y más casas. Ya habían visto no menos de veinticinco, pero ninguna les gustaba; unas no les convenían porque eran demasiado grandes; otras, porque eran demasiado pequeñas o porque estaban muy lejos del centro o en un barrio malo, o porque solamente amuebladas las alquilaban y ellos las querían sin muebles. En fin, no encontraban lo que ellos buscaban. Pero hace dos o tres días alguien, en la Embajada, les avisó que había una casa magnífica en el Barrio Bellavista y que la alquilaban sin muebles. En seguida fueron a verla y les gustó mucho. También les gustó el barrio y, sin pensarlo ni un minuto más, fueron y la tomaron.

19.42   Response drill

1 ¿Cuál era el nombre del Sr. Robinson?

2 ¿Cuál era el de su esposa?

3 ¿Cuántos hijos tenían ellos?

4 ¿De qué universidad era graduado Fred?

5 ¿En qué empezó a trabajar él después de terminar sus estudios?

6 ¿Era ésta la primera o la segunda vez que salía de su país como empleado de gobierno?

7 ¿Por qué estaban contentos ellos de ir a Surlandia?

8 ¿Por qué iba a ser muy fácil para ellos ir a menudo a Florida?

9 ¿Por qué estaban viviendo en un hotel durante los primeros días?

10 ¿Era un hotel barato o caro donde estaban viviendo?

11 ¿Por qué les costó tanto encontrar casa?

12 ¿Querían ellos una casa con muebles o sin muebles?

13 ¿Encontraron por fin la casa que buscaban?

14 ¿Dónde estaba esa casa?

15 ¿Quién les avisó de esa casa?

20.1   BASIC SENTENCES.   Visit to Air Mission (continued).

ENGLISH SPELLING   AID TO LISTENING   SPANISH SPELLING

the provision, supply   là→pròbisyóh↓   la provisión

Molina   *Molina*
Do you all buy your supplies here? [1]   kómpran│súspròbisyónes│akí↑   ¿Compran sus provisiones aquí?

to us them (it) brings   nóz—làs—traé↓   nos las trae

Harris   *Harris*
No. The C—47 brings them in to us once   nó↓ nózlàstraè│èlşékwàréntạisyétẹ↑ No. Nos las trae el C.47 una vez al mes.
a month.   unabeş̦almés↓

the runway, the track   là→pìstá↓   la pista

long   largò↓   largo

the truth   là→bèrɗáɗ↓   la verdad

isn't it? [2]   bérɗáɗ↑   ¿verdad?

White   *White*
The runway is quite long, isn't it?   làpìstạ│ézbàstàntelárgá↓bèrɗáɗ↑   La pista es bastante larga ¿verdad?

a thousand   míl↓   mil

five hundred   kinyentòs↓   quinientos

the meter   èl—metrò↓   el metro

English	Phonetic	Spanish
Harris		*Harris*
It's 1500 meters.	tyéne |milkınyéntozmétròs↓	Tiene mil quinientos metros.
the total	èl→tòtál↓	el total
altogether	èn→tòtál↓	en total
Molina		*Molina*
How many planes are there on the base in all?	èntótál↑kwantos,abyónes |ayenlabásè↓	En total ¿cuántos aviones hay en la base?
thirty	tréyntà↓	treinta
Harris		*Harris*
Thirty-three. (3)	tréyntaitrés↓	Treinta y tres.
the squadron	èl→éskwàɗrón↓	el escuadrón
the bombing	èl→bómbàrɗeò↓	el bombardeo
Three bomber squadrons...	tres,eskwaɗronez |ɗebombarɗeò↑	Tres escuadrones de bombardeo...
the squadron	là→éskwàɗriʎà↓	la escuadrilla
the hunt	là→kaṣà↓	la caza
...and two fighter squadrons.	iᴛos |eskwaɗriʎaz |ɗekáṣà↓	...y dos escuadrillas de caza.
White		*White*
That's not many.	nosonmuchós↓	No son muchos.

Molina
It's just because it's a small base.

(it) flies (to fly)

the tower

the control

Harris
You see that airplane that's flying over the control tower?

in it

the official, officer

the inspection

The inspector is coming in it.

to receive

Molina
Do you have to go meet him?

the lieutenant

Harris
Yes. I'll leave you with Lieutenant La Cerda.

the sight

és |kèlàbásẹ |èspèkéŋyầ↓

bwélầ↓ bòlár↓

lá→tórrè↓

èl→kòntról↓

bén,esẹabyón |kebwéla |sòbrelatórreɖekontról↑

èn→él↓

èl→ófiṣyáI↓

lạ→ínspèkṣyón↓

ẹn,elbyénẹ |èlófiṣyáldẹinspekṣyón↓

rrèṣíbír↓

tyénekẹír |àrrèṣíbírlo↑

èl→tènyéntè↓

si↓lózɖehò |kòn̥èltényéntelạṣérɖầ↓

lá→bístầ↓

Molina
Es que la base es pequeña.

vuela (volar)

la torre

el control

Harris
¿Ven ese avión que vuela sobre la torre de control?

en él

el oficial

la inspección

En él viene el oficial de inspección.

recibir

Molina
¿Tiene que ir a recibirlo?

el teniente

Harris
Sí, los dejo con el teniente La Cerda.

la vista

White
See you later, Colonel.

ástàlàbìstà |ḱòròńél↓

White
Hasta la vista, Coronel.

don't itself to you (it) forget
(to forget itself) (4)

nó‑se‑lę‑olbíɗé↓ ólbiɗarsè↓

no se le olvide (olvidarse)

the golf

èl‑góɪf↓

el golf

And don't forget our golf date.

inó |selęolbiɗe |lóɗèlgóɪf↓

Y no se le olvide lo del golf.

20.10   Notes on the basic sentences

(1)   We remind you again that 'you all' is used here as the English second person plural pronoun, a discrimination which all but certain Southern—Midland and Southern dialects of American English lack.

(2)   The form /berdád/ *verdad*, occurring under this particular intonation pattern as a confirmation question after an assertion, must be translated by a wide variety of English phrases like 'isn't it, didn't he, hasn't she, weren't they, can't we, doesn't it' and so on.

(3)   Students whose experience with the military has been sufficiently extensive to make them wonder how there could be only thirty-three planes in three bomber squadrons and two fighter squadrons are hereby reminded of two facts: other countries do not organize their units in the same way we do, though the American Air Force is coming more and more to be used as a model for standardization in Latin America; and it is not uncommon in peacetime to have rather badly undermanned and underequipped squadrons representing only a skeleton of the full force. The difference between /eskwadrón/ *escuadrón* and /eskwadríɔ̃ya/ *escuadrilla* is somewhat elusive: both apparently mean *squadron*, the first of big aircraft and the second of smaller aircraft, just as in English the item *squad* refers to a unit of men and *squadron* to a unit of machines.

(4)   This is an instance of the occurrence of both a reflexive clitic and an indirect clitic in the same construction. It will be examined closely in Unit 25, and in the meanwhile it should not be confused with the examples of direct clitic and indirect clitic that are examined closely in the present unit.

20.2   DRILLS AND GRAMMAR

20.21   Pattern drills

20.21.1   Direct and indirect clitics in the same contruction

A. Presentation of pattern

ILLUSTRATIONS

—————————	1	nómèlôbá |rrèbisár↑	¿No *me lo* va a revisar?
Can you change them for me?	2	mélôspwéde |kámbyár↑	¿*Me los* puede cambiar?
He took it for us yesterday.	3	nôzló?yèboʑyér↓	*Nos lo* llevó ayer.
—————————	4	nôzlástraȩ |élʂèkwaréntȧisyétè↓	*Nos las* trae el C-47.
O.K., I'll look it up for you.	5	bwénò↓sèlôbúskò↓	Bueno, *se lo* busco.
O.K., I'll loan it to you.	6	bwénò↓sèlôpréstȯaụstédès↓	Bueno, *se lo* presto a Uds.
I loaned it to my wife.	7	sèlôprésté |amȩespósà↓	*Se lo* presté a mi esposa.
I handed it (f) to him.	8	sèlàpàsé |ạél↓	*Se la* pasé a él.
I've already given them to them.	9	yá |sèlosèdádò↓	Ya *se los* he dado.
—————————	10	nósèlodȋcạ |àmȩespósè↓	No *se lo* diga a mi esposa.
the professor		èl—ʙʀófèsór↓	el profesor

I've already brought them to the professor. 11 yásèlòs̩étráidǫ|ȧlpròfèsór↓   Ya *se los* he traído al profesor.

_____   12 bén|iteloprеséntó↓   Ven y *te lo* presento.

EXTRAPOLATION

	Indirect	Direct
sg	me	(me)
i pl	nos	(nos)
2 fam	te	(te)
2-3 sg		lo la
	se	
pl		los las

NOTES

a. 1 sg and pl and 2 fam direct forms rarely occur with indirect clitics.

b. 2-3 sg /le/ and 2-3 pl /les/ both appear as /se/ when
    preceding direct clitics /lo, la, los, las/.

20.6

20.21.11 Substitution drill — Form substitution

1 èlsèŋyor |mèrrèbisólazmalétàs↓   èlsèŋyor |melazrrebisó↓

2 èlchófer |nò(s)súbyolozmwéblès↓   èlchófer |nozlo(s)subyó↓

3 làsèŋyora |lèálkilólabitaşyón↓   làsèŋyora |selalkiló↓

4 minóbya |mèmàndoᶒlperyóđikó↓   minóbya |melomandó↓

5 el |lèsprèsèntolazmorénàs↓   élselaspresentó↓

6 misèkrètárya |mèskribyolos͜anúnşyós↓   misèkrètárya |melos͜eskribyó↓

7 yó |lèzmàndélrregáló↓   yóselomandé↓

---

1 El señor me revisó *las maletas.*   El señor me las revisó.

2 El chofer nos subió *los muebles.*   El chofer nos los subió.

3 La señora le alquiló *la habitación.*   La señora se la alquiló.

4 Mi novia me mandó *el periódico.*   Mi novia me lo mandó.

5 El les presentó *las morenas.*   El se las presentó.

6 Mi secretaria me escribió *los anuncios.*   Mi secretaria me los escribió.

7 Yo les mandé *el regalo.*   Yo se lo mandé.

20.21.12 Response drill [1]

(Juan le presta el libro al profesor)

1   hwán↓ kémeprestoyustéd↓   lépréste |el̶líbró↓

    hóse↓ méprèstohwán |el̶líbro↑   sí↓ sèlóprésto↓

    hóse↓ kwándomeloprestó↓   sèlóprèstoạórà↓

    hwán↓ kyénmepresto |el̶líbró↓   yóseloprésté↓

    hóse↓ mèlóprèstoyustéd↓   nó↓ yónoseloprésté↓ sèlóprèstohwán↓

_____

(Juan le presta el libro al profesor)

1 Juan, ¿qué me prestó Ud.?   Le presté el libro.

   José, ¿me prestó Juan el libro?   Sí, se lo prestó.

   José, ¿cuándo me lo prestó?   Se lo prestó ahora.

   Juan, ¿quién me prestó el libro?   Yo se lo presté.

   José, ¿me lo prestó Ud.?   No, yo no se lo presté, se lo prestó Juan.

_____

[1] Use the names of two students instead of Juan and José, addressing the questions to them after the appropriate activity. Repeat each drill several times until all
     the students have taken both parts.

(El profesor le presta su lápiz a uno de los estudiantes)

2   hwán↓ kélepréstéyó↓   mépréstoⓔ⑪lápiş↓

    hwán↓ yólepréstéⓔⓦlápíş↑   sí↓ ústeđmeloprestó↓

    hosé↓ kélepréstéyó|ạhwán↓   lèpréstóⓔ⑪lápíş↓

    hosé↓ yólepréstéⓦlápíşạhwán↑   sí↓ ústeđseloprestó↓

    hwán↓ kyénlepréstoⓔ⑪lápíş|ạụstéđ↓   ústeđ|mèlôprèstó↓

    hwán↓ kwándoseloprestó↓   mèlóprèsto|ạòrà↓

(El profesor le presta su lápiz a uno de los estudiantes)

2   Juan, ¿qué le presté yo?   Me prestó el lápiz.

    Juan, ¿yo le presté el lápiz?   Sí, Ud. me lo prestó.

    José, ¿qué le presté yo a Juan?   Le prestó el lápiz.

    José, ¿yo le presté el lápiz a Juan?   Sí, Ud. se lo prestó.

    Juan, ¿quién le prestó el lápiz a Ud.?   Ud. me lo prestó.

    Juan, ¿cuándo se lo presté?   Me lo prestó ahora.

20.9

(El profesor les presta tres pesos a dos de los estudiantes)

3   hwán↓ kelesprésteyó |aystédès↓   nósprèstó |tréspésòs↓

    hósé↓ lèsprèstéyó |tréspésos |aystédes↑   sí↓ ùstédnozlosprestó↓

    hósé↓ kwandoselospresté↓   nózlósprèstó |ạorà↓

    hwán↓ kyénlespresto |lostréspésos |aystédes↑   ùstédnozlosprestó↓

    hósé↓ kwantospésoz |lespresté↓   nósprèstó |tréspésòs↓

(El profesor les presta tres pesos a dos de.los estudiantes)

3   Juan, ¿qué les presté yo a Uds.?   Nos prestó tres pesos.

    José, ¿les presté yo tres pesos a Uds.?   Sí, Ud. nos los prestó.

    José, ¿cuándo se los presté?   Nos los prestó ahora.

    Juan, ¿quién les prestó los tres pesos a Uds.?   Ud. nos los prestó.

    José, ¿cuántos pesos les presté?   Nos prestó tres pesos.

(José le presta al profesor y a Juan cinco monedas)

4 hòsé↓ kénospréstó|ustéd↓   lèsprèsté|şiŋkomonéḋàs↓

   hòsé↓ nòsprèstoustéd|şiŋkomonéḋàs↑   sí↓ sèlàsprèsté↓

   hòsé↓ kwàndonòzlasprèstó↓   sèlàsprèsté|àòrà↓

   hwán↓ kénosprèstóhòsé↓   nòsprèsto|şiŋkomonéḋàs↓

   hwán↓ kyé(n)nòzlasprèstó↓   nòzlàsprèsto|hòsé↓

_____

(José le presta al profesor y a Juan cinco monedas)

4 José, ¿qué nos prestó Ud?   Les presté cinco monedas.

   José, ¿nos prestó Ud. cinco monedas? Sí, se las presté.

   José, ¿cuándo nos las prestó?   Se las presté ahora.

   Juan, ¿qué nos prestó José?   Nos prestó cinco monedas.

   Juan, ¿quién nos las prestó?   Nos las prestó José.

(Juan le presta la pluma a José)

5 hwán↓ kélepréstó|ahosé↓   lèprèstélàplúmà↓

   hwán↓ lèprèstó|laplúmạ|ahosé↑   si↓ sèlàprèsté↓

   hósé↓ kéleprestóhwán|austéɑ↓   mèprèstolaplúmà↓

   hósé↓ lèprèstólaplúmá↑   si↓ mèlàprèstó↓

   hwán↓ kwándo|leprestólaplúmạ|àhósé↓   sèlàprèste|àorà↓

   hósé↓ kyénleprestólaplúmà↓   hwan|mèlàprèstó↓

(Juan le presta la pluma a José)

5 Juan, ¿qué le prestó a José?   Le presté la pluma.

   Juan, ¿le prestó la pluma a José?   Sí, se la presté.

   José, ¿que le prestó Juan a Ud.?   Me prestó la pluma.

   José, ¿le prestó la pluma?   Sí, me la prestó.

   Juan, ¿cuándo le prestó la pluma a José?   Se la presté ahora.

   José, ¿quién le prestó la pluma?   Juan me la prestó.

20.21.13 Translation drill

1 The menu? I passed it to John.

èlmènu↑ sèlópàsé|àhwàn↓

¿El menú? Se lo pasé a Juan.

2 The drinks? I passed them to the gentlemen.

lóstràgos↑ sèlóspàsé|àló(s)sènyòrès↓

¿Los tragos? Se los pasé a los señores.

3 The list? They haven't given it to me.

làlistà↑ nómelàndádò↓

¿La lista? No me la han dado.

4 The car? I bought it from Joseph.

èlkàrro↑ sèlókómpré|àhòsé↓

¿El carro? Se lo compré a José.

5 The furniture? I bought it (them) from John.

lózmwèblès↑ sèlóskómpré|àhwàn↓

¿Los muebles? Se los compré a Juan.

6 The gifts? I sent them to Carmen.

lózrrègálos↑ sèlózmàndé|àkàrmèn↓

¿Los regalos? Se los mandé a Carmen.

7 The chairs? I sent them to Louise.

là(s)siꞑyas↑ sèlàzmàndé|àlwìsà↓

¿Las sillas? Se las mandé a Luisa.

8 The table? I sent it to my sister.

làmèsà↑ sèlàmàndé|àmᵻèrmànà↓

¿La mesa? Se la mandé a mi hermana.

9 The room? I already rented it to Joseph.

èlkwàrto↑ yà|sèlòàlkilé|àhòsé↓

¿El cuarto? Ya se lo alquilé a José.

10 The overnight case? They already checked it for us.

èlmàlètìn↑ yà|nózlòrrèbisàrón↓

¿El maletín? Ya nos lo revisaron.

11 The ham? They haven't brought it to me.

èlhàmon↑ nó|mèlòàntràídò↓

¿El jamón? No me lo han traído.

12 The prices? They haven't given them to him yet.

lósprèꞩyos↑ nó|sèlòsàndádò|tòdàbíà↓

¿Los precios? No se los han dado todavía.

13 The names? He wrote them for me.

lóznòmbrès↑ él|mèlòsèskribyó↓

¿Los nombres? El me los escribió.

B. Discussion of pattern

When direct and indirect clitics occur in the same construction with a verb, the indirect always precedes the direct, and both *precede* a conjugated form of the verb (except in affirmative commands, see Unit 29), but *follow* an infinitive or /—ndo/ form (if these are the only verb forms in the phrase, see Unit 29).

The 1 sg and pl and the 2 fam forms rarely if ever occur as direct clitics in the same construction with indirect clitics (these forms are in parentheses in the extrapolation).

The important feature of this pattern is the change of /le/ and /les/ to /se/ when a direct object /lo, la, los, las/ appears in the same construction. Thus /le—dóy—el—líbro/, when /lo/ replaces /el—líbro/, becomes /se—lo—dóy/.

In chart form this change can be shown as follows:

Objects expressed by clitics						
		Indirect			Indirect + Direct	
2-3	sg	le	become	se	lo	la
	pl	les			los	las

It should be noted that the number distinction shown by /le/ and /les/ is lost in /se/, and therefore there is an increased need in many contexts for redundant constructions (presented in Unit 16) to restate the person of /se/. The indirect clitic /se/ can have any of the following possible references: to you, to you all, to it, to him, to her, to them.

In some dialect areas the combination /nos—los/ is avoided.

20.21.2   Exclamatory /ké, kómo/

A. Presentation of pattern

ILLUSTRATIONS

————————   1   kékantiďaďehéntè↓   ¡Qué cantidad de gente!

What tomatoes!   2   ketomátès↓   ¡Qué tomates!

What coffee!   3 kékafé↓   ¡Qué café!

─────────

How you talk!   4 kébonítá↓   ¡Qué bonita!

                                      5 komọáblá↓   ¡Cómo habla!

EXTRAPOLATION

ké	what (a)	+ noun
	how	+ adjective
kómo	how	+ verb

NOTES

a. A common pattern for Spanish exclamatory phrases is /ké/ plus a noun or adjective or
    /kómo/ plus a verb.

20.21.21 Translation drill

1 What a girl!   késeŋyorítá↓   ¡Qué señorita!

2 What an idea!   keịdéá↓   ¡Qué idea!

3 What an order!	keórdên↓	¡Qué orden!
4 What a headache!	kedolór∤dekabéşà↓	¡Qué dolor de cabeza!
5 What women!	kemuhérès↓	¡Qué mujeres!
6 What water!	keágwà↓	¡Qué agua!
7 How small!	kepekéŋyà↓	¡Qué pequeña!
8 How ugly!	keféà↓	¡Qué fea!
9 How fat!	kegórdà↓	¡Qué gorda!
10 How narrow!	kestréchà↓	¡Qué estrecha!
11 How she talks!	komǫáblà↓	¡Cómo habla!
12 How she dances!	komobáylà↓	¡Cómo baila!
13 How she learns!	komǫapréndè↓	¡Cómo aprende!
14 How she works!	komotrabáhà↓	¡Cómo trabaja!
15 How she eats!	komokómè↓	¡Cómo come!

B. Discussion of pattern

The pattern of the Spanish exclamatory phrases drilled above is somewhat simpler than that of the English equivalents: /ké/ appears with nouns and modifiers, and /kómo/ appears with verbs.

The difference between 'what a' before singular count nouns and 'what' before plural count nouns and mass nouns ('What a man!', but 'what men!, what patriotism!') doesn't occur in Spanish, where the exclamatory modifier is an unvariable /ké/. These Spanish constructions also translate equivalent English expressions with 'some, such' (as 'Some man, such men, such patriotism').

In English, a noun in an exclamatory phrase can be modified by an adjective which precedes it; in the equivalent Spanish phrase the adjective normally follows (except expressions like /ké—grán—ómbre/) and usually is itself always modified by /más/ or /tán/. Thus:

What a pretty girl!	/ke |múchacha |masbonítá↓/
	/ké |múchacha |tambonítá↓/
What good water!	/keagwa |masbwéná↓/
	/keagwa |tambwéná↓/

In the second examples /ké/, when followed by a strong-stressed vowel, may or may not be stressed depending on the relative speed of pronunciation, the 'emotion' with which it is expressed, etc. In a normal, uncolored pronunciation, the first of two adjacent strong-stressed vowels tends to become weak-stressed when they occur in the same intonation phrase. Thus:

Normal	/keagwa |masbwéná↓/
Deliberate	/ke |agwa |mas |bwená↓/

20.21.3   Question intonation patterns — Choice questions

A. Presentation of pattern

ILLUSTRATIONS

1   báhạ↑osúbè↓

2   dáláka∩ye↑ọalpátyò↓

3   byénèmpòràbyon↑oporbárkò↓

Are they coming by plane, or by boat?

22↑2 1 1↓
¿Baja o sube?

1   2 2↑ 2 1 1↓
¿Da a la calle   o al patio?

1   22↑2   1 1↓
¿Vienen por avión   o por barco?

EXTRAPOLATION

Yes-no question	Choice question
/1222↑/	/1122↑2211↓/

NOTES

a. In essence a choice question is a combination of a yes-no question pattern
    followed immediately by an information question pattern.

20.18

175

20.21.31 Substitution drill

1   imbítalhéfe↑
    imbitasus,amiços↑   imbítàlhéfe↑ǫasus,amíǧòs↓

2   èmpèṣọạlá(s)séys↑
    èmpèṣọạlas,ocho↑   èmpèṣóạlá(s)séys↑ǫalas,óchò↓

3   làkásạesféa↑
    làkásạezbonita↑   làkásạèsféạ↑obonítà↓

```
         1 2    22 ↑
1  ¿Invita al jefe?
         1 2       22 ↑                                1  1    22 ↑ 2    1 1 ↓
   ¿Invita a sus amigos?                            ¿Invita al jefe   o a sus amigos?


         1   2    22 ↑
2  ¿Empezó a las seis?
         1   2    2 2 ↑                                1  1    22 ↑ 2    1 1 ↓
   ¿Empezó a las ocho?                              ¿Empezó a las seis   o a las ocho?


         1 2    22 ↑
3  ¿La casa es fea?
         1 2       22↑                                 1  1    22 ↑ 2    11 ↓
   ¿La casa es bonita?                              ¿La casa es fea   o bonita?
```

176   20.19

4   kómenˌakí↑

    komenˌaʎyí↑   kómènˌàkí↑ˌoˌaʎyí↓

5   bámosˌaóra↑

    bámozˌdespwés↑   bámosˌaóraˌↄˌdespwés↓

6   prónúnṣyabyén↑

    prónúnṣyamál↑   prònúnṣyábyén↑ˌomál↓

```
        2      22 ↑
4  ¿Comen aquí?
        2      22 ↑                                              1      22 ↑  2 11 ↓
   ¿Comen allí?                                                  ¿Comen aquí    o allí?

        2     2 2 ↑
5  ¿Vamos ahora?
        2      22 ↑                                              1     2 2 ↑ 2      11 ↓
   ¿Vamos después?                                               ¿Vamos ahora    o después?

        1 2     22 ↑
6  ¿Pronuncia bien?
        1 2      22 ↑                                            1 1      22 ↑ 2 11 ↓
   ¿Pronuncia mal?                                               ¿Pronuncia bien    o mal?
```

7 lèfáltálgo↑
   lèfáltatodo↑   lèfáltálgo↑otódò↓

8 iŋklúyènlàlúʂ↑
   iŋklúyenɛlágwa↑   iŋklúyènlàlúʂ↑ɛelágwà↓

9 dálàkáⁿye↑
   dálpátyo↑   dálàkáⁿye↑ɛalpátyó↓

---

       1 2   2 2↑
7 ¿Le falta algo?
       1 2   22↑   1 1   2 2↑2 11↓
   ¿Le falta todo?   ¿Le falta algo   o todo?

       1 2   22 ↑
8 ¿Incluyen la luz?
       1 2   2 2↑   1 1   22 ↑ 2 1 1↓
   ¿Incluyen el agua?   ¿Incluyen la luz   o el agua?

        2   2 2↑
9 ¿Da a la calle?
        2   2 2↑   1   2 2↑ 2 1 1↓
   ¿Da al patio?   ¿Da a la calle   o al patio?

10 byénelhwébes↑
    byénelsábado↑   byénèlhwébes↑ǫelsábàdȯ↓

11 báylabyén↑
    báylamál↑   báylàbyén↑omál↓

12 dèséǫunabitas̨yon↑
    dèséǫunapartamento↑   dèséǫunàbitàs̨yon↑ǫunapartaméntȯ↓

---

      2   2 2 ↑
10 ¿Viene el jueves?

      2   2 2 ↑
   ¿Viene el sábado?
                                         1   2 2 ↑ 2 1 1↓
                                    ¿Viene el jueves   o el sábado?

     2   22 ↑
11 ¿Baila bien?

      2   22 ↑
   ¿Baila mal?
                                       1   22 ↑ 2 11 ↓
                                    ¿Baila bien o mal?

     1 2   22 ↑
12 ¿Desea una habitación?

      1 2   2 2 ↑
   ¿Desea un apártamento?
                                       1 1   22 ↑ 2   1 1↓
                                    ¿Desea una habitación o un apartamento?

13 ⓐyégàlwégo↑

ⓐyégadespwé↑   ⓐyégàlwégo↑oɗespwé↓

```
        2    2 2 ↑
13  ¿Llega luego?
        2        22 ↑                                          1    2 2↑ 2     11↓
    ¿Llega después?                                          ¿Llega luego   o después?
```

B. Discussion of pattern

Choice questions consist of at least two intonation phrases. The first one is usually /1122↑/ followed immediately by /(2)211↓/ or /(1)211↓/, without leaving enough time after the /↑/ of the first phrase so that a listener would be able to break in and respond.

The common yes-no pattern /1222↑/ is changed to /1122↑/ in the first phrase of a choice question, delaying the pitch rise to coincide with the point of contrast which is established by the choice.

20.22   Replacement drills

A   nòzlástraę|èlşékwałéntąisyétę↑unabeşạlmés↓

1   _____abyón_____↓   nòzlástraę|elabyon↑unabeşạlmés↓

2   _____semánà↓   nòzlástraę|elabyon↑unabeşạlasemánà↓

3   ___ꞩyebą_____↓   nòzlàzꞩyebą|elabyon↑unabeşạlasemánà↓

4   _____chofér_____↓   nòzlàzꞩyebą|elchofér↑unabeşạlasemánà↓

5   mè_____↓   mélàzꞩyebą|elchofér↑unabeşạlasemánà↓

6   _____đèbeşạ enkwándò↓   mélàzꞩyebą|elchofér↑đèbeşạ enkwándò↓

7   ____mandą_____↓   mèlàzmandą|elchofér↑đèbeşạ enkwándò↓

A   Nos las trae el C-47 una vez al mes.

1   _____avión_____.   Nos las trae el avión una vez al mes.
2   _____semana.   Nos las trae el avión una vez a la semana.
3   ____lleva_____.   Nos las lleva el avión una vez a la semana.
4   _____chofer_____.   Nos las lleva el chofer una vez a la semana.
5   Me_____.   Me las lleva el chofer una vez a la semana.
6   _____de vez en cuando.   Me las lleva el chofer de vez en cuando.
7   ____manda_____.   Me las manda el chofer de vez en cuando.

20.24

181

B   làpistạ |èzbàstántelárgà↓   làpistạ |èzmúylárgà↓

1 _____ múy_____↓   làpistạ |èzmúygrándè↓

2 _____ γrándè↓   èlèdifişyọ |èzmúygrándè↓

3 _èdifişyọ_____↓   lòs,èdifişyos |sònmúyγrándès↓

4 _____ són_____↓   èsòs,èdifişyos |sònmúygrándès↓

5 ésós_____↓   èsòs,èdifişyos |sòndèmàsyadográndès↓

6 _____dèmàsyado_↓   èsòs,èdifişyos |pàreşen |dèmàsyadográndès↓

7 _____ pàreşen_____↓

B   La pista es bastante larga.

1 _____ muy_____.   La pista es muy larga.

2 _____ grande.   La pista es muy grande.

3 _edificio_____.   El edificio es muy grande.

4 _____ son_____.   Los edificios son muy grandes.

5 Esos _____.   Esos edificios son muy grandes.

6 _____demasiado___.   Esos edificios son demasiado grandes.

7 _____parecen_____.   Esos edificios parecen demasiado grandes.

C   kwántos̩abyónes | ayenlabáse̊↓   kwántos̩abyónes | ayen̩esabáse̊↓

1 _____ ésa ___↓   kwántos̩abyónes | tyénen | en̩esabáse̊↓

2 _____ tyénen ___↓   kwántos̩eskwadrónes | tyénen | en̩esabáse̊↓

3 _____ eskwadrónes _____↓   kwántos̩eskwadrónes | tyénen | en̩esepaís↓

4 _____ país↓   kwántazbases | tyénen | en̩esepaís↓

5 _____ báses _____↓   kwántazbases | tyénen | en̩akélpaís↓

6 _____ akél ___↓   kwántas̩embahadas | tyénen | en̩akélpaís↓

7 _____ embahadas _____↓

C   ¿Cuántos aviones hay en la base?

1 ¿ _____ esa ___?   ¿Cuántos aviones hay en esa base?

2 ¿ _____ tienen ___?   ¿Cuántos aviones tienen en esa base?

3 ¿ _____ escuadrones _____?   ¿Cuántos escuadrones tienen en esa base?

4 ¿ _____ país?   ¿Cuántos escuadrones tienen en ese país?

5 ¿ _____ bases _____?   ¿Cuántas bases tienen en ese país?

6 ¿ _____ aquel ___?   ¿Cuántas bases tienen en aquel país?

7 ¿ _____ embajadas _____?   ¿Cuántas embajadas tienen en aquel país?

20.26

D   èskèlábasę |èzmúypekéŋyà↓

1 _____ábyon_____,___↓   èskèlábyon |èzmúypekéŋyò↓

2 _____són_____↓   èskè |lós,àbyónes |sònmúypekéŋyòs↓

3 _____grándès↓   èskè |lós,àbyónes |sònmúygrándès↓

4 _____èskwàdriⱪyas_____↓   eskè |làs,èskwàdriⱪyas |sònmúygrándès↓

5 ___ésàs_____↓   eskę |és às,èskwàdriⱪyas |sònmúygrándès↓

6 _____modérnàs↓   eskę |és às,èskwàdriⱪyas |sònmúymodérnàs↓

7 _____pàréşén_____↓   eskę |és às,èskwàdriⱪyas |pàréşènmúymodérnàs↓

D   Es que la base es muy pequeña.

1 _____ avión _____ .   Es que el avión es muy pequeño.

2 _____ son _____ .   Es que los aviones son muy pequeños.

3 _____ grandes .   Es que los aviones son muy grandes.

4 _____escuadrillas _____ .   Es que las escuadrillas son muy grandes.

5 _____esas_____ .   Es que esas escuadrillas son muy grandes.

6 _____ modernas .   Es que esas escuadrillas son muy modernas.

7 _____ parecen _____ .   Es que esas escuadrillas parecen muy modernas.

E   tyénékẹir |àrréṣíbírlo↑   tyénékẹir |abuskárlo↑

1   _____ buskárlo↑   ténémos |kẹirabuskárlo↑

2   ténémos _____ ↑   ténémos |kempeṣar |abuskárlo↑

3   _____ empeṣár |a __↑   ténémos |kempeṣar |aṣérlos↑

4   _____ aṣérlos↑   téngo |kempeṣar |aṣérlos↑

5   téngo _____ ↑   téngo |kẹaprender |aṣérlos↑

6   _____ aprendér |a _____ ↑   ay |kẹaprender |aṣérlos↑

7   ay _____ ↑

E   ¿Tiene que ir a recibirlo?

1   ¿_____ buscarlo?   ¿Tiene que ir a buscarlo?

2   ¿Tenemos _____ ?   ¿Tenemos que ir a buscarlo?

3   ¿_____ empezar a __?   ¿Tenemos que empezar a buscarlo?

4   ¿_____ hacerlos?   ¿Tenemos que empezar a hacerlos?

5   ¿Tengo _____ ?   ¿Tengo que empezar a hacerlos?

6   ¿_____ aprender a __?   ¿Tengo que aprender a hacerlos?

7   ¿Hay _____ ?   ¿Hay que aprender a hacerlos?

F   lôzđého |konˌeltenyéntè↓

1   ___ȡyebo _____↓   lôzȡyebo |konˌeltenyéntè↓

2   _____ sèŋyormolínà↓   lôzȡyebo |kôn̩èlsèŋyórmolínà↓

3   tè_____↓   tèȡyebo |kônèlsèŋyormolínà↓

4   _____àmigohárris↓   tèȡyebo |kônèlàmigohárris↓

5   _đéhamos _____↓   tèđéhamos |kônèlàmigohárris↓

6   là_____↓   làđéhamos |kônèlàmigohárris↓

7   _____ nwéstrǫ____↓   làđéhamos |kò(n)nwéstrǫàmigohárris↓

F   Los dejo con el teniente.

1   ___llevo _____.   Los llevo con el teniente.

2   _____ Sr. Molina.   Los llevo con el Sr. Molina.

3   Te _____.   Te llevo con el Sr. Molina.

4   _____ amigo Harris.   Te llevo con el amigo Harris.

5   _dejamos _____.   Te dejamos con el amigo Harris.

6   La _____.   La dejamos con el amigo Harris.

7   _____ nuestro ___.   La dejamos con nuestro amigo Harris.

20.23   Variation drills

A kómpran |súspróbisyónes,akí↑   ¿Compran sus provisiones aquí?

   1 Do you buy your vegetables here?   kómpran |súzlégumbres,akí↑   ¿Compran sus legumbres aquí?

   2 Do you buy your vegetables in the   kómpran |súzlégumbres |en,elkámpo↑   ¿Compran sus legumbres en el campo?
      country?

   3 Do you buy your things in that store?   kómpran |súskósas |en,esatyénda↑   ¿Compran sus cosas en esa tienda?

   4 Do you buy everything there?   kómpran |tódoallyi↑   ¿Compran todo allí?

   5 Do you pay less there?   págan |menos,allyi↑   ¿Pagan menos allí?

   6 Do you pay the same now?   págan |ígwalaora↑   ¿Pagan igual ahora?

   7 Do you charge much now?   kóbran |muchoaora↑   ¿Cobran mucho ahora?

B tyéné |mílkinyéntozmétrós↓   Tiene mil quinientos metros.

   1 It's one thousand meters.   tyéne |mílmétrós↓   Tiene mil metros.

   2 It's one thousand six hundred meters.   tyéne |mílseys(ş)yéntozmétrós↓   Tiene mil seiscientos metros.

   3 It's one thousand twenty meters.   tyéne |mílbéyntemétrós↓   Tiene mil veinte metros.

4 He has two thousand pesos.   tyéne |dózmilpésòs↓   Tiene dos mil pesos.

5 He has eight hundred pesos.   tyéne |óchóşyentospésòs↓   **Tiene ochocientos pesos.**

6 He has fifteen dollars.   tyéne |kínşedólárès↓   Tiene quince dólares.

7 He has seventeen dollars.   tyéne |dyéşisyetedólárès↓   Tiene diecisiete dólares.

C bén |esşabyón |kèbwéla |sóbrélátórredekontról↑   ¿Ven ese avión que vuela sobre la torre
                                                           de control?

1 Do you see that plane that's flying   bén |esşabyón |kèbwéla |sóbrelkámpo↑   ¿Ven ese avión que vuela sobre el campo?
   over the field?

2 Do you see those planes that are   bén |esosabyónes |kèbwélan |sóbrelapísta↑   ¿Ven esos aviones que vuelan sobre la
   flying over the runway?   pista?

3 Do you see those cars that are passing   bén |esoskóches |kèpásam |porladerécha↑   ¿Ven esos coches que pasan por la derecha?
   on the right?

4 Do you see those cars that are passing   bén |esoskóches |kèpásam |porlaişkyérda↑   ¿Ven esos coches que pasan por la izquierda?
   on the left?

5 Do you see that woman that's going   bén |aesamuhér |kèbápórà(l)yá↑   **¿Ven a esa mujer que va por allá?**
   over there?

6 Do you see that man that's coming   bén |aesşombre |kèbyeneparaka↑   **¿Ven a ese hombre que viene para acá?**
   over here?

7 Do you see that gentleman that's in   bén |aesesenyór |kèstaenlaofişina↑   ¿Ven a ese señor que está en la oficina?
   the office?

D   ėnėlbyénė|èlòfíṣyáldęinspekṣyón↓   En él viene el oficial de inspección.

   1 The customs officer's coming in it.   ėnėlbyénė|èlòfíṣyáldęadwáná↓   En él viene el oficial de aduana.

   2 The chief of inspection's coming in it.   ėnėlbyénė|èlhéfędęinspekṣyón↓   En él viene el jefe de inspección.

   3 The chief of traffic's arriving in it.   ėnėlůyégą|èlhéfędetráfikó↓   En él llega el jefe de tráfico.

   4 There the fighter squadron's arriving.   áůyéça|ląèskwàdriůyadekáṣá↓   Ahí llega la escuadrilla de caza.

   5 There they're bringing the inspection   áitráen|ląordéndęinspekṣyón↓   Ahí traen la orden de inspección.
     order.

   6 There they're bringing the lettuce salad. áitráen|ląènsáladadelechúgá↓   Ahí traen la ensalada de lechuga.

   7 They're taking the four o'clock plane   màŋyanatóman|èlàbyóndelaskwátró↓   Mañana toman el avión de las cuatro.
     tomorrow.

E   ástàlàbístá|kòrònél↓   Hasta la vista, coronel.

   1 See you later, my friend.   ástàlàbístá|mįàmíçô↓   Hasta la vista, mi amigo.

   2 See you this afternoon, Juan.   ástàlàtardè|hwán↓   Hasta la tarde, Juan.

   3 See you this evening, Juan.   ástàlànochè|hwán↓   Hasta la noche, Juan.

   4 See you at four, then.   ástàlàskwátrǫ|èntónṣès↓   Hasta las cuatro, entonces.

5 See you tomorrow, then.   ástàmáɲyaṇa |èntónṣès↓   Hasta mañana, entonces.

6 See you later, then.   ástàlwégọ |èntónṣès↓   Hasta luego, entonces.

7 See you soon, then.   ástàprontọ |èntónṣès↓   Hasta pronto, entonces.

F inóselẹolbiɗe|loɗelgólf↓   Y no se le olvide lo del golf.

1 And don't forget about the car.   inóselẹolbiɗe |loɗeláwtó↓   Y no se le olvide lo del auto.

2 And don't forget about Saturday.   inóselẹolbiɗe |loɗelsábàɗó↓   Y no se le olvide lo del sábado.

3 And don't forget about the bill.   inóselẹolbiɗe |loɗelakwéntà↓   Y no se le olvide lo de la cuenta.

4 And don't forget about the house. inóselẹolbiɗe |loɗelakásà↓   Y no se le olvide lo de la casa.

5 And don't forget about tomorrow.   inóselẹolbiɗe |loɗemaɲánà↓   Y no se le olvide lo de mañana.

6 And don't forget about yesterday. inóselẹolbiɗe |loɗẹayér↓   Y no se le olvide lo de ayer.

7 And don't forget about Mary.   inóselẹolbiɗe |loɗemaríà↓   Y no se le olvide lo de María.

20.24   Review drill — Postposed full-form possessives

1 He's a friend of mine.   èsúnàmıgomíóↆ   Es un amigo mío.

2 He's a neighbor of mine.   èsúmbèşınomíóↆ   Es un vecino mío.

3 It's a check of mine.   èsúnchekemíóↆ   Es un cheque mío.

4 It's a book of mine.   èsúnlıbromíóↆ   Es un libro mío.

5 She's a sister of mine.   èsúnąèrmanamíàↆ   Es una hermana mía.

6 It's a cup of mine.   èsúnátaşamíàↆ   Es una taza mía.

7 He's a friend of yours.   èsúnàmıgosúyòↆ   Es un amigo suyo.

8 It's a book of yours.   èsúnlıłrosúyòↆ   Es un libro suyo.

9 She's a sister of yours.   èsúnąèrmanasúyàↆ   Es una hermana suya.

10 It's a check of yours.   èsúnchekesúyòↆ   Es un cheque suyo.

11 He's a neighbor of yours.   èsúmbèşınosúyòↆ   Es un vecino suyo.

20.3   CONVERSATION STIMULUS

1 These photos sure are nice!

    kébwénas |estánestasfótòs↓

    ¡Qué buenas están estas fotos!

2 They belong to Colonel Harris.

    son |dèlkòrónélhárris↓

    Son del Coronel Harris.

3 He loaned them to Jose.

    élselaspresto |ahosé↓

    El se las prestó a José.

4 But Jose has to take them (back) to him tonight.

    pérohóse |tyénekeꞋyebárselas |estanóchè↓

    Pero José tiene que llevárselas esta noche.

5 This one of Jose in front of that plane is the best.

    estadehose |ǫmfréntèdèsęàbyon↑ezlamehór↓

    Esta de José, en frente de ese avión, es la mejor.

6 The Commanding Officer of the base took it for him.

    élhefedelabase |selatomó↓

    El Jefe de la base se la tomó.

Carmen, dígale a José que qué buenas están estas fotos. Pregúntele si se las prestó el Coronel.

    kébwénas |estánestasfótòs↓ tèlàsprèstó |ęl koronel↑

    Carmen: ¡Qué buenas están estas fotos! ¿Te las prestó el Coronel?

José, contéstele que sí, pero que tiene que llevárselas esta noche.

    sí↓ pérótéŋgo |keꞂyebárselas |estanóchè↓

    José: Sí, pero tengo que llevárselas esta noche.

Carmen, dígale que ésta de él (José) en   éstàtúyạ |èmfrentedesẹabyónˆezla   Carmen: Esta tuya en frente de ese avión
   frente de ese avión es la mejor. Pregún-   es la mejor. ¿Quién te la tomó?
   tele que quién se la tomó.   mehór↓ kyentelatomó↓

José, contéstele que el Jefe de la base.   èlhéfedelabásè↓   José: El Jefe de la base.

NARRATIVE 2

1 They met the Commanding Officer, then.   kònòşyeronạlhéfẹ |èntónşès↓   Conocieron al Jefe, entonces.

2 And some of the pilots, too.   ̣ạ̀baryoz |dèlóspilótòs |tàmbyén↓   Y a varios de los pilotos, también.

3 Colonel Harris introduced them (to them).   èlkòrònelharris |selospresentó↓   El Coronel Harris se los presentó.

4 Carmen wants to know how many planes   kármeṇ |kyéresabérˆkwántosạbyónes | Carmen quiere saber cuántos aviones hay
   there are at that base.   en esa base.
                                                 ayeṇẹsabásè↓

5 'Forty-seven altogether,' says Jose,   kwàréntạịsyetentotál |díşèhòsé↓ sininklwír | Cuarenta y siete en total -dice José, sin
   'not including the C-33 which belongs   incluir el C-33 que pertenece a la Misión.
   to the Mission.'   elşetreyntạịtres |kepertenéşẹ |alamisyón↓

6 He says the CO himself told him so.   éldişẹ |kèlhéfèmizmoselodíhò↓   El dice que el Jefe mismo se lo dijo.

7 But it isn't true. He's somewhat confused.   pérònẹezberdád↓ elestá |ympókòkòmfùndídò↓   Pero no es verdad. El está un poco
                                                                                                     confundido.

8 The CO told him the other way around.   èlhéfe |lèdíhólòkòntraryò↓   El Jefe le dijo lo contrario.

9 That there were thirty-three planes,
  not including the C-47.

kẹàbia|tréyntạitreṣabyónės↓

siniŋklwir|èlṣékwàréntạisyetè↓

Que había treinta y tres aviones, sin
  incluir el C-47.

DIALOG 2

Carmen, pregúntele a José si conocieron al
  Jefe de la Base, entonces.

kònòṣyéron|àlhéfédèlàbasẹ|èntónṣès↓

Carmen: ¿Conocieron al Jefe de la Base,
  entonces?

José, contéstele que sí, y a varios de los
  pilotos, también. Que se los presentó
  el Coronel Harris.

sí↓ ạbàryoz|delospilótòs|tàmbyén↓

nòzlòsprèsèntó|ẹlkòrònelhárris↓

José: Sí, y a varios de los pilotos, también.
  Nos los presentó el Coronel Harris.

Carmen, pregúntele que cuántos aviones
  hay en esa base.

kwantosạbyónes|ayenẹsabásè↓

Carmen: ¿Cuántos aviones hay en esa base?

José, contéstele que cuarenta y siete en
  total, sin incluir el C-33 que pertenece a
  la Misión.

kwàréntạisyetẹ|èntòtál↓ siniŋklwir|

elṣetreyntạitres|kepertenèṣẹalamisyón↓

José: Cuarenta y siete en total, sin incluir
  el C-33 que pertenece a la Misión.

Juan, dígale a José que no es verdad, que
  está un poco confundido.

nọezberdád|hòsé↓ èstas|úmpókò

kòmfùndịdò↓

Juan: No es verdad, José. Estás un poco
  confundido.

José, dígale que el Jefe mismo se lo dijo.

èlhéfèmizmo|mèlòdịhò↓

José: El jefe mismo me lo dijo.

Juan, dígale que no, que le dijo lo contrario.
  Que había treinta y tres aviones sin incluir
  el C-47.

nó|tèdíhòlòkòntraryó↓ kẹàbia|tréyntạ

itresạbyónès↓ siniŋklwir|èlṣé|kwàréntạ

isyetè↓

Juan: No, te dijo lo contrario. Que había
  treinta y tres aviones sin incluir
  el C-47.

José, dígale que tiene razón.

tyenezrraṣón↓

José: Tienes razón.

NARRATIVE 3

1 This country didn't buy all these planes from the United States.

éstèpáı↑nólekompró |todos,estos,abyónes |
alos,estados,unídòs↓

Este país no le compró todos estos aviones a los Estados Unidos.

2 The fighters, yes.

lôzdèkaşa |sí↓

Los de caza, sí.

3 But the bombers were bought from the British.

pérólôzdèbòmbárdeo↑sélôskòmpraron |
àlósinglesès↓

Pero los de bombardeo se los compraron a los ingleses.

4 Carmen doesn't know what they need so many war planes for.

karmen |nósabe↑párákeneşesitan |tantos
abyonezdegérrà↓

Carmen no sabe para qué necesitan tantos aviones de guerra.

5 This country isn't going to have a war with anybody.

estepaız↑nóbátener |gérrakó(n)náɗyè↓

Este país no va a tener guerra con nadie.

DIALOG 3

Carmen, pregúntele si este país le compró todos estos aviones a los Estados Unidos, que si no es verdad.

éstèpáız |lèkómpro↑todos,estos,abyónes |
alos,estados,unídós↓ngèzbérɗaɗ↑

Carmen: Este país le compró todos estos aviones a los Estados Unidos, ¿no es verdad?

José, contéstele que los de caza sí. Que los de bombardeo Uds. se los compraron a los ingleses.

lôzdèkaşasí↓ lôzdèbòmbárdeo |sélôṣ
kòmpramos |àlósinglesès↓

José: Los de caza sí. Los de bombardeo se los compramos a los ingleses.

Carmen, dígale que Ud. no sabe para qué necesitan Uds. tantos aviones de guerra. Que Uds. no van a tener guerra con nadie.

yó |nósépáráke |neşesitámós |tántòs
àbyónèzdègérrà↓ nòsótroz |nobamos,atener |
gerrako(n)náɗyè↓

Carmen: Yo no sé para que necesitamos tantos aviones de guerra. Nosotros no vamos a tener guerra con nadie.

20.4   READINGS

20.40   List of cognate loan words

la visita	là—bìsìtá↓
la sorpresa	là—sòrprèsà↓
la pronunciación	là—prónùnşyàşyón↓
la oportunidad	là—òpórtúnidàd↓
las conjugaciones	làs—kòŋhùgàşyonés↓
los verbos	lòz—berbós↓
la memoria	là—mèmoryà↓
saludar	sàlúdàr↓
el desorden	èl—dèsordèn↓
disgustado (disgustar)	dìzgústàdó↓ dìzgùstár↓
el acento	èl—àşentó↓

20.41   Reading selection

La Primera Visita

—Buenas noches—dijo Virginia de Robinson muy claramente en español y mirando con sorpresa a los señores Fuentes.

Al oír ese 'buenas noches' con tan buena pronunciación, don Ricardo también recibió una sorpresa y en seguida pensó que esa señora no iba a darle oportunidad de hablar en inglés. Eso no le gustó mucho porque el día antes él había estado toda la tarde y toda la noche practicando y estudiando las conjugaciones de los verbos; también había practicado, muchas y muchas veces antes de salir de su casa, y por fin había aprendido completamente de memoria a decir esto: 'Good night. Wee arrr dee neighbors of you that leeve een front of dees house. My naim ees Ricardo Fuentes. She ees my wife, Marta de Fuentes. For shee and for me ees a pleasure to welcome you to Bellavista'. Pero con sólo oír a Virginia decir aquel poquito decidió hablar en español mejor:

—Buenas noches—dijo él también. —Somos la familia de la casa de la esquina que está casi enfrente de la de ustedes y, como vecinos que somos, venimos a saludarlos. Mi nombre es Ricardo Fuentes. Esta es mi señora Marta.

—Encantada de conocerlos y muchísimas gracias por venir a vernos. Yo soy la señora de Robinson, Virginia de Robinson. Pero por favor pasen adelante; están en su casa. Vamos a la sala y dispensen el desorden y todo tan sucio pero, como Uds. saben, acabamos de mudarnos y todavía no hemos tenido tiempo de arreglar nada. Con permiso, voy a llamar a mi esposo...¡Fred!.....¡Oh, Freddie!.....Debe estar en el patio. Dispénsenme un momento, por favor, voy a ver si está ahí.

—Si está ocupado, por favor no lo moleste—dijo Marta —nosotros podemos venir otro día.

—No, no, no, estoy segura de que él va a querer conocerlos a Uds. Vuelvo en seguida —dijo Virginia y salió a buscar a su esposo.

—¿Qué te parece la señora? ¿No te parece que es muy bonita y que habla muy bien el español? —le preguntó Marta a Ricardo cuando quedaron solos en la sala.

Este, que estaba un poco disgustado porque la señora de Robinson en realidad hablaba casi sin acento y no le había dado oportunidad de hablar en inglés, dijo:

—Pensar que estuve todo el día de ayer y todo el día de hoy estudiando inglés cuando tenía tanto trabajo en la oficina. Y ¿para qué? Para venir aquí a hablar sólo español. Pero estoy seguro de que ésa señora no habla tan bien como parece. Vas a ver que una vez que....

—Shh...aquí vienen —interrumpió Marta, —no vayas a meter la pata.

20.42   Response drill

1   ¿Qué tal era el acento de Virginia en español?

2   ¿Por qué no le gustó mucho a Ricardo oírla hablar con tan buen acento?

3 ¿Cuánto tiempo había estudiado él inglés el día antes?

4 ¿Qué fué lo que estudió más?

5 ¿Tenía él mucho o poco acento español cuando hablaba inglés?

6 ¿Decidió él por fin hablar en español o en inglés?

7 ¿Qué le dijo a la Sra. de Robinson?

8 ¿Qué contestó ella?

9 ¿A qué parte de la casa los llevó ella cuando pasaron adelante?

10 ¿Por qué estaba la casa en desorden?

11 ¿Para qué salió Virginia de la casa?

12 ¿Dónde estaba el esposo de ella?

13 ¿Cuál era el nombre de su esposo?

14 ¿Qué le pareció la Sra. de Robinson a Marta?

15 ¿Le pareció que era fea o que era bonita?

21.1   BASIC SENTENCES.   The weather.

      Molina and White continue their visit to the base with Lieutenant La Cerda.

ENGLISH SPELLING	AID TO LISTENING	SPANISH SPELLING
Lieutenant How did you all like the base? [1]	kélesͺapareşíɗo│labásè↓	*Teniente* ¿Qué les ha parecido la base?
interesting	intèrésantè↓	interesante
White Very interesting.	múyintéresántè↓	*White* Muy interesante.
It's the first time I've visited one. [2]	ézláprímerabeş│kèyobɪsɪtͺúná↓	Es la primera vez que yo visito una.
the cold	èl—fríó↓	el frío
to be cold (said of the weather)	aͺşer—fríó↓	hacer frío
Molina It sure is cold! [3]	kefrɪͺáşè↓	*Molina* ¡Qué frío hace!
the weather	èl—tyempò↓	el tiempo
White Sure is. The weather is mighty changeable here.	ezbèrɗáɗ↓ kómokambyaͺeltyempͺo│àkí↓	*White* Es verdad. ¡Cómo cambia el tiempo aquí!
the sun	èl—sól↓	el sol

pleasant, agreeable	àgràdáblé↓	agradable

Molina
Yesterday was a pleasant, sunny day.   àyér│ìşǫundiadesól│múyagradáblé↓   *Molina* Ayer hizo un día de sol muy agradable.

rather	máz→byén↓	más bien
the heat	él→kàlór↓	el calor
to be hot	àşér→kàlór↓	hacer calor

White
Or rather, it was just plain hot.   mázbyén│íşókàlór↓   *White* Más bien hizo calor.

(we) gave (to give)	dímòs↓ dár↓	dimos (dar)
to take a ride (walk)	dár→una→bwéltà↓	dar una vuelta

Molina
We took a ride.   nósotroz│dímòsúnàbwéltà↓   *Molina* Nosotros dimos una vuelta.

(we) went (to go)	fwímòs↓ ír↓	fuimos (ir)
the country, countryside	él→kampó↓	el campo

We went to the country.   fwímos.alkámpó↓   Fuimos al campo.

(I) walked (to walk) (I) was out (to be out)	àndubé↓ àndár↓	anduve (andar)

White
I only took a walk through the park.   yó│sólǫandube│pòrèlpárkè↓   *White* Yo sólo anduve por el parque.

cloudy (to cloud)	núbláđó↓ núblàrsè↓	nublado (nublarse)
to rain	ǫyóbé'r↓	llover

Molina
It's cloudy now. Looks like it's going to rain.

áorạestánubláđó↓ pàreşe│kèbáǫyóbé'r↓

Molina
Ahora está nublado. Parece que va a llover.

the wind	èl—byéntó↓	el viento

Lieutenant
And there's considerable wind.

ɹáymuchobyéntô↓

Teniente
Y hay mucho viento.

to enter	èntrár↓	entrar
very, good and	byén↓	bien
warm	kàlyéntè↓	caliente

Why don't we go inside and have a good hot cup of coffee.

pòrkenǫentrámòs│inòstómamos│úŋkáfé byeŋkalyéntè↓

¿Por qué no entramos y nos tomamos un café bien caliente?

to thank	àgráđèşé'r	agradecer

Molina
Thanks a lot (for the invitation) but we can't.

sèlǫàgràđèşemozmúchò↓pèrónopođémós↓

Molina
Se lo agradecemos mucho, pero no podemos.

We've got to leave.

ténemoskẹírnòs↓

Tenemos que irnos.

Lieutenant
I'm going to the city.

yoбóy│paralạşyuđáđ↓

Teniente
Yo voy para la ciudad.

Do you want to come with me?

kyerembenír│konmígo↑

¿Quieren venir conmigo?

Molina
You won't need to bother, lieutenant.   nosemolésté|tènyénté↓

Molina
No se moleste, teniente.

(I) brought (to bring)   trahé↓ tràér↓

traje (traer)

I brought my car.   yotrahemౖáwtó↓

Yo traje mi auto.

21.10   Notes on the basic sentences

(1) This sentence more nearly literally says, 'How have you all liked the base, ' so that there is some question as to whether a translation in simple present, 'How do you like...' or in simple past, 'How did you like...' is better.

(2) Here is a problem of translatio.ı which precisely reverses the one just examined: the Spanish says, 'It's the first time I visit one,' which is quite impossible in English. We substitute 'have visited,' and it begins to be clear that the Spanish present perfect verb phrase and the English present perfect verb phrase are likely to appear in rather different situations.

(3) This particular sentence and two of those just below (/ayér|içо—un—día.../ *Ayer hizo un día...* and /más—byén|iço—kalór / *Más bien, hizo calor*) illustrate the use of /açér/ *hacer* in weather expressions. We say, 'It *is* hot', they say, 'It *makes* heat.'

21.2   DRILLS AND GRAMMAR

21.21   Pattern drills

21.21.1   Irregular past I verb forms — an /—ár/ verb taking regular /—ér—ír/ endings

A. Presentation of pattern

ILLUSTRATIONS

I gave the old bed.   1   dilakamabyéhà↓

Di la cama vieja.

At least you gave something.   2   pòrlómenoz|distęálgó↓

Por lo menos *diste* algo.

At last Anna gave us the information.

3 pòrfínↆananozↁyó |laↄımformaşyón↓

Por fin Ana nos *dio* la información.

———————————————

Actually they didn't give me anything.

4 nósótroz |dımosᵤunabwéltá↓

Nosotros *dimos* una vuelta.

5 énrręàlíↁaↁ |nomedyéro(n)náↁá↓

En realidad, no me *dieron* nada.

EXTRAPOLATION

	d—ár
Stem	d—
Endings	
sg 1	—í
2 fam	—íste
2-3	—yó
pl	
1	—ímos
2-3	—yéron

NOTES

a. The verb /dár/ is irregular in that it occurs with regular /—ér—ır/ past I endings.

21.21.11 Substitution drills — Person-number substitution

1 yóói |làrrópabyéhà↓   dyó|larrópabyéhà↓

    máría_____↓   dímoz |larrópabyéhà↓

    hwániyó_____↓   dyéron |larrópabyéhà↓

    ústeóez_____↓   dyó|larrópabyéhà↓

    el_____↓

2 ústedyó|muchapropína↓

    márigihwan_____↓   dyérón |muchapropína↓

    yó_____↓   dímuchapropína↓

---

1 *Yo* di la ropa vieja.

    María_____.   Dio la ropa vieja.

    Juan y yo_____.   Dimos la ropa vieja.

    Uds._____.   Dieron la ropa vieja.

    El_____.   Dio la ropa vieja.

2 *Ud.* dio mucha propina.

    María y Juna_____.   Dieron mucha propina.

    Yo_____.   Dì mucha propina.

éļya _____↓   dyómuchapropína↓
ústeɗez _____↓   dyérón |muchapropína↓

3 éļyoz |dyérondemasyáɗo↓
   ántonyo _____↓   dyoɗemasyáɗo↓
   yó _____↓   diɗemasyáɗo↓
   ústeɗ _____↓   dyoɗemasyáɗo↓
   kármeṇilwisa_____↓   dyérondemasyáɗo↓

Ella _____.   Dio mucha propina.
Uds. _____.   Dieron mucha propina.

3 *Ellos* dieron demasiado.

   Antonio_____.   Dio demasiado.
   Yo _____.   Di demasiado.
   Ud. _____.   Dio demasiado.
   Carmen y Luisa_____.   Dieron demasiado.

Tense substitution

1 toďoz |ďamospropínà↓   toďoz |ďimospropínà↓

2 yoďoyrregálòs↓   yoďirregálòs↓

3 eɑ̀yoz |ďandemasyáďò↓   eɑ̀yoz |ďyerondemasyáďò↓

4 hwandapropínà↓   hwan |dyopropínà↓

5 yoďabapókò↓   yoďipókò↓

6 toďoz |ďabandemasyáďò↓   toďoz |ďyerondemasyáďò↓

7 nòsótroz |noďabamozrregálòs↓   nòsótroz |noďimozrregálòs↓

---

1 Todos *damos* propina.   Todos dimos propina.

2 Yo *doy* regalos.   Yo di regalos.

3 Ellos *dan* demasiado.   Ellos dieron demasiado.

4 Juan *da* propina.   Juan dio propina.

5 Yo *daba* poco.   Yo di poco.

6 Todos *daban* demasiado.   Todos dieron demasiado.

7 Nosotros no *dábamos* regalos.   Nosotros no dimos regalos.

21.21.12 Response drill

	1 ùstéᵈ |ᵈyómúchǫᵗopókò↓	dípókò↓
	2 ùstéᵈez |ᵈyérònmúchǫᵗopókó↓	dímòzmúchò↓
[èꭥyòs↓]	3 kyénez |ᵈyéronmúchò↓	èꭥyòz |ᵈyérònmúchò↓
[pròpiná↓]	4 keᵈyóé↓	éldyópròpiná↓
[pókò↓]	5 dyoustéᵈmúchoᵗ	nò↓ dípókò↓
[múchò↓]	6 dyeronèꭥyospokoᵗ	nò↓ dyérònmúchò↓
	7 dyeronustéᵈes |propínaᵗ	sị̀|siᵈímòs↓
	8 dyoustéᵈ |propínaᵗ	sị̀|siᵈí↓
	9 dyóel |propínaᵗ	sị̀| siᵈyó↓

---

	1 ¿Ud. dio mucho o poco?	Di poco.
	2 ¿Uds. dieron mucho o poco?	Dimos mucho.
(ellos)	3 ¿Quiénes dieron mucho?	Ellos dieron mucho.
(propina)	4 ¿Qué dio él?	El dio propina.
(poco)	5 ¿Dio Ud. mucho?	No, di poco.
(mucho)	6 ¿Dieron ellos poco?	No, dieron mucho.
	7 ¿Dieron Uds. propina?	Sí, sí dimos.
	8 ¿Dió Ud. propina?	Sí, sí di.
	9 ¿Dió él propina?	Sí, sí dio.

21.21.13 Translation drill

1 He and I gave the sofa to Carmen.	éliyó |léđimos |èlsófakármèn↓	El y yo le dimos el sofá a Carmen.
2 I also gave her a suitcase.	yotambyén |léđiųnamalétà↓	Yo también le di una maleta.
3 They gave her the photos.	éⓝyoz |léđyeronlasfótòs↓	Ellos le dieron las fotos.
4 What did she give her?	keleđyoéⓝyà↓	¿Qué le dio ella?
5 Who did you give the bill to?	àkyén |léđyeronlakwéntà↓	¿A quién le dieron la cuenta?
6 He gave her the key to the car.	éⓝleđyó |làⓝyabeđeláwtò↓	El le dio la llave del auto.
7 I didn't give her permission.	yó |noleđipermísò↓	Yo no le di permiso.

B. Discussion of pattern

The verb /dár/ is unique in the pattern of its past I tense forms. It is the only instance where the stem of a verb of one theme class combines with the regular endings of another theme class in the conjugation of a verb paradigm.

21.21.2 Irregular past I verb forms — verbs with extended stems

A. Presentation of pattern

ILLUSTRATIONS

_____

	1 yoęstubęai̇|ašęunozđíàs↓	Yo *estuve* ahí hace unos días.
Were you in the business section?	2 èstúbistę|enęlsektórkomerşyal↑	¿*Estuviste* en el sector comercial?

Were you in the Air Force?	3 èstúbọ |enlafwerṣaérẹa↑	*¿Estuvo* en la Fuerza Aérea?
We were at the cathedral.	4 èstúbịmos |enlakatèdrál↓	*Estuvimos* en la catedral.
Besides, they were very happy.	5 àdémas |èstúbyéronmuykonténtòs↓	Además, *estuvieron* muy contentos.
_____	6 yó|sólọandube |pórèlparkè↓	Yo sólo *anduve* por el parque.
Apparently you walked a lot.	7 pòrlóbistọ |àndúbistemúchò↓	Por lo visto *anduviste* mucho.
Were you with the fat man?	8 àndúbo |konẹlgórdọ↑	*¿Anduvo* con el gordo?
We were out with the air attaché.	9 àndúbịmos |kònẹlàgrègadọaérẹò↓	*Anduvimos* con el agregado aéreo.
Weren't they around there?	10 nóạndubyérom |pora↑	*¿No anduvieron* por ahí?
_____	11 yótrahemiáwtò↓	Yo *traje* mi auto.
Did you bring your new car?	12 tràhiste |tunwébokárro↑	*¿Trajiste* tu nuevo carro?
Did you already bring the coffee?	13 yatrahọelkafé↑	*¿Ya trajo* el café?
We brought a million things.	14 tràhịmos |ùnmiⱡyọndekósàs↓	*Trajimos* un millón de cosas.
What did they bring today?	15 kétraherọnóy↓	*¿Qué trajeron* hoy?

EXTRAPOLATION

	−ár	−ér
Regular stem	est− and−	tra−
Extended stem	est−ub− and−ub−	tra−h−

Alternate endings	
sg	
1	−e
2 fam	−íste
2-3	−o
pl	
1	−ímos
2-3	−yéron (−éron)

NOTES

a. The extension /−ub−/ is added to the stems of /est−ár/ and /and−ár/ before the endings in past I tense forms.

b. The extension /−h−/ is added to the stem of /tra−ér/ before the endings in past I tense forms.

c. The 2-3 pl alternate ending /−yéron/ appears as /−éron/ (the /−y−/ dropping out) after the sound /h−/ in irregular past I tense formations in most dialect areas.

21.21.21 Substitution drills — Person-number substitution

1 hòsé |èstúbọáļyi |tambyén↓

   àntonyọihòsé_____↓   èstúbyéron |áļyitambyén↓

   yo_____↓   èstúbẹáļyi |tambyén↓

   lwisạ_____↓   èstúbọ |áļyi |tambyén↓

   nòsótros_____↓   èstùbímòsáļyi |tambyén↓

2 kármèn |nòtráhonáđà↓

   yo_____↓   nòtrahenáđà↓

   èļyoz_____↓   nòtrahero(ŋ)náđà↓

---

1 *José* estuvo allí también.

      Antonio y José_____.   Estuvieron allí también.
      Yo_____.   Estuve allí también.
      Luisa_____.   Estuvo allí también.
      Nosotros_____.   Estuvimos allí también.

2 *Carmen* no trajo nada.

      Yo_____.   No traje nada.
      Ellos_____.   No trajeron nada.

```
    kármeṇıyó_____↓          nòtrahímoznáđà↓
    ústeđ_____↓             nòtrahonáđà↓

3   yo̱ạndúbe |pòrlás̱àfweràs↓
    ústeđes_____↓            àndúbyerom |pòrlás̱àfweràs↓
    hóse̱kármen_____↓            àndúbyerom |pòrlás̱àfweràs↓
    éḽ̱ạ_____↓             àndúbo |pòrlás̱àfweràs↓
    kármeṇıyó_____↓              àndúbimos |pòrlás̱àfweràs↓
```

Carmen y yo _____ .   No trajimos nada.
Ud. _____ .   No trajo nada.

3 *Yo* anduve por las afueras.

Uds. _____ .   Anduvieron por las afueras.
José y Carmen _____ .   Anduvieron por las afueras.
Ella _____ .   Anduvo por las afueras.
Carmen y yo _____ .   Anduvimos por las afueras.

4 àntónyo |noẹstúbọ |enlamisyón↓

   yo _____ ↓   noẹstúbọ |enlamisyón↓

   àntónyọiyó _____ ↓   noẹstubímos |enlamisyón↓

   éḷyaz _____ ↓   noẹstubyéron |enlamisyón↓

   ústeđ _____ ↓   noẹstúbọ |enlamisyón↓

5 éḷyostrahéron |tođokomplétô↓

   yo _____ ↓   tráhétođokomplétô↓

   ústeđ _____ ↓   tráhôtođokomplétô↓

   lwisạiyó _____ ↓   tráhímôs |tođokomplétô↓

   éḷya _____ ↓   tráhôtođokomplétô↓

---

4 *Antonio* no estuvo en la Misión.

   Yo _____ .   No estuve en la Misión.

   Antonio y yo _____ .   No estuvimos en la Misión.

   Ellas _____ .   No estuvieron en la Misión.

   Ud. _____ .   No estuvo en la Misión.

5 *Ellos* trajeron todo completo.

   Yo _____ .   Traje todo completo.

   Ud. _____ .   Trajo todo completo.

   Luisa y yo _____ .   Trajimos todo completo.

   Ella _____ .   Trajo todo completo.

Tense substitution

1 yoe̜stóy |ene̜lotél↓   yoe̜stúbe̜ |ene̜lotél↓

2 e̜ɲos |e̜stane̜nlamisyón↓   e̜ɲos |e̜stúbyerone̜nlamisyón↓

3 ele̜sta̜e̜nmikása̜↓   ele̜stúbo̜ |e̜nmikása̜↓

4 nòsótròs |trà̜iamos̜e̜só↓   nòsotros |trà̜himos̜e̜só↓

5 éltraí̜a̜ |asy̜íha̜↓   éltrah̜o̜ |asy̜íha̜↓

6 nòsotros |à̜ndábamosporelṣéntró↓   nòsotros |à̜ndúbimosporelṣéntró↓

7 yo̜a̜ndába |porelpárke̜↓   yo̜a̜ndúbe |porelpárke̜↓

8 toðos |e̜stábamos̜a̜ɲy̜í↓   toðos |e̜stúbimos̜a̜ɲy̜í↓

9 e̜ɲos |e̜stábane̜nsukása̜↓   e̜ɲos |e̜stúbyerone̜nsukása̜↓

---

1 Yo *estoy* en el hotel.   Yo estuve en el hotel.

2 Ellos *están* en la Misión.   Ellos estuvieron en la Misión.

3 El *está* en mi casa.   El estuvo en mi casa.

4 Nosotros *traíamos* eso.   Nosotros trajimos eso.

5 El *traía* a su hija.   El trajo a su hija.

6 Nosotros *andábamos* por el centro. Nosotros anduvimos por el centro.

7 Yo *andaba* por el parque.   Yo anduve por el parque.

8 Todos *estábamos* allí.   Todos estuvimos allí.

9 Ellos *estaban* en su casa.   Ellos estuvieron en su casa.

21.21.22 Response drill

1 àndúbyéronuştéđes |anóche |pòrèlşéntrọ↑oporelpárkè↓   àndúbimos |porélşéntrò↓

2 àndubọusteđ |anóche |pòrèlşéntrọ↑oporelpárkè↓   àndube |pòrèlşéntrò |tàmbyén↓

[lìbròs↓] 3 kétrahọusteđ |alạeskwélà↓   trahelíbròs↓

[lìbròs↓] 4 kétrahéronụstéđès↓   tràhimozlíbròs↓

[ànóchè↓] 5 kwándọ |estubọusteđ |enẹlşéntrò↓   èstubẹanóchè↓

[àyér↓] 6 kwándọ |estubyéronẹⓨos |enẹlşéntrò↓   èstúbyéronạyér↓

---

1 ¿Anduvieron Uds. anoche por el centro o por el parque?   Anduvimos por el centro.

2 ¿Anduvo Ud. anoche por el centro o por el parque?   Anduve por el centro también.

(libros) 3 ¿Qué trajo Ud. a la escuela?   Traje libros.

(libros) 4 ¿Qué trajeron Uds.?   Trajimos libros.

(anoche) 5 ¿Cuándo estuvo Ud. en el centro?   Estuve anoche.

(ayer) 6 ¿Cuándo estuvieron ellos en el centro?   Estuvieron ayer.

[éⓂlápiş↓]   7   tráhǫel|laplúma↑   nó↓ tráhǫéⓂlápiş↓

  [pókòs↓]   8   tràhéronęⓂyoz|múchozlíbros↓   nó↓ tràhérómpokòs↓

            9   èstuḅǫustéɗakí|ayér↑   sí|sɪestúbè↓

           10   èstúbimos|éliyó↑   sí↓ tàmbyen̦estubyérón↓

           11   tráhǫusteɗ|sukárro↑   sí|sɪlotráhè↓

(el lápiz)   7   ¿Trajo él la pluma?   No, trajo el lápiz.

  (pocos)   8   ¿Trajeron ellos muchos libros?   No, trajeron pocos.

            9   ¿Estuvo Ud. aquí ayer?   Sí, sí estuve.

           10   ¿Estuvimos él y yo?   Sí, también estuvieron.

           11   ¿Trajo Ud. su carro?   Sí, sí lo traje.

21.21.23 Translation drill

1	Yesterday I brought the car.	àyér |tráhelkóchè↓	Ayer traje el coche.
2	He also brought (one).	él |tàmbyentráhò↓	El también trajo.
3	On Sunday we didn't bring it.	èldómiŋgo |nolotrahímós↓	El domingo no lo trajimos.
4	They didn't bring anything.	éǫyoz |nòtràhérò(n)naɗá↓	Ellos no trajeron nada.
5	We walked around (the) downtown (section).	àndúbimos |porelsɛ́ntrò↓	Anduvimos por el centro.
6	They also walked around there.	éǫyos |tàmbyén,andubyérom |poraǫyá↓	Ellos también anduvieron por allá.
7	We were at Immigration.	èstúbimos |en,inmigrasyón↓	Estuvimos en Inmigración.
8	He wasn't there.	él |noɛstuboąǫyí↓	El no estuvo allí.
9	Where were they?	dóndę |estubyéronę́ǫyòs↓	¿Dónde estuvieron ellos?

B. Discussion of pattern

Three Spanish verbs have extensions - additional sound(s) - added to their stems when they appear with past I tense endings. They are furthermore irregular in having a set of alternate past I endings that differ significantly from the endings which occur with regular formations. The alternate endings are like regular $/-ér-ír/$ past I endings in the pl and 2 fam sg forms, but the 1 sg and 2-3 sg forms resemble regular $/-ár/$ past I endings except that they appear under weak stress. The following chart shows these correlations:

		Regular past I endings		Irregular past I endings
		−ár	−ér −ír	all theme classes
sg				
	1	−é	−í	−e
	2 fam	−áste	−íste	−íste
	2-3	−ó	−yó	−o
pl				
	1	−ámos	−ímos	−ímos
	2-3	−áron	−yéron	−yéron *

*/−éron/ after /−h−/

These alternate past I endings will also appear with other irregular past I verb stems having different kinds of modifications. These will be discussed as the following grammar point.

21.21.3 Irregular past I verb forms — verbs with modified stems

A. Presentation of pattern

ILLUSTRATIONS

_____

    1 nópudimos |kómùnikarnoskonųstéđↆ   No pudimos comunicarnos con usted.

They couldn't find the coin.

    2 nópudyeron |ènkòntrarlamonéđàↆ   No pudieron encontrar la moneda.

I translated everything carefully.	3 tráɗuhetóɗo |koŋkwiɗáɗó↓	*Traduje* todo con cuidado.
So you translated everything.	4 émfín |tráɗuhístetóɗó↓	En fin, *tradujiste* todo.
He didn't know how to converse in Spanish.	5 nósupó |kómbérsarenespaŋyól↓	No *supo* conversar en español.
You didn't know how to have fun.	6 ùsteɗez |nosupyérondibertírsé↓	Ustedes no *supieron* divertirse.
The table didn't fit in the kitchen.	7 làmésa |nokúpɔenlakoṣíná↓	La mesa no *cupo* en la cocina.
They couldn't all get in the church.	8 nókupyérontoɗos |enlạiglésyà↓	No *cupieron* todos en la iglesia.
And you had to stick your foot in it!	9 itúbiste |kemetérlapátá↓	¡Y *tuviste* que meter la pata!
They were nice enough to help me.	10 túbyéron |làbònda(ɗ)ɗẹayuɗármè↓	*Tuvieron* la bondad de ayudarme.
I put the book on the table.	11 puséⅅlibrọ |enlamésà↓	*Puse* el libro en la mesa.
_____	12 sèpusonerbyósà↓	Se *puso* nerviosa.
_____	13 iṣistebyén |endehárló↓	*Hiciste* bien en dejarlo.
_____	14 sènósiṣotárɗé↓	Se nos *hizo* tarde.
_____	15 bíno |konsufamílya↑	¿*Vino* con su familia?

They came with a headache.	16	bínyéron│kòndólordekabéṣà↓	*Vinieron* con dolor de cabeza.
He wouldn't (didn't want to) lend me anything.	17	nokíso│prèstarmenádà↓	No *quiso* prestarme nada.
They tried (wanted) to help me.	18	kisyeronayudármè↓	*Quisieron* ayudarme.
He said something horrible.	19	díhọalgorríblè↓	*Dijo* algo horrible.
────────────	20	mèdíheron│kèsèriandós↓	Me *dijeron* que serían dos.

EXTRAPOLATION

Past I	/u/stem			/i/stem	
Modification	Vowel	Consonant	Vowel and Consonant	Vowel	Vowel and Consonant
Sample verbs	pod—ér	traduṣ—ír	sab—ér kab—ér ten—ér pon—ér	aṣ—ér ben—ír	ker—ér deṣ—ír
Modified stems	pud—	traduh—(c)	sup— kup— tub— pus—	iṣ— bin—	kıs— dıh—(c)

Alternate endings
sg
  1
  2 fam
  2-3
pl
  1
  2-3
	—e
	—íste
	—o
	—ímos
	—yéron (—éron)(c)				

NOTES

a. The common feature of these verb stem changes is a high vowel (/u/ or /i/) in the past I stem.

b. A vowel or a consonant or both may change in the formation of the past I stem.

c. The 2-3 pl alternate ending /—yéron/ appears as /—éron/ (the /—y—/ dropping out) after the sound /— h—/ in irregular past I tense formations in most dialect areas.

21.21.31 Substitution drills — Person-number substitution

1 hwán |noíṣónađayér↓

   nósotroz_____↓   noíṣimoznáđạ |àyér↓

   lwisạikármen_____↓   noíṣyero(n)náđạ |àyér↓

   yo_____↓   noíṣenáđạ |àyér↓

   ústeđ_____↓   noíṣonáđạ |àyér↓

---

1 *Juan* no hizo nada ayer.

   Nosotros_____.   No hicimos nada ayer.

   Luisa y Carmen_____.   No hicieron nada ayer.

   Yo_____.   No hice nada ayer.

   Ud. _____.   No hizo nada ayer.

2   yóbinembárkò↓   bíngembárkò↓

    ústed_____↓   bínyéronembárkò↓

    lósharríz___↓   bíngembárkò↓

    làsèŋyóra___↓   bínyéronembárkò↓

    éꝇyoz_____↓

3   nòsótroz | nopudímozbenír | ànóchè↓

    éꝇyoz_____↓   nópudyérombenír | ànóchè↓

    hwan_____↓   nópudobenír | ànóchè↓

    yó_____↓   nópudebenír | ànóchè↓

    kàrmenịlwísẹ_____↓   nópudyérombenír | ànóchè↓

_____

2   *Yo* vine en barco.

    Ud. _____ .   Vino en barco.

    Los Harris _____ .   Vinieron en barco.

    La señora _____ .   Vino en barco.

    Ellos _____ .   Vinieron en barco.

3   *Nosotros* no pudimos venir anoche.

    Ellos _____ .   No pudieron venir anoche.

    Juan _____ .   No pudo venir anoche.

    Yo_____ .   No pude venir anoche.

    Carmen y Luisa_____ .   No pudieron venir anoche.

4 ántónyo |tràdúhòtoďǫ |àyér↓

   ústeďes_____↓   tràdúhéròntoďǫ |àyér↓

   él_____↓   tràdúhòtoďǫ |àyér↓

   hóseẹyó_____↓   tràdúhímòstoďǫ |àyér↓

   yó_____↓   tràdúhètoďǫ |àyér↓

5 yotubẹ |únàfyéstạ |ànóchè↓

   eỹos _____↓   tùbyéron |únàfyéstạ |ànóchè↓

   ántónyo_____↓   túbǫ |únàfyéstạ |ànóchè↓

   ántónyọẹyó_____↓   tùbimos |únàfyéstạ |ànóchè↓

   eỹa _____↓   túbǫ |únàfyéstạ |ànóchè↓

---

4 *Antonio* tradujo todo ayer.

   Uds._____.   Tradujeron todo ayer.

   El_____.   Tradujo todo ayer.

   José y yo_____.   Tradujimos todo ayer.

   Yo_____.   Traduje todo ayer.

5 Yo tuve una fiesta anoche.

   Ellos_____.   Tuvieron una fiesta anoche.

   Antonio_____.   Tuvo una fiesta anoche.

   Antonio y yo_____.   Tuvimos una fiesta anoche.

   Ella_____.   Tuvo una fiesta anoche.

6   élnókiso |kòmprarnáđà↓

      ústeđez_____↓   nokisyéroŋ |kòmprarnáđà↓

      karmen_____↓   nokiso |kòmprarnáđà↓

      lwisạiyó_____↓   nokisimos |kòmprarnáđà↓

      yo_____↓   nokise |kòmprarnáđà↓

7   eṃya̲puso |lózlibrosạí↓

      àntonyọiyo_____↓   púsimoz |lózlibrosạí↓

      eṃyos_____↓   púsyéron |lózlibrosạí↓

      yo_____↓   puse |lózlibrosạí↓

      ústeđ_____↓   puso |lózlibrosạí↓

---

6 *El* no quiso comprar nada.

    Uds._____.   No quisieron comprar nada.

    Carmen_____.   No quiso comprar nada.

    Luisa y yo_____.   No quisimos comprar nada.

    Yo_____.   No quise comprar nada.

7 *Ella* puso los libros ahí.

    Antonio y yo_____.   Pusimos los libros ahí.

    Ellos_____.   Pusieron los libros ahí.

    Yo_____.   Puse los libros ahí.

    Ud._____.   Puso los libros ahí.

8 ȧntonyo |nȯdihǫésȯ↓
     yo_____↓   nȯdihésȯ↓
     ȇȴyaz_____↓   nȯdiherǫnésȯ↓
     lȧmúchacha_____↓   nȯdihǫésȯ↓
     nȯsotroz_____↓   nȯdihimosésȯ↓

9 nȯsotros |sȕpimozlalekȿyón↓
     hwaṇịhose_____↓   sȕpyeronlalekȿyón↓
     yo_____↓   supelalekȿyón↓
     hȯseịyo_____↓   sȕpimozlalekȿyón↓
     ȇl_____↓   supolalekȿyón↓

_____

8 *Antonio* no dijo eso.
     Yo_____.
     Ellas_____.   No dije eso.
     La muchacha _____.   No dijeron eso.
     Nosotros_____.   No dijo eso.
                                                     No dijimos eso.

9 *Nosotros* supimos la lección.
     Juan y José_____.   Supieron la lección.
     Yo_____.   Supe la lección.
     José y yo_____.   Supimos la lección.
     El_____.   Supo la lección.

10   yónokúpe |enelkóchè↓

    lósharriz_____↓   nókupyéron |enelkóchè↓

    lwísa_____↓   nókupe |enelkóchè↓

    lwísaɪyó_____↓   nókupímos |enelkóchè↓

    ántonyo_____↓   nókupe |enelkóchè↓

11   hòse |tubokesalír |ànóchè↓

    eɲyos_____↓   túbyeronkesalír |ànóchè↓

    hòseɪyó_____↓   túbimoskesalír |ànóchè↓

    yo_____↓   túbekesalír |ànóchè↓

    eɲya_____↓   túbokesalír |ànóchè↓

---

10   *Yo* no cupe en el coche.

    Los Harris _____.   No cupieron en el coche.

    Luisa _____.   No cupo en el coche.

    Luisa y yo_____.   No cupimos en el coche.

    Antonio_____ .   No cupo en el coche.

11   *José* tuvo que salir anoche.

    Ellos_____.   Tuvieron que salir anoche.

    José y yo_____.   Tuvimos que salir anoche.

    Yo _____.   Tuve que salir anoche.

    Ella _____.   Tuvo que salir anoche.

Tense substitution

1	elngaşenáда |ênlàmisyón↓	elngişonáда |ênlàmisyón↓
2	e(l)yoz |byenemporabyón↓	e(l)yoz |binyeromporabyón↓
3	àntonyo |byenembárkó↓	àntonyo |binģembárkó↓
4	nósotroz |nópóдemosฺayuдár↓	nósotroz |nópúдimosฺayuдár↓
5	yoténggọ |ûŋkóchèmuybarátò↓	yotubẹ |ûŋkóchèmuybarátò↓
6	yó |nòkyero(l)yฺamár↓	yó |nókisẹ(l)yฺamár↓
7	yopoŋgo |lózlìbrosฺenlamésà↓	yopuse |lózlìbrosฺenlamésà↓
8	yoselaleкşyón↓	yosupelaleкşyón↓
9	toдoskaвémòs |ênlàsálà↓	toдoskupímòs |ênlàsálà↓

1	El no *hace* nada en la Misión.	El no hizo nada en la Misión.
2	Ellos *vienen* por avión.	Ellos vinieron por avión.
3	Antonio *viene* en barco.	Antonio vino en barco.
4	Nosotros no *podemos* ayudar.	Nosotros no pudimos ayudar.
5	Yo *tengo* un coche muy barato.	Yo tuve un coche muy barato.
6	Yo no *quiero* llamar.	Yo no quise llamar.
7	Yo *pongo* los libros en la mesa.	Yo puse los libros en la mesa.
8	Yo *sé* la lección.	Yo supe la lección.
9	Todos *cabemos* en la sala.	Todos cupimos en la sala.

10 éǫyoz |nǫaşia(n)náđàↆ   éǫyoz |nǫişyero(n)náđàↆ

11 nósotroz |beniamoshúntòsↆ   nósotroz |binimoshúntòsↆ

12 yó |nopođiaírↆ   yó |nopuđęírↆ

13 éltrađuşia |muybyénↆ   éltrađuho |muybyénↆ

14 éǫyostenian |únàfyestàↆ   éǫyostubyéron |únàfyestàↆ

15 nósotroz |nokeriamo(s)salírↆ   nósotroz |nokisimo(s)salírↆ

16 élponia |tođǫenlamésàↆ   élpuso |tođǫenlamésàↆ

17 nósotrozđeşiamos |esotambyénↆ   nósotrozđihimos |esotambyénↆ

18 éǫyoz |nuŋkasabian |lalekşyónↆ   éǫyoz |nuŋkasupyéron |lalekşyónↆ

19 tođoskabian |eneldormitóryòↆ   tođoskupyéron |eneldormitóryòↆ

---

10 Ellos no *hacían* nada.   Ellos no hicieron nada.

11 Nosotros *veníamos* juntos.   Nosotros vinimos juntos.

12 Yo no *podía* ir.   Yo no pude ir.

13 El *traducía* muy bien.   El tradujo muy bien.

14 Ellos *tenían* una fiesta.   Ellos tuvieron una fiesta.

15 Nosotros no *queríamos* salir.   Nosotros no quisimos salir.

16 El *ponía* todo en la mesa.   El puso todo en la mesa.

17 Nosotros *decíamos* eso también.   Nosotros dijimos eso también.

18 Ellos nunca *sabían* la lección.   Ellos nunca supieron la lección.

19 Todos *cabían* en el dormitorio.   Todos cupieron en el dormitorio.

21.21.32 Response drill

1 bíngustéd |awashintóm |porabyón↑g̦eŋkárrȯ↓   bínèŋkárrȯ↓

2 bínyeron̦ustéɗes |porabyón↑g̦eŋkárrȯ↓   bínimos |pòràbyón↓

3 bíng̦el |porabyón↑g̦eŋkárrȯ↓   bíng̦èŋkárrȯ↓

[múchaskósàs↓]   4 ke̥ɨ̥g̦ustéɗ |ày̦ér↓   i̥g̦èmúchaskósàs↓

[múchaskósàs↓]   5 ke̥ɨ̥g̦yeron̦ustéɗés |ày̦ér↓   i̥g̦ımoz |múchaskósàs↓

[múcháskósàs↓] 6 kéi̥g̦yéròn̦.é(l)yòs | ày̦ér ↓   i̥g̦yeron |múchaskósàs↓

[toɗoz(nosótrós)↓] 7 kyénes |supyéronlaléksg̦yón↓   toɗòs |súpímȯzlȧlèksg̦yón↓

[énlámesà↓]   8 dóndepusg̦ustéɗ |loz líbrós↓   lòspusę |ènlámèsà↓

---

1 ¿Vino Ud. a Washington por avión o en carro?   Vine en carro.

2 ¿Vinieron Uds. por avión o en carro?   **Vinimos por avión.**

3 ¿Vino él por avión o en carro?   **Vino en carro.**

(muchas cosas)   4 ¿Qué hizo Ud. ayer?   **Hice muchas cosas.**

(muchas cosas)   5 ¿Qué hicieron Uds. ayer?   **Hicimos muchas cosas.**

(muchas cosas)   6 ¿Qué hicieron ellos ayer?   **Hicieron muchas cosas.**

(todos [nosotros]) 7 ¿Quiénes supieron la lección?   **Todos supimos la lección.**

(en la mesa)   8 ¿Dónde puso Ud. los libros?   **Los puse en la mesa.**

[ènlàmésà↓]   9   dóndepusyéron |ustédez |lozlíbròs↓   lóspùsimos |énlàmésà↓

[ènlàmésà↓]   10 dóndepúseyó |ę̀l)líbrò↓   lópusǫ |ènlàmésà↓

[ùnàpàrtè↓]   11 trádùhǫustéd |tódalaleķşyón |ayér↑   nó↓ nólatrádùhetódà↓ trádùhęunapártè↓

[ùnàpàrtè↓]   12 trádùhéronųstédes |tódalaleķşyón |ayér↑   nó↓ nólatrádùhimostódà↓ trádùhimosụna

                                                              pártè↓

             13 túbǫustéd |kestúdyar |anóche↑   sí↓ ànóche |tubekestúdyár↓

             14 túbyéronųstédes |kestúdyár |anóche↑   sí↓ ànóche |tubímoskestúdyár↓

             15 kùpyéronųstédes |en,estekwártǫ |ayér↑   sí |sikupímòs↓

(en la mesa)   9 ¿Dónde pusieron Uds. los libros?   Los pusimos en la mesa.

(en la mesa)   10 ¿Dónde puse yo el libro?   Lo puso en la mesa.

(una parte)   11 ¿Tradujo Ud. toda la lección ayer?   No, no la traduje toda; traduje una parte.

(una parte)   12 ¿Tradujeron Uds. toda la lección ayer? No, no la tradujimos toda; tradujimos una parte.

               13 ¿Tuvo Ud. que estudiar anoche?   Sí, anoche tuve que estudiar.

               14 ¿Tuvieron Uds. que estudiar anoche?   Sí, anoche tuvimos que estudiar.

               15 ¿Cupieron Uds. en este cuarto ayer?   Sí, sí cupimos.

21.33

21.21.33 Translation drill

1 I didn't say that.	yónóɖihę̣ |ésôↄ	Yo no dije eso.
2 We didn't say anything.	nòsótroz |noɖihimoznáɖà↓	Nosotros no dijimos nada.
3 What did she say?	kéɖihǫ́ḛ̀ŷà↓	¿Qué dijo ella?
4 Last night I didn't want to go out.	ànóche |nókisesalír↓	Anoche no quise salir.
5 What did you do last night?	kę̣ı̣s̜ǫustéɖ |ànóchè↓	¿Qué hizo Ud. anoche?
6 How many people were able to get into (fit in) the car?	kwàntaspersónas |kupyéronę̣nęláwtô↓	¿Cuántas personas cupieron en el auto?
7 Why couldn't you go?	pòrké |nopuɖǫír↓	¿Por qué no pudo ir?
8 What did you have to do last night?	kétubo |kę̣as̜erustéɖ |ànóchè↓	¿Qué tuvo que hacer Ud. anoche?
9 We had to work.	túbimosketrabahár↓	Tuvimos que trabajar.
10 Where did you all put the books?	dónde |pusyérǫnu̜stéɖez |lozlíbròs↓	¿Dónde pusieron Uds. los libros?
11 We put them on the table.	lòspúsimos |ènlàmésà↓	Los pusimos en la mesa.
12 Did you translate well?	tràɖuhǫ̣ustéɖbyén↑	¿Tradujo Ud. bien?
13 Why couldn't you?	pòrkénopúɖò↓	¿Por qué no pudo?

B. **Discussion of pattern**

The above miscellaneous groups of verbs with irregular past I tense forms all appear with the alternate endings listed and discussed in the previous grammar point. None of the formations have strong stress on their final syllable; rather all have strong stress on their next-to-last syllable. So formations which have endings of one syllable (1 and 2-3 sg) have stems under strong stress.

All the resultant modified stems have one of the high vowels /u/ or /ɪ/ in them. Those stems which do not already have /u/ or /ɪ/, though there is no way to predict by general rule which of these vowels will appear in the modified stem. Thus /a/ becomes /u/ in /sab— ~ sup—, ~kab— kup—/ but becomes /ɪ/ in /aṣ— ~ ɪṣ—/; /e/ becomes /u/ in /ten— ~ tub—/ but /ɪ/ in /ben— ~bɪn—, ker— ~kɪs—, deṣ— ~dɪh—/. However, /o/ consistently becomes /u/ in /pod— ~ pud—, pon— ~pus—/.

An inspection of these verbs shows great complexity in the consonant changes, which appear to be almost arbitrary and must be learned separately for each individual verb.

Note that no /—ár/ theme class verbs appear in this group of irregular verbs.

21.21.4 Irregular past I verb forms - verbs with suppleted stems

A. **Presentation of pattern**

ILLUSTRATIONS

I was the last one to leave.	1	fwí |eลúltimoensalír↓	*Fui* el último en salir.
You were a good neighbor.	2	fwíste |úmbwembeṣínò↓	*Fuiste* un buen vecino.
_____	3	éso |nofwenáɗá↓	Eso no *fue* nada.
_____	4	ifwímoz |lóṣúltimos |enírnòs↓	Y *fuimos* los últimos en irnos.
They were very kind.	5	fwéron |muyamáblès↓	*Fueron* muy amables.
I went to the cashier's desk.	6	fwíalakáhà↓	*Fui* a la caja.

21.35

Did you go to church?   7 fwíste̞amísa↑   ¿*Fuiste* a misa?

_____   8 ̞álósharris↓kómolesfwé↓   Y a los Harris ¿cómo les *fue?*

_____   9 fwímos̞alkámpò↓   *Fuimos* al campo.

They went all the way downtown. 10 fwéron|ast̞̞el̞ṣéntrò↓   *Fueron* hasta el centro.

EXTRAPOLATION

Affected verbs	s—ér Ø—ír
Suppleted stem	fw—
Alternate endings	
sg 1	—í
2 fam	—íste
2-3	—é
pl 1	—ímos
2-3	—éron

NOTES

a. Two verbs, /sér/ and /—ír/ have a suppleted (or replaced) stem in past I tense formations.

b. A second set of alternate endings appears with these suppleted stems.

21.21.41 Substitution drills — Person-number substitution

1   àntónyo |fwébwéno |koné0yà↓

    yo_____↓   fwíbweno |konéQyà↓

    karmenihosé_____↓   fwérom" bwenos |konéQyà↓

    ústéd_____↓   fwébweno |konéQyà↓

    hwaniyó_____↓   fwímózbwenos |konéQyà↓

2   yofwi |alàtyéndà↓

    ústédes_____↓   fwéronalatyéndà↓

    hósezyo_____↓   fwimosalatyéndà↓

---

1 *Antonio* fue bueno con ella.

   Yo _____.   Fui bueno con ella.

   Carmen y José_____.   Fueron buenos con ella.

   Ud. _____.   Fue bueno con ella.

   Juan y yo_____.   Fuimos buenos con ella.

2 *Yo* fui a la tienda.

   Uds._____.   Fueron a la tienda.

   José y yo_____.   Fuimos a la tienda.

éⱥyos _____↓   fwéronₐlatyéndá↓
kármem_____↓   fweₐlatyéndá↓

3 éⱥyanófwé |ₐlaşyudád↓
yo_____↓   nófwí |ₐlaşyudád↓
lwísa_____↓   nófwé |ₐlaşyudád↓
ántonyₒiyó_____↓   nófwimos |ₐlaşyudád↓
ústedez_____↓   nófweron |ₐlaşyudád↓

Ellos_____.   Fueron a la tienda.
Carmen_____.   Fue a la tienda.

3 *Ella* no fue a la ciudad.
Yo _____.   No fui a la ciudad.
Luisa_____.   No fue a la ciudad.
Antonio y yo_____.   No fuimos a la ciudad.
Uds._____.   No fueron a la ciudad.

Tense substitution

1 él |ézmúyrrigurósó↓   él |fwémuyrrigurósó↓

2 yosoysubeşínó↓   yofwisubeşínó↓

3 yoboyalşéntró↓   yofwialşéntró↓

4 nósotros |tàmbyembámòs↓   nósotros |tàmbyemfwímòs↓

5 él |éràmuyamigomíó↓   él |fwémuyamigomíó↓

6 nósotros |éramos |suzbeşínós↓   nósotros |fwimo(s)suzbeşínós↓

7 yó |tàmbyeníbà↓   yó |tàmbyemfwí↓

---

1 El *es* muy riguroso.   El fue muy riguroso.

2 Yo *soy* su vecino.   Yo fui su vecino.

3 Yo *voy* al centro.   Yo fui al centro.

4 Nosotros también *vamos*.   Nosotros también fuimos.

5 El *era* muy amigo mío.   El fue muy amigo mío.

6 Nosotros *éramos* sus vecinos.   Nosotros fuimos sus vecinos.

7 Yo también *iba*.   Yo también fui.

21.21.42 Response drill

	1	fwéystéḏ |alṣéntrọ |elsábaḏo↑ọeldomíŋgó↓	fwí |ẹlsábaḏó↓
	2	fwéronụsteḏes |alṣéntrọ |elsábaḏo↑ọeldomíŋgó↓	fwímos |ẹldómiŋgó↓
[àlṣéntrò↓]	3	aḏónde |fweronéɑ̃yòs |àyér↓	fweroṇalṣéntrò↓
[àlṣéntrò↓]	4	aḏóndefwél |àyér↓	fweạlṣéntrò↓
[èldómiŋgó↓]	5	fwéronụsteḏes |elsábaḏọ |alaṣyuḏáↄ↑	nó↓ fwímòsèldómiŋgó↓
[èlsábáḏó↓]	6	fwéysteḏ |eldómiŋgọ |alaṣyuḏáↄ↑	nó↓ .fwíẹlsábáḏó↓
	7	fwél |alṣéntro↑	sí |sifwé↓
	8	fweroṇéɑ̃yos |alaṣyuḏáↄ↑	sí |sifwéròn↓
	9	fwéysteḏ |alaṣyuḏáↄ↑	sí |sifwí↓

---

	1 ¿Fue Ud. al centro el sábado o el domingo?	Fui el sábado.
	2 ¿Fueron Uds. al centro el sábado o el domingo?	Fuimos el domingo.
(al centro)	3 ¿A dónde fueron ellos ayer?	Fueron al centro.
(al centro)	4 ¿A dónde fue él ayer?	Fue al centro.
(el domingo)	5 ¿Fueron Uds. el sábado a la ciudad?	No, fuimos el domingo.
(el sábado)	6 ¿Fue Ud. el domingo a la ciudad?	No, fui el sábado.
	7 ¿Fue él al centro?	Sí, sí fue.
	8 ¿Fueron ellos a la ciudad?	Sí, sí fueron.
	9 ¿Fue Ud. a la ciudad?	Sí, sí fui.

21.21.43 Translation drill

1 *We* were your neighbors.   nósotrosfwimos |súzbeşínòs↓   Nosotros fuimos sus vecinos.

2 Who was your neighbor?   kyémfwé |súbeşínò↓   ¿Quién fue su vecino?

3 She was very good to (with) us.   eÍ̇ya |fwémuybwénà |kò(n)nòsótrós↓   Ella fue muy buena con nosotros.

4 They were very good neighbors.   e͡yosfwéron |múybwénozbeşínòs↓   Ellos fueron muy buenos vecinos.

5 Who went with you?   kyémfwé |konustéd↓   ¿Quién fué con Ud.?

6 I didn't go with them.   yó |nófwikonéˆyós↓   Yo no fuí con ellos.

7 Where did you all go?   àdondefweronˌustédès↓   ¿A dónde fueron Uds.?

B. Discussion of pattern

The verbs /sér/ and /ír/ have the same stem (/fw—/) for past I as well as the same unique endings. The resulting past I forms of these verbs are, therefore, identical. They are differentiated only by context.

With this second set of alternate endings, strong stress falls on the first (and in 1 and 2-3 sg the *only*) syllable of the verb form.

21.21.5　Statement intonation patterns — Deliberate statements

A.　Presentation of pattern

ILLUSTRATIONS

──────────

1　fwímosₐal | kámpó↓

　　　fwímos | alkámpó↓

　　　fwímos | àlkámpó↓

```
 2      1 1↓
Fuimos al campo.

        2 2 | 2 1  1↓
        Fuimos   al campo.

        2 2 | 1 2 1↓
        Fuimos   al campo.
```

We have to leave.

2　ténémoskesalír↓

　　　ténémos | kesalír↓

　　　ténémos | kèsàlír↓

```
 1 2          1↓
Tenemos que salir.

        1 2 2 | 2  1↓
        Tenemos  que salir.

        1 2 2 | 1  21↓
        Tenemos  que salir.
```

I brought my car.

3　tráhemikóchè↓

　　　tráhe | mikóchè↓

　　　tráhe | mikóchè↓

```
 2     1 1↓
Traje mi coche.

        2 2 | 2 1 1↓
        Traje   mi coche.

        2 2 | 1 2 1↓
        Traje   mi coche.
```

EXTRAPOLATION

Normal statement	Deliberate statement
/1211↓/	/122│211↓/ /122│121↓/

NOTES

a. A common feature of slow speech, indeed the *distinguishing* feature, is the appearance of
    more single bar junctures, thus creating several phrases, each short, and introducing
    modifications into the pitch pattern.

21.21.51 Substitution drill — pattern substitution

1   bámos̭aḻaembaháɗà↓   bámos |aḻaembaháɗà↓

2   yasonlas̭óchò↓   yá |sonlas̭óchò↓

3   èlmįǫes̭ésè↓   èlmįǫ |es̭ésè↓

4   karmenǫ(s)soltérà↓   kármen |e(s) soltérà↓

5   èlótroǫstakí↓   èlótro |ǫstakí↓

6   àblekonlaseɲyorítà↓   àble |konlaseɲyorítà↓

---

	2 1 1↓
1	Vamos a la Embajada.

	2 1 1↓
2	Ya son las ocho.

	1 2 1 1↓
3	El mío es ése.

	2 1 1↓
4	Carmen es soltera.

	1 2 11↓
5	El otro está aquí.

	1 2 11↓
6	Hablé con la señorita.

2 2	2 1 1↓
Vamos   a la Embajada.

2	2 1 1↓
Ya   son las ocho.

1 2	2 1 1↓
El mío   es ése.

2 2	2 1 1↓
Carmen   es soltera.

1 2 2	2 11↓
El otro   está aquí.

1 2	2 11↓
Hablé   con la señorita.

7   páseme(l)líbró↓   páseme |e(l)líbró↓

8   préstemelaplúmà↓   présteme |laplúmà↓

9   kèremozⅾeşírsélò↓   kèremoz |ⅾeşírsèlò↓

10 màŋyanabenímòs↓   màŋyana |benímòs↓

11 tràbahaŋko(n)nosótròs↓   tràbahaŋ |ko(n)nosótròs↓

12 yabyenemolínà↓   ya |byenemolínà↓

13 sàlyeronⱥşeⅾíàs↓   sàlyeron |ⱥşeⅾíàs↓

---

2   1 1↓
7 Páseme el libro.

| 2   1 1↓ |
| 8 Présteme la pluma. |

| 1 2   1 1↓ |
| 9 Queremos decírselo. |

| 1 2   1 1↓ |
| 10 Mañana venimos. |

| 1 2   1 1↓ |
| 11 Trabajan con nosotros. |

| 2   1 1↓ |
| 12 Ya viene Molina. |

| 1 2   11↓ |
| 13 Salieron hace días. |

| 2   2 | 2 1 1↓ |
| Páseme   el libro. |

| 2   2 | 2 1 1↓ |
| Présteme   la pluma. |

| 1 2 2 | 2 1 1↓ |
| Queremos   decírselo. |

| 1 2 2 | 2 1 1↓ |
| Mañana   venimos. |

| 1 2 2 | 2   1 1↓ |
| Trabajan   con nosotros. |

| 2 | 2   1 1↓ |
| Ya   viene Molina. |

| 1 2 2 | ·2 11 ↓ |
| Salieron   hace días. |

1 bámos,alạẹmbaháɖà↓   bámos |álạẹmbàhaɖà↓

2 yasonlas,óchó↓   ya |sónlàsọchó↓

3 èlmịọes,ésè↓   èlmịọ |ès,esè↓

4 kármenẹ(s) soltérà↓   kármen |é(s) sòltérà↓

5 èlótroẹstákí↓   èlótro |ẹstákí↓

6 àblékonlaseŋyorítà↓   àblé |kònlàsèŋyòrítà↓

	2	1 1↓
1	Vamos a la Embajada.	

	2	1 1↓
2	Ya son las ocho.	

	1 2	1 1↓
3	El mío es ése.	

	2	1 1↓
4	Carmen es soltera.	

	1 2	11↓
5	El otro está aquí.	

	1 2	11↓
6	Hablé con la señorita.	

       2 2 |1   2 1↓
Vamos   a la Embajada.

       2 | 1   2 1↓
Ya   son las ocho.

       1   2 | 1 2 1↓
El mío   es ése.

       2 2 |1   2 1↓
Carmen   es soltera.

       1 2 2 | 1   21↓
El otro   está aquí.

       1 2 | 1   2 1↓
Hablé   con la señorita.

7 |pásemełlíbró↓

8   préstemelaplúmá↓

9   kèremozdeşírsèlò↓

10 màŋyanabenímòs↓

11 tràbahaŋko(n)nosótròs↓

12 yabyenemolíná↓

13 sàlyeronaşedíás↓

|páseme |ed)lıbró↓

présteme |láplumá↓

kèremoz |deşırsèlò↓

màŋyana |bènimòs↓

tràbahaŋ |kó(n)nòsótròs↓

ya |byénèmólíná↓

sàlyeron |áşèdıás↓

```
    2       1 1 ↓
7 Páseme  el libro.

    2         1 1↓
8 Présteme la pluma.

    1 2     1  1 ↓
9 Queremos decírselo.

    1 2       1 1 ↓
10 Mañana venimos.

    1 2         1 1 ↓
11 Trabajan con nosotros.

    2         1 1 ↓
12 Ya viene Molina.

    1 2        11
13 Salieron hace días.
```

```
   2    2 | 1  2 1↓
Páseme   el libro.

    2     2 | 1  2 1↓
Présteme   la pluma.

   1 2 2 | 1 2  1↓
Queremos   decírselo.

   1 2 2 | 1 2 1↓
Mañana    venimos.

   1 2 2 | 1    2 1↓
Trabajan   con nosotros.

   2 | 1      2 1↓
Ya    viene Molina.

   1 2 2 | 1  21 ↓
Salieron   hace día..
```

B. Discussion of pattern

When the normal tempo of conversational Spanish is slowed down, as, for instance, when one is talking to a large group of people, a number of changes occur, both in the *form* of the sounds in sequence and in the *manner* in which they are arranged. For example, a progressive increase in tempo by some speakers might affect adjacent vowels as follows:

/byéne│aóra↓/

/byeneaóra↓/

/byényaóra↓/

/byényóra↓/

The intonation of slower speech is characterized by separation of important syntactical units in the utterance. This separation is signalled by the appearance of single bar junctures, often described by speakers of the language as a 'sort of pause'.

The sentences in the previous drills are examples of points at which a /│/ enters an utterance when it is slowed down to reach a large audience or simply for emphasis or effect in a conversational situation.

21.22   Replacement drills

A   ké |leșapareṣído |labáse↓

1 _____ párké↓   ké |leșapareṣído |elpárkè↓

2 kétal_____↓   kétal |leșapareṣído |elpárkè↓

3 _____pareṣyó_____↓   kétal |lespareṣyo |elpárkè↓

4 _____ese____↓   kétal |lespareṣyo |esepárkè↓

5 _____ṣyuḍáḍ↓   kétal |lespareṣyo |esaṣyuḍáḍ↓

6 _le_____↓   kétal |lepareṣyó |esaṣyuḍáḍ↓

7 _____países↓   kétal |lepareṣyéron |esospaísès↓

A   ¿Qué les ha parecido la base?

1 ¿_____ parque?   ¿Qué les ha parecido el parque?

2 ¿Qué tal_____?   ¿Qué tal les ha parecido el parque?

3 ¿_____pareció_____?   ¿Qué tal les pareció el parque?

4 ¿_____ ese ____?   ¿Qué tal les pareció ese parque?

5 ¿_____ciudad?   ¿Qué tal les pareció esa ciudad?

6 ¿___le_____?   ¿Qué tal le pareció esa ciudad?

7 ¿_____ países?   ¿Qué tal le parecieron esos países?

B   nósotroz |dimos_unabwéltá↓   nósotroz |dimos_unchéké↓

1 _____ chéké↓   nósotros |kambyamos_unchéké↓

2 _____ kambyamos ____↓   eʎyos |kambyaron_unchéké↓

3 eʎyos _____↓   eʎyoz |rreşibyeron_unchéké↓

4 _____ rreşibyeron __↓   eʎyoz |rreşibyeron |estechéké↓

5 _____este ___↓   eʎyos |işyeron |estechéké↓

6 _____ işyeron _____↓   yoişę |estechéké↓

7 yo _____↓

B   Nosotros dimos una vuelta.

1 _____ cheque.   Nosotros dimos un cheque.

2 _____cambiamos_____.   Nosotros cambiamos un cheque.

3 Ellos _____.   Ellos cambiaron un cheque.

4 _____ recibieron _____.   Ellos recibieron un cheque.

5 _____ este_____.   Ellos recibieron este cheque.

6 _____ hicieron_____.   Ellos hicieron este cheque.

7 Yo_____.   Yo hice este cheque.

C   yó |sólọandube |pórelpárkè↓

1 _____ şyuɑáɑ↓   yó |sólọandube |pórlaşyuɑáɑ↓

2 _____ en _____↓   yó |sólọandube̯ |enlaşyuɑáɑ↓

3 _____ẹstúbẹ_____↓   yó |sólọestúbe̯ |enlaşyuɑáɑ↓

4 nòsótros_____↓   nòsótros |sólọestubìmos |enlaşyuɑáɑ↓

5 _____ ésas____↓   nòsótros |sólọestubìmos |en̯ẹsa(s) şyuɑáɑès↓

6 ___àpénas_____↓   nòsótros |àpénaşestubímòs |èn̯ẹsà(s) şyùɑáɑès↓

7 tú_____↓   tú |ạpénaşestubístẹ |èn̯ẹsà(s) şyùɑáɑès↓

C   Yo sólo anduve por el parque.

1 _____ ciudad.   Yo sólo anduve por la ciudad.

2 _____en _____.   Yo sólo anduve en la ciudad.

3 _____estuve_____.   Yo sólo estuve en la ciudad.

4 Nosotros_____.   Nosotros sólo estuvimos en la ciudad.

5 _____esas____.   Nosotros sólo estuvimos en esas ciudades.

6 ___apenas_____.   Nosotros apenas estuvimos en esas ciudades

7 Tú_____.   Tú apenas estuviste en esas ciudades.

D   èstánubládò↓ pàréʂe|kèba(l)yobér↓

1 _____ pàrèʂía_____↓   èstàbanubládò↓ pàrèʂía|kꬲibà(l)yobér↓

2 ___féò_____↓   èstàbaféò↓ pàrèʂía|kꬲibà(l)yobér↓

3 _____aʂerfríò↓   èstàbaféò↓ pàrèʂía|kꬲibaʂerfríò↓

4 èstá_____↓   èstaféò↓ pàréʂe|kèbáʂerfríò↓

5 ___bwénò_____↓   èstabwenò↓ pàréʂe|kèbáʂerfríò↓

6 _____aʂersól↓   èstabwénò↓ pàréʂe|kèbáʂersól↓

7 ___agradáblè_____↓   èstagradáblè↓ pàréʂe|kèbáʂersól↓

D   Está nublado. Parece que va a llover.

1 _____. Parecía_____.   Estaba nublado. Parecía que iba a llover.

2 _____feo. _____.   Estaba feo. Parecía que iba a llover.

3 _____. _____ hacer frío.   Estaba feo. Parecía que iba a hacer frío.

4 Está_____, _____.   Está feo. Parece que va a hacer frío.

5 ___ bueno. _____.   Está bueno. Parece que va a hacer frío.

6 _____. _____ hacer sol.   Está bueno. Parece que va a hacer sol.

7 ___ agradable. _____.   Está agradable. Parece que va a hacer sol.

E   yóbóy |paralaşyudád↓   yóbóy |parḁelotél↓

1 _____otél↓   nòsòtrozbamos |parḁelotél↓

2 nòsótroz_____↓   nòsótroşib̧amos |parḁelotél↓

3 ___íbamos_____↓   nòsòtroşib̧amos |parḁeşeotél↓

4 _____eşe___↓   eꝇyoşib̧am |parḁeşeotél↓

5 eꝇyos_____↓   eꝇyoşib̧am.|parḁeşḁofişínà↓

6 _____ofişínà↓   nòsòtrozbamos |parḁeşḁofişínà↓

7 ___bamos_____↓

E   Yo voy para la ciudad.

1 _____ hotel.   Yo voy para el hotel.

3 Nosotros_____.   Nosotros vamos para el hotel.

3 ___íbamos_____.   Nosotros íbamos para el hotel.

4 _____ ese___.   Nosotros íbamos para ese hotel.

5 Ellos_____.   Ellos iban para ese hotel.

6 _____ oficina.   Ellos iban para esa oficina.

7 ___vamos_____.   Nosotros vamos para esa oficina.

F   yótráhe |mįáwtô↓   yótráhe |mizgáfàs↓

1 _____ gáfàs↓   yòtrahę |otrazgáfàs↓

2 _____ ótraz ____↓   hwan |trahotrazgáfàs↓

3 hwan _____↓   hwan |trahotraskósàs↓

4 _____ kósàs↓   hwan |dyotraskósàs↓

5 __ dyó _____↓   hwan |dyotronómbrè↓

6 _____ nómbrè↓   hwam |pusotronómbrè↓

7 __ pusǫ _____↓

F   Yo traje mi auto.   Yo traje mis gafas.

1 _____ gafas.   Yo traje otras gafas.

2 _____ otras ____.   Juan trajo otras gafas.

3 Juan _____.   Juan trajo otras cosas.

4 _____ cosas.   Juan dio otras cosas.

5 __ dio _____.   Juan dio otro nombre.

6 _____ nombre.   Juan puso otro nombre.

7 __ puso _____.

21.23   Variation drills

A   kéfríọ |áṣè↓   ¡Qué frío hace!

1 It sure is hot!   kékalór |áṣè↓   ¡Qué calor hace!

2 It sure is windy!   kébyéntọ |áṣè↓   ¡Qué viento hace!

3 There's sure a wind!   kébyéntọ |áy↓   ¡Qué viento hay!

4 I sure am hungry!   kẹambrè |téŋgó↓   ¡Qué hambre tengo!

5 I sure am cold!   kefríó |téŋgó↓   ¡Qué frío tengo!

6 It sure looks good!   kébwénọ̀ |ẹstá↓   ¡Qué bueno está!

7 It sure looks pretty!   kébonítọ̀ |ẹstá↓   ¡Qué bonito está!

B   kómokámbyạ |eltyémpọ |akí↓   ¡Cómo cambia el tiempo aquí!

1 The wind is mighty changeable here.   kómokámbyạ |elbyéntọ |akí↓   ¡Cómo cambia el viento aquí!

2 Things are mighty changeable here.   kómokámbyan |laskósàs |akí↓   ¡Cómo cambian las cosas aquí!

3 Prices sure do rise here.   kómosúben |lospréṣyòs |akí↓   ¡Cómo suben los precios aquí!

4 People sure do eat here.

kómokóme | lahéntę | ákíↆ

¡Cómo come la gente aquí!

5 People are mighty talkative here.

kómǫablá | lahéntę | ákíↆ

¡Cómo habla la gente aquí!

6 Those women are mighty talkative.

kómǫáblán | ésá(s)sęŋyórásↆ

¡Cómo hablan esas señoras!

7 What a nuisance that old guy is.

kómomoléstą | ésėbyéhòↆ

¡Cómo molesta ese viejo!

C   àyér | ișǫundiadesól | múyagradáblèↆ

Ayer hizo un día de sol muy agradable.

1 Yesterday was a very pretty, sunny day.

àyér | ișǫundiadesól | múybonítòↆ

Ayer hizo un día de sol muy bonito.

2 Yesterday was a very quiet, sunny day.

àyér | ișǫundiadesól | múytraŋkílòↆ

Ayer hizo un día de sol muy tranquilo.

3 Yesterday was a very nasty (ugly), windy day.

àyér | ișǫundiadebyénto | múyféòↆ

Ayer hizo un día de viento muy feo.

4 Yesterday was a very cold, windy day.

àyér | ișǫundiadebyénto | múyfríòↆ

Ayer hizo un día de viento muy frío.

5 Yesterday was a very, very cold day.

àyér | ișǫundiadefrío | múygrándèↆ

Ayer hizo un día de frío muy grande.

6 Yesterday was a very nasty day.

àyér | ișǫundía | múyféòↆ

Ayer hizo un día muy feo.

7 Yesterday was a very pretty day.

àyér | ișǫundía | múybonítòↆ

Ayer hizo un día muy bonito.

D   fwímos̺alkámpô↓   Fuimos al campo.

1 We went down town.   fwímos̺alşéntrô↓   Fuimos al centro.

2 We went to the hotel.   fwímos̺alotél↓   Fuimos al hotel.

3 He went to a restaurant.   fwé|ʂunrrestorán↓   Fue a un restorán.

4 He went to a cafe.   fweʂuŋkafé↓   Fue a un café.

5 They went to the park.   fweronalpárkè↓   Fueron al parque.

6 They went to the airport.   fwéron|alʂeropwértô↓   Fueron al aeropuerto.

7 I went to the apartment.   fwiʂlapartaméntô↓   Fui al apartamento.

E   ʂáymúchobyéntô↓   Y hay mucho viento.

1 And there's a whole lot of wind.   ʂáymúchísimobyéntô↓   Y hay muchísimo viento.

2 And there's enough wind.   ʂáybàstantebyéntô↓   Y hay bastante viento.

3 And there's too much wind.   ʂáydèmàsyadobyéntô↓   Y hay demasiado viento.

21.57

4 And there's little wind.   ɹáypókobyéntò↓   Y hay poco viento.

5 And there's so much sun.   ɹáytantosól↓   Y hay tanto sol.

6 And there's not so much sun.   inɡaytantosól↓   Y no hay tanto sol.

7 And there's very little sun.   ɹáy |múypókosól↓   Y hay muy poco sol.

F   sèlọȧgrȧdèṣémozmúchò↓pérònòpodémòs↓   Se lo agradecemos mucho, pero no podemos.

1 (I) thank you very much, but we can't.   sèlọȧgrȧdèẹkomúchò↓pérònopodémòs↓   Se lo agradezco mucho, pero no podemos.

2 We're very grateful, but we can't.   éstámòzmuyagradèẹídòs↓pérònopodémòs↓   Estamos muy agradecidos, pero no podemos.

3 Mary's very grateful, but she can't.   màriȧ |ẹstámuyagradèẹídȧ↓pérònopwédè↓   María está muy agradecida, pero no puede.

4 They're very grateful, but they can't.   éỵos |ẹstánmuyagradèẹídòs↓pérònó   Ellos están muy agradecidos, pero no pueden.
                                               pwédèn↓

5 Thanks a lot, but I can't.   muchazgráẹyàs↓pérònopwédò↓   Muchas gracias, pero no puedo.

6 Thanks an awful lot, but I can't.   mùchisimazgráẹyàs↓pérònopwédò↓   Muchísimas gracias, pero no puedo.

7 I'm very sorry, but I can't.   lòsyentomúchò↓pérònopwédò↓   Lo siento mucho, pero no puedo.

21.24   Review drill — Theme class in past II tense forms

1 He used to talk and eat a lot.   àblabą |ıkomıamúchȯ↓   Hablaba y comía mucho.

2 They studied and ate there.   èstúdyaban |ıkòmıanąí↓   Estudiaban y comían ahí.

3 He worked and ate very little.   tràbàhabą |ıkómıa |muypókȯ↓   Trabajaba y comía muy poco.

4 We worked and lived there.   tràbàhabamos |ıbìbıamos.ąí↓   Trabajábamos y vivíamos ahí.

5 We worked and ate too much.   tràbàhabamos |ıkòmıamozdemasyádȯ↓   Trabajábamos y comíamos demasiado.

6 We talked and wrote a lot.   àblabamos |ɟèskrıbıamozmúchȯ↓ Hablábamos y escribíamos mucho.

7 They talked and wrote very well.   àbļaban |ɟèskrıbıan |muybyén↓ Hablaban y escribían muy bien.

8 We went down and up very little.   bàhabamos |ısùbıamoz |muypókȯ↓ Bajábamos y subíamos muy poco.

9 He went down and up a lot.   bàhabą |ısùbıamúchȯ↓   Bajaba y subía mucho.

10 They studied and went out also.   èstúdyaban |ısàlıàn |tàmbyén↓ Estudiaban y salían también.

11 We studied but didn't learn.   èstúdyabamos |pèrònoąprendíąmòs↓ Estudiábamos pero no aprendíamos.

21.3   CONVERSATION STIMULUS

NARRATIVE 1

1 The weather sure changes in this country.	kómokámbyą |eltyémpǫ |ęnę́stępàís↓	¡Cómo cambia el tiempo en este país!
2 It varies from day to day.	kámbya |dędiadíà↓	Cambia de día a día.
3 Yesterday it was warm.	àyér |ışokalór↓	Ayer hizo calor.
4 Today it's cold.	oy |aşefríó↓	Hoy hace frío.
5 Tomorrow it's going to be warm again.	màɲyana |báşérkàlor |otrabéş↓	Mañana va a hacer calor otra vez.
6 Yesterday it was a very nice day.	àyér |ışǫundía |muyagradáblè↓	Ayer hizo un día muy agradable.
7 And Jose and Mary went to the country.	ihòseɪmaria |fweronɑlkámpó↓	Y José y María fueron al campo.

DIALOG 1

Juan, dígale a José que cómo cambia el tiempo en este país.	kómokámbyą |eltyémpǫ|ęnę́stępàís↓	Juan: ¡Cómo cambia el tiempo en este país!
José, dígale que así es, que ayer hizo calor; que hoy hace frío; y que mañana va a hacer calor otra vez.	àsiés↓ àyér |ışokalor↑oy |aşefrió↑ imàɲyana↑báşérkàlor |otrabéş↓	José: Así es. Ayer hizo calor; hoy hace frío; y mañana va a hacer calor otra vez.

Juan, pregúntele que a propósito, qué   àpropósitò↓ ké↓syéron |tu↓kármèn |åyér↓   Juan: A propósito, ¿qué hicieron tú y
    hicieron él y Carmen ayer.   Carmen ayer?

José, contéstele que fueron al campo.   fwímos,alkámpò↓   José: Fuimos al campo.

NARRATIVE 2

1 Juan and the Harrises went for a walk   hwán,losharriz |dyéron,unabwélta | Juan y los Harris dieron una vuelta por el
    through the park.   pòrèlparkè↓   parque.

2 The Colonel said something to Juan about   èlkòrónel |lédihoalgo |ahwán |dèhósé↓   El Coronel le dijo algo a Juan de José.
    Jose.

3 It was something about some photos, but   fwéalgo |deunasfótòs↓ péròhwán |nó   Fue algo de unas fotos, pero Juan no
    Juan doesn't remember what it was.   rrekwerda |kefwé↓   recuerda qué fue.

4 Jose knows; it's about the photos the   hòsesábè↓ sónlàsfotos |kèlkòrónel |le   José sabe; son las fotos que el Coronel le
    Colonel lent him the other day.   prestoẹlótrodía↓   prestó el otro día.

5 He hasn't taken them back yet.   nó |selasàyebádò |tòdàbía↓   No se las ha llevado todavía.

6 But he'll take them back tomorrow.   pérosèlàzàyeba |mànyanà↓   Pero se las lleva mañana.

DIALOG 2

José, pregúntele a Juan que él, a dónde fué.   itú↓ àdóndefwístè↓   José: ¿Y tú?, ¿a dónde fuiste?

Juan, contéstele que los Harris y Ud. dieron   lòsharris,iyó |dímos,unabwélta |porel   Juan: Los Harris y yo dimos una vuelta
    una vuelta por el parque.   párkè↓   por el parque.

José, pregúntele si el Coronel no le dijo
    nada de Ud.

èlkòrònel |notedihonada |demi↑

José: ¿El Coronel no te dijo nada de mí?

Juan, contéstele que le dijo algo de unas
    fotos pero Ud. no recuerda qué fue.

mèdihoalgo |deunasfótòs↓péró |no
rrekwerdo |kefwé↑

Juan: Me dijo algo de unas fotos pero no
    recuerdo qué fue.

José, dígale que Ud. sabe; que son las fotos
    que le prestó el otro día.

yósé↓ sónlasfotos |kemepresto |elótrodía↓

José: Yo sé; son las fotos que me prestó
    el otro día.

Juan, pregúntele si no se las ha llevado
    todavía.

no |selasazⓁyebado |todabia↑

Juan: ¿No se las has llevado todavía?

José, contéstele que no, que mañana se las
    lleva.

nó↓ mànyanaselazⓁyébò↓

José: No. Mañana se las llevo.

NARRATIVE 3

1 It sure is cold.

kefriọáṣè↓

¡Qué frío hace!

2 And it's very cloudy too.

si↓ ịéstámuynubládò |tàmbyén↓

Sí. Y está muy nublado también.

3 It looks like it's going to rain.

pàreṣe |kebaⓁyobér↓

Parece que va a llover.

4 It's ten o'clock.

sónlazdyéṣ↓

Son las diez.

5 Jose's going to have some coffee.

hòse |bàtomarkafé↓

José va a tomar café.

6 Juan wants to go with him.

hwaŋ|kyerҽirkonél↓

Juan quiere ir con él.

7 But they'll have to be back soon.

pérótyeneŋ|kèbòlberpróntò↓

Pero tienen que volver pronto.

DIALOG 3

José, dígale a Juan que qué frío hace.

kefriҩáşè↓

José: ¡Qué frío hace!

Juan, dígale que sí, y que está muy nublado también. Que parece que va a llover.

sí↓ ҭèstámuynubláđò|tàmbyén↓
pàreşe|kèbáⱥұòbe'r↓

Juan: Sí, y está muy nublado también. Parece que va a llover.

José, pregúntele que qué hora es.

kҽoraés↓

José: ¿Qué hora es?

Juan, contéstele que son las diez.

sónlazđyéş↓

Juan: Son las diez.

José, dígale que Ud. va a tomar café. Pregúntele si quiere venir con Ud.

bóyatomárkafé↓ kyérezbenírkonmígo↑

José: Voy a tomar café. ¿Quieres venir conmigo?

Juan, contéstele que muy bien, pero que tienen que volver pronto.

múybyén↓ pérótènèmos|kèbòlberpróntò↓

Juan: Muy bien, pero tenemos que volver pronto.

21.4   READINGS

21.40   List of cognate loan words

el plan	èl—plán↓
correctamente	kòrrektaméntè↓
la dificultad	là—difikúltàd↓
México	méhikò↓
respondió (responder)	rrèspóndyo↓ rrèspóndér↓
conjugar	kònhúgár↓
el presente	él—prèséntè↓
el futuro	èl—fúturò↓
memorizó (memorizar)	mèmòrişó↓ mèmòrişár↓
prefiero (preferir)	prèfyéró↓ prèféri̇́r↓
el interés	èl—intèrés↓
seria	séryà↓
el entusiasmo	èl—èntúsyazmò↓
la condición	là—kòndişyón↓
las frases	làs—frasès↓
la expresión	là—èsprèsyón↓
el beisbol	èl—bèyzból↓

usa (usar)	úsá↓ úsár↓
indicar	indikár↓
el resultado	èl—rrésúltádó↓
comprendo (comprender)	kómprèndó↓ kómprèndér↓

21.41   Reading selection

Plan de Estudiar

—Señores—dijo Virginia —quiero presentarles a mi esposo, Fred Robinson. Fred, éstos son los señores Fuentes, vecinos de nosotros. Han sido muy amables en venir a hacernos esta visita. Ellos viven enfrente, en la casa de la esquina.

—Tanto gusto, señores; por favor dispensen el español tan malo que hablo—dijo Fred correctamente, pero con dificultad y mucho acento.

—No diga eso, Sr. Robinson—exclamó Marta;—habla muy bien. Ya quisiera yo poder decir algo en inglés. ¿Dónde lo aprendieron? Por lo visto ya Uds. dos hablaban español antes de llegar a Surlandia.

—Bueno...mi esposa lo hablaba desde que era niña, porque su familia vivió muchos años en México. Por eso lo habla tan bien; pero yo, en realidad, empecé a estudiarlo hace apenas seis meses en una escuela del gobierno en Washington. Ahí aprendí bastante, pero todavía tengo un acento horrible. Y Ud., Sr. Fuentes, ¿habla inglés?

—Qué va—respondió éste —sólo sé conjugar verbos; eso es todo lo que aprendí en la escuela. Yo le puedo conjugar a Ud. cualquier verbo, en presente, en pasado, y en futuro, si quiere. Pero cuando voy a decir algo, nadie sabe lo que estoy diciendo, ni yo mismo. Ayer y hoy estuve todo el día estudiando en un libro que tengo en casa, pensando que Uds. no hablaban español. Conjugué por lo menos doscientos verbos.

—Y también memorizó una cosa muy bonita para decírsela a Uds.—dijo Marta.

—Queremos oírla—dijeron los Robinson casi al mismo tiempo.

—No, no, no, otro día, ya se me olvidó. Además hoy prefiero hablar en español.

—Podríamos hacer una cosa Ud. y yo, Sr. Fuentes—exclamó Fred. Yo tengo mucho interés en practicar el español con alquien en forma seria, y si Ud. en realidad tiene interés de aprender a hablar inglés, Ud. y yo podríamos reunirnos unas dos o tres veces por semana, en las noches, aquí o en su casa. ¿Qué le parece la idea?

—Me parece estupenda—respondió don Ricardo con entusiasmo. Y mi señora y la suya pueden hacer lo mismo durante el día.

—Pero con una condición—dijo Fred en tono de broma. —Vamos a practicar repitiendo frases completas, como me hacían estudiar a mí en Washington, sin tener que conjugar verbos, porque conjugando verbos no llegamos ni a primera base, como a veces decimos en inglés.

—¿Qué quiere decir eso de 'no llegamos ni a primera base'?—preguntó don Ricardo.

—Es una expresión tomada del beisbol que se usa para indicar el mal resultado de algo.

—Sí, ya comprendo—dijo don Ricardo.—Sin conjugar verbos, entonces. Ud. y yo queremos llegar por lo menos a primera base.

21.42   Response drill

1 ¿Cómo habla Fred el español?

2 ¿Dónde lo estudió?

3 ¿Cuánto tiempo hace que empezó a estudiarlo?

4 ¿Por qué lo habla mejor su esposa?

5 ¿Dónde vivía la familia de ella cuando ella era niña?

6 ¿Dónde estudió inglés el Sr. Fuentes?

7 ¿Qué aprendió en la escuela?, ¿aprendió a hablar?

8 ¿Qué estuvo haciendo él ayer todo el día?

9 ¿Cuántos verbos conjugó, por lo menos?

10 ¿Qué memorizó también?

11 ¿Por qué estuvo practicando inglés todo el día ayer?

12 ¿Qué plan de estudios tienen Fred y Ricardo?

13 ¿Cómo lo hacían a Fred estudiar español en Washington?

14 ¿A qué hora van a reunirse Marta y Virginia a estudiar?

15 ¿Por qué no es bueno conjugar verbos?

22.1   BASIC SENTENCES.   Mrs. Harris wants to go to the market.

Carmen and Mrs. Harris are having a telephone conversation.

ENGLISH SPELLING	AID TO LISTENING	SPANISH SPELLING
continues, follows (to continue, follow) [1]	sigè↓ segír↓	sigue (seguir)
around	pór↓	por
Carmen How's everything going around your house?	komosigetoáo│porsukásà│sènyórà↓	*Carmen* ¿Cómo sigue todo por su casa, señora?
even though, although	awŋkè↓	aunque
very busy (busy)	òkúpàáisìmò↓ òkúpaáò↓	ocupadísimo (ocupado)
Mrs. Harris Very well, even though I'm extremely busy.	muybyén↓áwŋkèyo│ęstóyòkúpàáisimà↓	*Sra. Harris* Muy bien, aunque yo estoy ocupadísima.
that (I) call (to call) [2]	kè—ⱺyamè↓ ⱺyàmár↓	que llame (llamar)
early	tèmpranò↓	temprano
Carmen Forgive me for calling you so early.	pèráone│kelaⱺyámè│tántèmpránò↓	*Carmen* Perdone que la llame tan temprano.
to gladden	àlègrár↓	alegrar
myself (I) am glad (to be glad)	mę—àlegrò↓ àlègrárse↑	me alegro (alegrarse)
Mrs. Harris On the contrary, I'm glad you did.	àlkòntraryò↓mę̀álegromuchò↓	*Sra. Harris* Al contrario, me alegro mucho.
I was just going to call you. [3]	yǫibaⱺyamárlà│ȥóràmizmò↓	Yo iba a llamarla ahora mismo.

22.1

some   álgúnↆ álgunóↆ   algún (alguno)

the problem   él—próblemáↆ   el problema

Carmen   tyéngalgumproblema↑   *Carmen*
Is something the matter?   ¿Tiene algún problema?

this (matter) of   éstó-dèↆ   esto de...

the market   él—mèrkadóↆ   el mercado

turns, returns (to turn, to return)   bwelbèↆ bólbérↆ   vuelve (volver)

crazy   lókóↆ   loco

drives me crazy   mè—bwelbe—lókóↆ   me vuelve loco

Mrs. Harris   síↆ ésto│dèlóspreȼyos │ènèlmèrkadó↑   *Sra. Harris*
Yes. This business of the prices in the market   Sí. Esto de los precios en el mercado
is driving me insane. (4)   mèbwelbelókàↆ   me vuelve loca.

terrible   tèrrıblèↆ   terrible

Carmen   á│síↆ ésǫ│ès_álgótérrıblèↆ   *Carmen*
Oh, yes. That is a mess.   Ah, sí. Eso es algo terrible.

If you like, we can leave the other shopping for   síkyére↑dèhamoz│lódélástyéndas │páràlà   Si quiere, dejamos lo de las tiendas para
this afternoon and go to the market now. (5)   tardę↑ íbamos,almerkadǫaóráↆ   la tarde y vamos al mercado ahora.

to accompany   àkómpàņyárↆ   acompañar

Mrs. Harris   èntónȼes │pwedǫakompaņyárme↑   *Sra. Harris*
Then can you go with me?   Entonces, ¿puede acompañarme?

for certain, of course	pòr—súpwestò↓	por supuesto
(I) will show (to show, teach) (6)	ènsèɲyàré↓ ènsèɲyár↓	enseñaré (enseñar)

Carmen
Of course, and that way I'll show you where there's a very good one.

pòrsúpwestò↓ ɨàsi |lènsèɲyàre |dóndę ay |únòmuybwénò↓

Carmen
Por supuesto y así le enseñaré dónde hay uno muy bueno.

Mrs. Harris
Thanks a lot. What time shall I come by for you?(7)

múchazgráşyàs↓ àkęórapásó |pòrùstéd↓

Sra. Harris
Muchas gracias. ¿A qué hora paso por usted?

myself (I) dress (to dress oneself)

mé—bistò↓ bèstirsè↓

me visto (vestirse)

Carmen
I'll be dressed in half an hour. (8)

yó |ęnmeɑ̀yąorà |mèbístò↓

Carmen
Yo en media hora me visto.

(I) dismiss (to dismiss, to see off)

dèspiɑ̀ò↓ dèspèɑ̀ir↓

despido (despedir)

myself (I) take leave (to say goodbye)

mè—dèspiɑ̀ò↓ dèspèɑ̀irsè↓

me despido (despedirse)

Mrs. Harris
Good. I'll say goodbye, then. (9)

bwenò↓ mèɑ̀èspiɑ̀ǫ |èntónşès↓

Sra. Harris
Bueno, me despido, entonces.

So long.

ástàlwegò↓

Hasta luego.

22.10   Notes on the basic sentences

(1)   Considering its literal meaning, the English speaker is apt to be somewhat surprised at the variety and extent of usage this word has by comparison with English. Besides the meaning that appears in this basic sentence, there is also the meaning 'Keep on going,' both literally (as in the sign on doors of business establishments in Bogotá, meaning 'Come right in') and figuratively (as in the admonition heard when one hesitates in the middle of an anecdote, meaning 'Go on, please'). Still another meaning appears in a sentence like /ustédsígesęɲyór↓/   *Usted sigue, señor* 'You're next, sir.'

(2) The form /(l)yáme/ *llame* is a present subjunctive, 1 sing. The form will be introduced in Unit 36, and this particular usage (in a noun clause) in Unit 37. It is perhaps worth noting, this far in advance, that the form of the present subjunctive 1 - 3 sg is identical with the singular of the polite command, which will be taken up in Unit 27 but which is already to be seen in a form like /perdóne/ *perdone* from /perdonár/ *perdonar* in this same sentence.

(3) Without any special point having been made of it, the *periphrastic future* has been used several times in the dialogs: /bátrabahár|ko(n)nosótros↓/ *Va a trabajar con nosotros*, Unit 4; /básér |sueskritóryo↓/ *Va a ser su escritorio*, Unit 5; /misbesínos | bánamudárse|dekása↓/ *Mis vecinos van a mudarse de casa*, Unit 8; and so on. Here, however, is an example of the *past tense* of the same construction: note that it appears in Past II, not in Past I.

(4) It is worthy of note that English cannot use *this* and *that* with the same degree of nominal status as can Spanish: English permits 'This is driving me insane' but not 'This of the markets is driving me insane.' English must have a busy-word which merely serves to *nominalize* the form *this*: 'This business about...' 'This matter of...'

(5) The construction /...lodelastyéndas.../ *...lo de las tiendas* is taken as the basis for Variation Drill #C later in this unit.

(6) This is an example of *future tense*, which will not be fully examined until Unit 53. Study of it is postponed not because of any special difficulty that accompanies it, but because it is relatively infrequent and unimportant.

(7) Note this use of simple present tense /páso/ *paso* in a context that requires it to be interpreted with future meaning. This is one reason why future tense itself is so rare: present is used instead.

(8) Here, in /mebísto/ *me visto*, is another example of the matter discussed under #7 above.

(9) Still another. It's no wonder the future tense can be postponed.

22.2   DRILLS AND GRAMMAR

22.21   Pattern drills

22.21.1   Present tense irregular verbs — stem vowel changing

A. Presentation of pattern

ILLUSTRATIONS

What time do you have lunch?	1	àkęórą |almwérşą |ùstéd↓	¿A qué hora *almuerza* Ud?
_____	2	benęsęabyón |kebwela |sobrela torre↓tekontról↑	¿Ven ese avión que *vuela* sobre la torre de control?

_____	3 esto |dèlóspreşyoz |mêbwelbelókà↓	Esto de los precios me *vuelve* loca.
I can't find the check	4 noeŋkwentrọ |elchékè↓	No *encuentro* el cheque.
_____	5 kwantokwestạ |untáksi↓	¿Cuánto *cuesta* un taxi?
By the way, does it rain much here?	6 àprópósitò↓ ⓛywebemúchọ |akí↑	A propósito, ¿*llueve* mucho aquí?
_____	7 nòmêpwedokehár↓	No me *puedo* quejar.
Why don't you try the dessert.	8 pòrkenoprwebạ |elpóstrè↓	¿Por qué no *prueba* el postre?
_____	9 kàrambà↓ àora |kerrekwérdò↓	¡Caramba! Ahora que *recuerdo.*
They take good care of us at the customs office.	10 ènlàdwanaîⁿnòsàtyendembyén↓	En la aduana nos *atienden* bien.
_____	11 kyerẹustéd |agwamineral↑	¿*Quiere* Ud. agua mineral?
_____	12 pyensobuskar |ùnạpàrtàmentò↓	*Pienso* buscar un apartamento.
I'm sorry to arrive late.	13 syento |ⓛyẹgartárdè↓	Siento llegar tarde.
_____	14 lòsyentomúchò↓	Lo *siento* mucho.
(you) feel (to feel)	syéntè↓ sèntír↓	siente (sentir)
Do you feel cold in the living room?	15 syentefrịọ |enlasála↑	¿*Siente* frío en la sala?

(they) close (to close)   ş̧yérrȧn↓ şȅrrȧ́r↓   cierran (cerrar)

What time do they close the stores?   16   ȧk̦ȯraş̧yérran |lȧstyéndȧs↓   ¿A qué hora *cierran* las tiendas?

_____

_____   17   yó |ȩnmȅďyȧ̯órȧ |mebístȯ↓   Yo en media hora me *visto*.

                        18   bwenȯ↓ mȅďȅspiďo̦ |ȅntónş̧ȅs↓   Bueno me *despido*, entonces.

Shall I repeat it again?   19   rrȅpito̦ |ótrȧbȩ̑ş↑   ¿*Repito* otra vez?

_____   20   kómosįgetoďo |porsukásȧ̇↓   ¿Cómo *sigue* todo por su casa?

EXTRAPOLATION

Stem vowel change	o > wé	e > yé	e > í
Sample verb	pod—ér	ker—ér	seg—ír
sg 1	pwéd—o	kyér—o	síg—o
2 fam	pwéd—es	kyér—es	síg—es
2-3	pwéd—e	kyér—e	síg—e
pl 1	pod—émos	ker—émos	seg—ímos
2-3	pwéd—en	kyér—en	síg—en

NOTES

a. In certain irregular verbs the last stem vowel changes in some present tense forms to a diphthong or another vowel.

b. This change occurs when ever strong stress falls on the stem, ie in sg and 2-3 pl tense forms, but not 1 pl.

22.21.11 Substitution drills — Person-number substitution

1 nósotros |àlmòrṣamozdemasyáḋò↓

   yo_____↓   àlmwerṣoḋemasyáḋò↓

   lwisaḻantonyo_____↓   àlmwerṣandemasyáḋò↓

   ústeḋ_____↓   àlmwerṣaḋemasyáḋò↓

   eĺ̃yos_____↓   àlmwerṣandemasyáḋò↓

1 *Nosotros* almorzamos demasiado.

   Yo_____.   Almuerzo demasiado.

   Luisa y Antonio_____.   Almuerzan demasiado.

   Ud._____.   Almuerza demasiado.

   Ellos_____.   Almuerzan demasiado.

2 nósotroz |nópodemosֽir |estanóché↓

  ústedez _____↓   nópwedenֽir |estanóché↓

  yó _____↓   nópwedֽoir |estanóché↓

  ántonyo _____↓   nópwedֽeir |estanóché↓

  ántonyoֽilwisa _____↓   nópwedenֽir |estanóché↓

3 nósotroz |bólbemospróntó↓

  él _____↓   bwélbepróntó↓

  hóseֽkarmem _____↓   bwélbempróntó↓

  ústed _____↓   bwélbepróntó↓

  eĺ͟yoz _____↓   bwélbempróntó↓

---

2 *Nosotros* no podemos ir esta noche.

  Uds. _____.   No pueden ir esta noche.

  Yo _____.   No puedo ir esta noche.

  Antonio _____.   No puéde ir esta noche.

  Antonio y Luisa _____.   No pueden ir esta noche.

3 *Nosotros* volvemos pronto.

  El _____.   Vuelve pronto.

  José y Carmen _____.   Vuelven pronto.

  Ud. _____.   Vuelve pronto.

  Ellos _____.   Vuelven pronto.

4 nòsótros|sèntímòsfriọ|àórà↓

   yó _____↓   syéntòfriọ|àórà↓

   lwísaʌantónyo_____↓   syéntèmfriọ|àórà↓

   éⱡyos_____↓   syéntèmfriọ|àórà↓

   ùsteđ_____↓   syéntèfriọ|àórà↓

5 nòsótros|pensámosésò↓

   lwísa_____↓   pyensạésò↓

   àntónyọikármem_____↓   pyensanésò↓

   ùsteđ_____↓   pyensạésò↓

   éⱡyos_____↓   pyensanésò↓

---

4 *Nosotros* sentimos frío ahora.

   Yo _____.   Siento frío ahora.

   Luisa y Antonio_____.   Sienten frío ahora.

   Ellos _____.   Sienten frío ahora.

   Ud. _____.   Siente frío ahora.

5 *Nosotros* pensamos eso.

   Luisa_____.   Piensa eso.

   Antonio y Carmen_____.   Piensan eso.

   Ud. _____.   Piensa eso.

   Ellos_____.   Piensan eso.

6 nòsotros |segímozdespwés↓

   yo_____↓   sigodespwés↓

   ùstedes_____↓   sigendespwés↓

   lwisa_____↓   sigedespwés↓

   èlsènyor_____↓   sigedespwés↓

7 nòsotros |tàmbyénrrepetímòs↓

   eÑyos_____↓   tàmbyénrrepítèn↓

   yo_____↓   tàmbyénrrepítò↓

   lwisa_____↓   tàmbyénrrepítè↓

   ùstedes_____↓   tàmbyénrrepítèn↓

---

6 *Nosotros* seguimos después.

   Yo _____.   Sigo después.

   Uds._____.   Siguen después.

   Luisa_____.   Sigue después.

   El señor _____.   Sigue después.

7 *Nosotros* también repetimos.

   Ellos_____.   También repiten.

   Yo_____.   También repito.

   Luisa_____.   También repite.

   Uds._____.   También repiten.

Tense substitution

1 yóạlmorṣabạemfréntȅ↓   yóạlmwerṣọemfréntȅ↓

2 nȯsotroz |noẹŋkontrabamozlabásȅ↓   nȯsotroz |noẹŋkontramozlabásȅ↓

3 ȇⱡⱡyȧnópȯɖiạ |abrirelekipáhȅ↓   ȇⱡⱡyȧnópwɖẹ |abrirelekipáhȅ↓

4 ȇⱡⱡyozbolbian |ensegíɖȧ↓   ȇⱡⱡyozbwȇlben |ensegíɖȧ↓

5 nȯsotroz |norrekorɖabamozloznómbrȅs↓   nȯsotroz |norrekorɖamozloznómbrȅs↓

6 lȧsȇkrȇtȧrya |nókȇriạírↆ   lȧsȇkretȧrya |nókyerɛírↆ

7 toɖos |sentiamoskalór |åⱡⱡyíↆ   toɖo(s) sentimȯs |kaloraⱡⱡyíↆ

---

1 Yo *almorzaba* en frente.   Yo almuerzo en frente.

2 Nosotros no *encontrábamos* la base.   Nosotros no encontramos la base.

3 Ella no *podía* abrir el equipaje.   Ella no puede abrir el equipaje.

4 Ellos *volvían* en seguida.   Ellos vuelven en seguida.

5 Nosotros no *recordábamos* los nombres.   Nosotros no recordamos los nombres.

6 La secretaria no *quería* ir.   La secretaria no quiere ir.

7 Todos *sentíamos* calor allí.   Todos sentimos calor allí.

8   éɥos |nòsátèndianmúymál↓   éɥoz |nòsátyéndenmúymál↓

9   nòsotros |èmpèşabamostárdè↓   nòsotros |èmpèşamostárdè↓

10 éɥózrrèpètian |şiŋkobéşès↓   éɥózrrèpiten |şiŋkobéşès↓

11 nòsotroz |rrèpètiamozlalekşyón↓   nòsotroz |rrèpètimozlalekşyón↓

12 éɥàsègiạ |èntónşès↓   éɥàsigẹ |èntónşès↓

13 nòsotros |sègiamozdespwés↓   nòsotros |sègimozdespwés↓

---

8 Ellos nos *atendían* muy mal.   Ellos nos atienden muy mal.

9 Nosotros *empezábamos* tarde.   Nosotros empezamos tarde.

10 Ellos *repetían* cinco veces.   Ellos repiten cinco veces.

11 Nosotros *repetíamos* la lección.   Nosotros repetimos la lección.

12 Ella *seguía*, entonces.   Ella sigue, entonces.

13 Nosotros *seguíamos* después.   Nosotros seguimos después.

22.21.12 Response drill

		1	kyérǫagwątokaféↆ	kyerokaféↆ
		2	kyérènagwątokaféↆ	kèremoskaféↆ
		3	sígelↆoustéↇↆ	sigélↆ
[àkↆ]		4	dondǫalmwérşan│ustéↇèsↆ	àlmòrşamos,akↆↆ
[ènlàkásàↆ]		5	dondǫalmwérşan,él0yósↆ	àlmwerşan,enlakásàↆ
[àↆↆ]		6	dondǫalmwérşąustéↇↆ	àlmwerşǫakↆↆ

1	¿Quiere agua o café?	Quiero café.
2	¿Quieren agua o café?	Queremos café.
3	¿Sigue él o Ud.?	Sigue él.
(aquí) 4	¿Dónde almuerzan Uds.?	Almorzamos aquí.
(en la casa) 5	¿Dónde almuerzan ellos?	Almuerzan en la casa.
(aquí) 6	¿Dónde almuerza Ud.?	Almuerzo aquí.

22.13

[múchó↓]   7   rrèpitҽustéɗpóko↑   nó↓ rrèpítòmúchó↓

[múchó↓]   8   rrèpitҽnᵤstédes|póko↑   nó↓ rrèpétímòzmúchó↓

[múchó↓]   9   rrèpitél|póko↑   nó↓ rrèpítémúchó↓

           10   ǫƴwébèmúchǫaki↑   sí↓ àki|ǫƴwébèmúchó↓

           11   pwéɗҽustéɗ|ablárespaɲyól↑   sí|sɪpwéɗó↓

           12   pwéɗҽnᵤstédes|ablárespaɲyól↑   sí|sɪpoɗémòs↓

           13   lòsҗàtyéndoƴo|byenҗustédes↑   sí↓ ùstéɗ|nòsàtyéndèmúybyén↓

(mucho) 7 ¿Repite Ud. poco?   No, repito mucho.

(mucho) 8 ¿Repiten Uds. poco?   No, repetimos mucho.

(mucho) 9 ¿Repite él poco?   No, repite mucho.

         10 ¿Llueve mucho aquí?   Sí, aquí llueve mucho.

         11 ¿Puede Ud. hablar español?   Sí, sí puedo.

         12 ¿Pueden Uds. hablar español?   Sí, sí podemos.

         13 ¿Los atiendo yo bien a Uds.?   Sí, Ud. nos atiende bien.

22.21.13 Translation drill

1 We can't eat lunch now.

nópóɗemosͅalmorşár |aóràↄ

No podemos almorzar ahora.

2 She doesn't want to go.

éͅyǎ |nokyeregírↄ

Ella no quiere ir.

3 What do you think?

képyénsͅaustéɗↄ

¿Qué piensa Ud.?

4 I don't remember anything.

yó |nórrekwerɗonáɗàↄ

Yo no recuerdo nada.

5 We plan to go afterwards.

pènsamosͅir |ɗespwésↄ

Pensamos ir después.

6 We want to send some suits to the
   cleaners.

kèremoz |màndarunostráhes |àlàtintòrèriàↄ

Queremos mandar unos trajes a la
tintorería.

7 We're getting along fine.

sègimozmuybyénↄ

Seguimos muy bien.

8 How're you getting along?

komosigͅeͅustéↄ

¿Cómo sigue Ud.?

9 What time do we start to work?

àkͅeͅorͅą |émpèşamosͅatrabahárↄ

¿A qué hora empezamos a trabajar?

10 What time do you start?

àkͅeͅorͅaempyeşͅaͅustéↄ

¿A qué hora empieza Ud.?

11 Don't you remember?

nórrèkwerɗaↄ

¿No recuerda?

12 Are you all coming back tomorrow?

bwélbenͅustéɗez |manͅyanaↄ

¿Vuelven Uds. mañana?

13 No, we aren't (coming back).

nóↄ nobolbémòsↄ

No, no volvemos.

14 What time do they close the Foreign
   Office?

ákęórasyérrán |élmínistéryo |dé

rrélásyónes,ésteryórès↓

¿A qué hora cierran el Ministerio de
Relaciones Exteriores?

15 The colonel doesn't fly in that squadron.

élkòrónél |nóbwelạ |en,eséskwadrón↓

El coronel no vuela en ese escuadrón.

B. Discussion of pattern

   The verb patterns described in Units 5, 7, and 8 (/—ár,—ér,—ír/ verbs) are called *regular* because a large majority of Spanish verbs change according to these patterns. Other verbs, then, can conveniently be described in terms of the variations from the established regular patterns that these verbs show. These *irregular* verbs may have variations that are slight, or they may be very extensive. Sometimes a considerable number of verbs will have the same variations in the same places; others will have unique or near-unique patterns.

   One rather large group of similarly patterned irregular verbs is presented in this drill section. The irregularity consists of a modification of the last (if more than one) vowel of the stem, whenever it is stressed. The changes occur in all sg forms and in the 2-3 pl forms. The infinitive stem re-appears without change only in the 1 pl form, where the strong stress is on the ending. The three types of change are:

Stem vowel change	Sample stems	endings
o > wé	pod—	—ér, —émos
	pwéd—	—o, —es, —e, —en
e > yé	ker—	—ér, —émos
	kyér—	—o, —es, —e, —en
e > í	seg—	—ír, —ímos
	síg—	—o, —es, —e, —en

Of course only verbs with /o/ [1] or /e/ in their stems can change in this pattern, though not all do. There is no way to predict which verbs will have stem vowel changes, though one limitation can be stated: verbs from all theme classes may show /o>wé/ or /e>yé/ changes, but only /—ír/ verbs show an /e>í/ change.

The verbs so far presented which follow this irregular pattern are listed below in their infinitive and 2-3 sg present tense forms:

o > wé		e > yé		e > í	
almorşár	almwérşa	atendér	atyénde	bestír	bíste
bolár	bwéla	kerér	kyére	despedír	despíde
bolbér	bwélbe	pensár	pyénsa	rrepetír	rrepíte
enkontrár	enkwéntra	sentár	syénta	segír	síge
kostár	kwésta	sentír	syénte		
Ⓜyobér	Ⓜywébe	şerrár	şyérra		
podér	pwéde				
probár	prwéba				
rrekordár	rrekwérda				

This list is by no means exhaustive; there are many others that pattern the same way. A fuller listing will be found in the appendix. Hereafter when you learn a new verb, you should at once determine whether or not it belongs to this pattern.

---

(1) One exception is noted in the appendix: /hugár/

22.21.2 Statement intonation patterns — Sentence modifiers

A. Presentation of pattern

ILLUSTRATIONS

_____

_____

_____

1   bwénàstárdès|sèŋyór↓

2   nósemolésté|tènyénté↓

3   ástalabístà|kòrònél↓

```
1     2 1 | 1 11 ↓
Buenas tardes, señor.

2      1 1 | 1 1 1 ↓
No se moleste, teniente.

2      1 1 | 1 11 ↓
Hasta la vista, coronel.
```

EXTRAPOLATION

English	Spanish
/... |222↑/	/... |111↓/

NOTES

a. In Spanish, sentence modifiers following a sentence are usually a separate phrase on pitch level /1/ with a final falling intonation.

22.21.21 Translation drill — Sentence modifiers

      2   3 2 | 2   2 ↑
1 Good morning, gentlemen.

      2   32 | 2 2 ↑
2 Good afternoon, ladies.

     2 3 2 | 22 ↑
3 Good evening, Miss.

     2   3 2 | 2 22 ↑
4 Good morning, Mr. Molina.

     2   32 | 2   22 ↑
5 Come on in, Mr. Molina.

     2 32 | 2   22 ↑
6 Come in, Miss Garcia.

     2 31 | 2   22 ↑
7 Come in, Mrs. Garcia.

     3 2 | 2   22 ↑
8 All right, Miss Gonzalez.

     2 3 2 | 22 ↑
9 Of course, Louise.

     2 3   2 | 2 2 ↑
10 I can't now, Carmen.

     2   31 | 2 2 ↑
11 Same here, thanks.

     31 | 2 22 ↑
12 Yes, Mr. Molina.

bwénózd̦iàs |sèŋyórès↓

bwénàstard̦ès |sèŋyóràs↓

bwénàznochès |sèŋyòrítà↓

bwénózd̦iàs |sèŋyórmòlínà↓

paseạd̦elántè |sèŋyórmòlínà↓

pasè |sèŋyòrítàgàrṣíà↓

àd̦èlantè |sèŋyóràgàrṣíà↓

èstabyén |sèŋyòrítàgònṣálèṣ↓

pòrsúpwestò |lwísà↓

àoranopwéd̦ò |kármèn↓

iɡwálmentè |ɡráṣyàs↓

sí |sèŋyórmòlínà↓

    1   21 | 1 1 1 ↓
Buenos días, señores.

    1   2 1 | 1 1 1 ↓
Buenas tardes, señoras.

    1   2 1 | 1 11 ↓
Buenas noches, señorita.

    1   21 | 11   11 ↓
Buenos días, señor Molina.

    2   11 | 11   11 ↓
Pase adelante, señor Molina.

   2 1 | 1 1   11 ↓
Pase, señorita García.

   1 2 1 | 1 1   11 ↓
Adelante, señora García.

   1 2 11 | 1 1   11 ↓
Está bien, señorita González.

   1   2 1 | 11 ↓
Por supuesto, Luisa.

   1 2   11 | 1 1 ↓
Ahora no puedo, Carmen.

   1   2 1 | 1 1 1 ↓
Igualmente, gracias.

   21 | 1 1   11 ↓
Sí, señor Molina.

```
        31 |  2  2 ↑
13  No, thanks.                           nó|grásyàs↓                         21|  1 1 ↓
                                                                              No, gracias.


     2   3 2 | 2 2 ↑
14  I'm sorry, John.                      lósyèntò|hwán↓                      1  2  1 |  11 ↓
                                                                              Lo siento, Juan.


     2   3   2   2 22 ↑
15  Don't mention it, Colonel.            dènàdà|kòrònél↓                     1  21 |  1  11 ↓
                                                                              De nada, Coronel.
```

B. Discussion of pattern

    This is one of the really conspicuous errors in intonation frequently occurring when a common English pattern for sentence modifiers is imposed on Spanish pronunciation. A sentence like the greeting 'Good morning, Mr. Jones' pronounced pleasantly is likely to have the Mr. Jones part on a /222↑/ pattern, which sounds strange and inappropriate in a sentence like /bwénosdías|senyórmolína↑/, suggesting something akin to effeminacy in a man.

    The common Spanish pattern is /111↓/ , as in /bwénosdías|senyórmolína↓/. This pattern exists in English, but it usually signals that the
                                          2   3 1 | 1   11 ↓   2 | 1 ↓
speakers are from different status levels, as the business-like 'Góod mórning Miss Jónes   ' a supervisor offers his secretary, or the compliant 'Yés, sír   ' of a
                                                2   1 | 1   1 ↓
soldier at attention to an officer. Or it may signal arrogance, as with the foreboding 'Côme hére, Jóhnny   '.

    Students want to avoid inappropriate status signals, or the appearance of arrogance or disgust. But in doing so they often also avoid the /111↓/ on sentence modifiers, thus distorting a normal and frequent pattern.

22.22   Replacement drills

A   múybyén↓ áwŋkèyó|ęstóyòkúpàdísimá↓

1 _____nósotros_____↓   múybyén↓ áwŋkènósótros|éstámòs, òkúpàdísimòs↓

2 _____òkúpàdòs↓   múybyén↓ áwŋkènósótros|éstámòs,òkúpàdòs↓

3 _____pórkè_____↓   múybyén↓ pórkènósótros|éstámòs,òkúpàdòs↓

4 _____éⱡⱡyas_____↓   múybyén↓ pórkeⱡⱡyas|éstán,òkúpàdàs↓

5 _____lìstàs↓   múybyén↓ pórkeⱡⱡyas|éstánlìstàs↓

6 _____él_____↓   múybyén↓ pórkel|éstálìstò↓

7 _____dèsòkúpàdòs↓   múybyén↓ pórkeⱡⱡyos|éstándèsòkúpàdòs↓

A   Muy bien, aunque yo estoy ocupadísima.

1 _____ , _____ nosotros _____.   Muy bien, aunque nosotros estamos ocupadísimos.

2 _____ , _____ ocupados.   Muy bien, aunque nosotros estamos ocupados.

3 _____ , porque _____.   Muy bien, porque nosotros estamos ocupados.

4 _____ , _____ ellas _____.   Muy bien, porque ellas están ocupadas.

5 _____ , _____ listas.   Muy bien, porque ellas están listas.

6 _____ , _____ él _____.   Muy bien, porque él está listo.

7 _____ , _____ desocupados.   Muy bien, porque ellos están desocupados.

B   yọìbaᶜ̇llyamárlạ |àórȧmízmȯ↓   yọìbaᶜllyamárla |màŋyánȧmízmȯ↓

1 _____ màŋyánȧ___↓   nòsotros |ìbamoșaᶜllyamárla |màŋyánȧmízmȯ↓

2 nòsotros_____↓   nòsotros |ìbamoșaᶜllyamárla |màŋyánȧmízmȯ↓

3 _____aᶝerlọ_____↓   nòsotros |ìbamoșaᶝerlo |màŋyánȧmízmȯ↓

4 ____pensȧbamos_____↓   nòsotros |pensȧbamoșaᶝerlo |màŋyánȧmízmȯ↓

5 _____àᶝér____↓   nòsotros |pensȧbamoșaᶝerlọ |àᶝérmízmȯ↓

6 tú_____↓   tú |pensȧbașaᶝerlọ |àᶝérmízmȯ↓

7 ____arreglȧrlos_____↓   tú |pensȧbașarreglȧrlos |àᶝérmízmȯ↓

B   Yo iba a llamarla ahora mismo.

1 _____ mañana_____.   Yo iba a llamarla mañana mismo.

2 Nosotros_____.   Nosotros íbamos a llamarla mañana mismo.

3 _____ hacerlo_____.   Nosotros íbamos a hacerlo mañana mismo.

4 ___pensábamos_____.   Nosotros pensábamos hacerlo mañana mismo.

5 _____ ayer_____.   Nosotros pensábamos hacerlo ayer mismo.

6 Tú_____.   Tú pensabas hacerlo ayer mismo.

7 _____ arreglarlos_____.   Tú pensabas arreglarlos ayer mismo.

C   tyeṇealgúmprobléma↑

1 _____ um _____↑   tyeṇeumprobléma↑

2 _____abyón↑   tyeṇeuṇabyón↑

3 ay_____↑   ayuṇabyón↑

4 ṇoay_____↑   ṇoayuṇabyón↑

5 _____ muchos____↑   ṇoay |muchosạbyónes↑

6 _____ misyónes↑   ṇoay |muchazmisyónes↑

7 _____tyémpo↑   ṇoay |muchotyémpo↑

C   ¿Tiene algún problema?

1 ¿_____ un _____?   ¿Tiene un problema?

2 ¿_____ avión?   ¿Tiene un avión?

3 ¿Hay_____?   ¿Hay un avión?

4 ¿No hay_____?   ¿No hay un avión?

5 ¿_____ muchos ____?   ¿No hay muchos aviones?

6 ¿_____misiones?   ¿No hay muchas misiones?

7 ¿_____ tiempo?   ¿No hay mucho tiempo?

D   ésto |dèlòspréşyos |mêbwélbèlókà↓

1   _____èstádòsúnidoz_____↓   ésto |dèlòsèstádòsúnidoz |mêbwélbèlókà↓

2   àkéṇyo_____↓   àkéṇyo |dèlòsèstádòsúnidoz |mêbwélbèlókà↓

3   _____lókòs↓   àkéṇyo |dèlòsèstádòsúnidoz |nòzbwélbèlókòs↓

4   _____mérkado_____↓   àkéṇyo |dèlmérkado |nòzbwélbèlókòs↓

5   àkél_____↓   àkél |dèlmérkado |nòzbwélbèlókòs↓

6   _____pàréşén____↓   àkéṇyoz |dèlmérkado |nòspàréşènlokòs↓

7   _____lókàs↓   àkéṇyaz |dèlmérkado |nòspàréşènlokàs↓

D   Esto de los precios me vuelve loca.

1   _____Estados Unidos_____.   Esto de los Estados Unidos me vuelve loca.

2   Aquello_____.   Aquello de los Estados Unidos me vuelve loca.

3   _____locos.   Aquello de los Estados Unidos nos vuelve locos.

4   _____mercado_____.   Aquello del mercado nos vuelve locos.

5   Aquél_____.   Aquél del mercado nos vuelve locos.

6   _____parecen___.   Aquéllos del mercado nos parecen locos.

7   _____locas.   Aquéllas del mercado nos parecen locas.

E   lênsêŋyàré |dondҫay |únómúybwénó↓

1   _____ ____ bonítà↓   lênsêŋyàré |dondҫay |únàmúybonítà↓

2   _____ únàz_____ ↓   lênsêŋyàré |dondҫay |únàzmúybonítàs↓

3   _____ tyénen_____ ↓   lênsêŋyàré |dondetyénen |únàzmúybonítàs↓

4   _____ kyénes_____ _____ ↓   lênsêŋyàré |kyénestyénen |únàzmúybonítàs↓

5   _____ ótròz_____ ↓   lênsêŋyàré |kyénestyénen |ótròzmúybonítós↓

6   _____ málòs↓   lênsêŋyàré |kyénestyénen |ótròzmúymálòs↓

7   _____ kwál_____ ↓   lênsêŋyàré |kwáltyenҫ |ótròzmúymálòs↓

E   Le enseñaré dónde hay uno muy bueno.

1   _____ bonita.   Le enseñaré dónde hay una muy bonita.

2   _____ unas_____ .   Le enseñaré dónde hay unas muy bonitas.

3   _____ tienen _____ .   Le enseñaré dónde tienen unas muy bonitas.

4   _____ quiénes_____ .   Le enseñaré quiénes tienen unas muy bonitas.

5   _____ otros _____ .   Le enseñaré quiénes tienen otros muy bonitos.

6   _____ malos .   Le enseñaré quiénes tienen otros muy malos.

7   _____ cuál _____ .   Le enseñaré cuál tiene otros muy malos.

22.25   289

F   yó |ęnmeɗyao̧ra |mebístó↓

1 _____ báŋyò↓   yó |ęnmeɗyao̧ra |mebáŋyò↓

2 ____úna̧_____ ↓   yó |ęnu̧nao̧ra |mebáŋyò↓

3 _____ múɗò↓   yó |ęnu̧nao̧ra |memúɗò↓

4 _____día_____ ↓   yó |ęnu̧ndía |memúɗò↓

5 ____únòz_____ ↓   yó |ęnúnòzɗíaz |memúɗò↓

6 _____mòménto____↓   yó |ęnúnmòmento |memúɗò↓

7 ____kwálkyér_____↓   yó |ęŋkwálkyermomento |memúɗò↓

F   Yo en media hora me visto.

1 _____ baño.   Yo en media hora me baño.

2 ____una _____ .   Yo en una hora me baño.

3 _____ mudo.   Yo en una hora me mudo.

4 _____día _____ .   Yo en un día me mudo.

5 ____unos _____ .   Yo en unos días me mudo.

6 _____momento _____ .   Yo en un momento me mudo.

7 ____cualquier_____ .   Yo en cualquier momento me mudo.

22.23   Variation drills

A   kómosɪgetóďo|porsukásà|sèṇyóràↆ   ¿Cómo sigue todo por su casa, señora?

1 How's everything going around your   kósosɪgetóďo|porsutyéndà|sèṇyórfwéntèsↆ   ¿Cómo sigue todo por su tienda, señor
  store, Mr. Fuentes?   Fuentes?

2 How's your husband getting along,   kómosɪge|sựespósò|màríàↆ   ¿Cómo sigue su esposo, María?
  Mary?

3 How's your family getting along,   kómosɪge|sufamílyà|mòlínàↆ   ¿Cómo sigue su familia, Molina?
  Molina?

4 How're things getting along, John?   kómosɪgen|laskósàs|hwánↆ   ¿Cómo siguen las cosas, Juan?

5 How're things going, John?   kómobán|laskósàs|hwánↆ   ¿Cómo van las cosas, Juan?

6 How's everything going, Harris?   kómobatóďò|hárrisↆ   ¿Cómo va todo, Harris?

7 How's that going?   kómobaésòↆ   ¿Cómo va eso?

B   á|síↆ esọ|èṣálgòtèrrɪblèↆ   ¡Ah, sí! Eso es algo terrible.

1 Oh, yes. That's something terrific.   á|síↆ esọ|èṣálgòmàgnɪfikòↆ   ¡Ah, sí! Eso es algo magnífico.

2 Oh, yes. That's something very   á|síↆ esọ|èṣálgòmuybarátòↆ   ¡Ah, sí! Eso es algo muy barato.
  inexpensive.

3 Oh, sure. That's something very pretty.
  á|kláró↓ ésǫ|ès̩álgòmuybonító↓
  ¡Ah, claro! Eso es algo muy bonito.

4 Oh, sure. That's something very good.
  á|kláró↓ ésǫ|ès̩álgòmuybwénó↓
  ¡Ah, claro! Eso es algo muy bueno.

5 Yes, of course. That's not bad at all.
  sí|kláró↓ éso|nǫéznadamáló↓
  ¡Sí, claro! Eso no es nada malo.

6 Nonsense. That's nothing.
  kebá↓ éso|nǫéznadá↓
  ¡Qué va! Eso no es nada.

7 On the contrary. That's not much.
  àlkòntraryó↓ éso|nǫézmúchò↓
  ¡Al contrario! Eso no es mucho.

C sikyeretdèhamóz|lòdèlàstyéndas|párálàtardè↓
  Si quiere, dejamos lo de las tiendas para la tarde.

1 If you want, we can leave the office (matter) for this afternoon.
  sikyeretdèhamóz|lòdèlạofís̩ina|párálàtardè↓
  Si quiere, dejamos lo de la oficina para la tarde.

2 If you want, we can leave the golf (date) for Saturday.
  sikyeretdèhamóz|lòdèlgólf|párạèlsabádò↓
  Si quiere, dejamos lo del golf para el sábado.

3 If you want, we can leave the Spanish (session) for Monday.
  sikyeretdèhamóz|lòdèlèspàŋyól|párạèⓁlunès↓
  Si quiere, dejamos lo del español para el lunes.

4 If you want, we can leave today's (work) for Tuesday.
  sikyeretdèhamóz|lòdǫoy|párạèlmartès↓
  Si quiere, dejamos lo de hoy para el martes.

5 If you want, we can leave tomorrow's (appointment) for Wednesday.
  sikyeretdèhamóz|lòdèmáŋyana|párạèl myerkólès↓
  Si quiere, dejamos lo de mañana para el miércoles.

6 If you want, we can leave everything for Thursday.

sikyere↑dèhámóstodo |párₐélhwébès↓

Si quiere, dejamos todo para el jueves.

7 If you want, we can leave everything for Friday.

sikyere↑dèhámóstodo |párₐélbyérnès↓

Si quiere, dejamos todo para el viernes.

D   bámosₐalmerkádo |àórà↓

Vamos al mercado ahora.

1 Let's go to the restaurant now.

bámosₐalrrestorán |àórà↓

Vamos al restorán ahora.

2 Let's go to the park now.

bámosₐalpárkе |àórà↓

Vamos al parque ahora.

3 Let's go to the country tomorrow.

bámosₐalkámpò |màŋyánà↓

Vamos al campo mañana.

4 Let's go to the house soon.

bámosₐalakásà |próntò↓

Vamos a la casa pronto.

5 Let's go to (the) church Sunday.

bámosₐalₐiglésyₐ |èldòmíŋgò↓

Vamos a la iglesia el domingo.

6 Let's go to mass Sunday.

bámosₐamísₐ |èldòmíŋgò↓

Vamos a misa el domingo.

7 Let's go for a stroll this afternoon.

bámosₐapasₑár |èstàtárdè↓

Vamos a pasear esta tarde.

E   éntonşès↓pwédₑ |akompaŋyárme↑

Entonces, ¿puede acompañarme?

1 Then, can you wait on me?

éntonşès↓pwédₑ |atendérme↑

Entonces, ¿puede atenderme?

2 Then, can you let me know?

éntonşès↓pwédₑ |abısárme↑

Entonces, ¿puede avisarme?

3 Then, can you introduce me?   èntónşès↓pwéde |presèntármet   Entonces, ¿puede presentarme?

4 Afterwards, can you take me?   dèspwés↓pwéde |Ꝃyebármet   Después, ¿puede llevarme?

5 Afterwards, can you bring me?   dèspwés↓pwéde |traérmet   Después, ¿puede traerme?

6 Now, can you receive me?   àorá↓pwéde |rreşıbírmet   Ahora, ¿puede recibirme?

7 Now, can you hear me?   àorá↓pwédeoírmet   Ahora, ¿puede oírme?

F   àkeora |pasóporustéd↓   ¿A qué hora paso por Ud.?

1 What time shall I call by for her?   àkeora |pasópore꧰yá↓   ¿A qué hora paso por ella?

2 What time shall I come back for you? àkeora |bwélboporustéd↓   ¿A qué hora vuelvo por Ud.?

3 What time shall I come back for the things? àkeora |bwélboporlaskósàs↓   ¿A qué hora vuelvo por las cosas?

4 What time shall I come back for the checks? àkeora |bwélboporloschékès↓   ¿A qué hora vuelvo por los cheques?

5 What time shall I go up for the suitcases? àkeora |subóporlazmalétàs↓   ¿A qué hora subo por las maletas?

6 When will you come by for the provisions? kwándopasa |porlasprobısyónès↓   ¿Cuándo pasa por las provisiones?

7 When will you come back for the order? kwándobwélbe |porlaórdèn↓   ¿Cuándo vuelve por la orden?

22.24   Review drill — Theme class in past I tense forms

1 They came down, but they didn't go up.   báharom̓ péróno subyéron↓   Bajaron, pero no subieron.

2 I came down, but I didn't go up.   báhe↑ péróno subí↓   Bajé, pero no subí.

3 He called, but he didn't go out.   ⑪yámo↑ péróno salyó↓   Llamó, pero no salió.

4 I called, but I didn't go out.   ⑪yáme↑ péróno salí↓   Llamé, pero no salí.

5 We called, but we didn't go out.   ⑪yámamos↑ péróno salímos↓   Llamamos, pero no salimos.

6 She washed, but she didn't sweep.   lábo↑ péróno barryó↓   Lavó, pero no barrió.

7 I washed, but I didn't sweep.   lábe↑ péróno barrí↓   Lavé, pero no barrí.

8 We washed, but we didn't sweep.   lábamos↑ péróno barrímos↓   Lavamos, pero no barrimos.

9 I worked, but I didn't live there.   trábáhe↑ péróno bibí | a⑪yí↓   Trabajé, pero no viví allí.

10 We worked, but we didn't live there.   trábáhamos↑ péróno bibímos | a⑪yí↓   Trabajamos, pero no vivimos allí.

11 They worked, but they didn't live there.   trábáharom↑ péróno bibyéron | a⑪yí↓   Trabajaron, pero no vivieron allí.

22.3   CONVERSATION STIMULUS

NARRATIVE 1

1 Today's Friday. The Harrises have   óyezbyérnès↓ lòsharris↑tyénèņkęir| Hoy es viernes. Los Harris tienen que
  to go to the market.   ir al mercado.
                                          àlmerkádô↓

2 Bob's very sorry, but he can't go with   bòb|lòsyéntemúchò↓ pérònópwéɗęir|kon   Bob lo siente mucho, pero no puede ir con
  his wife.   su esposa.
                                          sųespósȧ↓

3 He always finds some excuse.   élsyémpreņkwéntrạ|àlgumpretéstô↓   El siempre encuentra algún pretexto.

4 It isn't really an excuse.   nǫezrrẹalméntę|úmprètéstô↓   No es realmente un pretexto.

5 It's just that in this country men don't èskénẹstepaís|àlòșombrez|nólezgústạir| Es que en este país, a los hombres no les
  like to go to the market.   gusta ir al mercado.
                                          àlmerkádô↓

6 Bob drives Jean crazy with his ideas   bòb|bwélbèlókayiņ|kònsúsiɗeas|ı   Bob vuelve loca a Jean con sus ideas y
  and excuses.   pretextos.
                                          pretéstôs↓

DIALOG 1

Jean, dígale a Bob que hoy es viernes,   óyezbyérnès↓ tènémoskęir|àlmèrkáɗô↓   Jean: Hoy es viernes, tenemos que ir al
  que tienen que ir al mercado.   mercado.

Bob, contéstele que lo siente mucho,   lòsyéntomúchò↓pérôyó|nópwéɗǫ|ırkontígò↓ Bob: Lo siento mucho, pero yo no puedo
  pero Ud. no puede ir con ella.   ir contigo.

Jean, dígale que él siempre encuentra algún pretexto.

túsyempreŋkwéntras │algúmpretéstô↓

Jean: Tú siempre encuentras algún pretexto.

Bob, dígale que no es pretexto. Que en este país a los hombres no les gusta ir al mercado.

nọespretéstô↓ éskénẹstepaís │álósọmbrez │ nolezgustạir │almerkáȼô↓

Bob: No es pretexto. Es que en este país a los hombres no les gusta ir al mercado.

Jean, dígale que él la vuelve loca con sus ideas y pretextos.

tu │mèbwélbèzlokà │kòntúṣịȼéás │iprètéstôs↓

Jean: Tú me vuelves loca con tus ideas y pretextos.

NARRATIVE 2

1 Jean calls Carmen up.

yin0yamakármèn↓

Jean llama a Carmen.

2 She wants to ask her if she's going to be busy this morning.

kyèrepreguntárle │sibáẹstárókúpaȼạ │ éstàmàŋyánà↓

Quiere preguntarle si va a estar ocupada esta mañana.

3 Carmen doesn't have to work today. She asks Jean if she can be of any help.

kármen │notyéne │kètràbàharóy↓ é0ya │ lèprègúntayin │sipwéȼẹạyúȼarlenálgô↓

Carmen no tiene que trabajar hoy. Ella le pregunta a Jean si puede ayudarle en algo.

4 Jean wants to know if she can accompany her to the market.

yiŋkyeresaber │sipwéȼẹakompaŋyarlạ │ almerkáȼô↓

Jean quiere saber si puede acompañarla al mercado.

5 Carmen says she'll be delighted.

kármendiṣe │kèŋkàntaȼà↓

Carmen dice que encantada.

6 And that she's ready any time.

ikèstálistạ │èŋkwálkyermoméntô↓

Y que está lista en cualquier momento.

7 Then Jean'll go by for her right away.

èntónṣez │yim │bápàsárpòre0yạensegíȼà↓

Entonces Jean va a pasar por ella en seguida.

DIALOG 2

Jean, pregúntele a Carmen si va a estar
ocupada esta mañana.

ùsteđ |báẹstárókùpađạ |éstamaŋyáná |
kármen↑

Jean: ¿Ud. va a estar ocupada esta
mañana, Carmen?

Carmen, contéstele que no, que hoy no tiene
que trabajar. Que si puede ayudarle en
algo.

no↓ oy |noteŋgoketrabahár↓ pweđọ
ayuđarlẹ |enạlgo↑

Carmen: No, hoy no tengo que trabajar.
¿Puedo ayudarle en algo?

Jean, contéstele que sí, gracias. Pregúntele si quiere hacerle un gran favor.

si |gráşyàs↓ kyeręaşérmẹ |uŋgrámfabór↑

Jean: Sí, gracias. ¿Quiere hacerme un
gran favor?

Carmen, contéstele que encantada, que qué
es.

ẹŋkàntáđà↓ ké |és↓

Carmen: Encantada, ¿qué es?

Jean, dígale que acompañarla al mercado.

àkómpáŋyàrmẹ |almerkáđó↓

Jean: Acompañarme al mercado.

Carmen, dígale que por supuesto, que Ud.
está lista en cualquier momento.

pòrsúpwéstó↓ yoẹstóylístạ |ẹŋkwàlkyér
moméntô↓

Carmen: Por supuesto. Yo estoy lista en
cualquier momento.

Jean, dígale que entonces Ud. pasa por
ella en seguida.

ẹntónşes |pásoporusteđ |ensegíđà↓

Jean: Entonces, paso por Ud. en seguida.

NARRATIVE 3

1 Jean always goes to a market (which is)
near the Embassy.

yìn |syémprebàụnmerkáđo |kèstáşerkađe
lạembaháđà↓

Jean siempre va a un mercado que está
cerca de la Embajada.

2 All her American friends go there.

tođas |sùsámịgas |ámèríkánaz |bánạí↓

Todas sus amigas americanas van ahí.

3 That's why (for that reason) prices are
  so terrible in that market.

pòrésarrașon |lóspréșyos |sóntánterríblès |

èn̦éșèmèrkáḓó↓

Por esa razón los precios son tan terribles
en ese mercado.

4 But in the other markets Jean never finds
  what she wants.

perǫ |ènlós,otrozmerkaḓoz↑nuŋkạ

eŋkwentra |lokekyérè↓

Pero en los otros mercados nunca encuentra
lo que quiere.

5 Behind Carmen's house there's one where
  they have everything, and it's very cheap.

dètraz |ḓèlàkasaḓekarmen |áyuno |ḓóndè

tyenendetóḓò↓ ḭézmúybarátò↓

Detrás de la casa de Carmen hay uno donde
tienen de todo, y es muy barato.

DIALOG 3

Carmen, pregúntele a Jean que a cuál
mercado va ella siempre.

àkwalmerkaḓo |baụsteḓsyémprè↓

Carmen: ¿A cuál mercado va Ud. siempre?

Jean, contéstele que a uno que está cerca
de la Embajada. Que ahí van todas sus
amigas americanas.

ạuno |kèstàșerkaḓelạembaháḓà↓

àɪ |bántoḓaz |misạmɪgas,amerikánàs↓

Jean: A uno que está cerca de la Embajada.
Ahí van todas mis amigas americanas.

Carmen, dígale que por esa razón son tan
terribles los precios en ese mercado.

pòrésarrașon |sóntánterríblèz |lòs

préșyòs |èn̦éșèmèrkáḓò↓

Carmen: Por esa razón son tan terribles los
precios en ese mercado.

Jean, dígale que es que en los otros nunca
encuentra Ud. lo que quiere.

éskènlós,otroz |nuŋkạeŋkwéntrò |lòkè

kyérò↓

Jean: Es que en los otros nunca encuentro
lo que quiero.

Carmen, dígale que detrás de su casa hay
uno donde tienen de todo y es muy barato.

dètrazḓemikasạ |áyuno |ḓóndètyénen

detóḓò↓ ḭézmúybarátò↓

Carmen: Detrás de mi casa hay uno donde
tienen de todo y es muy barato.

22.4   READINGS

22.40   List of cognate loan words

alarmada (alarmar)	àlàrmaɗà↓ àlàrmár↓
los platos	lòs—platòs↓
probablemente	pròbáblèmentè↓
las ratas	làz—rratàs↓
observó (observar)	òbsèrbò↓ òbsèrbár↓
la importancia	là—impòrtanşyà↓
la impaciencia	là—impàşyenşyà↓
investigar	imbèstigár↓
enormes	ènormès↓
la televisión	là—tèlèbisyòn↓
inocentes	inòşentès↓
las voces	làz—boşès↓
inmediatamente	inmèɗyátàmentè↓
preciosas	prèşyosàs↓
las pijamas	làs—piyamàs↓
divinas	dibinàs↓
la causa	là—kawsà↓
la conmoción	là—kònmòşyòn↓

el respeto	èl—rrèspétò↓
la atención	la̧—àtènşyón↓
indicaba (indicar)	indikábá↓ indikár↓
la educación	la̧—èđúkàşyón↓
insistido (insistir)	insistídó↓ insistír↓

22.41   Reading selection

Jane and Ruth

Eran casi las diez de la noche y estaban todos muy tranquilos conversando en la sala cuando se oyó un ruido en la cocina.

—¿Qué fue ese ruido?—preguntó Virginia un poco alarmada. —Parece como que se cayeron unos platos.

—Probablemente son las ratas—observó su esposo en tono de broma y sin darle más importancia al ruido.

—¡Ratas....! Tú siempre dices lo mismo cada vez que oyes un ruido—exclamó Virginia con impaciencia. ¿Recuerdas la noche que no quisiste levantarte a investigar qué eran aquellos ruidos en la sala porque tú decías que eran las ratas, recuerdas? Deben haber sido unas ratas enormes porque nos dejaron sin la televisión de trescientos dólares que acabábamos de comprar.

Fred quiso decir algo pero para no discutir con su mujer enfrente de los señores Fuentes se levantó y fue a la cocina a ver qué era el tal ruido. Casi en seguida volvió y dijo:

—Puedes estar tranquila, mujer, no te preocupes. Eran dos ratitas muy bonitas llamadas Jane y Ruth que estaban en la cocina y se les cayeron unos platos que estaban lavando.

—¿Qué están haciendo esas niñas en la cocina?, ¿por qué no están acostadas? ¡Jane y Ruth!!!....

—Yes, mother....? —contestaron dos inocentes y tímidas voces desde la cocina.

—¡Vengan acá inmediatamente!

Dos preciosas niñas en pijamas entraron tímidamente a la sala; la más pequeña, de unos seis años, detrás de la otra que podía tener ocho, más o menos.

—Ah, éstas son las dos hijitas de que me hablaban—exclamó la señora de Fuentes.—Mira, Ricardo, qué divinas son.

—Sí, aquí tienen ustedes la causa de toda esa conmoción que oímos en la cocina—dijo Fred— La más grande es Jane y esta otra ratita es Ruth. Niñas, saluden a los señores. Ellos son nuestro vecinos y tienen unas niñitas muy bonitas. Uno de estos días vamos a ir todos a su casa a conocerlas.

Las dos saludaron con mucho respeto y por varios minutos conversaron en español con los señores Fuentes, poniendo mucha atención a todo lo que ellos les decían y contestando a todas las preguntas que les hacían, en forma tal que indicaba la buena educación que habían recibido de sus padres. El español lo hablaban tan bien como su madre, quien desde que eran muy pequeñas había insistido en enseñárselo.

22.42   Response drill

1 ¿Dónde se oyó el ruido?

2 ¿Qué hora era cuando eso pasó?

3 ¿Dónde estaban los señores?

4 ¿Quién se puso nervioso con el ruido, Fred o su esposa?

5 ¿Qué dijo él que era la causa del ruido?

6 ¿Qué dice él cada vez que oye un ruido?

7 ¿Qué pasó la noche que él no quiso levantarse a investigar?

8 ¿Cuánto costaba la televisión que acababan de comprar?

9 ¿Cuál fue la causa del ruido en la cocina esta vez?

10 ¿Cuál era el nombre de las niñas?

11 ¿Cuántos años tenían?

12 ¿Cómo estaban vestidas?

13 ¿Qué tal hablaban el español?

14 ¿Desde cuándo lo hablaban?

15 ¿Quién se lo enseñó a ellas?

23.1   BASIC SENTENCES.   Shopping at the market.

Carmen and Mrs. Harris are at the market.

ENGLISH SPELLING	AID TO LISTENING	SPANISH SPELLING
Carmen		*Carmen*
What shall we buy?	kékomprámós |séŋyórà↓	¿Qué compramos, señora?
(I) bring (to bring)	tráygò↓ tráér↓	traigo (traer)
Mrs. Harris		*Sra. Harris*
I have the list here.	àkitráygo |lalístà↓	Aquí traigo la lista.
the meat	là—kárnè↓	la carne
Meat, first.	làkárnè |primérò↓	La carne primero.
the stand, booth	èl—pwéstò↓	el puesto
(I) know (to know, be acquainted with)	kònoşkò↓ kònòşér↓	conozco (conocer)
Carmen		*Carmen*
Let's go to a booth that I'm familiar with.	bamoṣ̯aumpwéstò |kèyokonóşkò↓	Vamos a un puesto que yo conozco.
to sell	bèndér↓	vender
the fish	èl—péskaḋò↓	el pescado
Near there they sell fish, too.	şérkaḋęa()y̯i |béndèmpèskaḋò |tàmbyén↓	Cerca de allí venden pescado, también.

the green (leafy vegetable)	là→bèrdurà↓	la verdura
fresh	fréskó↓	fresco
how very (fresh)	ké... tán (fréskàs)↓	que...tan (frescas)

Mrs. Harris
Look how fresh the green vegetables are!

mìre|kèberduras|tamfréskàs↓

Sra. Harris
¡Mire qué verduras tan frescas!

Carmen
Don't you have to buy (any)? [1]

nótyènekèkomprár↑

Carmen
¿No tiene que comprar?

sufficient, enough

súfisyénte↓

suficiente

Mrs. Harris
Not today. I have plenty at home.

óynó↓ téngo|súfisyéntenkásà↓

Sra. Harris
Hoy no. Tengo suficiente en casa.

the fruit

là→frutà↓

la fruta

Carmen
Fruits, too?

ìfrutas↑

Carmen
¿Y frutas?

neither

támpokò↓

tampoco

Mrs. Harris
(I don't need any of them), either.

nó↓ támpokò↓

Sra. Harris
No, tampoco.

the dozen	là→dòsénà↓	la docena
the egg	èl→yebó↓	el huevo

I need a dozen eggs. [2]

nèsèsito|unadòséna|dewébòs↓

Necesito una docena de huevos.

(I) put (to put, place)	póŋgó↓ póner↓	pongo (poner)
But where will I put them?	péró |dóndelospóŋgó↓	¿Pero dónde los pongo?
the bag, sack	lá‿bólsá↓	la bolsa
Carmen They'll fit here in my bag.	áki |enmibólsá |kábèn↓	**Carmen** Aquí en mi bolsa caben.
(I) hear (to hear)	óygó↓ óir↓	oigo (oír)
to sing	kàntár↓	cantar
Mrs. Harris I hear them singing over there. What is it? **(3)**	óygo |kèkàntàm |pòráí↓ keés↓	**Sra. Harris** Oigo que cantan por ahí ¿qué es?
the blind (man)	èl‿syegó↓	el ciego
Carmen It must be a blind beggar. **(4)**	debésérunsyégó↓	**Carmen** Debe ser un ciego....
What else do you need to buy?	kémaz |nèsèsitakomprár↓	¿Qué más necesita comprar?
the bread	èl‿pán↓	el pan
the butter	lá‿mántèkiꞏyá↓	la mantequilla
the salt	lá‿sál↓	la sal
the pepper	lá‿pimyèntá↓	la pimienta
Mrs. Harris Bread, butter, salt and pepper.	pán↑mántèkiꞏyá↑sálipimyéntá↓	**Sra. Harris** Pan, mantequilla, sal y pimienta.

the milk	là—léchè↓	la leche
Carmen		*Carmen*
And milk?	iléche↑	¿Y leche?
the milkman	èl—lèchérò↓	el lechero
Mrs. Harris		*Sra. Harris*
No, the milkman brings it to me.	nó↓ mèlàⓁyèbạ |eⓁlechérò↓	No, me la lleva el lechero.
the food, meal	là—kòmiɗà↓	la comida
Carmen		*Carmen*
By the way. Do you do your own cooking?	àpròpósitò↓ aşelakomiɗạ |usteɗmizma↑	A propósito, ¿hace la comida usted misma?
(I) do, make (to do, make)	ágò↓ àşér↓	hago (hacer)
(I) say (to say)	dıgò↓ dèşır↓	digo (decir)
the nuisance	là—látà↓	la lata
Mrs. Harris		*Sra. Harris*
Yes, I do it even though I must say it's a chore.	sí↓ yólágọ|áwŋkèlèɗıgo|kesμnalátà↓	Sí, yo la hago, aunque le digo que es una lata.

23.10   Notes on the basic sentences

(1) The verb /komprár/ *comprar*, like its English counterpart *buy*, can and usually does take an object. But in Spanish, unlike English, if the object has already been mentioned in the immediate context of the utterance, the object need not be repeated in the form of an empty object-substitute like *any* as in the English translation of this sentence.

(2) Note that *dozen* is a modifier in English — *a dozen eggs* — but a noun in Spanish — *a dozen of eggs*.

(3) There is no close structural parallel between Spanish and English as regards the use of subordination of clause constructions: here 'I hear them singing' is equated with 'I hear that they are singing.'

(4) Note the meaning of 'It must be...', which is, of course, 'It probably is...'. The Spanish, literally 'It ought to be...' or 'It must be...', has exactly the same probability notion in it.

23.2   DRILLS AND GRAMMAR

23.21   Pattern drills

23.21.1   Present tense irregular verbs — velar stem extensions

A. Presentation of pattern

ILLUSTRATIONS

I'm very grateful to you.	1	sélo̧àgràdèşkomúchò↓	Se lo *agradezco* mucho.
_____	2	bámos |a̧ùmpwésto |kèyókonóşkò↓	Vamos a un puesto que yo *conozco*.
I look like (to look like)		mé—pàreşkò↓ pàrèşersè↓	me parezco (parecerse)
I look like my sister.	3	mèpàreşko̧ |am̧ermánà↓	Me *parezco* a mi hermana.
I belong to the Air Force.	4	pértènęşko̧|àlàfwerşąérça↓	*Pertenezco* a la Fuerza Aérea.
I don't translate very well.	5	notrad̶úşkò |mùybyén↓	No *traduzco* muy bien.
I'm not worth anything with this headache.	6	nobalgonád̶à |kónéstèd̶ólór |d̶èkàbéşà↓	No *valgo* nada con este dolor de cabeza.
_____	7	pérò |d̶óndelospóŋgò↓	Pero, ¿dónde los *pongo*?
I go out a lot.	8	yósàlgomúchò↓	Yo *salgo* mucho.

EXTRAPOLATION

Velar stem extension	—k—	—g—
Sample verb	konoş —ér	sal —ír
sg 1	konóş—k̲—o	sál—g—o
2 fam	konóş —es	sál —es
2-3	konóş —e	sál —e
pl 1	konoş —émos	sal —ímos
2-3	konóş —en	sál —en

NOTES

a. In certain irregular verbs a velar sound (/k/ or /g/) appears between the stem and ending of 1 sg forms.

b. In these verbs, the velar sound /k/ follows a stem final voiceless sound (usually /ş/), and the velar sound /g/ follows a stem-final voiced sound (usually /n, l/).

23.21.11 Substitution drills — Person-number substitution

1 yó|nokonóşkọamıbeşínô↓

    éltènyentè_____↓   nókonóşẹ|amıbeşínô↓

    mísạmıgoz_____↓   nókonóşen|amıbeşínô↓

    lwisa_____↓   nókonóşẹ|amıbeşínô↓

    eꝗyaz_____↓   nókonóşen|amıbeşínô↓

---

1 *Yo* no conozco a mi vecino.

    El teniente _____.   No conoce a mi vecino.

    Mis amigos _____.   No conocen a mi vecino.

    Luisa _____.   No conoce a mi vecino.

    Ellas _____.   No conocen a mi vecino.

2 yótraɗuşko |ɗèbeşeŋkwándò↓

   misɪhos_____↓   tràɗuşen |ɗèbeşeŋkwándò↓

   làsèŋyora_____↓   tràɗuşe |ɗèbeşeŋkwándò↓

   eꟷyaɪyo_____↓   tràɗúşɪmoz |ɗèbeşeŋkwándò↓

   èlkòrònel_____↓   tràɗuşe |ɗèbeşeŋkwándò↓

3 nòsótros |kònòşemoșesapártè↓

   yo_____↓   kònòşkǫesapártè↓

   èlchòfer_____↓   kònòşesapártè↓

   lòsàmèrikanos_____↓   kònòşenᶒesapártè↓

   karmeŋ_____↓   kònòşesapártè↓

---

2 *Yo* traduzco de vez en cuando.

   Mis hijos _____.   Traducen de vez en cuando.

   La señora _____.   Traduce de vez en cuando.

   Ella y yo _____.   Traducimos de vez en cuando.

   El coronel _____.   Traduce de vez en cuando.

3 *Nosotros* conocemos esa parte.

   Yo _____.   Conozco esa parte.

   El chofer _____.   Conoce esa parte.

   Los americanos _____.   Conocen esa parte.

   Carmen _____.   Conoce esa parte.

4 yónuṇkasálgô↓
   lamúchacha___↓
   lwisaiyo___↓
   lôzmúchachoz___↓
   êltênyente___↓

          nuṇkasálê↓
          nuṇkasalímôs↓
          nuṇkasálên↓
          nuṇkasálê↓

5 eⓛyos |syémpresalentárdê↓
   yo___↓
   lasêkrêtarya___↓
   ló(s)sêṇyores___↓
   anaiyo___↓

          syempresalgotárdê↓
          syempresaletárdê↓
          syempresalentárdê↓
          syempre|salimostárdê↓

---

4 *Yo* nunca salgo.
   La muchacha_____.
   Luisa y yo_____.
   Los muchachos_____.
   El teniente_____.

          Nunca sale.
          Nunca salimos.
          Nunca salen.
          Nunca sale.

5 *Ellos* siempre salen tarde.
   Yo_____.
   La secretaria_____.
   Las señoras_____.
   Ana y yo_____.

          Siempre salgo tarde.
          Siempre sale tarde.
          Siempre salen tarde.
          Siempre salimos tarde.

6 yónópóngọ|èlmàlètìnẹnlamésà↓

   lòsẹstúdyantez _____↓   nóponen|èlmàlètìnẹnlamé ˙˙

   nòsótroz _____↓   nóponemos|èlmàlètìnẹnlamésà↓

   èlsèɲyor _____↓   nópong|èlmàlètìnẹnlamésà↓

   éꞎyaz _____↓   nóponen|èlmàlètìnẹnlamésà↓

7 él|nòpóne|nadaꞎꞎyí↓

   yo _____↓   nópóŋgò|nadaꞎꞎyí↓

   làsèɲyora _____↓   nópónè|nadaꞎꞎyí↓

   làsèɲyorạiyó _____↓   nópónémòz|nadaꞎꞎyí↓

   éꞎyaz _____↓   nópónè(ɳ)|nadaꞎꞎyí↓

---

6 *Yo* no pongo el maletín en la mesa.

   Los estudiantes _____ .   No ponen el maletín en la mesa.

   Nosotros _____ .   No ponemos el maletín en la mesa.

   El señor _____ .   No pone el maletín en la mesa.

   Ellas _____ .   No ponen el maletín en la mesa.

7 *El* no pone nada allí.

   Yo _____ .   No pongo nada allí.

   La señora _____ .   No pone nada allí.

   La señora y yo _____ .   No ponemos nada allí.

   Ellas _____ .   No ponen nada allí.

23.21.11   Tense substitution

1 y̌okonoși |ạlsèņyórmolínà↓   y̌okonóșkǫ |àlsèņyórmolínà↓

2 nósotroz |nokonoșimos |alamorénà↓   nósotroz |nokonoșémos |alamorénà↓

3 eltraɗuhǫe⓪líbrò↓   eltraɗușe⓪líbrò↓

4 e⓪y̌oz |lòtràɗúheromprimérò↓   e⓪y̌oz |lòtràɗușemprimérò↓

5 y̌osalí |ạlazɗóșè↓   y̌osálgǫ |alazɗóșè↓

6 nósotroz |nosalímosko(n)náɗyè↓   nósotroz |nosalímosko(n)náɗyè↓

7 y̌opusǫ |è⓪librǫaí↓   y̌opoņgǫ |è⓪librǫaí↓

8 e⓪y̌oz |lòpúsyeron, enlamésà↓   e⓪y̌oz |lòponen, enlamésà↓

9 el |nópusolaféchà↓   el |nóponelaféchà↓

---

1 Yo *conocí* al Sr. Molina.   Yo conozco al Sr. Molina.

2 Nosotros no *conocimos* a la morena.   Nosotros no conocemos a la morena.

3 El *tradujo* el libro.   El traduce el libro.

4 Ellos lo *tradujeron* primero.   Ellos lo traducen primero.

5 Yo *salí* a las doce.   Yo salgo a las doce.

6 Nosotros no *salimos* con nadie.   Nosotros no salimos con nadie.

7 Yo *puse* el libro ahí.   Yo pongo el libro ahí.

8 Ellos lo *pusieron* en la mesa.   Ellos lo ponen en la mesa.

9 El no *puso* la fecha.   El no pone la fecha.

23.21.12 Response drill

	1	tráduşęustéơ |byén↑omál↓	tráduşkobyén↓
	2	tráduşénµstéơəz |byén↑omál↓	trádúşımozbyén↓
	3	tráduşenęⱴⱴoz |byén↑omál↓	tráduşembyén↓
[ênlámésà↓]	4	dóndepónęustéơ |lozlíbrôs↓	lôspónggenlamésà↓
[ênlámésà↓]	5	dóndepónél |lozlíbrôs↓	lôspónenlamésà↓
[lôzlíbrôs↓]	6	képónenęⱴⱴos |enlamésà↓	pónenlozlíbrôs↓

	1 ¿Traduce Ud. bien o mal?	Traduzco bien.
	2 ¿Traducen Uds. bien o mal?	Traducimos bien.
	3 ¿Traducen ellos bien o mal?	Traducen bien.
(en la mesa)	4 ¿Dónde pone Ud. los libros?	Los pongo en la mesa.
(en la mesa)	5 ¿Dónde pone él los libros?	Los pone en la mesa.
(los libros)	6 ¿Qué ponen ellos en la mesa?	Ponen los libros.

[pókà↓] 7 kònóşenµstéctes|amúchahéntȩakı́↑   nó↓ kònóşémospókà↓

[pókà↓] 8 kònóşȩustéct|amúchahéntȩakı́↑   nó↓ kònóşkopókà↓

[pókà↓] 9 kònóşenéllyos|amúchahéntȩakı́↑   nó↓ kònóşempókà↓

        10 sálȩustéct|lozctomíngos↑   sı́↓ sálgolozctomíngòs↓

        11 sálenµstéctez|lozctomingos↑   sı́↓ sàlımozlozctomíngòs↓

(poca)   7 ¿Conocen Uds. a mucha gente aquí?   No, conocemos poca.

(poca)   8 ¿Conoce Ud. a mucha gente aquí?   No, conozco poca.

(poca)   9 ¿Conocen ellos a mucha gente aquí?   No, conocen poca.

        10 ¿Sale Ud. los domingos?   Sí, salgo los domingos.

        11 ¿Salen Uds. los domingos?   Sí, salimos los domingos.

23.21.13 Translation drill

1 I'm not acquainted with that district.

  yó│nokonóşkǫ│esebárryǒↆ

  Yo no conozco ese barrio.

2 Do you know it?

  ùsteɗlokonóşeↃ

  ¿Ud. lo conoce?

3 Is it worth while getting acquainted
  with it?

    or

 Is it worth the trouble of seeing it?

  balelapéna│konóşerloↃ

  ¿Vale la pena conocerlo?

4 I'm very grateful to you (for it).

    or

 I thank you very much for it.

  sèlǫágràɗeşkomúchǒↆ

  Se lo agradezco mucho.

5 I go out very little.

  yósálgo│múypókǒↆ

  Yo salgo muy poco.

6 They go out every week.

  éⱡⱨǒ(s)sálen│toɗazla(s)semánàsↆ

  Ellos salen todas las semanas.

7 Where do you put the ashtray?

  dóndepónǫustéɗ│elşenişérǒↆ

  ¿Dónde pone Ud. el cenicero?

8 I put it (over) there.

  lòpóŋgǫaⱡⱨíↆ

  Lo pongo allí.

9 What do *you* think about it?

  keleparéşęaⱨstéɗↆ

  ¿Qué le parece a Ud.?

B. Discussion of pattern

One pattern of verb irregularity consists in the appearance of a velar stem extension, after the verb stem and before its ending, in ɪʒ forms of present tense. There is no way to predict which verbs will belong to this irregular pattern, though certain limitations can be stated: only /—ér —ír/ verbs are involved, and the stem-final consonant is always preceded by a vowel.

The key that determines which velar sound occurs as the extension (i.e., /k/ or /g/) is voicing correlation: voiceless /k/ follows voiceless /ş/, and voiced /g/ follows voiced /n, l/ .

The verbs so far presented which follow this irregular pattern are listed below in their infinitive and 1 sg present tense forms:

—k—		—g—	
agradeş—ér	agradéş—k—o	bal—ér	bál—g—o
konoş—ér	konóş—k—o	pon—ér	pón—g—o
pareş—ér	paréş—k—o	sal—ír	sál—g—o
perteneş—ér	pertenéş—k—o		
traduş—ír	tradúş—k—o		

23.21.2   Present tense irregular verbs — mixed stem-vowel changing and velar stem extensions

A. Presentation of pattern

ILLUSTRATIONS

I almost never come to this building.	1	kásinunkabengo |áestedifíşyò↓	Casi nunca *vengo* a este edificio.
_____	2	éspókoloketéngò↓	Es poco lo que *tengo*.
_____	3	pòrkenobyénes |estanóchè↓	¿Por qué no *vienes* esta noche?

23.15   317

_____	4 tyénezrrasón↓	*Tienes* razón.
_____	5 byénesuswégra|tambyén↑	¿*Viene* su suegra también?
_____	6 nómekombyéne↓	No me *conviene*.
_____	7 yátyénekása↑	¿Ya *tiene* casa?
_____	8 byénen|embárko↑	¿*Vienen* en barco?
They have a son.	9 tyénenụnĭhó↓	*Tienen* un hijo.

EXTRAPOLATION

Mixed changes	⁻g⁻ e > yé	
Verbs	ben —ír	ten —ér
sg 1	bén—g—o	tén—g—o
2 fam	byén —es	tyén —es
2-3	byén —e	tyén —e
pl 1	ben —ímos	ten —émos
2-3	byén —en	tyén —en

NOTES

a. A limited number of verbs have the irregularities of both the velar stem extensions and stem-vowel changes.

23.21.21 Substitution drills - Person-number substitution

1 yótéŋgolalístà↓

   làsèŋyora_____↓   tyénelalístà↓

   lòzmúchachos__↓   tyénenlalístà↓

   nòsotros_____↓   tènemozlalístà↓

   èlsèŋyor_____↓   tyénelalístà↓

2 yòbeŋgoeŋkárrò↓

   miérmana _____↓   byéneŋkárrò↓

   lwisaiyo_____↓   bènimoseŋkárrò↓

---

1 *Yo* tengo la lista.

   La señora _____.   Tiene la lista.

   Los muchachos _____.   Tienen la lista.

   Nosotros _____.   Tenemos la lista.

   El señor _____.   Tiene la lista.

2 *Yo* vengo en carro.

   Mi hermana _____.   Viene en carro.

   Luisa y yo _____.   Venimos en carro.

èltènyénte_____↓   byénenkárrò↓

hòséɹana_____↓   byénenenkárrò↓

3 ellɹyozbyénentárdè↓   byénetárdè↓

   èlkòrònél_____↓   byénentárdè↓

   lòzmúchachoz_____↓   bengotárdè↓

   yó_____↓   bènimostárdè↓

   mɹámiɡoɹyó_____↓

El teniente_____.   Viene en carro.

José y Ana_____.   Vienen en carro.

3 *Ellos* vienen tarde.

   El coronel_____.   Viene tarde.

   Los muchachos_____.   Vienen tarde.

   Yo _____.   Vengo tarde.

   Mi amigo y yo_____.   Venimos tarde.

Tense substitution

1 yótubeketrabahár↓   yótengoketrabahár↓

2 éltubokensenyár↓   éltyenekensenyár↓

3 nòsotros|tùbímózmuchosproblémàs↓   nòsotros|tènémózmuchosproblémàs↓

4 yóbingalgúnà↓   yóbenggalgúnà↓

5 eĺyoz|bínyeronalafyéstà↓   eĺyoz|byénenalafyéstà↓

---

1 Yo *tuve* que trabajar.   Yo tengo que trabajar.

2 El *tuvo* que enseñar.   El tiene que enseñar.

3 Nosotros *tuvimos* muchos problemas.   Nosotros tenemos muchos problemas.

4 Yo *vine* a la una.   Yo vengo a la una.

5 Ellos *vinieron* a la fiesta.   Ellos vienen a la fiesta.

23.21.22 Response drill

	1	ùstéɑtyéng |unɑapartaménto�várunakásâↆ	teng̣ọunakásâↆ
	2	ùstéɑestyénen |unɑapartaméntoↆ ọunakásâↆ	tènemosụunakásâↆ
	3	éꝍyostyénen |unɑapartaméntoↆ ọunakásâↆ	tyénen |unɑapartaméntôↆ
[èŋkárrôↆ]	4	komobyénenụstédes |alaeskwélâↆ	bènimosẹnkárrôↆ
[èŋkárrôↆ]	5	komobyénẹustéd |alaeskwélâↆ	beŋgọeŋkárrôↆ
[èŋkárrôↆ]	6	komobyénéↆ	byéneŋkárrôↆ

---

	1 ¿Ud. tiene un apartamento, o una casa?	Tengo una casa.
	2 ¿Uds. tienen un apartamento, o una casa?	Tenemos una casa.
	3 ¿Ellos tienen un apartamento, o una casa?	Tienen un apartamento.
(en carro)	4 ¿Cómo vienen Uds. a la escuela?	Venimos en carro.
(en carro)	5 ¿Cómo viene Ud. a la escuela?	Vengo en carro.
(en carro)	6 ¿Cómo viene él?	Viene en carro.

[èmbárkò↓]   7   byénenéUyos |porabyón↑   no↓ byénenembárkò↓

[èmbárkò↓]   8   byénel |enabyón↑   no↓ byénembárkò↓

             9   tyénęustedkárro↑   sí |sitéŋgò↓

            10   tyénenustedeskárro↑   sí |sitenémòs↓

            11   tyénelkárro↑   sí |sityéné↓

(en barco)   7 ¿Vienen ellos por avión?   No, vienen en barco.

(en barco)   8 ¿Viene él en avión?   No, viene en barco.

             9 ¿Tiene Ud. carro?   Sí, sí tengo.

            10 ¿Tienen Uds. carro?   Sí, sí tenemos.

            11 ¿Tiene él carro?   Sí, sí tiene.

23.21.23 Translation drill

1 I have to go to the corner.	téngokẹir │alạaeskínạ↓	Tengo que ir a la esquina.
2 We have lots of dirty shirts.	ténémoz │muchaskamisas(s)úṣyạs↓	Tenemos muchas camisas sucias.
3 Do you have to go to the laundry?	tyenẹustedkẹir │alalabanderíá↑	¿Tiene Ud. que ir a la lavandería?
4 He too has to go.	el │tàmbyentyenekẹír↓	El también tiene que ir.
5 I'm coming by car.	yobenggẹenkárro↓	Yo vengo en carro.
6 They're coming on foot.	éllyoz │byénenạpyé↓	Ellos vienen a pie.
7 Are you coming on foot?	byenẹustedapyé↑	Viene Ud. a pie?

B. Discussion of pattern

Sometimes a verb will show more than one pattern of irregularity in its conjugation. The two verbs in this drill section are examples; the patterns of irregularity are a velar stem extension (in 1 sg) and stem vowel changing (/e > yé/ in 2 fam sg and all 2-3).

The /-g-/ extension takes precedence, and no other change occurs in the 1 sg form. In other forms where the stem is strong stressed, the diphthongization /e > yé/ occurs.

The verbs /tenér/ and /benír/ are the important examples of this mixed pattern. Others are compound forms, derived by adding some prefix to these forms, as /kom-/ in /kombenír/.

23.21.3 Present tense irregular verbs — mixed miscellaneous /kaér, traér/, /oír/, /ašér, de§ír/, /sabér/

A. **Presentation of pattern**

ILLUSTRATIONS

————————	1	ȧkítráygo|lalístà↓	Aquí *traigo* la lista.
Gosh, I'm falling!	2	kȧrȧmbȧ|kèmékaygô↓	¡Caramba, que me *caigo!*
————————	3	nòzlȧstraę̇|ėl§ekwarén̩tạisyétè↓	Nos las *trae* el C-47.
I'm always dropping something.	4	syémpre|sèmékaę̇álgô↓	Siempre se me *cae* algo.
————————	5	óygo|kèkȧntȧm|pòrȧí↓	*Oigo* que cantan por ahí.
Do you hear that noise?	6	óyę̇|esérrwidȯ↑	¿*Oye* ese ruido?
From time to time we hear it.	7	dèbȩ̇§ȩ̇ŋkwȧndo|loímòs↓	De vez en cuando lo *oímos.*
Do you all hear the traffic?	8	óyen̩ȩ̇ltráfikȯ↑	¿*Oyen* el tráfico?
————————	9	sí↓ yoláɡọ↓ȧwŋkèlèdigo|késụnalátà↓	Sí, yo la *hago*, aunque le *digo* que es una lata.
————————	10	pèrdóŋ↓komȯdi§ę̇ustéd↑	Perdon, ¿cómo *dice* usted?
————————	11	nósé↓ nọayáɡwạ|ènmịȧpȧrtȧméntô↓	No *sé;* no hay agua en mi apartamento.

EXTRAPOLATION

	palato-velar extension		palato velar-extension palatal extension
Verbs	ka —ér	tra —ér	o —ír
sg 1	ká—yg—o	trá—yg—o	ó—yg—o
2 fam	ká —es	trá —es	ó—y—es
2-3	ká —e	trá —e	ó—y—e
pl 1	ka —émos	tra —émos	o —ímos
2-3	ká —en	trá —en	ó—y—en

	velar consonant changing stem vowel changing		vowel changing shortening
Verbs	aş—ér	deş—ír	sab—ér
sg 1	ág—o	díg—o	sé—
2 fam	áş—es	díş—es	sáb—és
2-3	áş—e	díş—e	sáb—e
pl 1	aş—émos	deş—ímos	sab—émos
2-3	áş—en	díş—en	sáb—en

NOTES

a. The above verbs combine mixed patterns of irregularity into unique combinations.

23.24

23.21.31 Substitution drills — Person-number substitution

1 yó|tráyg̣ǫelkárrǫ↓
   èlkórónél_____↓   tráelkárrǫ↓
   èlsèɲyoriyó_____↓   tráemoselkárrǫ↓
   lwísa_____↓   tráelkárrǫ↓
   éȵyos_____↓   tráenelkárrǫ↓

1 *Yo* traigo el carro.
   El coronel_____.   Trae el carro.
   El señor y yo___.   Traemos el carro.
   Luisa_____.   Trae el carro.
   Ellos_____.   Traen el carro.

2   nòsótroz |nòtràémoznáḋàↆ   nòtrae(n)náḋàↆ

    é(l)yòz ——————————ↆ   nòtraenáḋàↆ

    làsèkrètáryà——————ↆ   nòtrae(n)náḋàↆ

    misàmigòz——————ↆ   nòtraygonáḋàↆ

    yó——————————ↆ

3   yó | óygòmúybyén ↓   óyèmuybyénↆ

    é(l)yà ——————ↆ   óyènmuybyénↆ

    lwísàikármèn——ↆ   óimozmúybyénↆ

    àntónyọiyó——ↆ   óyèmuybyénↆ

    hòsé——————ↆ

---

2   *Nosotros* no traemos nada.   No traen nada.

    Ellos ————————.   No trae nada.

    La secretaria ————————.   No traen nada.

    Mis amigos ————————.   No traigo nada.

    Yo ————————.

3   *Yo* oigo muy bien.   **Oye muy bien.**

    Ella————————.   **Oyen muy bien.**

    Luisa y Carmen——.   Oimos muy bien.

    Antonio y yo——.   **Oye muy bien.**

    José————————.

4 yó|agolomízmò↓

   mɪérmàna_____↓   aşelomízmò↓

   lózmúchàchos_↓   aşenlomízmò↓

   èlténye̊nte___↓   aşelomízmò↓

   èlkòrónéliyò_↓   àşemoz lomízmò↓

5 yó|dígòtoɟ ɟenɛspaɲyól↓

   mɪího_____↓   díşɛtodɟ ɟenɛspaɲyól↓

   mɪíhoɪyó_____↓   dèşɪmostodɟo|enɛspaɲyól↓

   eȷɟyaz_____↓   díşɛntodɟenɛspaɲyól↓

   àna_____↓   díşɛtodɟenɛspaɲyól↓

---

4 *Yo* hago lo mismo.

   Mi hermana_____.   Hace lo mismo.

   Los muchachos__.   Hacen lo mismo.

   El teniente_____.   Hace lo mismo.

   El coronel y yo__.   Hacemos lo mismo.

5 *Yo* digo todo en español.

   Mi hijo_____.   Dice todo en español.

   Mi hijo y yo_____.   Decimos todo en español.

   Ellas_____.   Dicen todo en español.

   Ana_____.   Dice todo en español.

6 yó|syémpre|sélaleksyón↓

   ana_____↓   syémpre|sábelaleksyón↓

   anaɪyó_____↓   syémpre|sábemozlaleksyón↓

   eɠos_____↓   syémpre|sábenlaleksyón↓

   hwan_____↓   syémpre|sábelaleksyón↓

7 nòsotroz|dèsimos,ésò↓

   el_____↓   disésò↓

   yó_____↓   diggésò↓

   hwanɪyó_____↓   dèsimos,ésò↓

   lòzmúchachoz_____↓   disenésò↓

---

6 *Yo* siempre sé la lección.

   Ana_____.   Siempre sabe la lección.

   Ana y yo_____.   Siempre sabemos la lección.

   Ellos_____.   Siempre saben la lección.

   Juan_____.   Siempre sabe la lección.

7 *Nosotros* decimos eso.

   El_____.   Dice eso.

   Yo_____.   Digo eso.

   Juan y yo_____.   Decimos eso.

   Los muchachos_____. Dicen eso.

Tense substitution

1	yótráhe |laşerbéşà↓	yótráygo |laşerbéşà↓
2	nósótros |tráhimozlᶏensaláᵭà↓	nósótros |tráᴇmozlᶏensaláᵭà↓
3	yó |ǫıbyén |tàmbyén↓	yóygobyén |tàmbyén↓
4	yonǫışenáᵭà↓	yonǫagonáᵭà↓
5	elişolalístà↓	elaşelalístà↓
6	nósótroz |nǫışimos̗ésò↓	nósótroz |nǫaşemos̗ésò↓
7	yó |tàmpoko |ᵭıhenáᵭà↓	yó |tàmpoko |ᵭıgonáᵭà↓
8	nósótrozᵭıhimos |toᵭomuymál↓	nósótrozᵭeşimos |toᵭomuymál↓
9	eᶅyozᵭıheron |toᵭǫenespaɲyól↓	eᶅyozᵭışen |toᵭǫenᶒspaɲyól↓
10	yó |nosupelalekşyón↓	yó |noselalekşyón↓
11	nósótroz |nosupımozloznómbrès↓	nósótroz |nosaᵬemozloznómbrès↓

---

1 Yo *traje* la cerveza.

2 Nosotros *trajimos* la ensalada.

3 Yo *oí* bien también.

4 Yo no *hice* nada.

5 El *hizo* la lista.

6 Nosotros no *hicimos* eso.

7 Yo tampoco *dije* nada.

8 Nosotros *dijimos* todo muy mal.

9 Ellos *dijeron* todo en español.

10 Yo no *supe* la lección.

11 Nosotros no *supimos* los nombres.

Yo traigo la cerveza.

Nosotros traemos la ensalada.

Yo oigo bien también.

Yo no hago nada.

El hace la lista.

Nosotros no hacemos eso.

Yo tampoco digo nada.

Nosotros decimos todo muy mal.

Ellos dicen todo en español.

Yo no sé la lección.

Nosotros no sabemos los nombres.

23.21.32 Response drill

1 ùstéd |dí§ètóɖǫ |énèspàɳyol↑ǫeninglés↓   dígótóɖǫ |enèspàɳyól↓

2 ùstéɖèz |dí§èntóɖǫ |énèspàɳyol↑ǫeninglés↓   dè§ímòstóɖǫ |enèspàɳyól↓

3 él |dí§ètóɖǫ |énèspàɳyol↑ǫeninglés↓   dí§ètóɖǫ |enèspàɳyól↓

[líbrós↓] 4 kétrągustéd |alǫeskwélà↓   tráygòlìbrós↓

[líbrós↓] 5 kétràenélyos |alǫeskwélà↓   tráènlìbrós↓

[líbrós↓] 6 kétràenųstéɖes |alǫeskwélà↓   tràemozlíbrós↓

<hr>

1 ¿Ud. dice todo en español o en inglés.   Digo todo en español.

2 ¿Uds. dicen todo en español o en inglés?   Decimos todo en español.

3 ¿El dice todo en español o en inglés?   Dice todo en español.

(libros) 4 ¿Qué trae Ud. a la escuela?   Traigo libros.

(libros) 5 ¿Qué traen ellos a la escuela?   Traen libros.

(libros) 6 ¿Qué traen Uds. a la escuela?   Traemos libros.

[ènèspànyó́l↓] 7 dişǫusteđ |tóđǫeninglés |akít   nó↓ àki |díǵótóđǫ |enèspànyó́l↓

[ènèspànyó́l↓] 8 dişenųsteđes |tóđǫeninglés |akít   nó↓ àki |đeşímóstóđǫ |enèspànyó́l↓

              9 sábǫusteđ |minómbre↑   sí↓ lòsé́↓

             10 séyó |ęldǫusteđ↑   sí↓ lòsabé́↓

             11 oyǫusteđbyén↑   sí↓ óygo |múybyén↓

             12 oyenųsteđez |byén↑   sí↓ óımoz |múybyén↓

             13 oyenęꞝyoz |byén↑   sí↓ óyen |múybyén↓

(en español)   7 ¿Dice Ud. todo en inglés aquí?   No, aquí digo todo en español.

(en español)   8 ¿Dicen Uds. todo en inglés aquí?   No, aquí decimos todo en español.

               9 ¿Sabe Ud. mi nombre?   Sí, lo sé.

              10 ¿Sé yo el de Ud.?   Sí, lo sabe.

              11 ¿Oye Ud. bien?   Sí, oigo muy bien.

              12 ¿Oyen Uds. bien?   Sí, oimos muy bien.

              13 ¿Oyen ellos bien?   Sí, oyen muy bien.

23.21.33 Translation drill

1. I don't do the cooking at my house.	yónǫágolakomíđą ∣enmikásá↓	Yo no hago la comida en mi casa.
2 Who does it in yours?	kyénlaȿę ∣enlasúyà↓	¿Quién la hace en la suya?
3 My wife and I do it.	mįéspósąiyó ∣laȿémòs↓	Mi esposa y yo la hacemos.
4 Neither he nor I bring the car.	nįélniyó ∣tráemos,elkárrò↓	Ni él ni yo traemos el carro.
5 I don't bring it either.	yó ∣támpokolotráygò↓	Yo tampoco lo traigo.
6 They bring it once in a while.	éⁱyozlotráen ∣dèbeȿ,ęŋkwándò↓	Ellos lo traen de vez en cuando.
7 Do you all know my name?	sabenusteđez ∣minómbre↑	¿Saben Uds. mi nombre?
8 We do know it.	nósotros ∣sı ∣losabémòs↓	Nosotros sí lo sabemos.
9 Do you know the lesson?	sabęusteđ ∣lalekȿyón↑	¿Sabe Ud. la lección?
10 I too know it.	yó ∣támbyénlasé↓	Yo también la sé.
11 Do you all hear well?	oyenụsteđezbyén↑	¿Oyen Uds. bien?
12 We hear very well.	nósotros ∣ói,mozmuybyén↓	Nosotros oímos muy bien.
13 I hear everything very well.	yó ∣óygótođo ∣múybyén↓	Yo oigo todo muy bien.

B. Discussion of pattern

This section includes several miscellaneous irregular verbs which show very little pattern similarity to other irregular types.

The verbs /traér/ and /kaér/ are similar to each other: each has the palato-velar extension /‑yg‑/ after the stem and before the ending of their 1 sg forms (/trá‑yg‑o , ká‑yg‑o/).

The verb /oír/ , in addition to this irregular feature (/ó‑yg‑o/) has a palatal extension /‑y‑/ after the stem of the 2 fam and both 2-3 forms (/ó‑y‑es ó‑y‑e, ó‑y‑en/).

The verbs /aşér/ and /deşír/ have a velar consonant change /ş ﹥ g/ in the stem of their 1 sg forms (/ág‑o , díg‑o/), and /deşír/ has the stem vowel change /e ﹥ i/ in 2 fam and both 2-3 forms (/díş‑es , díş‑e, díş‑en/).

The verb /sabér/ is irregular only in its 1 sg form when the stem changes to /sé‑/ and takes no ending.

Though all these changes can be described, as above, by noting the individual modifications of each irregular form, it is usually more profitable for a student to use and memorize each irregular form as if it were a new vocabulary item, until the verb forms can be related through meaning and distribution, rather than their variance from regular patterns. In other words, these patterns have to be mastered in and of themselves; very limited transfer to similar forms will be possible.

23.21.4   Statement intonation patterns — Leavetakings

A. Presentation of pattern

ILLUSTRATIONS

_____	1 kòmpèrmisó↓	1 2 1 ↓ Con permiso.
_____	2 ástàlweǫò↓	1 2 1↓ Hasta luego.
_____	3 àdyo͞s↓	1 21 ↓ Adiós.

23.33   335

EXTRAPOLATION

English	Spanish
/232↑/	/121↓/

NOTES

a. Leavetakings in Spanish characteristically end in a falling intonation pattern, unlike English.

b. Using an English pattern for leavetakings in Spanish is both conspicuous and inappropriate.

23.21.41 Translation drill -- Leavetakings

2 3 2 ↑ 1 See you tomorrow.	ástàmàŋyanà↓	1 2 1↓ Hasta mañana.
2 3 2 ↑ 2 See you later.	ástàlwegò↓	1 2 1↓ Hasta luego.
2 3 2 ↑ 3 I'll be seeing you.	ástàlàbìstà↓	1 2 1↓ Hasta la vista.
2 32 ↑ 4 See you tonight.	ástàlànochè↓	1 2 1↓ Hasta la noche.
2 32 ↑ 5 See you soon.	ástàprontò↓	1 2 1↓ Hasta pronto.
2 3 2 ↑ 6 See you Monday.	ástàè()lunès↓	1 2 1 ↓ Hasta el lunes.
2 3 2 ↑ 7 See you at seven.	ástàlà(s)syetè↓	1 2 1↓ Hasta las siete.

```
        2        3  2 ↑
8 Glad to have met you.
```
muchogusto |dekŏnŏşerlŏ↓

```
        2  2 |1      2 1 ↓
Mucho gusto   de conocerlo.
```

```
        2        3  2 ↑
9 Glad to have seen you.
```
muchogusto |deberlŏ↓

```
        2  2 | 1 2 1 ↓
Mucho gusto  de verlo.
```

```
        2        3  2 ↑
10 Glad to have heard you.
```
muchogusto |deŏirlŏ↓

```
        2  2 | 1 2 1 ↓
Mucho gusto   de oirlo.
```

```
      2  32 ↑
11 Goodbye.
```
ådyŏs↓

```
1  21 ↓
Adiós.
```

```
      2  32 ↑
12 Good night.
```
bwénáznochès↓

```
   1     2 1 ↓
Buenas noches.
```

```
      2   3 2 ↑
13 Gotta go now.
```
kŏmpérmɩsŏ↓

```
   1      21 ↓
Con permiso.
```

B. Discussion of pattern

One of the most conspicuous errors that an English speaking student of Spanish can make is to impose an English intonation pattern on Spanish leavetakings. There are several English patterns, nearly all of which are very inappropriate. A listing of these patterns would include: /232↑, 232|, 32↑, 43↑/.

The common pattern in Spanish, /121↓/, exists in English as an abrupt, discourteous dismissal. It is therefore likely to be avoided by an English-speaking student in favor of a familiar pattern that doesn't make an English speaker feel so uncomfortable.

In leavetakings as with other features, appropriate patterns must be internalized. But when there is direct interference from similar contexts in the learner's language, special attention should be given to correctly establish the important patterns of the target language.

23.22   Replacement drills

A   bámos |aֻúmpwesto |kêyokonóֹֈkô↓   bámos |aֻúnálábándèria |kêyokonóֈkô↓

1 _____ lábándèria _____ ↓   bámos |álálábándèria |kêyokonóֈkô↓

2 _____ lá _____ ↓   bámos |álálábándèria |kelkonóֈê↓

3 _____ él _____ ↓   bámos |álálábándèria |keldíֈê↓

4 _____ díֈê↓   bámos |álótel |keldíֈê↓

5 _____ ótel _____ ↓   bámos |álótel |kêyoɗígô↓

6 _____ yó _____ ↓   bámos |álótel |kêyoténgô↓

7 _____ téngô↓

───

A   Vamos a un puesto que yo conozco.

1 _____ lavandería _____ .   Vamos a una lavandería que yo conozco.

2 _____ la _____ .   Vamos a la lavandería que yo conozco.

3 _____ él _____ .   Vamos a la lavandería que él conoce.

4 _____ dice.   Vamos a la lavandería que él dice.

5 _____ hotel _____ .   Vamos al hotel que él dice.

6 _____ yo _____ .   Vamos al hotel que yo digo.

7 _____ tengo.   Vamos al hotel que yo tengo.

B   şerkadҫaȠyi |béndèmpèskadò |tàmbyén↓   şerkadҫaȠyi |béndèmfrutàs |tàmbyén↓

1   _____ frutàs_____↓   şerkadҫaki |béndèmfrutàs |tàmbyén↓

2   _____akí_____↓   èmfrente |dҫàki|béndèmfrutàs |tàmbyén↓

3   èmfrente_____↓   èmfrente |dҫàki|kómpràmfrutàs |tàmbyén↓

4   _____kómpràm_____↓   èmfrente |dҫàki|kómpràmfrutàs |àórà↓

5   _____àórà↓   èmfrente |dҫài|kómpràmfrutàs |àórà↓

6   _____àí_____↓   èmfrente |dҫài|kómprànlègumbrès |àórà↓

7   _____lègumbrès_____↓

B   Cerca de allí venden pescado también.   Cerca de allí venden frutas también.

1   _____frutas _____.   Cerca de aquí venden frutas también.

2   _____ aquí _____.   Enfrente de aquí venden frutas también.

3   Enfrente _____.   Enfrente de aquí compran frutas también.

4   _____compran _____.   Enfrente de aquí compran frutas ahora.

5   _____ ahora.   Enfrente de ahí compran frutas ahora.

6   _____ ahí _____.   Enfrente de ahí compran legumbres ahora.

7   _____ legumbres ____.

C   nèṣésitọ |ûnâḍóṣenaḍewébòs↓

1   teṅgọ _____↓   teṅgọ |ûnâḍóṣenaḍewébòs↓

2   _____tomátès↓   teṅgọ |ûnâḍóṣenaḍetomátès↓

3   _____ḍoz_____↓   teṅgo |ḍozḍóṣenazḍetomátès↓

4   tráygo _____↓   traygo |ḍozḍóṣenazḍetomátès↓

5   _____kahaz_____↓   traygo |ḍoskahazḍetomátès↓

6   _____bínò↓   traygo |ḍoskahazḍebínò↓

7   _____èstà_____↓   traygọ |èstàkahaḍebínò↓

C   Necesito una docena de huevos.

1   Tengo_____.   Tengo una docena de huevos.

2   _____tomates.   Tengo una docena de tomates.

3   _____dos_____.   Tengo dos docenas de tomates.

4   Traigo_____.   Traigo dos docenas de tomates.

5   _____cajas_____.   Traigo dos cajas de tomates.

6   _____vino.   Traigo dos cajas de vino.

7   _____esta_____.   Traigo esta caja de vino.

D   àkí|ęnmibólsakábèn↓

1 _____ábitàṣyoṇ↓   àkí|ęnmɪábitàṣyoŋkábèn↓

2 _____éstàs_____↓   àkí|ęnéstàsábitàṣyoneskábèn↓

3 _____áy↓   àkí|ęnéstàsábitàṣyonesáy↓

4 àⱡyɪ_____↓   àⱡyɪ|ęnésàsábitàṣyonesáy↓

5 _____dòrmítóryọ_____↓   àⱡyɪ|ęnésèdòrmítóryọáy↓

6 _____éstè_____↓   àkí|ęnéstèdòrmítóryọáy↓

7 _____está↓   àkí|ęnéstèdòrmítóryọestá↓

D   Aquí en mi bolsa caben.

1 _____habitación___.   Aquí en mi habitación caben.

2 _____estas_____.   Aquí en estas habitaciones caben.

3 _____hay.   Aquí en estas habitaciones hay.

4 Allí_____   Allí en esas habitaciones hay.

5 _____dormitorio___.   Allí en ese dormitorio hay.

6 _____este_____.   Aquí en este dormitorio hay.

7 _____está.   Aquí en este dormitorio está.

23.39

341

E   débesérunşyégò↓

1   _____beşíná↓   débesér |unạbeşíná↓

2   _____la _____↓   débeserlabeşíná↓

3   _____íhò↓   débeserelíhò↓

4   pwéden_____↓   pwéqensér |losíhòs↓

5   _____su_____↓   pwéqesérsyíhò↓

6   _____amígàs↓   pwéqensér |sus̨amígàs↓

7   _____nwéstras_↓   pwéqensér |nwéstras̨amígàs↓

E   Debe ser un ciego.

1   _____vecina.   Debe ser una vecina.

2   _____la _____.   Debe ser la vecina.

3   _____ hijo.   Debe ser el hijo.

4   Pueden _____.   Pueden ser los hijos.

5   _____su_____.   Puede ser su hijo.

6   _____amigas.   Pueden ser sus amigas.

7   _____nuestras_____.   Pueden ser nuestras amigas.

F   áṣelakomída |ústedmízma↑

1 _____ústedez___↑   áṣenlakomída |ústedezmízmas↑

2 _____trabáhǫ_____↑   áṣenęltrabáhǫ |ústedezmízmas↑

3 _____éłẏoz_____↑   áṣenęltrabáhǫ |ełẏozmízmos↑

4 ___este_____↑   áṣenęstetrabáhǫ |ełẏozmízmos↑

5 _____kósas_____↑   áṣenęstaskósas |ełẏozmízmos↑

6 bénden _____↑   béndenęstaskósas |ełẏozmízmos↑

7 _____éłẏa___↑   béndestaskósas |ełẏamízma↑

F   ¿Hace la comida usted misma?

1 ¿ _____ustedes___?   ¿Hacen la comida ustedes mismas?

2 ¿ _____trabajo _____?   ¿Hacen el trabajo ustedes mismas?

3 ¿ _____ellos ___?   ¿Hacen el trabajo ellos mismos?

4 ¿ ___este _____?   ¿Hacen este trabajo ellos mismos?

5 ¿ _____cosas _____?   ¿Hacen estas cosas ellos mismos?

6 ¿Venden _____?   ¿Venden estas cosas ellos mismos?

7 ¿ _____ella ___?   ¿Vende estas cosas ella misma?

23.23   Variation drills

A   kékomprámós |sèŋyórà↓   ¿Qué compramos, señora?

1 What'll we take, ma'am?   kéŋyebámós |sèŋyórà↓   ¿Qué llevamos, señora?

2 What do you wish, sir?   kedeséà |sèŋyór↓   ¿Qué desea, señor?

3 How much does it cost, Miss?   kwántokwéstà |sèŋyórítà↓   ¿Cuánto cuesta, señorita?

4 How much is it worth, Miss?   kwántobálè |sèŋyórítà↓   ¿Cuánto vale, señorita?

5 When are you coming back, John? kwándobwélbès |hwán↓   ¿Cuándo vuelves, Juan?

6 How are you, Mary?   komoestáz |màríà↓   ¿Cómo estás, María?

7 Where do you live, Mr. Molina?   dóndebíbè |sèŋyórmòlínà↓   ¿Dónde vive, señor Molina?

B   àkítráygolalístà↓   Aquí traigo la lista.

1 Here I'm bringing the coffee.   àkítráyggelkafé↓   Aquí traigo el café.

2 Here they're bringing the soup. àkítráenlasópà↓   Aquí traen la sopa.

3 Here comes the girl.   àkıbyéne |lamucháchà↓   Aquí viene la muchacha.

4 There goes Mary.   áıbamaríá↓   Ahí va María.

5 There go the Harrises.   áıbanloshárris↓   Ahí van los Harris.

6 There are your friends.   áıęstán |tus͜amígòs↓   Ahí están tus amigos.

7 Here they are.   ákaęstán↓   Acá están.

C mire |keberduras |tamfréskàs↓   ¡Mire qué verduras tan frescas!

1 Look how pretty the girls are!   mıre |kemuchachas |tambonítàs↓   ¡Mire qué muchachas tan bonitas!

2 Look how expensive (these) things are!   mıre |kekosas |tankárès↓   ¡Mire qué cosas tan caras!

3 Look how dirty the streets are!   mıre |kekaĺłes |tansúşyàs↓   ¡Mire qué calles tan sucias!

4 Look how comfortable the apartment is!   mıre |keępartamento |tankómòđò↓   ¡Mire qué apartamento tan cómodo!

5 Man, what an ugly thing!   ombre |kekosa |tamféà↓   ¡Hombre, qué cosa tan fea!

6 Man, what awful soup!   ombre |kesopa |tanmálà↓   ¡Hombre, qué sopa tan mala!

7 Boy, what a long lesson!   chıko |kelekşyon |tanlárgà↓   ¡Chico, qué lección tan larga!

D   nótyéne|kekómprár↑   ¿No tiene que comprar?

1 Don't you have to leave?   nótyéne|kesalír↑   ¿No tiene que salir?

2 Don't you have to study?   nótyéne|kestuđyár↑   ¿No tiene que estudiar?

3 Don't you have to eat lunch?   nótyéne|keạlmorṣár↑   ¿No tiene que almorzar?

4 Don't you have to work?   nótyéne|ketrabahár↑   ¿No tiene que trabajar?

5 Don't you have to come back?   nótyéne|kebolbér↑   ¿No tiene que volver?

6 Don't you have to wait?   nótyéne|kesperár↑   ¿No tiene que esperar?

7 Don't you have to go?   nótyéne|kẹír↑   ¿No tiene que ir?

E   kémaz|neṣesítakomprár↓   ¿Qué más necesita comprar?

1 What else do you need to declare?   kémaz|neṣesítađđeklarár↓ ¿Qué más necesita declarar?

2 What else do you need to see?   kémaz|neṣesítabér↓   ¿Qué más necesita ver?

3 What else do you need to pay for?   kémaz|neṣesítapagár↓   ¿Qué más necesita pagar?

4 What else do you need to know?   kémaz|neṣesítasabér↓   ¿Qué más necesita saber?

5 What else do you need to carry? kémaz |neşesıtaḷyebár↓ ¿Qué más necesita llevar?

6 What else do you need to change? kémaz |neşesıtakambyár↓ ¿Qué más necesita cambiar?

7 What else do you need? kémaz |neşesítȧ↓ ¿Qué más necesita?

F mėlȧ(ḷy)ebȧ |e(ḷl)echéró↓ Me la lleva el lechero.

1 The chauffeur takes it for me. mėlȧ(ḷy)ebȧ |elchofér↓ Me la lleva el chofer.

2 The girl takes it for me. mėlȧ(ḷy)eba |lamucháchȧ↓ Me la lleva la muchacha.

3 The milkman leaves it for me. mėlȧdehȧ |e(ḷl)echéró↓ Me la deja el lechero.

4 The employee sends them for me. mėlȧzmandȧ |elempleádó↓ Me las manda el empleado.

5 My wife brings them for me. mėlȧstrae |misenyórȧ↓ Me las trae mi señora.

6 My secretary writes them for me. mėlȧsėscribe |misekretáryȧ↓ Me las escribe mi secretaria.

7 My secretary receives them for me. mėlȧzrrėşibe |misekretáryȧ↓ Me las recibe mi secretaria.

23.24   Review drill — The obligatory clause relator /ke/

1 I believe she's American.	kreokeℓɏa|esˌamerikánà↓	Creo que ella es americana.
2 I believe she doesn't speak Spanish.	kreokeℓɏa|nǫablᶐespaŋyól↓	Creo que ella no habla español.
3 I believe she dances very well.	kreokeℓɏa|báylamuybyén↓	Creo que ella baila muy bien.
4 It seems to me he's from the United States.	mĕpàreşekél|ĕzdēlôsêstaḍosyníḍòs↓	Me parece que él es de los Estados Unidos.
5 It seems to me he's a pilot.	mĕpàreşekél|espilótò↓	Me parece que él es piloto.
6 It seems to me he's at the airport.	mĕpàreşe|kelestá|ǫnǫlᶐeropwértò↓	Me parece que él está en el aeropuerto.
7 It seems to me he's not coming today.	mĕpàreşekél|nobyeŋǫóy↓	Me parece que él no viene hoy.
8 She said she was at (the) school.	eℓɏadího|kĕstabᶐenlᶐeskwélà↓	Ella dijo que estaba en la escuela.
9 She said she was American.	eℓɏadího|keramerikánà↓	Ella dijo que era americana.
10 She said she wasn't coming.	eℓɏadího|kĕnobeníà↓	Ella dijo que no venía.
11 She said she didn't dance.	eℓɏadího|kĕnobaylábà↓	Ella dijo que no bailaba.

23.3   CONVERSATION STIMULUS

NARRATIVE 1

1 Jean and Carmen are at the market.

yínikármen |èstánenelmerkáḋó↓

Jean y Carmen están en el mercado.

2 They've already bought bread, meat, and butter.

yáŋ |kòmpráḋòpáŋ↑karneimantekí(l)yá↓

Ya han comprado pan, carne y mantequilla.

3 Jean looks at the list to see what else she has to buy.

yín |míràlàlístà |pàràber |kemás |tyéne

kekomprár↓

Jean mira la lista para ver qué más tiene que comprar.

4 She needs some eggs.

nèṣèsitạunozwéḃòs↓

Necesita unos huevos.

5 But eggs are very expensive at this stand.

pérólózwẹbos |sònmuykáròs |ènéstèpwéstó↓

Pero los huevos son muy caros en este puesto.

6 Carmen knows a man who sells them cheaper.

kármeŋ |kònóṣẹạụṇọmbre |kèlózbèndemaz

barátós↓

Carmen conoce a un hombre que los vende más baratos.

7 So then, they decide to go there.

ásiẹntonṣeztdeṣiḋenira(l)yí↓

Así, entonces, deciden ir allí.

DIALOG 1

Carmen, dígale a Jean que ya tienen el pan, la carne y la mantequilla. Pregúntele que qué más tiene que comprar.

yáténémos |èlpáŋ↑làkárneilamantekí(l)yá↓

kemás |tyénekekomprár↓

Carmen: Ya tenemos el pan, la carne y la mantequilla. ¿Qué más tiene que comprar?

Jean, dígale que aquí trae la lista. Que un momento y le dice. Ah, sí: huevos, dígale.

ákitráyġolalístà↓ únmomento |ile

díçó↓ a |sí↑ wéḃòs↓

Jean: Aquí traigo la lista. Un momento y le digo. Ah, sí: huevos.

23.47

Carmen, dígale que en este puesto son muy caros. Que Ud. conoce a un hombre que se los vende a Ud. más baratos.

énestepwésto |sónmuykárós↓ yokonóṣkọ aúnọmbre |kèmèlòzbéndẹamì |mazbarátós↓

Carmen: En este puesto son muy caros. Yo conozco a un hombre que me los vende a mí más baratos.

Jean, dígale que es mejor ir allí, entonces.

èzmèhor |íráỻyi↑èntónṣes↓

Jean: Es mejor ir allí, entonces.

NARRATIVE 2

1 The man tells Jean that the eggs are one twenty-five a dozen.

èlómbreledíṣẹayin↑kèlòzwébos |èstán | aúnòbèyntíṣiŋkò |làdòṣéná↓

El hombre le dice a Jean que los huevos están a uno veinticinco la docena.

2 But there's so much noise that Jean can't hear anything.

pérọay |tantórrwidot̂kèyin |nópwedẹ |óir náđà↓

Pero hay tanto ruido que Jean no puede oír nada.

3 So he has to repeat the price.

èntónṣes↑eltyéne |kèrrèpètírelpréṣyó↓

Entonces, el tiene que repetir el precio.

4 And he tells her also that they are very fresh.

ilèdíṣetambyèŋ |kèstánmuyfréskòs↓

Y le dice también que están muy frescos.

5 Jean buys a dozen and puts them in her bag.

yiŋ |kómprạúnàdòṣéná |ilòspónensubólsà↓

Jean compra una docena y los pone en su bolsa.

6 There's still room there (for them).

tóđàbiakábèn |ái↓

Todavía caben ahí.

DIALOG 2

Jean, pregúntele al hombre que a cómo están los huevos.

àkómoẹstánlozwébós↓

Jean: ¿A cómo están los huevos?

Señor, contéstele que para ella, a uno veinticinco la docena.

párạústed↑aúnòbèyntíṣiŋkò |làdòṣéná↓

Señor: Para Usted, a uno veinticinco la docena.

Jean, pregúntele otra vez que a cómo. Dígale que Ud. no oye nada con tanto ruido.

àkomoᐟ noyᴄonaᴄá |kóntántòrrwíᴆóↆ

Jean: ¿A cómo? No oigo nada con tanto ruido.

Señor, repítale que a uno veinticinco la docena. Dígale que están muy frescos.

ạuno |bèyntiʂiŋkolaᴆoʂénàↆ èstánmuy fréskòsↆ

Señor: A uno veinticinco la docena. Están muy frescos.

Jean, dígale que una docena, por favor.

únaᴆoʂénà |pòrfàbórↆ

Jean: Una docena, por favor.

Señor, dígale que aquí tiene. Pregúntele si se los pone en la bolsa.

àkityénèↆ sèlòspóŋɡenlabólsaᐟ

Señor: Aquí tiene. ¿Se los pongo en la bolsa?

Jean, contéstele que sí, por favor. Que Ud. cree que todavía caben.

si |pòrfàbórↆ kréo |kètòᴆàbiakábènↆ

Jean: Sí, por favor. Creo que todavía caben.

NARRATIVE 3

1 The man doesn't have change for the bill Jean hands him.

èlombre |nòtyénekambyo |párᴀèlbiⱡⱡyete | kéyinleᴆáↆ

El hombre no tiene cambio para el billete que Jean le da.

2 It's a nuisance because that's all she has.

èsụnàlatàↆpórkesǫtèstoᴆo |lòkeⱡⱡyatyénèↆ

Es una lata porque eso es todo lo que ella tiene.

3 She doesn't know what to do now.

nòsabe |kèᴀʂér |àóràↆ

No sabe qué hacer ahora.

4 Carmen tells her not to worry.

kármenleᴆiʂe |kènosepreokúpèↆ

Carmen le dice que no se preocupe.

5 She can lend her (some).

eⱡⱡyapweᴆeprestárlèↆ

Ella puede prestarle.

6 Jean tells her she's very kind.

ɥinleđiṣe|kėᵹmúyamáᵭlė↓

Jean le dice que es muy amable.

7 And that she'll pay her when they
get home.

ikęà1ꝗyėgaralakása|lepágȧ↓

Y que al llegar a la casa le paga.

DIALOG 3

Señor, dígale a Jean que Ud. no tiene cambio
para ese billete.

nȯteŋgokámbyo|párąęsėᵬiꝗyétė|sėŋyȯrȧ↓

Señor: No tengo cambio para ese billete,
señora.

Jean, dígale que qué lata, que eso es todo lo
que tiene, que qué hace Ud.

kelátȧ↓ esǫ|ėstoɗolokéténgȯ↓ keágȯ↓

Jean: ¡Qué lata! Eso es todo lo que
tengo. ¿Qué hago?

Carmen, dígale a Jean que no se preocupe,
que Ud. le puede prestar.

nosepręokúpė↓ yolępwéđoprestár↓

Carmen: No se preocupe. Yo le puedo
prestar.

Jean, dígale que gracias, que qué amable.
Que al llegar a la casa le paga.

graṣyȧs↓ kęąmáᵭlė↓ à1ꝗyėgaralakása|lepágȯ↓

Jean: Gracias. ¡Qué amable! Al llegar a
la casa le pago.

23.4   READINGS

23.40   List of cognate loan words

la conversación

là—kómbėrsáṣyon↓

perfectamente

pėrfektaméntė↓

la mamá

là—màmá↓

el silencio   èl—sìlénşyò↓

insistió (insistir)   insistyó↓ insistír↓

la defensa   là—défensà↓

23.41   Reading selection

¿Quién Rompió los Platos?

Los Fuentes estaban encantados al ver que aquellas dos niñas hablaban tan bien el español y que conversaban como dos personas grandes. Pero la conversación fue interrumpida por su madre:

—Bueno, niñas, ahora quiero saber qué estaban haciendo en la cocina a estas horas de la noche. ¿No las mandé a acostarse hace dos horas? ¿Por qué no están en su cama?

—But mother....—dijo Ruth.

—No me hablen en inglés. Ustedes saben perfectamente bien que no deben hablarme en inglés cuando yo les hablo en español.

—Perdón, mamá. Es que teníamos mucha hambre y fuimos a la cocina a comer algo.

—Pero, ¿no comieron lo suficiente antes de acostarse?

—Sí, mamá—contestó Jane esta vez—pero queríamos comer un poquito más del pastel de manzana tan delicioso que hiciste tú.

—¿Y por qué no me llamaron a mí?

—Porque tú estabas en la sala con estos señores y no queríamos molestarte.

—Bueno, está bien. Pero ahora quiero saber que fue lo que rompieron en la cocina, y no quiero pretextos, quiero la verdad —dijo Virginia en tono riguroso.

Silencio completo; ninguna de las dos niñas hablaba. Pasaron varios segundos y por fin Jane habló:

—Fue una de aquellas tazas feas.

—¿Qué más? —insistió la madre.

—Dos platos también, mamá. Pero no fui yo, fue Ruth.

—Porque ella empezó a molestarme cuando los estaba lavando y entonces se me cayeron —exclamó Ruth en su defensa.

—No es verdad, mamá. Ella fue la que empezó a molestar y a decirme 'gorda fea.' Yo no estaba....

—Bueno, no quiero oír más—interrumpió Virginia rigurosamente. ---Vayan a acostarse in-me-dia-ta-men-te. Y si se levantan otra vez, no hay más televisión.

—Sí, mamá—contestaron las dos niñas saliendo de la sala, no sin antes decir buenas noches a sus padres y a los señores Fuentes.

23.42   Response drill

1 ¿Por qué estaban encantados los Fuentes con las niñas?

2 ¿Quién interrumpió la conversación?

3 ¿Qué estaban haciendo ellas en la cocina?

4 ¿Por qué estaban comiendo?

5 ¿Qué estaban comiendo?

6 ¿Quién hizo el pastel?

7 ¿Cómo estaba el pastel?

8 ¿Por qué no llamaron a su mamá?

9 ¿Con quién estaba hablando la Sra. de Robinson en la sala?

10 ¿Cuántas tazas rompieron las niñas en la cocina?

11 ¿Qué más rompieron?

12 ¿Cuál de las dos rompió la taza y los dos platos?

13 ¿Por qué se le cayeron?

14 ¿Qué nombre le estaba diciendo Ruth a Jane?

15 ¿Qué va a pasar si se levantan otra vez de la cama?

24.1   BASIC SENTENCES.   Shopping in the stores.

    Carmen and Mrs. Harris are shopping in the stores.

ENGLISH SPELLING	AID TO LISTENING	SPANISH SPELLING
the department	èl—dèpàrtàméntò↓	el departamento
Carmen Shall we go to the women's department? [1]	bámos │aldepartaménto │desenyoras↑	**Carmen** ¿Vamos al departamento de señoras?
the pair	èl—pár↓	el par
the shoe	èl—ṣápató↓	el zapato
Mrs. Harris Yes, I have to buy myself a pair of shoes.	sí↓ yoténgo │kekomprárme │úmpardeṣapátós↓	**Sra. Harris** Sí, yo tengo que comprarme un par de zapatos.
the footwear	èl—kàlṣàdò↓	el calzado
Carmen No, the footwear is in another section.	nó↓ èlkàlṣàdọ │estáẹnotra │sekṣyón↓	**Carmen** No, el calzado está en otra sección.
the dress	èl—bèstìdò↓	el vestido
the topcoat	èl—àbrìgò↓	el abrigo
the hat	èl—sòmbrérò↓	el sombrero
There, there are only dresses, topcoats, and hats.	àŋ̣í │sólọáy │bèstidos │àbrigos │isombrérós↓	Allí sólo hay vestidos, abrigos y sombreros.

made (to make)   échò↓ àṣér↓   hecho (hacer)

ready made clothes   là—rropạ—échà↓   la ropa hecha

Mrs. Harris   *Sra. Harris*
Do you buy ready-made clothes?   ùstéd|kómpra|larrópạéchá↑   ¿Usted compra la ropa hecha?

Carmen   *Carmen*
Some times.   álgunazbéṣes| Algunas veces.

the lack   là—fáltà↓   la falta

to (make a) lack   àṣer—fáltà↓   hacer falta

the cloth   là—telà↓ ;   la tela

the skirt   là—fáldà↓   la falda

the blouse   là—blusà↓   la blusa

But now I need material for a skirt and a blouse.   pèrọáora|mẹạṣefáltatelà|pàrạùnàfálda| Pero ahora me hace falta tela para una
                                        ịùnàblusà↓   falda y una blusa.

to sew   kósér↓   coser

Mrs. Harris   *Sra. Harris*
Oh, do you sew?   à↓ ùstédkóse↑   Ah, ¿Usted cose?

the dressmaker   èl—módìstà↓ là—módìstà↓   el modista, la modista

Carmen   *Carmen*
No, I have a dressmaker.   nó↓ teṇgọunamodístà↓   No, tengo una modista.

itself (it) sees (to see itself)[2]

sè—bé↓ bérsè↓

se ve (verse)

Mrs. Harris
You can see that she's very good. You dress very well.

sèbe|kèzmúybwéná↓ ústedsebistè|múybyén↓

Sra. Harris
Se ve que es muy buena. Usted se viste muy bien.

Carmen
Thank you.

grásyàs↓

Carmen
Gracias.

the tie

là—kòrbàtà↓

la corbata

the husband

èl—màrídò↓

el marido

Mrs. Harris
I'd like a tie for my husband.

kisyérą|ùnàkòrbàta|paramimarídò↓

Sra. Harris
Quisiera una corbata para mi marido.

the article

èl—àrtikúlò↓

el artículo

the gentleman

èl—kàbàⓎyeró↓

el caballero

down

àbahò↓

abajo

Carmen
Men's clothes are downstairs. Shall we go down?[3]

lòs,àrtíkúlòs|pàràkàbàⓎyeròs|èstán
àbahò↓ bàhamos↑

Carmen
Los artículos para caballeros están abajo. ¿Bajamos?

the exit, way out

là—sàlídà↓

la salida

Mrs. Harris
No, we'll see them on the way out.

no↓ àlàsàlídà|lozbémòs↓

Sra. Harris
No, a la salida los vemos.

let's go (to go out, away) (4)   bámȯnós↓ ír sȇ↓   vámonos (irse)

up   ȧrrıbȧ↓   arriba

Let's go upstairs for your things. bamonos,arrıba|pȯrlȯsúyȯ↓   Vámonos arriba por lo suyo.

Carmen   kȩorȧés↓   *Carmen*
What time is it?   ¿Qué hora es?

Mrs. Harris   son|làs(ş)ıṅkȯıbeyntışíṅkȯ↓   *Sra. Harris*
It's five twenty five.   Son las cinco y veinticinco.

Carmen   sinonȯzɗamosprisa↑senȯsȧşetárɗȇ↓ *Carmen*
If we don't hurry, we'll be late. (5)   Si no nos damos prisa, se nos hace
                           tarde.

24.10 Notes on the basic sentences

(1) This is a typical example of the use of a simple present tense form in Spanish, /bámos/ *vamos*, in a context where the only reasonable translation is English *shall.*

(2) Notice that the translation given in the full utterance is 'You can see'. It could also have been 'one can see' or 'it can be seen', or even 'it is obvious', 'it's clear'. That is, the reflexive is here equivalent to what in English would be thought of as impersonal.

(3) See note (1), above: /bahámos/ *bajamos* is similar here.

(4) The form /bámonos/ *vámonos* is /bámos/ plus /nos/, with the final /—s/ of /bámos/ dropped in accord with a regular pattern.

(5) /senosȧşetárde/ *se nos hace tarde* literally means 'it makes itself late for us' or 'it'll get late on us'.

24.2   DRILLS AND GRAMMAR

24.21   Pattern drills

24.21.1   Reflexive clitic pronouns

A. Presentation of pattern

ILLUSTRATIONS

_____	1 mému̇d̯o̯elsáb̯ȧd̯ò↓	*Me mudo* el sábado.
the minute	èl—mínutò↓	el minuto
I'll be dressed in thirty minutes.	2 yó ǫntreyntamínutoz mebístò↓	Yo en treinta minutos *me visto.*
	3 pȯrlómėnoz nó̯zd̯ibėrtimozmúchò↓	Por lo menos *nos divertimos* mucho.
We don't worry much.	4 nonozprȩokupåmoz múchò↓	No *nos preocupamos* mucho.
_____	5 kwandotemúd̯ȧs↓	¿Cuándo *te mudas?*
_____	6 ústed̯sebiste muybyén↓	Ud. *se viste* muy bien.
He pays a lot of attention to the brunette.	7 élsefiha muchǫenlamorénȧ↓	El *se fija* mucho en la morena.

—————————————   8   miswégra |sèmáreạembárkó↓   Mi suegra *se marea* en barco.

You all notice everything.   9   ústeḍes |sèfíhanẹntóḍó↓   Ustedes *se fijan* en todo.

They change apartments almost every year.   10   eḷ̣yo(s)sekámbyan |dẹápàrtámento | Ellos *se cambian* de apartamento casi
                                                  kásitoḍozlosáɲyòs↓   todos los años.

Those girls are always getting confused.   11   ésàschikas |syémpresekomfúndèn↓   Esas chicas siempre *se confunden.*

EXTRAPOLATION

	sg	pl
1	me	nos
2 fam	te	
2-3	se	

a. Reflexive clitic pronouns repeat the person-number
   form of the subject.

b. The 2-3 form /se/ has no distinction for number.

c. Reflexive clitic forms are not differentiated for gender.

24.21.11 Substitution drill — Person-number substitution

1   yómemudé |dekásà↓   sèmúdodekásà↓

    èlkòrónel_____↓   sèmúdarondekásà↓

    lósharris_____↓   sèmúdodekásà↓

    mièrmana_____↓   nòzmúdamozdekásà↓

    nòsótroz_____↓

2   éłyoz |nuŋkasekéhàn↓

    làzmùchachaz_____↓   nuŋkasekéhàn↓

    àntónyo_____↓   nuŋkasekéhà↓

---

1 *Yo* me mudé de casa.

   El coronel_____.   Se mudó de casa.

   Los Harris _____.   Se mudaron de casa.

   Mi hermana_____.   Se mudó de casa.

   Nosotros_____.   Nos mudamos de casa.

2 *Ellos* nunca se quejan.

   Las muchachas_____.   Nunca se quejan.

   Antonio _____.   Nunca se queja.

```
    mįȧmįgọıyó_____↓              nuŋkanoskehámôs↓
    yo_____↓                      nuŋkamekéhô↓

3   éḷya|syempresebȧŋyatárdê↓
    yo_____↓                      syempremebȧŋyotárdê↓
    misįhos_____↓                 syempresebȧŋyantárdê↓
    nósotros_____↓                syempre|nozbȧŋyamostárdê↓
    eĺıhosé_____↓                 syempresebȧŋyantárdê↓
```

Mi amigo y yo_____.   Nunca nos quejamos.
Yo_____.   Nunca me quejo.

3 *Ella* siempre se baña tarde.
   Yo_____.   Siempre me baño tarde.
   Mis hijos_____.   Siempre se bañan tarde.
   Nosotros_____.   Siempre nos bañamos tarde.
   El y José_____.   Siempre se bañan tarde.

4   élkórónel|sèsyéntaỌyí↓

    yo_____↓   mèsyéntọaỌyí↓

    éỌyos_____↓   sèsyéntanạỌyí↓

    màría_____↓   sèsyéntaỌyí↓

    karlos_____↓   sèsyéntaỌyí↓

5   yó|mèdèspèdidetódòs↓

    karmen_____↓   sèdèspidyodetódòs↓

    éỌyos_____↓   sèdèspidyerondetódòs↓

    mịàmíga_____↓   sèdèspidyodetódòs↓

    mịèrmanạiyó_____↓   nòzdèspèdimozdetódòs↓

---

4   *El Coronel* se sienta allí.

    Yo _____ .   Me siento allí.

    Ellos _____ .   Se sientan allí.

    María_____ .   Se sienta allí.

    Carlos_____ .   Se sienta allí.

5   *Yo* me despedí de todos.

    Carmen_____ .   Se despidió de todos.

    Ellos_____ .   Se despidieron de todos.

    Mi amiga_____ .   Se despidió de todos.

    Mi hermana y yo_____ .   Nos despedimos de todos.

24.21.12 Response drill

	1	ùstéđ|sèsyéntàkì↑ọaí↓	mèsyéntọakí↓
	2	ùsteđès|sèsyéntànàkì↑ọaí↓	nò(s)sèntamoşakí↓
	3	él|sèsyéntàkì↑ọaí↓	élsèsyentakí↓
[àlà(s)syété↓]	4	àkẹora|selebàntạustéđ↓	mèlèbàntọ|àlà(s)syété↓
[àlà(s)syété↓]	5	àkẹora|selebàntanẹnsukásà↓	nòzlèbàntamos|àlà(s)syété↓
[hwàn↓]	6	kyensemuđooèkásà↓	hwan|sèmùđóđèkásà↓
[èlsábàđó↓]	7	kwandosemuđó↓	sèmùđọẹlsábàđó↓
[pórlàmàɲanà↓]	8	sẹàféytanụstéđes|porlanóche↑	nó↓ nòsàféytamos|pòrlàmàɲanà↓

	1	¿Ud. se sienta aquí o ahí?	Me siento aquí.
	2	¿Uds. se sientan aquí o ahí?	Nos sentamos aquí.
	3	¿El se sienta aquí o ahí?	El se sienta aquí.
(a las siete)	4	¿A qué hora se levanta Ud.?	Me levanto a las siete.
(a las siete)	5	¿A qué hora se levantan en su casa?	Nos levantamos a las siete.
(Juan)	6	¿Quién se mudó de casa?	Juan se mudó de casa.
(el sábado)	7	¿Cuándo se mudó?	Se mudó el sábado.
(por la mañana)	8	¿Se afeitan Uds. por la noche?	No, nos afeitamos por la mañana.

[pòrlàmàɲyanà↓]   9 sẹ̀afeytạusteɗ |porlanóchet   nó↓ mẹ̀afeyto |pòrlàmàɲyanà↓

[pòràbyón↓]   10 sèmàreaneʎyos |porbárkot   nó↓ sèmàream |pòràbyón↓

[pòràbyón↓]   11 sèmàreạel |porbárkot   nó↓ sèmàrea |pòràbyón↓

                  12 sèsyentạusteɗ |syemprẹaìt   sí↓ syémpre |mèsyéntọakí↓

                  13 sèsyentạnusteɗes |syemprẹaìt   sí↓ syémpre |nò(s)sèntamos̩akí↓

                  14 sèkambyahosé |muchoɗerrópat   sí↓ sèkambyamúchò↓

                  15 sèkòmfundẹusteɗ |kònlòznómbres̩espaɲyólest   sí↓ mèkòmfundọumpókò↓

                  16 sẹ̀àkwestạusteɗtarɗe |lo(s)sábaɗost sí↓ mẹ̀àkwesto |muytárɗè↓

                  17 sẹ̀àkwestaneʎyostarɗe |lo(s)sábaɗost sí↓ sẹ̀àkwestan |muytárɗè↓

(por la mañana)   9 ¿Se afeita Ud. por la noche?   No, me afeito por la mañana.

(por avión)   10 ¿Se marean ellos por barco?   No, se marean por avión.

(por avión)   11 ¿Se marea él por barco?   No, se marea por avión.

                  12 ¿Se sienta Ud. siempre ahí?   Sí, siempre me siento aquí.

                  13 ¿Se sientan Uds. siempre ahí?   Sí, siempre nos sentamos aquí.

                  14 ¿Se cambia José mucho de ropa?   Sí, se cambia mucho.

                  15 ¿Se confunde Ud. con los nombres españoles?   Sí, me confundo un poco.

                  16 ¿Se acuesta Ud. tarde los sábados?   Sí, me acuesto muy tarde.

                  17 ¿Se acuestan ellos tarde los sábados? Sí, se acuestan muy tarde.

24.21.13 Translation drill

1 Last night we went to bed late.   ånoche |nòsˌàkòstamostárdé↓   Anoche nos acostamos tarde.

2 This morning I got up at ten.   éstàmàŋyana |mèlébànteˌàlazdyéş↓   Esta mañana me levanté a las diez.

3 Yesterday I stayed at home.   àyer |mèkèdenlakásá↓   Ayer me quedé en la casa.

4 They stayed in the city.   éłyos |sèkèdaronˌenlaşyudád↓   Ellos se quedaron en la ciudad.

5 We never complain about anything.   nósótroz |nuŋkanoskehámoz |denádà↓   Nosotros nunca nos quejamos de nada.

6 Now we are used to hearing Spanish   ya |nòsˌàkòstúmbramos |ˌàoɪrablarespaŋyól↓   Ya nos acostumbramos a oír hablar español.
   spoken.

7 She moved last week.   éłya |semudodekasa |làsèmanapasádà↓   Ella se mudó de casa la semana pasada.

8 He didn't say goodbye to us.   nosedespidyo |denosótròs↓   No se despidió de nosotros.

9 Afterward, we got in touch with her.   dèspwez |nòskómúnikamoskonéłyà↓   Después nos comunicamos con ella.

10 I was very happy.   yó |mèàlègremúchó↓   Yo me alegré mucho.

11 I never complain.   yónuŋkamekéhò↓   Yo nunca me quejo.

B. Discussion of pattern

As was pointed out in units 10 and 15, some verbs may appear with direct, some with indirect clitic pronouns. The verbs in the present section appear with a third set of clitic pronouns, called reflexive.

Reflexive clitics always appear identified with the subject of the verb they occur with; i.e., they have the same person and number forms as the subject. Other clitics never refer back to the subject.

Reflexive clitic pronouns may be direct or indirect in function, but they are 'reflexive' in form: that is, although /me/, /nos/ and /te/ look just like direct and indirect clitic forms, /se/ is unique to the reflexive group, and occurs for all 2-3 singular and plural functions. Some of the Spanish reflexive constructions are fairly easy to interpret through English. /sentárse/ 'to sit down' is easily inferred from 'to seat oneself,' /akostárse/ 'to go to bed' from 'to put oneself to bed.' Many times, however, a Spanish construction does not have the support of a possible English construction that is similar, as in the case of /kehárse/ 'to complain.' In English we cannot say 'to complain ourselves.' A verb like /kehárse/ is no less reflexive in Spanish than any other reflexive; it is classified and thought of as being of the same type as /sentárse/.

Translations vary with individual verbs in a reflexive construction, and usually they are quite understandable. There are a couple of patterns, however, that should be illustrated. Occasionally an impersonal or passive construction in English will be the equivalent of a Spanish reflexive construction:

/se─bé ǀke─es─múy─bwéna↓/	It's easy to see she's very good.
/akí─se─ábla─espaŋyól↓/	Spanish is spoken here.

Often a construction similar in type to English 'get ── ed' will equate with a Spanish reflexive construction:

/mi─swégra ǀse─maréa─em─bárko↓/	My mother-in-law gets sick on a boat.
/él─se─bistyó ǀen─médya─óra↓/	He got dressed in half an hour.

Sometimes a verb will be reflexive or not reflexive, with no apparent change in meaning:

/olbidárse/ ∼ /olbidár/	to forget
/desayunárse/ ∼ /desayunár/	to have breakfast

though a difference in meaning may be carried by a change in the function of the reflexive from direct to indirect:

/komí─wébos ǀal─desayúno↓/	I ate eggs for breakfast.
/me─komí─dós─wébos ǀal─desayúno↓/	I ate two eggs for breakfast.

The function of an indirect reflexive clitic in the second sentence is correlated with the fact that the number of eggs eaten is specifically mentioned, whereas it is *not* mentioned in the first. The difference does not appear in translation.

Perhaps a more important translation equivalent is the correlation between a Spanish reflexive clitic and an English possessive adjective to signal possession:

/me‒póngo‒el‒sombréro↓/   I put on my hat.

/téngo‒ke‒kambyárme‒de‒rrópa↓/   I have to change my clothes.

/bámos‒a‒ⱳyebárnos‒el‒kárro↓/   Let's take our car.

This construction is very common in Spanish when referring to an object that is normally considered a 'personal' kind of possession, such as parts of the body, articles of clothing, etc.

Since there is not a one-to-one correspondence of Spanish reflexive constructions to any English construction, the context of the entire sentence usually suggests an appropriate translation equivalent. Note some possibilities of the verb /bestírse/ :

/él‒se‒bistyó|rrápidaménte↓/   'He got dressed quickly.'

/él‒se‒bíste|múy‒byén↓/   'He dresses very well.'

In a verb construction, reflexives always precede other clitics. A full chart of Spanish clitic pronouns, which indicates their position relative to each other, whether preceding or following a verb, is presented below:

		Reflexive	Indirect	Direct
1	sg		me	
	pl		nos	
2 fam			te	
2-3	sg	se	le ⎱(se)⎰	lo (le),la
	pl		les	los, las

As this chart shows, reflexive, indirect, and direct clitic forms are distinguished only in 2-3 person forms; a single form functions in all three categories for all 1 and 2 fam. forms. Direct clitics (in 2-3 forms) distinguish number and gender, indirect distinguish only number (though even this distinction is lost when indirect /se/ appears), and reflexives fail to distinguish either number or gender.

24.21.2   Reflexive clitic pronouns with progressive and periphrastic future verb constructions

A.   Presentation of pattern

ILLUSTRATIONS

I was brushing my teeth.	1 yómestába|límpyandolozdyéntès↓	Yo *me estaba limpiando* los dientes.
_____	2 yoęstába|límpyandomelozdyéntès↓	Yo *estaba limpiándome* los dientes.
But now I'm getting used to everything.	3 pėróya|mèbóyàkòstúmbrandǫ|atódò↓	Pero ya *me voy acostumbrando* a todo.
_____	4 pėróya|bóyàkòstúmbrandomę|atódò↓	Pero ya *voy acostumbrándome* a todo.
My neighbors are going to move.	5 mizbèşinos|sèbánàmúdardekásá↓	Mis vecinos *se van a mudar* de casa.
_____	6 mizbèşinoz|bánàmúdarsedekásá↓	Mis vecinos *van a mudarse* de casa.
I was going to take a shower too.	7 męíbàdar|únàduchà|támbyén↓	*Me iba a dar* una ducha también.
_____	8 íbàdarmę|únàduchà|támbyén↓	*Iba a darme* una ducha también.

24.15   369

EXTRAPOLATION

Progressive				Periphrastic future				
/se/	verb /estár/	/—ndo/ form		/se/	verb /ír/	/a/	infinitive	
	verb /estár/	/—ndo/ form	/se/		verb /ír/	/a/	infinitive	/se/

NOTES

a. Any reflexive clitic, symbolized above by /se/, can appear in a construction preceding the conjugated verb (here /estár/ or /ír/) or following the /—ndo/ form or infinitive.

b. Sometimes, other verbs substitute for /estár/ in progressive constructions.

24.21.21 Substitution drills - Person-number substitution

1   ána |sèstámúɾandoɕekásà↓   sèstámúɾandoɕekásà↓

     hwan _____↓   sèstánmúɾandoɕekásà↓

     misérmanas _____↓   nòséstamoz |múɾandoɕekásà↓

     nòsotroz _____↓   mèstoymúɾandoɕekásà↓

     yo _____↓

1 *Ana* se está mudando de casa.

   Juan _____.   Se está mudando de casa.

   Mis hermanas _____.   Se están mudando de casa.

   Nosotros _____.   Nos estamos mudando de casa.

   Yo _____.   Me estoy mudando de casa.

2 yo|nomestóykehándô↓   nósestaŋkehándô↓

   làzmúchachaz_____↓   nósestakehándô↓

   èlséŋyor_____↓   nónos,estamoskehándô↓

   m1ámig1a1yó_____↓   nósestakehándô↓

   karmen_____↓

3 àntónyo|sest ábistyéndô↓

   yo_____↓   mèstóybistyéndô↓

   màría_____↓   sèstabistyéndô↓

   nòsotroz_____↓   nòs,èstamozbistyéndô↓

   lòzmúchachos_____↓   sèstambistyéndô↓

---

2 *Yo* no me estoy quejando.

   Las muchachas_____.   No se están quejando.

   El señor_____.   No se está quejando.

   Mi amiga y yo_____.   No nos estamos quejando.

   Carmen_____.   No se está quejando.

3 *Antonio* se está vistiendo.

   Yo_____.   Me estoy vistiendo.

   María_____.   Se está vistiendo.

   Nosotros_____.   Nos estamos vistiendo.

   Los muchachos_____.   Se están vistiendo.

4 aná |éstamuɗándósè↓

   hwan _____↓   èstamuɗándósè↓

   miérmana _____↓   èstamuɗándósè↓

   nósotros _____↓   èstamozmuɗándònòs↓

   yo _____↓   èstoymuɗándòmè↓

5 yó |noęstóykehándòmè↓

   làzmúchachaz _____↓   noęstaŋkehándòsè↓

   èlsényor _____↓   noęstakehándòsè↓

   miàmigaiyo _____↓   noęstamoskehándònòs↓

   karmen _____↓   noęstakehándòsè↓

---

4 *Ana* está mudándose.

   Juan _____.   Está mudándose.

   Mi hermana _____.   Está mudándose.

   Nosotros _____.   Estamos mudándonos.

   Yo _____.   Estoy mudándome.

5 *Yo* no estoy quejándome.

   Las muchachas _____.   No están quejándose.

   El señor _____.   No está quejándose.

   Mi amiga y yo _____.   No estamos quejándonos.

   Carmen _____.   No está quejándose.

6 ántónyọ |éstábistyéndòsè↓
   yo_____↓   èstóybistyéndòmè↓
   màriạ_____↓   èstàbistyéndòsè↓
   nòsotros_____↓   èstàmozbistyéndònòs↓
   lòzmùchachos_____↓   èstàmbistyéndòsè↓

7 ána |sèbápónérnerbyósà↓
   éḷyos_____↓   sèban |àpónérnerbyósòs↓
   karmen_____↓   sèba |àpónérnerbyósà↓
   yo_____↓   mèboy |àpónérnerbyósò↓
   nòsotroz_____↓   nòzbamos |àpónérnerbyósòs↓

---

6 *Antonio* está vistiéndose.
   Yo _____ .   Estoy vistiéndome.
   María _____ .   Está vistiéndose.
   Nosotros_____ .   Estamos vistiéndonos.
   Los muchachos_____ .   Están vistiéndose.

7 *Ana* se va a poner nerviosa.
   Ellos _____ .   Se van a poner nerviosos.
   Carmen _____ .   Se va a poner nerviosa.
   Yo_____ .   Me voy a poner nervioso.
   Nosotros_____ .   Nos vamos a poner nerviosos.

8 éḷyos |sèbán̯ake̯dar |enlas̹yud̯ád̯↓

   karmen _____↓   sèbáke̯dar |enlas̹yud̯ád̯↓

   lóspilotos _____↓   sèbán̯ake̯dar |enlas̹yud̯ád̯↓

   él̯tényènte̯iyó _____↓   nòzbámòs̯ake̯dar |enlas̹yud̯ád̯↓

   yó _____↓   mèbóyake̯dar |enlas̹yud̯ád̯↓

9 yomebóy |ad̯èspèd̯irelhwébès↓

   àntonyo _____↓   sèba |ad̯èspèd̯irelhwébès↓

   mị̀ha _____↓   sèba |ad̯èspèd̯irelhwébès↓

   misàmigos _____↓   sèban |ad̯èspèd̯irelhwébès↓

   miswègra̯iyó _____↓   nòzbamos |ad̯èspèd̯irelhwébès↓

---

8 *Ellos* se van a quedar en la ciudad.

   Carmen _____.   Se va a quedar en la ciudad.

   Los pilotos _____.   Se van a quedar en la ciudad.

   El teniente y yo _____.   Nos vamos a quedar en la ciudad.

   Yo _____.   Me voy a quedar en la ciudad.

9 *Yo* me voy a despedir el jueves.

   Antonio _____.   Se va a despedir el jueves.

   Mi hija _____.   Se va a despedir el jueves.

   Mis amigos _____.   Se van a despedir el jueves.

   Mi suegra y yo _____.   Nos vamos a despedir el jueves.

10   ána |báṗónérsénérbyósá↓

     éllyoz_____↓   bán |áṗónérsénérbyósós↓

     kármem_____↓   bá |áṗónérsénérbyósá↓

     yo_____↓   boy |áṗónérménérbyósó↓

     nósótroz_____↓   bamos |áṗónérnóznérbyósós↓

11   éllyoz |bánákédársénlaṣyuḋáḋ↓

     kármem_____↓   bákédársę |enlaṣyuḋáḋ↓

     lóspilótoz_____↓   bánákédársę |enlaṣyuḋáḋ↓

     éltényéntęiyó_____↓   bámósákédárnos |enlaṣyuḋáḋ↓

     yo_____↓   bóyákédármę |enlaṣyuḋáḋ↓

---

10 *Ana* va a ponerse nerviosa.

    Ellos_____.   Van a ponerse nerviosos.

    Carmen_____.   Va a ponerse nerviosa.

    Yo_____.   Voy a ponerme nervioso.

    Nosotros_____.   Vamos a ponernos nerviosos.

11 *Ellos* van a quedarse en la ciudad.

    Carmen_____.   Va a quedarse en la ciudad.

    Los pilotos_____.   Van a quedarse en la ciudad.

    El teniente y yo_____.   Vamos a quedarnos en la ciudad.

    Yo_____.   Voy a quedarme en la ciudad.

12 yo |bóyàdèspèdırmelhwébès↓

    àntonyo_____↓

    mʝıha_____↓

    misàmıgoz_____↓

    miswegrạıyó_____↓

    bá|ạdèspèdırselhwébès↓

    bá|ạdèspèdırselhwébès↓

    bán|àdèspèdırselhwébès↓

    bamos|àdèspèdırnoselhwébès↓

13 eʎyoz |bánàkèhársè|dèspwés↓

    mʝèsposa_____↓

    yo_____↓

    lòspílotoz_____↓

    èltènyente_____↓

    bakehársè|dèspwés↓

    bòyakehármè|dèspwés↓

    banạkehársè|dèspwés↓

    bakehársè|dèspwés↓

---

12 *Yo* voy a despedirme el jueves.

    Antonio _____.

    Mi hija _____.

    Mis amigos_____.

    Mi suegra y yo_____.

    Va a despedirse el jueves.

    Va a despedirse el jueves.

    Van a despedirse el jueves.

    Vamos a despedirnos el jueves.

13 *Ellos* van a quejarse después.

    Mi esposa_____.

    Yo_____.

    Los pilotos_____.

    El teniente_____.

    Va a quejarse después.

    Voy a quejarme después.

    Van a quejarse después.

    Va a quejarse después.

Construction substitution

PROBLEM 1:

ésámúchacha↑sèbístèbyén↓

ANSWER:

ésámúchacha↑sèstábistyéndòbyén↓

ésámúchacha↑èstábistyéndòsèbyén↓

PROBLEM 2:

éὐyos|sèdíbyèrtenmúchò↓

ANSWER:

éὐyoz|sèbánàdibèrtírmúchò↓

éὐyoz|bánàdibèrtírsemúchò↓

PROBLEM 1:

Esa muchacha se viste bien.

ANSWER: Esa muchacha se está vistiendo bien.

Esa muchacha está vistiéndose bien.

PROBLEM 2:

Ellos se divierten mucho.

ANSWER:

Ellos se van a divertir mucho.

Ellos van a divertirse mucho.

1   mįésposa |sèkéha |múchǫ |àórà↓   mįésposa |sèstákèhando |múchǫ |àórà↓

                                              mįésposǫ |èstákèhandose |múchǫ |àórà↓

2   nòsótroz |nòskéɖamos |ènlạófį̧ínạ↑   nòsótroz |nòsȩéstamos |kéɖandǫ |ènlạófį̧ínạ↑ástàmúy

     àstàmuytárɖè↓   tárɖè↓

                                              nòsotros |èstámòskèɖandonos |ènlạófį̧ínạ↑ástàmúy

                                              tárɖè↓

3   yómȩàféyto |ɖozbéşès |àórà↓   yó |mèstóyàfèytando |ɖozbéşès |àórà↓

                                              yó |ȩstóyàfèytandome |ɖozbéşès |àórà↓

4   élⱳa |seponenerbyósà↓   élⱳa |sèstápònyendonerbyósà↓

                                              élⱳạ |èstápònyendosenerbyósà↓

---

1 Mi esposa se queja mucho ahora.   Mi esposa se está quejando mucho ahora.

                                             Mi esposa está quejándose mucho ahora.

2 Nosotros nos quedamos en la oficina hasta muy tarde.   Nosotros nos estamos quedando en la oficina hasta muy tarde.

                                             Nosotros estamos quedándonos en la oficina hasta muy tarde.

3 Yo me afeito dos veces ahora.   Yo me estoy afeitando dos veces ahora.

                                             Yo estoy afeitándome dos veces ahora.

4 Ella se pone nerviosa.   Ella se está poniendo nerviosa.

                                             Ella está poniéndose nerviosa.

5 mėsyéntǫa͡l̨yíↆ   boy│ásėntarmęa͡l̨yíↆ
                                                         mėboy│ásėntara͡l̨yíↆ

6 syémpre│nózdėspėdimoz│dé͡l̨yàↆ   syemprebamos│ådėspėdirnozdé͡l̨yàↆ
                                                         syemprenozbamos│ådėspėdirdé͡l̨yàↆ

7 é͡l̨yos│sėkėdanęnęlkóchėↆ   é͡l̨yoz│bánåkėdarsenęlkóchėↆ
                                                         é͡l̨yos│sėbánåkėdarenęlkóchėↆ

8 ana│sėprę̇ókupamúchoↆ   ana│báprę̇ókúparsemúchoↆ
                                                         ana│sėbáprę̇ókúparmúchoↆ

9 yó│mėdėspidodetódosↆ   yó│bóyådėspėdirme│detódosↆ
                                                         yó│mėbóyådėspėdir│detódosↆ

---

5 Me siento allí.   Voy a sentarme allí.
                                                         Me voy a sentar allí.

6 Siempre nos despedimos de ella.   Siempre vamos a despedirnos de ella.
                                                         Siempre nos vamos a despedir de ella.

7 Ellos se quedan en el coche.   Ellos van a quedarse en el coche.
                                                         Ellos se van a quedar en el coche.

8 Ana se preocupa mucho.   Ana va a preocuparse mucho.
                                                         Ana se va a preocupar mucho.

9 Yo me despido de todos.   Yo voy a despedirme de todos.
                                                         Yo me voy a despedir de todos.

24.21.22 Response drill

	1	ùstéꜩ |sèbásèntáràkìꜩꝗa͜ɖꭹíↆ	mèbóy |asèntárakíↆ
	2	ùstéꜩes |sèbánꜩsèntáràkìꜩꝗa͜ɖꭹíↆ	nòzꜩamos |asèntárakíↆ
	3	ùstéꜩ |báfèytarsꭼ |éstànóchꭼꜛomaꞑyánàↆ	bóyàfèytarmꭼ |èstànóchꭼↆ
	4	él |báfèytarsꭼ |éstànóchꭼꜛomaꞑyánàↆ	báfèytarsꭼ |èstànóchꭼↆ
[naꜩyèↆ]	5	kyénꭼstakehándòsèↆ	naꜩyꭼ |èstákèhándòsèↆ

	1	¿Ud. se va a sentar aquí o allí?	Me voy a sentar aquí.
	2	¿Uds. se van a sentar aquí o allí?	Nos vamos a sentar aquí.
	3	¿Ud. va a afeitarse esta noche o mañana?	Voy a afeitarme esta noche.
	4	¿El va a afeitarse esta noche o mañana?	Va a afeitarse esta noche.
(nadie)	5	¿Quién está quejándose?	Nadie está quejándose.

[àntónyò↓] 6 kyénsestámúdándó↓

[unabéş↓] 7 kwántazbéşes |áldía |ęstás,afeytándòtè↓

[èlsábàdò↓] 8 bámúdarsęantónyǫ |eldómịŋgo↑

[èstànóchè↓] 9 tèbas,afeytártú |aora↑

          10 bánàkòstársęustédes |tárdę |elsábadò⁺

          11 sèbákòstarustéd |tárdę |elsábadò↑

àntónyò |sèstámúdándó↓

èstóyafeytándomę |unabéş↓

nò↓ bámúdarsę |elsábàdò↓

nò↓ mèbóyàfèytár |estanóchè↓

sí |síbamos |àkóstarnostárdè↓

sí |símeboy |àkóstartárdè↓

(Antonio)   6 ¿Quién se está mudando?

(una vez)   7 ¿Cuántas veces al día estás afeitándote?

(el sábado) 8 ¿Va a mudarse Antonio el domingo?

(esta noche) 9 ¿Te vas a afeitar tú ahora?

          10 ¿Van a acostarse Uds. tarde el sábado?

          11 ¿Se va a acostar Ud. tarde el sábado?

Antonio se está mudando.

Estoy afeitándome una vez.

No, va a mudarse el sábado.

No, me voy a afeitar esta noche.

Sí, sí vamos a acostarnos tarde.

Sí, sí me voy a acostar tarde.

24.21.23 Translation drill

1 We're going to move to a pretty house.

bámòs̩àmúd́arnos |a̩únàkasabonítà↓

Vamos a mudarnos a una casa bonita.

2 That boy's going to fall and break his
   head.

ésèmúchacho |sèbákàer↑ib́árrómperse |

lakabés̩à↓

Ese muchacho se va a caer y va a romperse
la cabeza.

3 I'm getting nervous.

mèstóyponyendonerbyósò↓

Me estoy poniendo nervioso.

4 Now I'm shaving late.

àorą |éstóyàfèytandometárdè↓

Ahora estoy afeitándome tarde.

5 We're staying here every afternoon.

nòs̩èstamos |kèd́ándọàkí↑toḍazlastárdès↓

Nos estamos quedando aquí todas las
tardes.

6 Why are you complaining about the
   furniture?

pòrké |sèstakehandọusted́ |delozmwéblès↓

¿Por qué se está quejando Ud. de los
muebles?

7 They are going to change clothes.

éỵoz |bánȧkàmbyarsed̀errópà↓

Ellos van a cambiarse de ropa.

8 It's getting late.

sèstas̩yendotárdè↓

Se está haciendo tarde.

9 We're going to bed.

nózbamos̩àkostár↓

Nos vamos a acostar.

10 When are you going to shave?

kwàndo |sèbàfeytár |ùstéd́↓

¿Cuándo se va a afeitar Ud.?

11 Are you all going to get up late tomorrow?

bán |àlèbàntársètarde |mȧnyanà↑

¿Van a levantarse tarde mañana?

12 Tonight I'm going to bed late.

éstànoche↑mèb́óyàkòstártárdè↓

Esta noche me voy a acostar tarde.

13 He's going to bed late now.

èl |sèstákóstándótàrdę |àórà↓

El se está acostando tarde ahora.

B. Discussion of pattern

Like other clitic pronouns, reflexives normally precede a conjugated verb, but follow an /‑ndo/ form or an infinitive, (or an affirmative command: see Unit 29).

When a progressive construction or a periphrastic future construction occurs, thus yielding a conjugated form and an /‑ndo/ form or an infinitive in a sequence, the clitic may appear either *before* the conjugated form or *after* the nonconjugated form. It apparently makes no difference to the meaning of the resulting verb-clitic construction whether the clitic precedes or follows. The clitic must occur before or after the *whole* construction; it cannot occur *between* the conjugated and nonconjugated verb forms.

/me‑bóy‑a‑labár↓/

/bóy‑a‑labárme↓/   'I'm going to get washed.'

/me‑estóy‑labándo↓/

/estóy‑labándome↓/   'I'm getting washed.'

The freedom of occurrence which the clitic has is confined to the construction which ends with the 'reflexive' verb. In the following examples, the clitic can precede the conjugated verb or follow the first infinitive, but it cannot follow the second, which is added to the 'reflexive' construction and is not properly a part of it.

/me‑bóy‑a‑ponér‑a‑trabahár↓/

/bóy‑a‑ponérme‑a‑trabahár↓/   'I'm going to begin to work.'

One of the differences between present tense and present progressive is particularly noticeable in reflexive constructions. Present tense tends to signal the customary present (an extension into both the past and the future from the strictly logical present, as in 'She dresses real well'). Present progressive tends to signal a more limited reference to present time, with the implication of a change *to* present conditions in the recent past. Note these differences in the translation equivalents of the following paired sentences:

/maría‑se‑bíste‑byén↓/   Mary dresses well (always).

/maría‑se‑está‑bistyéndo‑byén↓/   Mary's starting to dress well (now).

/alísya‑se‑póne‑nerbyósa↓/   Alice gets nervous (always).

/alísya‑se‑está‑ponyéndo‑nerbyósa↓/ Alice is getting nervous (now).

The difference is between the implication of 'always' or 'generally' in the first sentence and 'now' or 'lately' in the second.

These distinctions, however, can be obscured by the occurrence of verb modifiers, which seem to take semantic precedence over the meanings inherent in the tense or construction. Note the modifications in the following examples:

/maría‑se‑bíste‑byén‑aóra↓/   Mary dresses well now (previously didn't).

/maría‑syémpre‑se‑está‑ponyéndo‑nerbyósa↓/   Mary's always getting nervous (habitual).

24.21.3 Expressions for time of day

A. Presentation of pattern

ILLUSTRATIONS

_____	1 kęórąés↓	¿Qué hora es?
It's one o'clock.	2 ęzląunà↓	Es la una.
What time is it?	3 kęóra(s)són↓	¿Qué horas son?
_____	4 sònlàzdoşę↓	Son las doce.
_____	5 sònlàzdoşę│ménoskwártô↓	Son las doce menos cuarto.
It's three minutes to two.	6 sònlàzdoz│ménostrés↓	Son las dos menos tres.
It's four fifteen.	7 sònlàskwatrǫ│ikínşę↓	Son las cuatro y quince.
It's six thirty.	8 sònlà(s)séys│ımédyà↓	Son las seis y media.

EXTRAPOLATION

las-dóşe-ménos-kwárto (kínşe) un-kwárto-para-las-dóşe las-ónşe-ɪ-kwarénta-ɪ-şínko	las-dóşe-ménos-şínko şínko-para-las-dóşe	las-dóşe	las-dóşe-ɪ-şínko	las-dóşe-ɪ-kwárto (kínşe)	las-dóşe-ɪ-médya (tréynta)

NOTES

a. Time is usually expressed from the nearest hour: /ménos/ equals 'before' or 'to', and /ɪ/ equals 'after' or 'past'.

24.21.31 Translation drill

1	What time is it?	kęóra̧és↓	¿Qué hora es?
2	It's one o'clock.	ėzla̧uná̧↓	Es la una.
3	It's five after one.	ėzla̧una̧i̧şínkó↓	Es la una y cinco.
4	It's one thirty.	ėzla̧una̧itréyntá̧↓	Es la una y treinta.
5	It's two o'clock.	sónlá̧zdós↓	Son las dos.
6	It's a quarter after two.	sónlá̧zdosi̧kwártó↓	Son las dos y cuarto.
7	It's two thirty.	sónlá̧zdosi̧médyá̧↓	Son las dos y media.
8	It's two forty-five.	sónlá̧zdos |ikwaréntại̧şínkó↓	Son las dos y cuarenta y cinco.
9	It's three minutes to twelve.	sónlá̧zdoşe |ménostrés↓	Son las doce menos tres.

B. Discussion of pattern

The time is usually asked in Spanish by the question /kęóraés↓/, though this may be pluralized to /kęóra(s)són↓/. The answer 'one o'clock' is /ėsla̧úna↓/, but two o'clock, etc. are /sónlasdós↓/ etc. The article /la/ always appears in the statement; the noun /óra/, which, judging from the question is implied by the /la/, nevertheless never appears.

When an exact hour is not involved, the time is usually calculated from the nearest hour, though an expression like 'a quarter to...' /las—ónşe—ı—kwárénta—ı—şínko↓/ is fairly common.

A twenty-four hour clock is observed in the written schedules of railroads, airlines, in military establishments, etc., but in general conversation the phrase /de—la—maŋyána/ indicates a.m. and /de—la—tárde/ and /de—la—nóche/ indicate p.m.

Notice that /médya/ 'half' is a modifier and agrees with /óra/, but that /kwárto/ 'quarter' is a noun and does not show this agreement.

24.22   Replacement drills

A   bámos |àldèpàrtàmento |deseɲyórast

1   _____niɲyost   bámos |àldèpàrtàmento |deniɲyost

2   _____sèkşyon_____t   bámos |àlàsèkşyon |deniɲyost

3   bóy_____t   bóy |àlàsèkşyon |deniɲyost

4   _____ımformaşyónest   bóy |àlàsèkşyon |deɪmformaşyónest

5   _____òfişina_____t   bóy |àlạòfişina |dɛımformaşyónest

6   prèguntọ |èn_____t   prèguntọ |ènlạòfişina |dɛımformaşyónest

7   _____şéntro_____t   prèguntọ |ènèlşéntro |dɛımformaşyónest

---

A   ¿Vamos al departamento de señoras?

1 ¿_____niños?   ¿Vamos al departamento de niños?

2 ¿_____sección_____?   ¿Vamos a la sección de niños?

3 ¿Voy_____?   ¿Voy a la sección de niños?

4 ¿_____informaciones?   ¿Voy a la sección de informaciones?

5 ¿_____oficina_____?   ¿Voy a la oficina de informaciones?

6 ¿Pregunto eu_____?   ¿Pregunto en la oficina de informaciones?

7 ¿_____centro_____?   ¿Pregunto en el centro de informaciones?

B   yótéŋgo |kèkómprármęumpár↓

1 él_____↓   éltyéne |kèkómprarsęumpár↓

2 _____ȧkèl↓   éltyéne |kèkómprarsę |ȧkelpár↓

3 _____kómprȧrtę____↓   tútyénes |kèkómprȧrtę |ȧkelpár↓

4 _____blúsȧs↓   tútyénes |kèkómprȧrtę |ȧkeⓁyazblúsȧs↓

5 _____Ⓛyebȧrnos____↓   nòsotros |tènemoskeⓁyebȧrnos |ȧkeⓁyaz

                                                           blúsȧs↓

6 éⓁya _____↓   eⓁya |tyénèkeⓁyėbarsę |ȧkeⓁyazblúsȧs↓

7 ____kyéré_____↓   eⓁya |kyéréⓁyėbarsę |ȧkeⓁyazblúsȧs↓

B   Yo tengo que comprarme un par.

1 El_____.   El tiene que comprarse un par.

2 _____aquel.   El tiene que comprarse aquel par.

3 _____comprarte____.   Tú tienes que comprarte aquel par.

4 _____blusas.   Tú tienes que comprarte aquellas blusas.

5 _____llevarnos____.   Nosotros tenemos que llevarnos aquellas blusas.

6 Ella_____.   Ella tiene que llevarse aquellas blusas.

7 ____quiere_____.   Ella quiere llevarse aquellas blusas.

24.35

C   nó↓ èlkálşáḑo |ęstáęṇọtrasekşyón↓

1 _____şáṗatos_____↓   nó↓ lòs(ş)áṗatos |èstánęṇọtrasekşyón↓

2 _____ḑepartaméntò↓   nó↓ lòs(ş)áṗatos |èstánęṇọtroḑepàrtaméntò↓

3 _____móḑistá_____↓   nó↓ làmóḑistà |ęstáęṇọtroḑepartàméntò↓

4 _____tràbáhạ_____↓   nó↓ làmóḑistà |tràbáhạęṇọtroḑepartaméntò↓

5 _____kásà↓   nó↓ làmóḑistà |tràbáhạęṇọtrakásà↓

6 _____bíbè_____↓   nó↓ làmóḑistà |bíbęṇọtrakásà↓

7 _____bárryò↓   nó↓ làmóḑistà |bíbęṇọtrobárryò↓

C   No, el calzado está en otra sección.

1 _, _ zapatos _____.   No, los zapatos están en otra sección.

2 _, _____departamento.   No, los zapatos están en otro departamento.

3 _, _ modista _____.   No, la modista está en otro departamento.

4 _, _____trabaja _____.   No, la modista trabaja en otro departamento.

5 _, _____casa.   No, la modista trabaja en otra casa.

6 _, _____vive_____.   No, la modista vive en otra casa.

7 _, _____barrio.   No, la modista vive en otro barrio.

D   ústéd |kómpra |larrópaͅecha↑

1 _____ bestídos_↑   ústéd |kómpra |lozbestídosͅechos↑

2 ústeͅéͅs _____ ↑   ústeͅéͅs |kómpran |lozbestídosͅechos↑

3 _____ bénden _____↑   ústeͅéͅz |bénden |lozbestídosͅechos↑

4 _____ byéhos↑   ústeͅéͅz |bénden |lozbestídozbyéhos↑

5 _____ rrópa ____↑   ústeͅéͅz |ͅenden |larrópabyéha↑

6 _____ mucha _____↑   ústeͅéͅz |bénden |mucha |rrópabyéha↑

7 _____ artíkuloz __↑   ústeͅéͅz |bénden |muchos |artíkulozbyéhos↑

D   ¿Usted compra la ropa hecha?

1 ¿_____ vestidos _?   ¿Usted compra los vestidos hechos?

2 ¿Ustedes _____? ?   ¿Ustedes compran los vestidos hechos?

3 ¿___ venden _____? ?   ¿Ustedes venden los vestidos hechos?

4 ¿_____ viejos?   ¿Ustedes venden los vestidos viejos?

5 ¿_____ ropa ___?   **¿Ustedes venden la ropa vieja?**

6 ¿_____ mucha ___?   **¿Ustedes venden mucha ropa vieja?**

7 ¿_____ artículos _?   ¿Ustedes venden muchos artículos viejos?

E   nó↓ téṇgǫunamodístá↓

1 _____báryaz_____↓   nó↓ téṇgóbaryazmodístás↓

2 _____íhòs↓   nó↓ téṇgóbaryosíhòs↓

3 sí _____↓   sí↓ téṇgóbaryosíhòs↓

4 _____una_____↓   sí↓ téṇgǫunąíhá↓

5 _____dólár↓   sí↓ téṇgǫundólár↓

6 _____algunoz____↓   sí↓ teṇgǫalgunozdólàrès↓

7 ____traygǫ_____↓   sí↓ traygǫalgunozdólàrès↓

_____

E   No, tengo una modista.   No, tengo una modista.

1 __, _____varias____.   No, tengo varias modistas.

2 __, _____hijos .   No, tengo varios hijos.

3 Sí, _____.   Sí, tengo varios hijos.

4 __, _____una _____.   Sí, tengo una hija.

5 __, _____dólar.   Sí, tengo un dólar.

6 __, _____algunos____.   Sí, tengo algunos dólares.

7 __, traigo _____.   Sí, traigo algunos dólares.

F   lósàrtíkulos |páràkàbá(()yéros |estánabáhò↓   lósàrtíkulos |párạombres |estánạbáhò↓

1   _____ ombres _____↓   làrropa |párạombres |estabáhò↓

2   __rropa _____↓   làrropa |párạombres |estakí↓

3   _____ akí↓   làskosas |párạombres |estánakí↓

4   __kosas _____↓   làskosas |páràninyos |estánakí↓

5   _____ ninyos _____↓   todazlaskosas |páràninyos |estánakí↓

6   todazlas _____↓   todozlosàrtíkulos |páràninyos |estánakí↓

7   __artíkulos _____↓

F   Los artículos para caballeros están abajo.

1   _____ hombres _____.   Los artículos para hombres están abajo.

2   __ropa _____.   La ropa para hombres está abajo.

3   _____ aquí.   La ropa para hombres está aquí.

4   __cosas _____.   Las cosas para hombres están aquí.

5   _____ niños _____.   Las cosas para niños están aquí.

6   Todas las _____.   Todas las cosas para niños están aquí.

7   __artículos _____.   Todos los artículos para niños están aquí.

24.23   Variation drills

A   à0̷ʝı |só̷lǫáybèstıd̷os |àbrıgos̨ısombréròs↓   Allí, sólo hay vestidos, abrigos y sombreros.

    1 There, there're only skirts, blouses,   à0̷ʝı |só̷lǫáyfáldaz |blusas̨ısombréròs↓   Allí, sólo hay faldas, blusas y sombreros.
      and hats.

    2 There, there're only shoes, neckties,   à0̷ʝı |só̷lǫáyş̨ápatos |kórbatas̨ıkamísàs↓   Allí, sólo hay zapatos, corbatas y camisas.
      and shirts.

    3 There, there's only greens, meat and   à0̷ʝı |só̷lǫáybèrd̷uras |kárnę̨ıpeskád̷ò↓   Allí, sólo hay verduras, carne y pescado.
      fish.

    4 There, there's only milk, coffee, and   à0̷ʝı |só̷lǫáyléche |kàfę̨ɪpán↓   Allí, sólo hay leche, café y pan.
      bread.

    5 Here, there's only cold, wind, and   àkı |só̷lǫáyfrío |byèntǫımazbyéntò↓   Aquí sólo hay frío, viento y más viento.
      more wind.

    6 Here, there's only a living room, a   àkı |só̷lǫáy |ùnàsalą |ùndòrmitóryǫɪumbáɲò↓   Aquí sólo hay una sala, un dormitorio y
      bedroom, and a bath.   un baño.

    7 Here you have one, two, three dollars.   àkı |tyénę̨uno |d̷ǫş |trezd̷ólàrès↓   Aquí tiene uno, dos, tres dólares.

B   pérǫàóra |mę̨áş̨èfáltatélà↓   Pero ahora, me hace falta tela.

    1 But now, I need time.   pérǫàóra |mę̨áş̨èfáltatyémpò↓   Pero ahora me hace falta tiempo.

    2 But now, I need help.   pérǫàóra |mę̨áş̨èfáltayúd̷à↓   Pero ahora me hace falta ayuda.

3 And now, I need the price.   ḷáòra|mę́áṣèfáltạelpréṣyò↓   Y ahora me hace falta el precio.

4 And now, I need the visa.   ḷáòra|mę́áṣèfáltalabísà↓   Y ahora me hace falta la visa.

5 And besides, I need a room.   ḷàdèmaz|mę́áṣèfáltạuŋkwártò↓   Y además me hace falta un cuarto.

6 And besides, I need to move.   ḷàdèmaz|mę́áṣèfáltamudármè↓   Y además me hace falta mudarme.

7 And often, I need to be quiet.   ḷàmènudo|mę́áṣèfálta|ẹstártraŋkílò↓   Y a menudo me hace falta estar tranquilo.

C   kisyerạ|ùnàkórbáta|paramımarídò↓   Quisiera una corbata para mi marido.

1 I'd like something special for my husband.   kisyerạ|álgọèspèṣyal|paramımarídò↓   Quisiera algo especial para mi marido.

2 I'd like to be ready by (for) Sunday.   kisyera|ẹstárlısto|parạeldomíŋgò↓   Quisiera estar listo para el domingo.

3 I'd like to be unoccupied by this afternoon. kisyera|ẹstárdèsòkúpado|parạestatárdè↓ Quisiera estar desocupado para esta tarde.

4 I'd like to sell it soon.   kisyera|bènderlopróntò↓   Quisiera venderlo pronto.

5 I'd like to hear it.   kisyerạoírlò↓   Quisiera oírlo.

6 I'd like to arrange it.   kisyerarreglárlò↓   Quisiera arreglarlo.

7 I'd like to look at it.   kisyeramırárlò↓   Quisiera mirarlo.

D   no�↓ ȧlȧsȧliḋa|lozbémòs↓   No, a la salida los vemos.

1 No, on the way out, we'll buy them.   no̓↓ ȧlȧsȧliḋa|loskomprámòs↓   No, a la salida los compramos.

2 No, on the way out, we'll call them.   no̓↓ ȧlȧsȧliḋa|lozⱡyamámòs↓   No, a la salida los llamamos.

3 No, on the way in, we'll see them.   no̓↓ ȧlȧȩntraḋa|lozbémòs↓   No, a la entrada los vemos.

4 No, afterwards we'll introduce them.   no̓↓ dȩspwéz|lospresentámòs↓   No, después los presentamos.

5 Yes, afterwards we'll wait on them.   si̓↓ dȩspwéz|losatendémòs↓   Sí, después los atendemos.

6 Yes, afterwards we'll put them in.   si̓↓ dȩspwéz|lozmetémòs↓   Sí, después los metemos.

7 Yes, we'd better buy them.   si̓↓ mȩhór|loskomprámòs↓   Sí, mejor los compramos.

E   sȯnlȧs(ş)íŋkǫ|ibeyntişíŋkò↓   Son las cinco y veinticinco.

1 It's five thirty.   sȯnlȧs(ş)íŋkǫiméḋyȧ↓   Son las cinco y media.

2 It's ten past six.   sȯnlȧ(s)séysiḋyéş↓   Son las seis y diez.

3 It's a quarter past nine.   sȯnlȧznweḃȩikwártò↓   Son las nueve y cuarto.

4 It's twenty past two.   sȯnlȧzḋosiḃéyntè↓   Son las dos y veinte.

5 It's twenty past twelve.   sónlázdoseıbéyntè↓   Son las doce y veinte.

6 It's a quarter to four.   sónláskwatro|menoskwártô↓   Son las cuatro menos cuarto.

7 It's a quarter to one.   èzláuna|menoskwártô↓   Es la una menos cuarto.

F   sinónozdamosprisa↑senósasetárdè↓   Si no nos damos prisa, se nos hace tarde.

1 If we don't hurry, it'll get very late on us.   sinónozdamosprisa↑senósase|muytárdè↓   Si no nos damos prisa, se nos hace muy
                                                                                            tarde.

2 If we don't hurry, we'll arrive late.   sinónozdamosprisa↑(l)yégamostárdè↓   Si no nos damos prisa, llegamos tarde.

3 If we don't hurry, we won't arrive on time. sinónozdamosprisa↑nó(l)yégamos̩atyémpó↓   Si no nos damos prisa, no llegamos a tiempo.

4 If we hurry, we'll arrive on time.   sinózdamosprisa↑(l)yégamos̩atyémpó↓   Si nos damos prisa, llegamos a tiempo.

5 If we leave soon, we'll get there on the   sisálimospronto↑(l)yégamos̩alaórà↓   Si salimos pronto, llegamos a la hora.
   dot (at the hour).

6 If we leave soon, we'll get there early.   sisálimospronto↑(l)yégamostempránò↓   Si salimos pronto, llegamos temprano.

7 If we eat soon, we'll get there on time.   sikómemospronto↑(l)yégamos̩atyémpó↓   Si comemos pronto, llegamos a tiempo.

24.24   Review drill — Gender class assignment of certain nouns — I

1 The pencil is here.	ê(l)lápiṣ│estákí↓	El lápiz está aquí.
2 The taxi is here.	êltáksi│ẹstákí↓	El taxi está aquí.
3 The check is here.	êlchékẹ│estákí↓	El cheque está aquí.
4 The trunk is here.	êlbául│estákí↓	El.baúl está aquí.
5 The suit is here.	êltráhẹ│estákí↓	El traje está aquí.
6 The colonel is here.	êlkórónel│estákí↓	El coronel está aquí.
7 The boss is here.	êlhéfẹ│estákí↓	El jefe está aquí.
8 The elevator is here.	êlás(ṣ)ênsór│estákí↓	El ascensor está aquí.
9 The handbag is here.	êlmálétín│estákí↓	El maletín está aquí.
10 The luggage is here.	êlékípahẹ│estákí↓	El equipaje está aquí.
11 The ticket is here.	êlbi(l)yétẹ│estákí↓	El billete está aquí.
12 The ham is here.	êlhámón│estákí↓	El jamón está aquí.
13 The dessert is here.	êlpóstrẹ│estákí↓	El postre está aquí.

14 The base looks good.   lábase |paréṣebwénà↓   La base parece buena.

15 The section looks good.   lásékṣyom |paréṣebwénà↓   La sección parece buena.

16 The inspection looks good.   laínspékṣyom |paréṣebwénà↓   La inspección parece buena.

17 The information looks good.   laimfòrmáṣyom |paréṣebwénà↓   La información parece buena.

18 The people look good.   láhente |paréṣebwénà↓   La gente parece buena.

19 The room looks good.   lábitàṣyom |paréṣebwénà↓   La habitación parece buena.

20 The city looks good.   láṣyúdad |paréṣebwénà↓   La ciudad parece buena.

21 The mission looks good.   lámísyom |paréṣebwénà↓   La misión parece buena.

22 The tower looks good.   látorre |paréṣebwénà↓   La torre parece buena.

23 The street looks good.   lákaɟe |paréṣebwénà↓   La calle parece buena.

24 The order looks good.   laórdem |paréṣebwénà↓   La orden parece buena.

25 The meat looks good.   lákarne |paréṣebwénà↓   La carne parece buena.

26 The milk looks good.   láléche |paréṣebwénà↓   La leche parece buena.

27 The salt looks good.   lásal |paréṣebwénà↓   La sal parece buena.

24.3   CONVERSATION STIMULUS

NARRATIVE 1

1 It's early. It's only eight o'clock.	éstempránò↓ sònàpénaz │las̞óchò↓	Es temprano. Son apenas las ocho.
2 But Bob and Jean have to get up.	pèróbòbiɥin │tyénéŋkelebantársè↓	Pero Bob y Jean tienen que levantarse.
3 Even though they went to bed very late last night.	áyŋkẹánòcheɬ s̞ẹàkóstaron │múytárɖè↓	Aunque anoche se acostaron muy tarde.
4 They have to go buy some clothes for the children.	tyénéŋkẹir │àkòmprárlez │rropaloznínɥòs↓	Tienen que ir a comprarles ropa a los niños.
5 The children haven't got (a thing) to wear.	lóznińɥoz │nòtyénéŋkeponérsè↓	Los niños no tienen qué ponerse.
6 Bob doesn't want to go.	bòb │nòkyerẹír↓	Bob no quiere ir.
7 He wants to stay home.	kyérèkèɖarsẹ │enlakásà↓	Quiere quedarse en la casa.
8 But he has to go.	pèròtyenekẹír↓	Pero tiene que ir.
9 Because his wife tells him that he also needs a couple of suits.	pórkèsɥèspósa │lèɖiʂẹ │kẹàel │ tàmbyenlẹas̞emfaltạ │umpárɖetráhès↓	Porque su esposa le dice que a él también le hacen falta un par de trajes.

DIALOG 1

Jean, dígale a Bob que son las ocho, que
   Uds. tienen que levantarse.

sónlàsͺochŏ |bób↓ tènémos |kélèbántárnòs↓

Jean: Son las ocho, Bob. Tenemos que
      levantarnos.

Bob, pregúntele que por qué tan temprano.
   Dígale que anoche se acostaron muy tarde.

pórkétantempránò↓ ànóche |nòsͺàkóstámoz |

múytardè↓

Bob: ¿Por qué tan temprano? Anoche
      nos acostamos muy tarde.

Jean, dígale que tienen que ir a comprarles
   ropa a los niños. Que no tienen qué
   ponerse.

tènémoskͺeir |àkómprárlezrrópͺa |àlóznínͪyòs↓

nótyeneŋ |kèpónérsè↓··

Jean: Tenemos que ir a comprarles ropa a
      los niños. No tienen qué ponerse.

Bob, pregúntele que por qué no va ella con
   ellos. Dígale que Ud. se queda.

pórkénͺobastú |kònͤélͺyòs↓ yomekédò↓

Bob: ¿Por qué no vas tú con ellos? Yo me
      quedo.

Jean, contéstele que porque a él también
   le hacen falta un par de trajes.

pórkͺeàti |tàmbyéntͺeͺasͺemfáltͺa |umpárdetráhès↓

Jean: Porque a ti también te hacen falta
      un par de trajes.

NARRATIVE 2

1 Bob hasn't dressed yet.

·bób |nòsͺeabestídò |tódàbíà↓

Bob no se ha vestido todavía.

2 And breakfast is on the table.

ͺͤeldèsͺáyuno |ͺestaͤenlamésà↓

Y el desayuno está en la mesa.

3 There isn't any hot water.

nͺoͺayͺagwakalyéntè↓

No hay agua caliente.

4 And Bob doesn't want to shave or bathe
   in cold water.

ibͺob |nòkyerͺeͺafeytárse |nìbáͤnͪyárse |

konͺagwafríà↓

Y Bob no quiere afeitarse ni bañarse con
      agua fría.

5 Jean tells him that he has to hurry.

yínleđişe |kêtyéne |kêđarseprísà↓

Jean le dice que tiene que darse prisa.

6 Then, he says it's all right.

éntónşes |êldişe |kêstabyén↓

Entonces él dice que está bien.

7 That he'll bathe and shave later.

kêsébaŋyạ |işẹȧfeytađespwés↓

Que se baña y se afeita después.

DIALOG 2

Jean, pregúntele a Bob si no se ha vestido
todavía, y dígale que el desayuno está
en la mesa.

nótẹȧzbêstíđo |tođabíȧ↑ éldèsȧyúno |
ẹstaẹnlamésà↓

Jean: ¿No te has vestido todavía? El
desayuno está en la mesa.

Bob, dígale que no puede bañarse, que no
hay agua caliente.

nópweđobaŋyarmê↓ nọȧyạgwakalyéntê↓

Bob: No puedo bañarme. No hay agua
caliente.

Jean, pregúntele si no puede bañarse con
agua fría. Dígale que por favor, que Uds.
tienen que darse prisa.

nópweđezbaŋyárte |konạgwafríȧ↑ porfabór↓
tênemos |kêđárnòsprisà↓

Jean: ¿No puedes bañarte con agua fría?
Por favor, tenemos que darnos
prisa.

Bob, dígale que está bien. Que se baña y se
afeita después.

êstabyén↓ mêbaŋyọ |ímẹȧfeytođespwés↓

Bob: Está bien. Me baño y me afeito
después.

NARRATIVE 3

1 The Harrises are at the store.

lòsharrís |estanẹnlatyéndà↓

Los Harris están en la tienda.

2 Jean looks horrible with a hat she's
trying on.

yín |sêbéọrríble |kònúnsòmbrero |kesestá
prot́ándô↓

Jean se ve horrible con un sombrero que
se está probando.

3 Besides, the hat costs thirty pesos.

àđêmas |élsòmbrerokwestá |tréyntạpésòs↓

Además, el sombrero cuesta treinta pesos.

4 And she has bought three already.

ịẹꭥyaꭲya |sẹákòmpraḋotrés↓

Y ella ya se ha comprado tres.

5 They don't buy anything else, then; that's all.

nòkompran |naḋamás |èntónșès↓ esọestóḋò↓

No compran nada más, entonces; eso es todo.

6 Then they go home.

lwégo |sèbamparalakásà↓

Luego se van para la casa.

DIALOG 3

Jean, pregúntele a Bob que cómo se ve Ud. con este sombrero.

komomebéó |kònẹstèsòmbrérò↓

Jean: ¿Cómo me veo con este sombrero?

Bob, pregúntele que cuánto cuesta.

kwántokwéstà↓

Bob: ¿Cuánto cuesta?

Jean, dígale que treinta pesos, apenas.

tréyntapésòs |àpénàs↓

Jean: Treinta pesos, apenas.

Bob, dígale que se ve horrible. Que además ya se ha comprado tres.

tèbes |òrríblè↓ àdèmaz |ya |tẹáskòmpraḋo trés↓

Bob: Te ves horrible. Además, ya te has comprado tres.

Jean, dígale que tiene razón. Que eso es todo, entonces. Pregúntele si se van ya.

tyenezrrașón↓ esọestóḋọ |èntónșès↓ nózbamozyaꭲ

Jean: Tienes razón. Eso es todo, entonces. ¿Nos vamos ya?

Bob, contéstele que sí, que ¡por favor!

sı |pòrfàbór↓

Bob: Sí, ¡por favor!

24.4   READINGS

24.40   List of cognate loan words

extendió (extender)	[èstèndyó↓ èstèndér↓]
expresar	[èsprèsár↓]
la claridad	[là‑klàridàd↓]
los tópicos	[lòs‑tópikòs↓]
la política	[là‑pòlitikà↓]
internacional	[intèrnàşyònál↓]
respectivos	[rrèspèktibòs↓]
permita (permitir)	[pèrmità↓ pèrmitír↓]
servir	[sèrbír↓]
la recepción	[là‑rrèşèpşyón↓]
la pausa	[là‑pàwsà↓]

24.41   Reading selection

Los Fuentes se Despiden

La visita se extendió hasta casi medianoche. Ricardo y Marta no habían pensado quedarse tan tarde porque sabían que la primera visita a la casa de una familia que uno acaba de conocer nunca debe ser larga. Pero eran los Robinson, especialmente Fred, quienes no los dejaban irse. Aunque a Fred le costaba bastante expresarse con claridad en español, pudo conversar con don Ricardo sobre muchos tópicos, tales como las relaciones entre su país y Surlandia, política internacional en general, y otros. Las señoras conversaron sobre cosas más interesantes para ellas; hablaron de sus respectivos hijos, sobre los problemas del servicio, de la otra gente que vivía en el barrio, etc. Pero por fin, viendo que en realidad se estaba haciendo demasiado tarde, los Fuentes se levantaron para despedirse.

—No se pueden ir todavía—dijo Fred al ver que querían irse —no es tarde; permítanme servirles otra copa.

—No, muchas gracias, más bien creo que ahora sí debemos irnos. Hemos tenido muchísimo gusto de conocerlos y ya saben que nuestra casa está a su disposición. Cualquier cosa que necesiten, avísenos.

—Muy agradecidos, igualmente. Y tienen que volver muy pronto—exclamó Virginia.

—Con mucho gusto—dijo Marta—y ustedes también deben venir a vernos. ¿Por qué no vienen a comer con nosotros uno de estos días y traen a Jane y a Ruth también? Este sábado, por ejemplo.

—Muchas gracias, nosotros encantados—contestó Virginia—sólo que este sábado no podemos, tenemos una recepción en la Embajada; los otros días de esta semana Fred tiene que quedarse trabajando hasta tarde en la oficina, pero la semana que viene, cualquier día.

—Magnífico. ¿Qué les parece el jueves o el viernes?

—Muy bien, muchas gracias. ¿Te parece bien a ti, Fred?—le preguntó su esposa.

—Sí, cómo no, cualquiera de los dos días, aunque para mí es un poco mejor el viernes.

—El viernes, entonces. Yo los llamo antes otra vez para que no se les olvide—exclamó Marta, y después de una pequeña pausa dijo: Bueno, ahora sí nos vamos. Buenas noches y mil gracias por todo.

—A ustedes las gracias, hasta mañana.

24.42   Response drill

1 ¿Hasta qué hora se extendió la visita?

2 ¿Por qué no habían pensado los Fuentes hacer tan larga la visita?

3 ¿De cuánto tiempo, más o menos, deben ser las primeras visitas?

4 ¿Por qué se quedaron tan tarde?

5 ¿Le costaba a Fred expresarse en español?

6 ¿Conversó él de política internacional con Ricardo?

7 ¿De qué otros tópicos conversaron ellos?

8 ¿Por qué no hablaron las señoras de política internacional?

9 ¿De qué conversaron ellas?

10 ¿Por qué no quiso Ricardo tomar otra copa?

11 ¿Los Fuentes invitaron a los Robinson a comer o a almorzar a su casa?

12 ¿Invitaron sólo a los señores o a sus hijas también?

13 ¿Por qué no pueden los Robinson ir esta semana?

14 ¿Para cuál día de la otra semana los invitaron?

15 ¿Cuál de los dos días es mejor para Fred, el jueves o el viernes?   24.51

25.1   BASIC SENTENCES.   A visa interview.

John White is at the Consulate, interviewing a gentleman who wants a visa.

ENGLISH SPELLING	AID TO LISTENING	SPANISH SPELLING
the visa	là-bisá↓	la visa
Gentleman I'd like a visa for the United States.	kisyeráunabisa|pàràlòsèstàdos̥unídòs↓	*Señor* Quisiera una visa pàra los Estados Unidos.
the purpose	èl-propósitò↓	el propósito
White What's the purpose of your trip?	kwáleselpropósito|desubyáhè↓	*White* ¿Cuál es el propósito de su viaje?
over there	àⁿya↓	allá
Gentleman I want to go live there.	dèséoirmę|àbíbiraⁿyá↓	*Señor* Deseo irme a vivir allá.
the immigrant	èl-ìnmigrantè↓	el inmigrante
White Then you need an immigrant visa.	èntonsez↑nès̥èsita|ùnàbisadęinmigrántè↓	*White* Entonces necesita una visa de inmigrante.
to be born	nàs̥er↓	nacer
Where were you born?	dóndenas̥yó↓	¿Dónde nació?

the father	èl‒páđrè↓	el padre
the parents	lòs‒páđrès↓	los padres

Gentleman
Here. And my parents also.

àkí↓ imispáđres│tambyén↓

Señor
Aquí. Y mis padres también.

White
Are you going with your family?

sèba│kònsúfámílya↑

White
¿Se va con su familia?

divorced (to divorce)	dibòrşyáđò↓ dibòrşyár↓	divorciado (divorciar)

Gentleman
No. I'm divorced and have no children.

nó↓ sóyđibòrşyáđo│isiníhòs↓

Señor
No. Soy divorciado y sin hijos.

White
What part of the country do you want to go to?

àképartè│kyérẹír↓

White
¿A qué parte quiere ir?

Gentleman
Los Angeles, California. [1]

àlòs,aŋhèlès│kàlifórnyà↓

Señor
A Los Angeles, California.

at what	èŋ‒ké↓	en qué

White
What do you intend to work at? [2]

èŋképyénsàtrabahár↓

White
¿En qué piensa trabajar?

the engineer	èl‒iŋhènyérò↓	el ingeniero

Gentleman
I'm an engineer.

sóy│iŋhènyérò↓

Señor
Soy ingeniero.

the work	èl—tràbàhó↓	el trabajo

White
Do you already have a job?

yátyénetrabahó↑

White
¿Ya tiene trabajo?

the money	èl—dínéró↓	el dinero
some money	álgo—de—dinéró↓	algo de dinero

Gentleman
Not yet. But I'm taking a fair amount of money [3]

tódàbìanó↓ péróⓁyèbǫ|álgòdedinéró↓

Señor
Todavía no. Pero llevo algo de dinero.

White
How much are you taking?

kwántoⓁyébà↓

White
¿Cuánto lleva?

Gentleman
Three thousand dollars.

trézmìldólàrès↓

Señor
Tres mil dólares.

itself to me (it) forgot (to forget)	sè—mę—ólbidó↓ ólbidàrsè↓	se me olvidó (olvidarse)
the surname	èl—àpéⓁyidó↓	el apellido

White
Excuse me, but I've forgotten your last name. [4]

pèrdóne|sènyór↓ pèrósèmęólbidó|
sųapeⓁyídó↓

White
Perdone señor, pero se me olvidó su apellido.

Señor
Moreno Rojas. My full name is José Luis Moreno Rojas.

mòrénorróhàs↓ mínómbrekómplétǫtés
hóselwiz|mòrénorróhàs↓

Señor
Moreno Rojas. Mi nombre completo es José Luis Moreno Rojas.

25.10   Notes on the basic sentences

(1) Note that in Spanish the preposition /a/ *a*, which was part of the question, /aképárte/ *a qué parte*, must be repeated in the answer, /alosánheles/ *a Los Angeles*. In English the preposition is ordinarily *not* repeated in this situation.

(2) Your attention is called to the preposition /en/ *en* used with working. A similar use of /en/ is this one:

/enkétrabáhaustéd/   *¿En qué trabaja usted?*   'What do you do for a living?'

(3) Note especially the use of the verb /ꙩyebár/ *llevar* in the everyday garden-variety meaning 'take.' Americans at first tend to translate using /tomár/ *tomar*. One student once remarked that he could remember the distinction easily because /ꙩyebár/ means 'carry,' and he as a southerner was accustomed to using 'carry' in that sense: 'I'll be glad to carry you all home after work.'

(4) This construction is taken up immediately in the drills.

25.2   DRILLS AND GRAMMAR

25.21   Pattern drills

25.21.1   Reflexive and indirect clitic pronouns in the same construction

A. Presentation of pattern

ILLUSTRATIONS

_____	1 sémêkàyó |ụnàtáṣàdêkáfé |ɨsemerrompyóↆ	*Se me* cayó una taza de café y *se me* rompió.
_____	2 sémẹólbídó |sụapeꙩyídóↆ	*Se me* olvidó su apellido.
We forgot the ad.	3 sénósólbídó |ẹlanúnṣyóↆ	*Se nos* olvidó el anuncio.
We dropped the coins.	4 sénóskàyéron |lazmonédàsↆ	*Se nos* cayeron las monedas.

25.4

409

Did you drop this pen?	5	sėtėkåyo |ęstaplumaↄ	¿*Se te* cayó esta pluma?
Did you forget the pencils?	6	sėtęólbidaron|lozlápiṣeſↄ	¿*Se te* olvidaron los lápices?
Did you leave anything in the house?	7	sėlėkėdoalgǫ |enlakasaↄ	¿*Se le* quedó algo en la casa?
Martha left the gift at the office.	8	åmarta|sėlėkėdó |ęlrrėgálǫenląofiṣínà↓	A Marta *se le* quedó el regalo en la oficina.
Did you all forget about the inspection?	9	åųstedės |sėlėsólbido|lódėląinspėkṣyonↄ	¿A ustedes *se les* olvidó lo de la inspección?
Did they forget the name of the officer?	10	ąeⱡⱡyòs|sėlėsólbido|ęlnombredelofiṣyalↄ	¿A ellos *se les* olvidó el nombre del oficial?

EXTRAPOLATION

		Reflexive	Indirect
1	sg	—	me
	pl	—	nos
2 fam		—	te
2-3	sg	se	le
	pl		les

a. This typical Spanish construction transposes the subject of an equivalent English sentence to an indirect object.

b. The English object is expressed as a Spanish subject, showing the usual number agreement with the verb.

c. The reflexive clitic is indispensable in the Spanish construction, but has no equivalent in the English sentence.

d. In this Spanish construction, only 'things' occur as subjects (in 3rd person), so 1 and 2 reflexive clitics never occur.

25.21.11 Substitution drills — Person number substitution

1   àmí|sèmęólbiđolaⓁyábè↓

    àhwan_____↓   sèlęólbiđolaⓁyábè↓

    ánósotros_____↓   sènósólbiđolaⓁyábè↓

    àkarmen_____↓   sèlęólbiđolaⓁyábè↓

    àęⓁyos_____↓   sèlésólbiđolaⓁyábè↓

---

1 *A mí* se me olvidó la llave.

    A Juan_____.   Se le olvidó la llave.

    A nosotros_____.   Se nos olvidó la llave.

    A Carmen_____.   Se le olvidó la llave.

    A ellos_____.   Se les olvidó la llave.

2 <u>ålkôrónél|sèlèkåyéronlaskópås↓</u>

   åmí_____↓   sèmèkåyéronlaskópås↓

   ålô(s)sèŋyóres_____↓   sèlèskåyéronlaskópås↓

   ålmúchacho_____↓   sèlèkåyéronlaskópås↓

   ånósótros_____↓   sènòskåyéronlaskópås↓

3 <u>ånósótros|sènòzrrómpyoẹlbaúl↓</u>

   åmí_____↓   sèmèrrómpyoẹlbaúl↓

   ålwísa_____↓   sèlèrrómpyoẹlbaúl↓

   ålòzmúchachos_____↓   sèlèzrrómpyoẹlbaúl↓

   åhósé_____↓   sèlèrrómpyoẹlbaúl↓

---

2 *Al coronel* se· le cayeron las copas.

   A mí_____.   Se me cayeron las copas.

   A los señores_____.   Se les cayeron las copas.

   Al muchacho_____.   Se le cayeron las copas.

   A nosotros_____.   Se nos cayeron las copas.

3 *A nosotros* se nos rompió el baúl.

   A mí_____.   Se me rompió el baúl.

   A Luisa_____.   Se le rompió el baúl.

   A los muchachos_____.   Se les rompió el baúl.

   A José_____.   Se le rompió el baúl.

4 àlwísa|sèl̯e̯ólbíɗaronlasfótòs↓
   àmı̒ _____↓   sèm̯e̯ólbíɗaronlasfótòs↓
   àltén, yénte _____↓   sèl̯e̯ólbíɗaronlasfótòs↓
   ạe̯l̯l̯y̯os _____↓   sèl̯èsɓlbíɗaronlasfótòs↓
   ànósotros _____↓   sèn̯ósɓlbíɗaronlasfótòs↓

5 ànósotros|sèn̯óskàɣólamalétà↓
   ạe̯l̯l̯y̯os _____↓   sèl̯èskàɣólamalétà↓
   àmìsàmı̒gos _____↓   sèl̯èskàɣólamalétà↓
   àmı̒ıho _____↓   sèl̯èkàɣólamalétà↓
   àmínóbya _____↓   sèl̯èkàɣólamalétà↓

---

4 *A Luisa* se le olvidaron las fotos.
   A mí _____.   Se me olvidaron las fotos.
   Al teniente _____.   Se le olvidaron las fotos.
   A ellos _____.   Se les olvidaron las fotos.
   A nosotros _____.   Se nos olvidaron las fotos.

5 *A nosotros* se nos cayó la maleta.
   A ellos _____.   Se les cayó la maleta.
   A mis amigos _____.   Se les cayó la maleta.
   A mi hijo _____.   Se le cayó la maleta.
   A mi novia _____.   Se le cayó la maleta.

Number substitution

1 sèmęólbìɗolakorbátàↆ   sèmęólbìɗaronlaskorbátàsↆ

2 sèlèrrómpyeronlos(ş)apátòsↆ   sèlèrrómpyoęlşapátòↆ

3 sènòșólbìɗoęlnómbrèↆ   sènòșólbìɗaronloznómbrèsↆ

4 sèlèrrómpyolakamísàↆ   sèlèrrómpyeronlaskamísàsↆ

5 sèlèskàyeronlozbaúlèsↆ   sèlèskàyoęlbaúlↆ

6 sèmèkàyólafótòↆ   sèmèkàyeronlasfótòsↆ

7 sèlęólbìɗoęlabrígòↆ   sèlęólbìɗaronloșabrígòsↆ

---

1 Se me olvidó *la corbata*.   Se me olvidaron las corbatas.

2 Se le rompieron *los zapatos*.   Se le rompió el zapato.

3 Se nos olvidó *el nombre*.   Se nos olvidaron los nombres.

4 Se le rompió *la camisa*.   Se le rompieron las camisas.

5 Se les cayeron *los baúles*.   Se les cayó el baúl.

6 Se me cayó *la foto*.   Se me cayeron las fotos.

7 Se le olvidó *el abrigo*.   Se le olvidaron los abrigos.

25.21.12 Response drill

1 àustéd↓sèlęólbiđa |minómbrę↑omⱬapeⱲyiđó↓   sèmęólbiđa |syàpèⱲyiđó↓

2 ąél↓sèlęólbiđa |minómbrę↑omⱬapeⱲyiđó↓   sèlęólbiđa |syàpèⱲyiđó↓

[ąél↓]   3 àkyén |selekayéronloⱬlíbròs↓   ąel |sèlèkàyéròn↓

[àmɪ↓]   4 àkyén |selęolbiđáronlazⱲyábès↓   àustéd |sèlęólbiđáròn↓

[ęⱲlápiş↓] 5 késelekayó |ąél↓   sèlèkàyó |ęⱲlápiş↓

[làkàmɪsà↓] 6 késelerrompyó |austéd↓   sèmèrrómpyó |làkàmɪsà↓

[làlèkşyón↓]7 késeles olbiđ austédès↓   sènós olbiđa |làlèkşyón↓

---

1 ¿A Ud. se le olvida mi nombre o mi apellido?   Se me olvida su apellido.

2 ¿A él se le olvida mi nombre o mi apellido?   Se le olvida su apellido.

(a él)   3 ¿A quién se le cayeron los libros?   A él se le cayeron.

(a mí)   4 ¿A quién se le olvidaron las llaves?   A Ud. se le olvidaron.

(el lápiz) 5 ¿Qué se le cayó a él?   Se le cayó el lápiz.

(la camisa) 6 ¿Qué se le rompió a Ud.?   Se me rompió la camisa.

(la lección)7 ¿Qué se les olvida a Uds.?   Se nos olvida la lección.

[ĕⱳlápiş↓] 8 sĕlĕkáyo|ạel|ĕⱳlíbro↑   nó↓ sĕlĕkáyo|ĝⱳlápiş↓

[lózlíbrôs↓] 9 sĕlĕskáyeron|ạeⱳyoz|lózlápişes↑   nó↓ sĕlĕskáyeron|lózlíbrôs↓

10 sĕlĕsólbiảan|ảustéảez|misảpeⱳyiảos↑   si↓ syempre|senosọlbíảan↓

11 sĕlẹólbiảan|ảustéả|misảpeⱳyiảos↑   si↓ syempre|semẹolbíảan↓

12 sĕmẹólbiảan|ảmi|sùsảpeⱳyiảos↑   si↓ támbyen|selẹolbíảan↓

13 sĕlĕrrompen|ảusteảsyempre|lózlíbros↑   si↓ syempre|semerrómpên↓

14 sĕlĕskáen|ảustéảez|làzⱳyabeşenẹlkarro↑   si|sisenoskáên↓

15 sĕlĕkáẹ|akármen|làtáşa↑   si|siselekáệ↓

(el lápiz) 8 ¿Se le cayó a él el libro?   No, se le cayó el lápiz.

(los libros) 9 ¿Se les cayeron a ellos los lápices?   No, se les cayeron los libros.

10 ¿Se les olvidan a Uds. mis apellidos?   Sí, siempre se nos olvidan.

11 ¿Se le olvidan a Ud. mis apellidos?   Sí, siempre se me olvidan.

12 ¿Se me olvidan a mi sus apellidos?   Sí, también se le olvidan.

13 ¿Se le rompen a Ud. siempre los libros?   Sí, siempre se me rompen.

14 ¿Se les caen a Uds. las llaves en el carro?   Sí, sí se nos caen.

15 ¿Se le cae a Carmen la taza?   Sí, sí se le cae.

25.21.13 Translation drill

1 Carmen's blouse got torn.

àkármen |sèlèrrómpyólablúsà↓

A Carmen se le rompió la blusa.

2 Two cups of Jose's got broken.

àhóse |sèlèrrómpyéron |dostáȿàs↓

A José se le rompieron dos tazas.

3 My overcoat got torn.

àmi |sèmèrrómpyoҽlabrígò↓

A mí se me rompió el abrigo.

4 Ma'am, you dropped something.

sèņyòrà↓ sèlèkáyó |algò↓

Señora, se le cayó algo.

5 Sir, did you drop these checks?

sèņyór↓ sèlèkáyeron |estoschekes↑

Señor, ¿se le cayeron estos cheques?

6 I never drop anything.

àmi↑nuņka |semekaenáɗà↓

A mí nunca se me cae nada.

7 We forgot our hats.

ànósotros |sènòs،òlbìɗaronlo(s)sombréròs↓

A nosotros se nos olvidaron los sombreros.

8 Do you forget Latin names?

sèlҽòlbìɗanaụsteɗ |lòznómbrezlatínos↑

¿Se le olvidan a Ud. los nombres latinos?

9 Darn it! I dropped the ashtray.

kàrambà↓sèmèkáyoҽlȿeniȿérò↓

¡Caramba!, se me cayó el cenicero.

10 The little boy tore his shirt.

àlchiko |sèlèrrómpyólakamísà↓

Al chico se le rompió la camisa.

11 Have you all forgotten anything?

sèlès،aҩlbìɗaɗҩ |algo↑

¿Se les ha olvidado algo?

12 What did you all forget?

késelès،ҩlbìɗó↓

¿Qué se les olvidó?

13 Have we dropped anything?

sènòs،ákaìɗҩ |algo↑

¿Se nos ha caído algo?

B. Discussion of pattern

The construction drilled in this section is as typical for Spanish as it is strange for English. So even though its mastery is unusually difficult for English speaking students, and even though there are other ways (more similar to English constructions) of expressing the content of sentences that occur in this construction, it is still very important to learn to use it easily.

There is an almost complete transposition of elements in this construction (from the point of view of English). In English we say: 'I broke the cup,' which in Spanish is 'The cup broke itself to (for, on) me.' It is tempting to try to read a desire for evasion of responsibility into the Spanish construction, and perhaps saying it in this way has an effect on how one looks at the incident. Indeed if a Spanish speaker has a strong personal interest in establishing 'who did it', he will probably use another construction, one more like English: /kyén—rrompyó—la—tá$a↓/. The significant point is that the normal usage of English should be equated with the normal usage of Spanish which in essence equates 'He broke the cup' with /se—le—rrompyó—la—tá$a↓/. Broad cultural interpretations based on assumptions drawn from comparative usage, such as 'Spanish speakers are evasive because they prefer the /se—le/ constructions', are dangerously shaky.

The cup, which is the noun object in English, becomes the subject in Spanish (and governs the agreement of the verb). The verb appears in Spanish with a reflexive clitic (always /se/, since only *things* - therefore 3 person - can occur as subjects). The English subject (the person who has primary concern for the incident) is expressed as an indirect object. Thus a change from 'I broke...' to 'You broke....' in the Spanish construction becomes /se—me.../ changing to /se—te.../

Some slightly similar constructions exist in certain English dialect areas (usually considered low prestige, hillbilly, etc.) in an expression like 'She up and got married on me,' though here the 'on me' indicates only concern, never the actor. Another similarity can be pointed out in English sentences with the passive 'got,' as 'The cup got broken' (where the former subject 'I' is not expressed).

Much of the difficulty of this construction is due to the absence of a corresponding construction in English, but it is also different from other Spanish constructions by reason of its obligatory inversion of normal subject-verb order. Note well how the substitutability of items is effected in this construction:

I broke the cup.	/se—me—rrompyó—la—ta$a↓/
I broke the cups.	/se—me—rrompyéron—las—tá$as↓/
We broke the cup.	/se—nos—rrompyó—la—tá$a↓/
We broke the cups.	/se—nos—rrompyéron—las—tá$as↓/

Certain verbs have a tendency to appear in this construction. Since the verb is always in a reflexive construction, it must be one that can appear with a reflexive clitic (though this stipulation does not eliminate many). Verbs which frequently occur in this construction which have so far appeared in this text include:

kaérse	pare$érse
kasárse	rrompérse
kedárse	salírse
olbıdárse	

25.13

25.22   Replacement drills

A   kìsyérạunábisa |párạlósẹstádosụnídòs↓

1   _____mí↓   kìsyérạunábisa |paramí↓

2   _____trabáho_____↓   kìsyérạuntrabáho |paramí↓

3   _____éste_____↓   kìsyérạ |estetrabáho |paramí↓

4   _____korbátas____↓   kìsyérạ |estaskorbátas |paramí↓

5   _____akéⓁya_____↓   kìsyérạ |akéⓁyakorbáta |paramí↓

6   _____ṣapátos____↓   kìsyérạ |akéⓁyo(s) ṣapátos |paramí↓

7   _____ótros_____↓   kìsyérạ |otro(s) ṣapátos |paramí↓

A   Quisiera una visa para los Estados Unidos.

1   _____ mí.   Quisiera una visa para mí.

2   _____ trabajo_____.   Quisiera un trabajo para mí.

3   _____ este_____.   Quisiera este trabajo para mí.

4   _____ corbatas____.   Quisiera estas corbatas para mí.

5   _____aquella_____.   Quisiera aquella corbata para mí.

6   _____ zapatos____.   Quisiera aquellos zapatos para mí.

7   _____ otros_____.   Quisiera otros zapatos para mí.

B	kwál |eselpropósito |đesubyáhe↓	
1	______ pretésto ______↓	kwál |eselpretésto |đesubyáhe↓
2	______ páđres↓	kwál |eselpretésto |đesuspáđres↓
3	______ ermáno↓	kwál |eselpretésto |đesuermáno↓
4	______ kása ______↓	kwál |ezlakása |đesuermáno↓
5	______ amígo↓	kwál |ezlakása |đesuamígo↓
6	______ abrígo ______↓	kwál |eselabrígo |đesuamígo↓
7	kómo ______↓	kómo |eselabrígo |đesuamígo↓

B	¿Cuál es el propósito de su viaje?	
1	¿ ______ pretexto ______ ?	¿Cuál es el pretexto de su viaje?
2	¿ ______ padres?	¿Cuál es el pretexto de sus padres?
3	¿ ______ hermano?	¿Cuál es el pretexto de su hermano?
4	¿ ______ casa ______ ?	¿Cuál es la casa de su hermano?
5	¿ ______ amigo?	¿Cuál es la casa de su amigo?
6	¿ ______ abrigo ______ ?	¿Cuál es el abrigo de su amigo?
7	¿Cómo ______ ?	¿Cómo es el abrigo de su amigo?

C   déséǫírmę |àbíbíraⱠy̨á↓

1 _____írnos_____↓   désęámos̨írnos |àbíbíraⱠy̨á↓

2 _____tràbàhár____↓   désęámos̨írnos |àtràbàharaⱠy̨á↓

3 kyérę_____↓   kyeręírsę |àtràbàharaⱠy̨á↓

4 _____kèḑarmę_____↓   kyéróked̨armę |àtràbàharaⱠy̨á↓

5 bóyà_____↓   bóyàkèd̨armę |àtràbàharaⱠy̨á↓

6 _____kèḑarnos_____↓   bámós̨àkèd̨arnos |àtràbàharaⱠy̨á↓

7 _____bíbír____↓   bámós̨àkèd̨arnos |àbíbíraⱠy̨á↓

C   Deseo irme a vivir allá.

1 _____irnos _____.   Deseamos irnos a vivir allá.

2 _____trabajar___.   Deseamos irnos a trabajar allá.

3 Quiere_____.   Quiere irse a trabajar allá.

4 _____quedarme_____.   Quiero quedarme a trabajar allá.

5 Voy a_____.   Voy a quedarme a trabajar allá.

6 _____quedarnos_____.   Vamos a quedarnos a trabajar allá.

7 _____vivir___.   Vamos a quedarnos a vivir allá.

D   èntónşezˇnèşèsita̦unabísà↓

1 _____nèşèsitan _____↓   èntónşezˇnèşèsitaṇ̇unabísà↓

2 _____ sombréró↓   èntónşezˇnèşèsitaṇ̇unsombréró↓

3 àóra _____↓   àóraˇnèşèsitaṇ̇unsombréró↓

4 _____ ótro _____↓   àóraˇnèşèsitan |ótrosombréró↓

5 _____ kósàs↓   àóraˇnèşèsitan |ótraskósàs↓

6 _____ áprendȩ_____↓   àóra̦ˇáprendȩ |ótraskósàs↓

7 _____ léŋgwà↓   àóra̦ˇáprendȩ |ótraléŋgwà↓

D   Entonces necesita una visa.

1 _____necesitan _____.   Entonces necesitan una visa.

2 _____ sombrero.   Entonces necesitan un sombrero.

3 Ahora _____.   Ahora necesitan un sombrero.

4 _____ otro _____.   Ahora necesitan otro sombrero.

5 _____ cosas.   Ahora necesitan otras cosas.

6 _____aprende _____.   Ahora aprende otras cosas.

7 _____ lengua.   Ahora aprende otra lengua.

422   25.17

E   sébá|konsufámílya↑   tébás|kontufámílya↑

1   _bas_____↑   tébás|konlafámílya↑

2   _____la_____↑   tébás|konlafámílya↑

3   nóz_____↑   nózbamos|konlafámílya↑

4   _____nínyos↑   nózbamos|konlozninyos↑

5   _kédamos_____↑   nóskédamos|konlozninyos↑

6   té_____↑   tékédas|konlozninyos↑

7   _____este__↑   tékédas|konesteninyo↑

E   ¿Se va con su familia?

1   ¿ _vas _____?   ¿Te vas con tu familia?

2   ¿ _____ la _____?   ¿Te vas con la familia?

3   ¿Nos _____?   ¿Nos vamos con la familia?

4   ¿_____ niños?   ¿Nos vamos con los niños?

5   ¿_quedamos_____?   ¿Nos quedamos con los niños?

6   ¿Te _____?   ¿Te quedas con los niños?

7   ¿_____ este__?   ¿Te quedas con este niño?

25.18   423

F   mínómbre |kómplétǫ↑èshóselwíz |mórénorróhàs↓

1   èl _____↓   èlnómbre |kómplétǫ↑èshóselwíz |mórénorróhàs↓

2   _____ mío _____↓   èlnómbre |míg↑èshóselwíz |mórénorróhàs↓

3   _____ ịnglés↓   èlnómbre |míg↑esịnglés↓

4   _àpéɭɭyịdo _____↓   èlàpéɭɭyịdo |míg↑esịnglés↓

5   _àmịgaz _____↓   làsàmịgaz |mịast sonịnglésàs↓

6   _____tuyǫ _____↓   èlàmịgo |tuyǫ↑esịnglés↓

7   _hefes _____↓   lòshefes |tuyost sonịnglésès↓

F   Mi nombre completo es José Luis Moreno Rojas.

1 El _____.   El nombre completo es José Luis Moreno Rojas.

2 _____ mío _____.   El nombre mío es José Luis Moreno Rojas.

3 _____ inglés.   El nombre mío es inglés.

4 __apellido _____.   El apellido mío es inglés.

5 __ amigas _____.   Las amigas mías son inglesas.

6 _____tuyo _____.   El amigo tuyo es inglés.

7 __jefes _____.   Los jefes tuyos son ingleses.

25.23   Variation drills

A   no↓ sôyḍibórşyaḍǫ|isinîhòs↓   No. Soy divorciado y sin hijos.

1 No. I'm married and have no children.   no↓ sôykàsáḍǫ|isinîhòs↓   No. Soy casado y sin hijos.

2 No. I'm single and have no family.   no↓ sôysôlterǫ|isimfamílyà↓   No. Soy soltero y sin familia.

3 Yes. I'm married and have children.   si↓ sôykàsáḍǫ|ikonîhòs↓   Sí. Soy casado y con hijos.

4 Yes. I'm (a) widower and have children.   si↓ ˙sôybyúḍǫ|ikonîhòs↓   Sí. Soy viudo y con hijos.

5 Yes. She's (a) widow and has two little   si↓ ézbyúḍą|ityénéḍozníŋyòs↓   Sí. Es viuda y tiene dos niños.
   boys.

6 Yes. She's (a) widow and has a large-   si↓ ézbyúḍą|ityénémuchafamílyà↓   Sí. Es viuda y tiene mucha familia.
   sized family.

7 Yes. She's (a) widow and has lots of   si↓ ézbyúḍą|ityénémuchoḍinérò↓   Sí. Es viuda y tiene mucho dinero.
   money.

B   àképàrte|kyérȩír↓   ¿A qué parte quiere ir?

1 Where do you want to go to eat?   àképàrte|kyérȩir|akomér↓   ¿A qué parte quiere ir a comer?

2 Where do you want to go to work?   àképàrte|kyérȩir|atraḷəhár↓   ¿A qué parte quiere ir a trabajar?

3 Where do you wish to go to live?   àképàrte|desȩą|irabibír↓   ¿A qué parte desea ir a vivir?

25.20

425

4 What part (of town) do you like to live in?   èŋképárte|legustabibír↓   ¿En qué parte le gusta vivir?

5 What part (of town) do you like to eat in?   èŋképárte|legustakomér↓   ¿En qué parte le gusta comer?

6 Where's the exit?   èŋképártę|estalasalída↓   ¿En qué parte está la salida?

7 Where's the entrance?   èŋképártę|estalaentráda↓   ¿En qué parte está la entrada?

C   èŋképyénsa|trabahár↓   ¿En qué piensa trabajar?

1 How (by what means) do you intend to go?   èŋképyénsaír↓   ¿En qué piensa ir?

2 How do you intend to leave?   èŋképyénsasalír↓   ¿En qué piensa salir?

3 How do you intend to come?   èŋképyénsabenír↓   ¿En qué piensa venır?

4 Where do you intend to eat lunch?   dóndepyénsalmorşár↓   ¿Dónde piensa almorzar?

5 Where do you intend to study?   dóndepyénsaestudyár↓   ¿Dónde piensa estudiar?

6 Who do you intend to invite?   àkyémpyénsaimbitár↓   ¿A quién piensa invitar?

7 Who do you intend to complain to?   àkyémpyénsakehársę↓   ¿A quién piensa quejarse?

D pèró̃l̃yeḅọ|algoḍeḍinérò↓   Pero llevo algo de dinero.

1 But I'm taking a fair amount of food.   pèró̃l̃yeḅọ|algoḍekomíḍà̃↓   Pero llevo algo de comida.

2 But I'm taking a fair amount of provisions. pèró̃l̃yeḅọ|algoḍeprobisyónès↓   Pero llevo algo de provisiones.

3 But I have a fair amount of money.   pèróténgọ|algoḍeḍinérò↓   Pero tengo algo de dinero.

4 But he knows a fair amount about
   business.   pèrósaḅẹ|algoḍenegóşyòs↓   Pero sabe algo de negocios.

5 But he knows a fair amount about
   airplanes.   pèrósaḅẹ|algoḍẹabyónès↓   Pero sabe algo de aviones.

6 But there's something of truth (in it).   pèrọay|algoḍeberḍáḍ↓   Pero hay algo de verdad.

7 But there's something of reality (in it).   pèrọay|algoḍerrẹaliḍáḍ↓   Pero hay algo de realidad.

E trèzmilḍólàrès↓   Tres mil dólares.

1 Six thousand dollars.   séyzmilḍólàrès↓   Seis mil dólares.

2 Seven thousand pesos.   syétèmilpésòs↓   Siete mil pesos.

3 Nine thousand pesos.   nwéḅèmilpésòs↓   Nueve mil pesos.

4 Eleven thousand meters.	ónsémilmétròs↓	Once mil metros.
5 Fifteen thousand meters.	kínsémilmétròs↓	Quince mil metros.
6. Sixty thousand men.	sèséntàmilómbrès↓	Sesenta mil hombres.
7 Seventy thousand men.	sèténtàmilómbrès↓	Setenta mil hombres.

F pèrdoné|sèŋyór↓ pèrósèmęólbido|sųapeⁿyido↓   Perdone, señor, pero se me olvidó su apellido.

1 Excuse me, sir; but I've forgotten your name.	pèrdoné|sèŋyór↓ pèrósèmęólbido|sunómbrè↓	Perdone, señor, pero se me olvidó su nombre.
2 Excuse me, sir; but I forgot the mineral water.	pèrdoné|sèŋyór↓ pèrósèmęólbido|ęlagwa minerál↓	Perdone, señor, pero se me olvidó el agua mineral.
3 Excuse me, sir; but I forgot to let you know.	pèrdoné|sèŋyór↓ pèrósèmęólbido|ąbisárlè↓	Perdone, señor, pero se me olvidó avisarle.
4 Excuse me, sir; but I forgot to tell you.	pèrdoné|sèŋyór↓ pèrósèmęólbido|dèsírlè↓	Perdone, señor, pero se me olvidó decirle.
5 Excuse me, ma'am; but I dropped the milk.	pèrdoné|sèŋyórà↓ pèrósèmèkàyó|laléchè↓	Perdone, señora, pero se me cayó la leche.
6 Excuse me, ma'am; but the cup dropped.	pèrdoné|sèŋyórà↓ pèrósèmèkàyó|latásà↓	Perdone, señora, pero se me cayó la taza.
7 Excuse me, ma'am; but the cup broke.	pèrdoné|sèŋyórà↓ pèrósèmèrrómpyó|latásà↓	Perdone, señora, pero se me rompió la taza.

25.24   Review drill — Verb-subject order in certain dependent clauses

1 Let's go see when Mary is coming.   bámósábér |kwandobyénemaríà↓   Vamos a ver cuándo viene María.

2 Let's go see when Jose is coming.   bámósábér |kwandoⓁyégahosé↓   Vamos a ver cuándo llega José.

3 Let's go see where Paul works.   bámósábér |dondetrabahapáblô↓   Vamos a ver dónde trabaja Pablo.

4 Let's see where the custom's office is.   bámósábér |dondestaladwánà↓   Vamos a ver dónde está la aduana.

5 Let's see where John lives.   bámósábér |dondebibehwán↓   Vamos a ver dónde vive Juan.

6 Let's go see what Alice needs.   bámósábér |keneṣesitalíṣyà↓   Vamos a ver qué necesita Alicia.

7 Let's see what Carmen says.   bamosábér |kediṣekármén↓   Vamos a ver qué dice Carmen.

8 Let's see what they believe.   bamosábér |kekreęnⓔⓁyós↓   Vamos a ver qué creen ellos.

9 Let's go see what Jose is writing.   bamosábér |keskribehosé↓   Vamos a ver qué escribe José.

10 Let's go see how much the bed costs.   bamosábér |kwantokwéstalakámà↓   Vamos a ver cuánto cuesta la cama.

11 Let's go see how much the suit costs.   bamosábér |kwantokwéstaelbestídô↓   Vamos a ver cuánto cuesta el vestido.

12 Let's go see how Jose studies.   bamosábér |komǫestudyahosé↓   Vamos a ver cómo estudia José.

13 Let's see how Paul speaks.   bamosábér |komǫablapáblô↓   Vamos a ver cómo habla Pablo.

25.3   CONVERSATION STIMULUS

NARRATIVE 1

1 Chico is talking with his friend, Luis.

chíko |ęstáblándo |kònsu̧ạmíɡolwís↓

Chico está hablando con su amigo, Luis.

2 He tells him that he's thinking of going
to work in the United States.

lḗdiṣe |kèstápènsandǫirsę |àtràbàhár |
àlòs̩ẹstạḍosu̞níḍòs↓

Le dice que está pensando irse a trabajar a
los Estados Unidos.

3 In order to work in that country, one
has to have an immigrant visa.

pàràtràbàhár |ènẹṣèpàis̑sènèṣẹsítatenér |
bisạdęinmigránte̜↓

Para trabajar en ese país se necesita tener
visa de inmigrante.

4 But Chico doesn't need (one). He is an
American.

pèròchíko |nónèṣesítậ↓ el |ès̩ạmérikànò↓

Pero Chico no necesita. El es americano.

5 Luis didn't know that.

lwíz |nosabíạ |ésò↓

Luis no sabía eso.

6 He thinks it's a joke.

kré |kèsu̞nàbrómậ↓

Cree que es una broma.

7 But it isn't a joke.

pèrónǫes |ùnàbrómậ↓

Pero no es una broma.

8 Chico's been an American (ever)
since he was born.

chíkǫ |às̩íḍạàmèríkáno |ḍezḍekenạ̧ṣyó↓

Chico ha sido americano desde que nació.

9 He was born in the U. S.

élnạ̧ṣyó |ęnlos̩ẹstạḍosu̞níḍòs↓

El nació en los Estados Unidos.

DIALOG 1

Chico, dígale a Luis que Ud. está pensando
irse a trabajar a los Estados Unidos.

éstóypensándǫ |írmęátrabáhar |alọs̞estádos
uníđòs↓

Chico: Estoy pensando irme a trabajar
a los Estados Unidos.

Luis, dígale que está bien, pero que en ese
caso necesita visa de inmigrante.

éstabyém↓pérǫénęsekaso↑néşésitaz |
bísàđęinmigràntè↓

Luis: Está bien, pero en ese caso necesitas
visa de inmigrante.

Chico, contéstele que Ud. no, que Ud. es
americano.

yónó↓ yósóy |àmèrikánò↓

Chico: Yo no, yo soy americano.

Luis, '¿Ah, sí?', dígale. Y pregúntele que
desde cuándo es americano.

á |sî↑ dézđěkwandǫ |eres̞amerikánô↓

Luis: ¿Ah, sí? ¿Desde cuándo eres
americano?

Chico, contéstele que desde que nació. Que
Ud. nació en los Estados Unidos.

dézđěkênàşî↓ yónaşi |ęnlós̞estádos̞úníđòs↓

Chico: Desde que nací. Yo nací en los
Estados Unidos.

Luis, dígale que Ud. no sabía. Que creía
que era una broma.

nósabíá↓ krèia |kérǫǔnàbrómà↓

Luis: No sabía. Creía que era una broma.

NARRATIVE 2

1 Chico plans to work at (just) anything.

chíkò |pyénsàtrábáhar |ęŋkwàlkyérkósà↓

Chico piensa trabajar en cualquier cosa.

2 It's easy to find work in the United States.

èsfaşil |ęŋkòntrártràbáhǫ |ènlós̞es̞tádosùníđòs↓

Es fácil encontrar trabajo en los Estados
Unidos.

3 Luis would like to go too.

lwís |kisyéráirsè |tàmbyén↓

Luis quisiera irse también.

4 But he thinks that it wouldn't be so   pérôkré |kêpárẹel |nôsêrıatamfaṣıl | Pero cree que para él no sería tan fácil
   easy for him to find a job.   êŋkôntrartrabáhô↓   encontrar trabajo.

5 Because he's not an American, like Chico. pôrkél |ṇọeznortẹamerikanô |kômôchíkô↓   Porque él no es norteamericano, como Chico.

6 It's true, but Luis must remember that he êzbêrḍaḍ↓ pêrôlwíz |ḍeberrekorḍarſkel | Es verdad, pero Luis debe recordar que él
   is an engineer and Chico (is)n't.   êsıŋhênyerọ |ıchikonô↓   es ingeniero y Chico no.

7 For an engineer it's very easy to find   pàrạúṇıŋhênyerọ |êzmúyfaṣıl |êŋkontrár   Para un ingeniero es muy fácil encontrar
   work in the United States.   trabáhọ |ênlôs̩ẹstáḍôsụ̣ṇíḍôs↓   trabajo en los Estados Unidos.

DIALOG 2

Luis, pregúntele que en qué piensa trabajar.   êŋkepyensastrabahár↓   Luis: ¿En qué piensas trabajar?

Chico, contéstele que en cualquier cosa.   êŋkwàlkyerkôsà↓ êsfaṣıl |êŋkôntrártràbáhọ | Chico: En cualquier cosa. Es fácil encontrar
Que es fácil encontrar trabajo en los   ênlôs̩ẹstáḍôsụṇíḍôs↓   trabajo en los Estados Unidos.
Estados Unidos.

Luis, dígale que Ud. quisiera irse también.   yokisyerạírmè |tàmbyén↓ pêrôkréo |kêpàràmíↂ   Luis: Yo quisiera irme también. Pero creo
Pero Ud. cree que para Ud. no sería tan   nôsêrıatamfáṣıl |êŋkôntrártràbáhô↓   que para mí no sería tan fácil en-
fácil encontrar trabajo.   contrar trabajo.

Chico, pregúntele que por qué dice eso.   pôrkeḍıṣes̩ês̩ô↓   Chico: ¿Por qué dices eso?

Luis, contéstele que porque Ud. no es   pôrkèyo |nôsóynortẹamerikanô |kômôtú↓   Luis: Porque yo no soy norteamericano,
norteamericano, como él.   como tú.

Chico, dígale que es verdad, pero que debe recordar que él es ingeniero y Ud. no.

ezbèrđáđ↓pèrôđebezrrekorđart̀kètu|

érèsiŋhènyerǫ↓iyon6↓

Chico: Es verdad, pero debes recordar que tú eres ingeniero y yo no.

NARRATIVE 3

1 Luis is going to think it (over).

lwíz |ḃapensárlô↓

Luis va a pensarlo.

2 He wants to know what he has to do about the visa problem.

élkyéresaber |kétyenekęaşer |párálôđèlàbìsà↓

El quiere saber qué tiene que hacer para lo de la visa.

3 They can go talk with John White.

pweđen |íràblár |kònyoŋhwáyt↓

Pueden ir a hablar con John White.

4 White is a friend of Chico's who works in the Consular Section.

hwáyt |èsųn̄ąmígǫđèchìkot̀kètràbáhą |

ènlàsèkşyoŋkonsulár↓

White es un amigo de Chico que trabaja en la Sección Consular.

5 Luis wants to know what day this week they can go.

lwískyéresabert̀kéđia |đestasemana |

pweđénír↓

Luis quiere saber qué día de esta semana pueden ir.

6 Chico tells him that Wednesday is a good day.

chìkoleđişe |kèlmyérkoles |èsúmbwendíâ↓

Chico le dice que el miércoles es un buen día.

7 And that he'll call him to let him know.

ikel |lǫ̀ǫ̀yama |páràbisárlè↓

Y que él lo llama para avisarle.

8 Luis tells him not to forget.

lwízleđişe |kènoselǫolbíđè↓

Luis le dice que no se le olvide.

DIALÖG 3

Luis, dígale que va a pensarlo. Pregúntele que qué tiene que hacer para lo de la visa.	bóyapensárló↓ keténgokȩaşér │párálódélà bisá↓	Luis: Voy a pensarlo. ¿Qué tengo que hacer para lo de la visa?
Chico, contéstele que Uds. pueden ir a hablar con John White, un amigo suyo que que trabaja en la Sección Consular.	pódemos │íráblár │kónyoŋhwáyt↓únạmigomío │ kȩtrábahạ │ḛnlàsȩ́kṣyoŋkonsulár↓	Chico: Podemos ir a hablar con John White, un amigo mío que trabaja en la Sección Consular.
Luis, pregúntele que qué día de esta semana.	kédia │déstasemáná↓	Luis: ¿Qué día de esta semana?
Chico, contéstele que el miércoles es un buen día. Que Ud. lo llama.	ḛlmyérkoles │ḛsụmbwendíá↓ yoteꝆyámó↓	Chico: El miércoles es un buen día. Yo te llamo.
Luis, dígale que muy bien, pero que no se le olvide.	múybyém↓pérókȩnosetȩolbíde↓	Luis: Muy bien, pero que no se te olvide.

25.4   READINGS

25.40   List of cognate loan words

sistemática	sistȩmatiká↓
metódica	mȩtodiká↓
la organización	lạ̄òrgàniṣạ̀ṣyón↓
el sistema	ḛl-sistemá↓
aceptaba (aceptar)	àṣéptabá↓ àṣéptár↓

la canasta	lå—kånastå↓
el bridge	èl—brích↓
dedicado (dedicar)	dèdikadó↓ dèdikár↓
la excepción	lạ—ès(ṣ)èpṣyòn↓
la experta	lạ—èspertá↓

25.41   Reading selection

Señora Sistemática

        Marta de Fuentes era una mujer muy metódica y rigurosa en la organización de su casa. Cada día de la semana era un día de 'algo'; algo diferente a los otros días, claro, pero el sistema general era el mismo de semana a semana. Solamente por razones muy especiales aceptaba ella hacer algún cambio en este sistema. Por ejemplo, el lunes era el día de lavar toda la ropa y mandar a la tintorería los trajes de su esposo y de sus hijos, y también algunos de los vestidos y faldas de ella y de las niñas que no se podían lavar en la casa. Y a la lavandería mandaba solamente las camisas de don Ricardo, porque sólo ahí las sabían lavar a su gusto. El jueves no había ningún trabajo especial, pero era día de canasta o bridge con las amigas del barrio que casi siempre se reunían en su casa. El sábado estaba dedicado al trabajo general de la casa; es decir, barrer y limpiar todos los pisos, muebles, lavar ventanas, etc. Aunque los Fuentes tenían dos buenas sirvientas, todos los de la casa ayudaban en algo ese día con excepción de don Ricardo y dos de los hijos varones que trabajaban en el Ministerio de Relaciones Exteriores. Esas eran las órdenes de su madre y aunque a los niños, especialmente a los otros dos varones, no les gustaba ayudar en nada, nunca se quejaban, o por lo menos, si lo hacían, nunca lo hacían cuando su madre estaba presente, porque sabían que ella era muy rigurosa y no aceptaba pretextos. Los viernes eran los días de mercado. Marta nunca mandaba a las sirvientas a hacer las compras; prefería ir ella misma porque nadie como ella sabía dónde y cómo se podía comprar bueno y barato las verduras más frescas, la mejor carne, el mejor pescado.... Esta señora era lo que realmente podríamos llamar una experta en compras.

        Así era Marta de Fuentes, una señora metódica que, aunque a veces demasiado rigurosa, era una magnífica mujer, siempre dedicada a su casa, a su esposo y a sus hijos.

25.42   Response drill

1 ¿Cómo era la señora de Fuentes en la organización de su casa?

2 ¿Cambiaba el sistema de semana a semana?

3 ¿Solamente cuándo aceptaba ella hacer algún cambio?

4 ¿Qué hacían todos los lunes en su casa?

5 ¿Qué mandaba a la tintorería?

6 ¿Por qué mandaba las camisas de su esposo a la lavandería?

7 ¿Cuál era el día de canasta o de bridge?

8 ¿Dónde se reunían ella y sus amigas?

9 ¿Cuántas sirvientas tenían los Fuentes?

10 ¿Hacían las sirvientas todo el trabajo de la casa los sábados?

11 ¿Dónde trabajaban dos de los hijos varones?

12 ¿Qué trabajo había que hacer en la casa los sábados?

13 ¿Por qué no se quejaban enfrente de su madre los otros dos hijos que tenían que ayudar en la casa?

14 ¿Qué hacía Marta los viernes?

15 ¿Por qué no mandaba a sus sirvientas al mercado?

26.1   BASIC SENTENCES.   A visa interview (continued).

ENGLISH SPELLING	AID TO LISTENING	SPANISH SPELLING
that (he) answer (to answer, to vouch)	kė—rrėspóndȧ↓ rrėspónde'r↓	que responda (responder)
White Mister Moreno, do you have anyone who will vouch for you in the United States? (1)	sėŋyȯrmȯrenȯ↓ tyenȩ |algunapersona|kė rrėspondaporusted |enlos̩es̩tados̩µnidos↑	*White* Señor Moreno, ¿tiene alguna persona que responda por usted en los Estados Unidos?
Gentleman Yes. I know someone who can do it.	si↓kȯnoș̩kǫalgyeŋ |kepwedǥaș̩érlȯ↓	*Señor* Sí. Conozco a alguien que puede hacerlo.
White North American?	nȯrtȩȧmėrikanoↃ	*White* ¿Norteamericano?
the business	ėl—négoș̩yȯ↓	el negocio
the business man	ėl—ombre—de—negóș̩yós↓	el hombre de negocios
Gentleman Yes. He's a business man. (2)	si↓ es̩unȩombredȩenegóș̩yȯs↓	*Señor* Sí. Es un hombre de negocios.
to sign	firma'r↓	firmar
the document	ėl—dȯkúmentȯ↓	el documento
Does he have to sign some type document? (3)	tyénel|kefirmar|ȧlgundokumentoↃ	¿Tiene él que firmar algún documento?

(I) will explain (to explain)   ėsplikárél ėsplikárl   explicaré (explicar)

White   *White*
Of course. I'll explain *that* to you later. (4)   pórsúpwéstòl éso|sėlọėsplikáre|despwést   Por supuesto. Eso se lo explicaré
                                                                                             después.

for the moment, time being   pór—lò—prontòl   por lo pronto

the following   lò—sigyéntėl   lo siguiente

For the moment you need the following: pórlòprontoṫnėṣėsita|losigyéntėl   Por lo pronto necesita lo siguiente:

the passport   ėl—pásáportėl   el pasaporte

the certificate   ėl—ṣėrtifikáòl   el certificado

the vaccination   là—bákunàl   la vacuna

the health   là—sáluḍl   la salud

the conduct   là—kónduktàl   la conducta

Passport, vaccination certificate, health certificate,   ėlpásáporteṫ ṣėrtifikáòo|dėbákunaṫ   El pasaporte; certificado de vacuna, de
and good conduct certificate.   dėsáluḍṫiḍėbwenakonduktàl   salud y de buena conducta.

the doctor   ėl—meḍikòl   el médico

Gentleman   *Señor*
The health certificate, can just any doctor give   ėldėsáluḍl pweḍeḍármelo|kwálkyermeḍikoṫ   El de salud, ¿puede dármelo cualquier
it to me?   médico?

to accept   àṣėptárl   aceptar

White
No. It should be from a doctor approved by the
   Embassy.

the application

(you) carry yourself it (to carry, take)

(you) fill (to fill)

Take this application. Take it with you, fill it
out, and bring it to me tomorrow. (5)

Gentleman
Anything else?

the print

digital

the finger print

at the end

White
Yes, your finger prints, but that comes last.

noↄ́ débèsér |ↄↄunmeↄikoↄ̂ àş̧èptaↄoporlạ

embaháↄá↓

lą̀-sólişitúↄ↓

ⓆⓎebèsélá↓ ⓆⓎébàr↓

ⓆⓎenè↓ ⓆⓎénár↓

tomestasolişitúↄ↓ ⓆⓎebèsélá↓

ⓆⓎenelạ |imèlàtraⓔmaⓝyáná↓

álgómasↄ

lạ̀-weⓆⓎá↓

dihitál↓

lạ̀-weⓆⓎa-ↄihitál↓

ạ̀-lọ-últimó↓

síↄ làzweⓆⓎazↄihitálès↓ pérọesọesạ̀lọ

últimó↓

White
No. Debe ser de un médico aceptado por
   la Embajada.

la solicitud

llévesela (llevar)

llene (llenar)

Tome esta solicitud. Llévesela, llénela
y me la trae mañana.

Señor
¿Algo más?

la huella

digital

la huella digital

a lo último

White
Sí, las huellas digitales, pero eso es a
lo último.

26.10   Notes on the basic sentences

   (1)   As in one or two previous sentences, it has been necessary here to use a subjunctive form in the interest of realism and naturalness: /rrespónda/ *responda*
from /rrespondér/*responder.* A more literal but less accurate English translation would be: '...who may vouch for you....' Full explanation in Units 36 and 40.

   (2)   A rather important difference between English structure and Spanish structure may be illustrated with this sentence. In Spanish, as you have seen, nearly any word
can be *nominalized - i.e.,* used like a noun. That process is much less widespread in English. On the other hand a great diversity of words in English can be caused to function

like modifiers, a much rarer thing in Spanish. Thus in this sentence, *business* appears with *man* in a modifier-plus-head-word construction in English, equivalent in Spanish to a head-word-plus-phrase construction. (In both cases the head-word is the noun modified.)

(3) In English, *some* is functionally the plural of *a, an: He has a book, He has some books.* One cannot say, *He has some book,* at least not without adding '...or other.' Hence /algún/ algún places a slight strain on the English translator at this point, and 'some type' is the result. The other alternative would be pluralization: '...sign some documents.'

(4) The emphasis that is indicated by underlining *that* in the English translation (thus showing extra loudness and higher pitch) is obtained in Spanish by word-order: /éso/ *eso* appears first, out of its 'normal' (i.e. unemphatic) position.

(5) It is interesting to note (and a little difficult to account for) that the first three verbs of this sentence are commands in imperative form: /tóme/ *tome,* /Ǿyébesela/ *llévesela,* and /Ǿyénela/ *llénela;* but the fourth, /tráe/ *trae,* is straight present indicative. The imperative would be /tráygamela/ *tráigamela.* This happens when the person giving the 'orders' wishes to play down, soften, the air of authority: '...and you'll bring it to me tomorrow.'

26.2   DRILLS AND GRAMMAR

26.21   Pattern drills

26.21.1   Reflexive and direct clitic pronouns in the same construction

A.   Presentation of pattern

ILLUSTRATIONS

The milk? I drank it.	1	láléchet̑ mėlåtȯméↄ	¿La leche? *Me la tomé.*
These shoes? I'll take them.	2	éstȯ(s)şåpåtost̑ mėlȯzǾyebȯↄ	¿Estos zapatos? *Me los llevo.*
The coffee? We drank it.	3	ėlkåfet̑ nȯzlȯtȯmamȯsↄ	¿El café? *Nos lo tomamos.*
The fruit? We ate it.	4	låfrutat̑ nȯzlåkȯmimȯsↄ	¿La fruta? *Nos la comimos.*
This overcoat, will you take it?	5	éstęåbrigȯↄ télȯǾyebast̑	Este abrigo, ¿*te lo* llevas?

The dessert, did you eat it?	6 èlpóstrè↓ ústedselokómyó↑	El postre, ¿usted *se lo* comió?
The hats? You already took them.	7 lð(s)sómbréros↑ ústédez |yáseloz(l)yebáròn↓	¿Los sombreros? Ustedes ya *se los* llevaron.
The salad? They (f) ate it.	8 laènsálada↑ sèlàkômyeron(l)yàs↓	¿La ensalada? *Se la* comieron ellas.

EXTRAPOLATION

		Reflexive	Direct	
1	sg	me	—	
	pl	nos	—	
2	fam	te	—	
2 - 3	sg	se	lo	la
	pl		los	las

NOTES

a. All reflexive clitics, but only 3 person direct clitics, occur in this construction.

b. Appearing with reflexives, the direct clitics usually refer to things; occasionally, with verbs like /(l)yebár/ and /traér/, to persons.

26.21.11 Substitution drill — Construction substitution

PROBLEM:

éʎya |sèkòmyélafrútà↓

ANSWER:

éʎyaselakomyó↓

1   sètòmó |laléchè↓   sèlátòmó↓

2   sètòmaron |lostrágòs↓   sèlòstòmaròn↓

3   mèkòmí |lakárnè↓   mélàkòmí↓

PROBLEM:
     Ella se comió *la fruta*.

ANSWER:
     Ella se la comió.

1 Se tomó *la leche*.   Se la tomó.

2 Se tomaron *los tragos*.   Se los tomaron.

3 Me comí *la carne*.   Me la comí.

4 nóskómimos |kwátrowébòs↓   nòzlóskómimòs↓

5 sèkómyeron |lāensaláđà↓   sèlàkómyeròn↓

6 sèlímpyaron |lozđyéntès↓   sèlòzlímpyaròn↓

7 mèlàbé |lakabéşà↓   mèlàlàbé↓

8 sèkómpro |ēltráhè↓   sèlòkómpró↓

9 nòzbèbimos |elkafé↓   nòzlòbèbimòs↓

---

4 Nos comimos *cuatro huevos.*   Nos los comimos.

5 Se comieron *la ensalada.*   Se la comieron.

6 Se limpiaron *los dientes.*   Se los limpiaron.

7 Me lavé *la cabeza.*   Me la lavé.

8 Se compró *el traje.*   Se lo compró.

9 Nos bebimos *el café.*   Nos lo bebimos.

26.21.12 Translation drill

1 He ate the whole meal up.	élsekomyó |toᵈalakomíᵈà↓	El se comió toda la comida.
She didn't eat it all up.	éⱱya |noselakomyotóᵈà↓	Ella no se la comió toda.
2 I bought myself a car.	mèkómpreyŋkárrò↓	Me compré un carro.
I bought it cheap.	mèlòkómprebarátò↓	Me lo compré barato.
3 They drink two cups of coffee every day.	éⱱyos |sèbébén |dóstaşazᵈekafé |toᵈozlozᵈíàs↓	Ellos se beben dos tazas de café todos los días.
I drink them too.	yó |tambyénmelazbébò↓	Yo también me las bebo.
4 She always eats her green vegetables.	éⱱya |syémpre |sèkómelazberᵈúràs↓	Ella siempre se come las verduras.
He never eats them.	él |nuŋkaselaskómè↓	El nunca se las come.
5 I ate all the eggs.	mèkómi |toᵈozlozwébòs↓	Me comí todos los huevos.
He ate them too.	él |tàmbyén |seloskomyó↓	El también se los comió.

B. Discussion of pattern

   In this construction the reflexive clitics function as indirect objects and indicate the concern of the subject of the verb as regards the action. With some verbs, like /tomár‚komér/ the reflexive clitic appears only when a direct object (noun or clitic pronoun) appears. These verbs do not usually appear with *any indirect clitics except* reflexive clitics which have this indirect function. Thus /me‑lo‑kómo↓/ 'I'll eat it' is a normal expression, but /se‑lo‑kómo↓/, 'I'll eat it for you', while possible, is unusual.

   Other verbs, like /ⱱyebár‚komprár/, and /tomár/ (not meaning 'drink'), can appear in this construction, but they also occur regularly with *any* indirect clitic, not just reflexives with indirect function. Thus /me‑lo‑ⱱyébo↓/ 'I'll take it (for myself)' and /se‑lo‑ⱱyébo↓/ 'I'll take it for you' are both common expressions.

In Spain (except in Madrid, where /le/ can function as a reference to either persons or objects) only /lo/ appears in this construction with an indirect /me/ or /le ﹥ se/, even when the reference is to persons.

Only third person forms (those which begin with /l—/) occur as the direct clitics in this construction.

26.21.2   Reflexives with no designated agents

A. Presentation of pattern

Spanish is spoken here.	1 àkí |seáblaespaŋyól↓	Aquí *se habla* español.
Chauffeur needed.	2 sènèșèsitachofér↓	*Se necesita* chofer.
Old newspapers bought here.	3 àkí |sekómpram |pèryodikozbyéhòs↓	Aquí *se compran* periódicos viejos.
_____	4 sèbe |kézmuybwénà↓	*Se ve* que es muy buena.
They say everything is expensive in that city.	5 sèdișe |kètodoeskáro |ènésàșyúdád↓	*Se dice* que todo es caro en esa ciudad.
It is believed that (some) bombers are going to arrive.	6 sèkrée |kèbanaⓁyegar |àbyonezde bombardéò↓	*Se cree* que van a llegar aviones de bombardeo.

EXTRAPOLATION

	Reflexive clitic	Verb	Subject
3	se	sg verb pl verb	sg noun, clause pl noun

NOTES

a. This construction is used to state the doing of an action when there is no particular interest in specifying who does it.

b. The grammatical subject appears after the verb.

26.21.21 Substitution drill — Construction substitution

PROBLEM:

áíbénden |rrópaécha↓

ANSWER:

áísebénde |rrópaéchá↓

1   àkí |nobáylàn↓   àkí |nosebáylà↓

2   áí |áblaniŋglés↓   áí |seablaiŋglés↓

3   áí |aşembestíđòs↓   áí |seaşembestíđòs↓

PROBLEM:
   Ahí *venden* ropa hecha.

ANSWER:
   Ahí se vende ropa hecha.

1 Aquí no *bailan.*   Aquí no se baila.

2 Ahí *hablan* inglés.   Ahí se habla inglés.

3 Ahí *hacen* vestidos.   Ahí se hacen vestidos.

4 àikómpran |mwéblezbyéhòs↓   ái |sèkómpran |mwéblezbyéhòs↓

5 àkı |nobében |múchaléchè↓   àkı |nosebébe |múchaléchè↓

6 àkıẹskrıben |enẹspaŋyól↓   àkı |sèskrıbẹ |enẹspaŋyól↓

7 àkı |nokomeŋkárnè↵   àkı |nosekomekárnè↓

4 Ahí *compran* muebles viejos.   Ahí se compran muebles viejos.

5 Aquí no *beben* mucha leche.   Aquí no se bebe mucha leche.

6 Aquí *escriben* en español.   Aquí se escribe en español.

7 Aquí no *comen* carne.   Aquí no se come carne.

26.21.22 Translation drill

1 Nothing is sold there, (they don't sell anything).

àí |nósebéndenáđà↓

Ahí no se vende nada.

2 Little is written here, (you write little).

àkí |séskríbepókò↓

Aquí se escribe poco.

3 English lessons are given here, (we give English lessons).

àkiseđan |lékşyónezđeinglés↓

Aquí se dan lecciones de inglés.

4 Gentlemen's articles are sold here, (we sell gentlemen's articles).

àkí |sébénden |àrtíkulosparakaballyérós↓

Aquí se venden artículos para caballeros.

5 Children's clothing is sewed here, (we sew children's clothing).

àkí |sékóse |rropađeníŋyò↓

Aquí se cose ropa de niño.

6 You don't work on Sundays here.

àkí |nósetrabáha |lozđomíngòs↓

Aquí no se trabaja los domingos.

7 Nothing is drunk there, (they don't drink anything).

àí |nósetománáđà↓

Ahí no se toma nada.

8 Chauffeur wanted.

sèbuskachofér↓

Se busca chofer.

9 Rooms for rent.

sèàlkílaŋkwártòs↓

Se alquilan cuartos.

10 Maid needed.

sènèşésıtạ |unamucháchà↓

Se necesita una muchacha.

26.12

11 Hats cleaned.	sèlímpyansombréròs↓	Se limpian sombreros.
12 Dancing lessons, (dancing taught).	sènsèṇyabaylár↓	Se enseña a bailar.
13 Apartment for rent.	sẹàlkílạ ∣unạapartaméntò↓	Se alquila un apartamento.

B. Discussion of pattern

This construction in Spanish is usually associated with a passive construction in English, especially when no agent appears. Thus a sentence like 'The stores are closed at 6 o'clock' would translate into Spanish as /las—tyéndas—se—ṣyérraṇ—a—las—séys↓/, if the person(s) who close(s) them is/are not mentioned, since in Spanish the statement literally says 'the stores close themselves.'

Another common English equivalent of this Spanish construction is the impersonal use of pronouns like *you, we, they*. In English, these are usually plural: 'They say he he's rich; You go that way a mile, then you come to a hill...; We should all have an opportunity to go to college; One hopes things will get better.' In Spanish this impersonality can be rendered by a plural verb with no expressed subject, or by casting the sentence to say that it does itself, by means of a third person reflexive clitic.

Short, laconic signs, especially displayed in store windows, often make use of this reflexive construction: /se—ábla—ɪnglés↓ se—neṣesíta— muchácha↓ se—áṣem—bestídos↓/, etc.

26.22   Replacement drills

A   kȯnȯşkǫ |algyeŋ†kepwéɖǫaşérlȯ↓   kȯnȯşkǫ |ȧụnǫmbre†kepwéɖǫaşérlȯ↓

1   _____ụn.ombre_____↓   kȯnȯşkǫ |ȧụnȯsǫmbres†kepwéɖenǫaşérlȯ↓

2   _____ pwéɖen_____↓   kȯnȯşkǫ |ȧụnȧsèŋyȯrita†kepwéɖǫaşérlȯ↓

3   _____ sèŋyȯrita _____↓   kȯnȯşemos |ạúnȧsèŋyȯrita†kepwéɖǫaşérlȯ↓

4   kȯnȯşemos_____↓   kȯnȯşemos |ạúnȧsèŋyȯrita†kepwéɖǫarreglárlȯ↓

5   _____arreglárlȯ↓   kȯnȯşemos |ạúnȯ(s)sèŋyores†kepwéɖenǫarreglárlȯ↓

6   _____ sèŋyores_____↓   kȯnȯşemos |ạúnsèŋyor†kepwéɖǫarreglárlȯ↓

7   _____ pwéɖǫ_____↓

A   Conozco a alguien que puede hacerlo.

1   _____ un hombre _____ .   Conozco a un hombre que puede hacerlo.

2   _____ pueden_____ .   Conozco a unos hombres que pueden hacerlo.

3   _____ señorita_____ .   Conozco a una señorita que puede hacerlo.

4   Conocemos _____ .   Conocemos a una señorita que puede hacerlo.

5   _____ _____ arreglarlo.   Conocemos a una señorita que puede arreglarlo.

6   _____ señores _____ .   Conocemos a unos señores que pueden arreglarlo.

7   _____ puede_____ .   Conocemos a un señor que puede arreglarlo.

B   èsùnómbre |ɖenegóşyòs↓

1 són _____↓   sónùnósombrez |ɖenegóşyòs↓

2 ____byahez_____↓   sónùnózbyahez |ɖenegóşyòs↓

3 pàreşę_____↓   pàreşętúmbyahe |ɖenegóşyòs↓

4 ____àhenşya_____↓   pàreşętùnàhenşya |ɖenegóşyòs↓

5 són _____↓   sontùnàsàhenşyaz |ɖenegóşyòs↓

6 ____kasa_____↓   estùnàkasa |ɖenegóşyòs↓

7 _____lókòs↓   estùnàkasa |ɖelókòs↓

B   Es un hombre de negocios.

1 Son _____.   Son unos hombres de negocios.

2 _____viajes_____.   Son unos viajes de negocios.

3 Parece_____.   Parece un viaje de negocios.

4 _____agencia_____.   Parece una agencia de negocios.

5 Son _____.   Son unas agencias de negocios.

6 _____casa_____.   Es una casa de negocios.

7 _____locos.   En una casa de locos.

C   tyénél|kefirmár|algúndokumento↑

1 _____kósa↑   tyénél|kefirmár|algúnakósa↑

2 __yó_____↑   teŋgoyó|kefirmár|algúnakósa↑

3 _____dokuméntos↑   teŋgoyó|kefirmár|algunozdokuméntos↑

4 _____traér_____↑   teŋgoyó|ketraér|algunozdokuméntos↑

5 _____otró_____↑   teŋgoyó|ketraér|otrodokumento↑

6 __ustéd_____↑   tyéŋgustéd|ketraér|otrodokumento↑

7 _____kósas↑   tyéŋgustéd|ketraér|otraskósas↑

C   ¿Tiene él que firmar algún documento?

1 ¿_____cosa?   ¿Tiene él que firmar alguna cosa?

2 ¿___yo_____?   ¿Tengo yo que firmar alguna cosa?

3 ¿_____documentos?   ¿Tengo yo que firmar algunos documentos?

4 ¿_____traer_____?   ¿Tengo yo que traer algunos documentos?

5 ¿_____otro____?   ¿Tengo yo que traer otro documento?

6 ¿__usted_____?   ¿Tiene usted que traer otro documento?

7 ¿_____cosas?   ¿Tiene usted que traer otras cosas?

D   pwéde |dármelo |kwálkyermédɪko↑

1   _____ otro _____ ↑   pwéde |dármelo |otromédɪko↑

2   _____ persóna↑   pwéde |dármelo |otrapersóna↑

3   pwéden _____ ↑   pwéden |dármelo |otraspersónas↑

4   _____ bendérmelo _____ ↑   pwédem |bendérmelo |otraspersónas↑

5   _____ ustéd↑   pwéde |bendérmeloustéd↑

6   _____ prestármelo ____ ↑   pwéde |prestármeloustéd↑

7   _____ eḷḷyos↑   pwédem |prestármeloeḷḷyos↑

D   ¿Puede dármelo cualquier médico?

1   ¿ _____ otro _____ ?   ¿Puede dármelo otro médico?

2   ¿ _____ persona?   ¿Puede dármelo otra persona?

3   ¿Pueden _____ ?   ¿Pueden dármelo otras personas?

4   ¿ _____ vendérmelo _____ ?   ¿Pueden vendérmelo otras personas?

5   ¿ _____ usted?   ¿Puede vendérmelo usted?

6   ¿ _____ prestármelo ____ ?   ¿Puede prestármelo usted?

7   ¿ _____ ellos?   ¿Pueden prestármelo ellos?

E   debesér |dⱥûnméđikǫ↑ȧşȇptađoporlȧembahádȧ↓

1   _____ mí↓   debesér |dⱥûnméđikǫ↑ȧşȇptađopormí↓

2   tyéneke_____↓   tyénekesér |dⱥûnméđikǫ↑ȧşȇptađopormí↓

3   _____pȇrsonȧ_____↓   tyénekesér |dⱥûnȧpȇrsonȧ↑ȧşȇptađapormí↓

4   _____lȧs_____↓   tyénekesér |dȇlȧspȇrsonas↑ȧşȇptađaspormí↓

5   _____él↓   tyénekesér |dȇlȧspȇrsonas↑ȧşȇptađasporél↓

6   _____iŋhȇnyéros_____↓   tyénekesér |dȇlȯsiŋhȇnyéros↑ȧşȇptađosporél↓

7   debén_____↓   debensér |dȇlȯsiŋhȇnyéros↑ȧşȇptađosporél↓

E   Debe ser de un médico aceptado por la Embajada.

1   _____ mí.   Debe ser de un médico aceptado por mí.

2   Tiene que _____.   Tiene que ser de un médico aceptado por mí.

3   _____ persona_____.   Tiene que ser de una persona aceptada por mí.

4   _____ las_____.   Tiene que ser de las personas aceptadas por mí.

5   _____él.   Tiene que ser de las personas aceptadas por él.

6   _____ ingenieros_____.   Tiene que ser de los ingenieros aceptados por él.

7   Deben_____.   Deben ser de los ingenieros aceptados por él.

F tómẹ|estasolişitúd↓ ꭃyebèsèlà↓

1 ____ éstas _____↓   tómẹ|esta(s)solişitúảès↓ ꭃyebèsèlàs↓

2 _____ ảokuméntòs _____↓   tómẹ|estozảokuméntòs↓ ꭃyebèsèlòs↓

3 _____ ꭃyénèlò↓   tómẹ|esteảokuméntò↓ ꭃyénèlò↓

4 _____ kópà _____↓   tómẹ|estakópà↓ ꭃyénèlà↓

5 _____ ꭃyebèsèlàs↓   tómẹ|estaskópàs↓ ꭃyebèsèlàs↓

6 ___ esas _____↓   tómẹ|esaskópàs↓ ꭃyebèsèlàs↓

7 _____ líbròs _____↓   tómẹ|esozlíbròs↓ ꭃyebèsèlòs↓

F Tome esta solicitud. Llévesela.

1 ____ estas _____. _____.   Tome estas solicitudes. Lléveselas.

2 _____ documentos. _____.   Tome estos documentos. Lléveselos.

3 _____. Llénelo.   Tome este documento. Llénelo.

4 _____ copa. _____.   Tome esta copa. Llénela.

5 _____. Lléveselas.   Tome estas copas. Lléveselas.

6 ___ esas _____. _____.   Tome esas copas. Lléveselas.

7 _____ libros. _____.   Tome esos libros. Lléveselos.

26.23   Variation drills

A   tyéne̞ |algúnapersóna |kè̞rrè̞spóndaporustéat↑   ¿Tiene alguna persona que responda por Ud.?

    1 Does he have some person who will   tyéne̞ |algúnapersóna |kè̞rrè̞spóndaporélt↑   ¿Tiene alguna persona que responda por él?
      vouch for him?

    2 Do you have a friend who will vouch   tyéne̞unamígo |kè̞rrè̞spóndaporustéat↑   ¿Tiene un amigo que responda por Ud.?
      for you?

    3 Does she have a friend who will vouch   tyéne̞unamígo |kè̞rrè̞spóndapore̞l̞ya̞t↑   ¿Tiene un amigo que responda por ella?
      for her?

    4 Isn't there someone who will vouch   no̞áyalgyen |kè̞rrè̞spóndapore̞l̞ya̞t↑   ¿No hay alguien que responda por ella?
      for her?

    5 Isn't there someone who will vouch   no̞áyalgyen |kè̞rrè̞spóndaporustéat↑   ¿No hay alguien que responda por Ud.?
      for you?

    6 Isn't there anybody who will vouch   no̞áynad̞ye |kè̞rrè̞spóndaporustéde̞st↑   ¿No hay nadie que responda por Uds.?
      for you all?

    7 Isn't there anybody who will vouch   no̞áynad̞ye |kè̞rrè̞spóndaporustéat↑   ¿No hay nadie que responda por Ud.?
      for you?

B   pòrsúpwéstó↓ éso |sè̞lo̞è̞splikáré |d̞espwés↓   Por supuesto. Eso se lo explicaré después.

    1 Of course. I'll explain that to you   pòrsúpwéstó↓ éso |sè̞lo̞è̞splikáré |maṇyáná↓   Por supuesto. Eso se lo explicaré mañana.
      tomorrow.

    2 Of course. I'll explain that to you   pòrsúpwéstó↓ éso |sè̞lo̞è̞splikáré |e̞nu̞n   Por supuesto. Eso se lo explicaré en un
      in a moment.   moméntó↓   momento.

3 Sure. I'll explain *that* to you (some) other day.

klárȯ↓ ésȯ|sėlǫėsplikȧré|otroɖíà↓

Claro. Eso se lo explicaré otro día.

4 Sure. I'm going to give *that* to you (some) other day.

klárȯ↓ ésȯ|sėlȯḃóyaɖár|otroɖíà↓

Claro. Eso se lo voy a dar otro día.

5 Fine. I'm going to tell *that* to you this afternoon.

byéɥ↓ ésȯ|sėlȯḃóyaɖeʂír|estatárɖė↓

Bien. Eso se lo voy a decir esta tarde.

6 Fine. I'm going to send *that* to you on Monday.

byéɥ↓ ésȯ|sėlȯḃóyamandár|eⓂlúnės↓

Bien. Eso se lo voy a mandar el lunes.

7 Wonderful. I'm going to take *that* to you now.

mȧgnífikȯ↓ ésȯ|sėlȯḃóyaⓂyebár|aȯrȧ↓

Magnífico. Eso se lo voy a llevar ahora.

C pȯrlȯpronto↑nėʂėsítalosigyéntė↓

Por lo pronto, necesita lo siguiente.

1 For the time being, you need this.

pȯrlȯprȯnto↑nėʂėsítạéstȯ↓

Por lo pronto, necesita esto.

2 For the time being, you need a certificate.

pȯrlȯprȯnto↑nėʂėsítạunʂertifikáɖȯ↓

Por lo pronto, necesita un certificado.

3 Apparently, you need a certificate.

pȯrlȯḃisto↑nėʂėsítạunʂertifikáɖȯ↓

Por lo visto, necesita un certificado.

4 Apparently, you need permission.

pȯrlȯḃisto↑nėʂėsítapermísȯ↓

Por lo visto, necesita permiso.

5 Apparently, we need an excuse.

pȯrlȯḃisto↑nėʂėsítamosˌumpretéstȯ↓

Por lo visto, necesitamos un pretexto.

6 Then, you all need to declare the presents.

ėntónʂez↑nėʂėsítan|dėklȧrárlozrregálȯs↓

Entonces, necesitan declarar los regalos.

7 Then you all need to check the bills.

ėntónʂez↑nėʂėsítan|rrėḃisárlaskwéntȧs↓

Entonces, necesitan revisar las cuentas.

D èlpàsàpórte↑şèrtifikáᵭò |ᵭèbàkúna↑ᵭèsàlúᵭ |iᵭèbwénakondúktà↓   El pasaporte, certificado de vacuna, de
                                                                    salud y de buena conducta.

1 The passport, health certificate, and   èlpàsàpórte↑şèrtifikáᵭò |ᵭèsàlúᵭ |iᵭebàkúnà↓   El pasaporte, certificado de salud y de
  vaccination (certificate).   vacuna.

2 The passport, travel certificate, and   èlpàsàpórte↑şèrtifikáᵭò |ᵭèbyàhҽ |iᵭҽaᵭwánà↓   El pasaporte, certificado de viaje y de
  customs (certificate).   aduana.

3 The passport and immigration documents.   èlpàsàpórtҽ↑iᵭòkúmentoz |ᵭҽinmigraşyón↓   El pasaporte y documentos de immigración.

4 The visa and automobile documents.   làbìsҽ |iᵭòkúmentozᵭelkóchè↓   La visa y documentos del coche.

5 The visa and special documents.   làbìsҽ |iᵭòkúmentosҽespeşyálès↓   La visa y documentos especiales.

6 The visa and the purchase order.   làbìsҽ |ilҽorᵭendekómprà↓   La visa y la orden de compra.

7 The purchase certificate and other   èlşèrtifikáᵭò |ᵭèkompra |ҽotrozᵭokuméntòs↓   El certificado de compra y otros documentos.
  documents.

E álgòmás↑   ¿Algo más?

1 Do you want something else?   kyérҽ |algomás↑   ¿Quiere algo más?

2 Do you wish something else?   dèsèҽ |algomás↑   ¿Desea algo más?

3 Do you have something else?   tyénҽ |algomás↑   ¿Tiene algo más?

4 Is there anything else?   áy |algomás↑   ¿Hay algo más?

5 Don't you wish anything else?

nọdèsèạ|algomás↑

¿No desea algo más?

6 Isn't there something else?

nọáy|algomás↑

¿No hay algo más?

7 Isn't there anything else?

nọáy|nádamas↑

¿No hay nada más?

F   sí↓ lázwẹ(l)yazdihitálès↓ pèrọésọ|esalọúltimổ↓

Sí, las huellas digitales, pero eso es a lo último.

1 Yes, the passport, but that comes last.

sí↓ èlpàsápórtè↓ pèrọésọ|esalọúltimổ↓

Sí, el pasaporte, pero eso es a lo último.

2 Yes, your documents, but that comes last.

sí↓ sùzdókùméntòs↓ pèrọésọ|esalọúltimổ↓

Sí, sus documentos, pero eso es a lo último.

3 Yes, the bill, but that comes last.

sí↓ làkwéntà↓ pèrọésọ|esalọúltimổ↓

Sí, la cuenta, pero eso es a lo último.

4 Yes, the newspaper, but that's afterwards.

sí↓ èlpèryódikó↓ pèrọésọ|ezdespwés↓

Sí, el periódico, pero eso es después.

5 Yes, the ad, but that's afterwards.

sí↓ èlànunṣyò↓ pèrọésọ|ezdespwés↓

Sí, el anuncio, pero eso es después.

6 Yes, the car, but that doesn't matter.

sí↓ èláwtổ↓ pèrọéso|nọimpórtà↓

Sí, el auto, pero eso no importa.

7 Yes, the gift, but that doesn't matter.

sí↓ èlrrègálò↓ pèrọéso|nọimpórtà↓

Sí, el regalo, pero eso no importa.

26.24   Review drill — Gender class assignment certain nouns - II

1 The sector of the city.	èlséktòr |delaşyuɖáɖ↓	El sector de la ciudad.
2 The name of the base.	èlnómbre |delabásè↓	El nombre de la base.
3 The chief of the section.	èlhéfe |delaseks̩yón↓	El jefe de la sección.
4 The restaurant of the mission.	èlrrèstòrán |delamisyón↓	El restorán de la misión.
5 The officer of the tower.	èlófis̩yal |delatórrè↓	El oficial de la torre.
6 The lieutenant from the base.	èltènyénte|delabásè↓	El teniente de la base.
7 The name of the city.	èlnómbre |delaşyuɖáɖ↓	El nombre de la ciudad.
8 The gentleman from the room.	èlsèɲyor |delabitaşyón↓	El señor de la habitación.
9 The end of the inspection.	èlfín |delainspeks̩yón↓	El fin de la inspección.
10 The room of the gentleman.	làbitàşyón |delseɲyór↓	La habitación del señor.
11 The health of the colonel.	làsàluɖ |delkoronél↓	La salud del coronel.
12 The people from the restaurant.	làhénte |delrrestorán↓	La gente del restorán.

13 The application of the lieutenant.

làsólişitúd |deltenyéntè↓

La solicitud del teniente.

14 The section of the country.

làsèkşyón |delpaís↓

La sección del país.

15 The milk from the restaurant.

làleche |delrrestorán↓

La leche del restorán.

26.3   CONVERSATION STIMULUS

NARRATIVE 1

1 Chico and Luis are talking.

chikọilwís |estanabländò↓

Chico y Luis están hablando.

2 Luis, without noticing, drops something.

àlwís |sìmfiharseîsèlèkaḍálgò↓

A Luis, sin fijarse, se le cae algo.

3 Chico tells him so.

chikoselodíşè↓

Chico se lo dice.

4 It turns out to be his passport.

rrèsulta |sérsupasapórtè↓

Resulta ser su pasaporte.

5 Chico wants to know, by the way, if
   they finally gave him the visa.

chikokyéresaber |àpròpósitoî
sipòrfín |ledyéronlabísà↓

Chico quiere saber, a propósito, si por fin
le dieron la visa.

6 'Heck no', says Luis.

kebá↓díşèlwís↓

¡Qué va! — dice Luis.

7 He says that now they want a new
   health certificate.

disekẹaoraîkyérèn |ù(n)nwebọşertifikaḍo|
desalúd↓

Dice que ahora quieren un nuevo certificado
de salud.

DIALOG 1

Chico, dígale a Luis que se le cayó algo.

lwı́s↓ sė̀tė̀¹·à̦yoálgó↓

Chico: Luis, se te cayó algo.

Luis, dígale que gracias y explíquele que es
el pasaporte.

grȧ̦șyȧ̀s↓ ėșélpȧ̀sȧ̀pórtė̀↓

Luis: Gracias, es el pasaporte.

Chico, pregúntele, a propósito, si ya le dieron
la visa.

à̦propósı̇tó↓ yȧ́tė̀d̦yerónlȧbı́sȧ↑

Chico: A propósito, ¿ya te dieron la
visa?

Luis, dígale que qué va, que ahora quieren
un nuevo certificado de salud.

kebȧ̀↓ ȧ̀órakyéren |ù̀(n̦)nwėbo̦șertı́fı̇kad̦o |
d̦esalú̀d̦↓

Luis: ¡Qué va! Ahora quieren un nuevo
certificado de salud.

NARRATIVE 2

1 The health certificate he took over the
other day wasn't accepted.

ė̀lșė̀rtı̇fı́kad̦o |d̦esalú́d̦ |kė̀(l̦)yė̀bo̦e̦lótrod̦ı́a↑
nofwe̦a̦șeptád̦ó↓

El certificado de salud que llevó el otro
día no fué aceptado.

2 It was not from one of the doctors approved
by the Embassy.

nǫéra |d̦e̦unod̦elozméd̦ıkos |à̦șéptad̦os
porla̦ėmbahá́d̦ȧ̀↓

No era de uno de los médicos aceptados por
la Embajada.

3 Luis doesn't know yet if all the other
papers were in order.

lwı́z |nósabetod̦abı́a |sitod̦ozloșó̦troz
d̦okuméntos |ė̀stabane̦nórd̦ė̀n↓

Luis no sabe todavía si todos los otros
documentos estaban en orden.

4 Because Mr. White says that he hasn't had
time to check them all.

pórkėlșė̀n̦yórhwayt |d̦ıșe |kė̀nǫatenı́d̦o
tyémpo |d̦ė̀rrėbı̇sarlostó́d̦ôs↓

Porque el Sr. White dice que no ha tenido
tiempo de revisarlos todos.

DIALOG 2

Chico, pregúntele que qué pasó con el certificado de salud que llevó el otro día.	kepasó |kon̦e̦lṣe̦rtifikado |de̦sálud |ke̦ (ɔ)ye̦bastelotrodíá↓	Chico: ¿Qué pasó con el certificado de salud que llevaste el otro día?
Luis, contéstele que no fué aceptado.	nofwe̦aṣeptádó↓	Luis: No fué aceptado.
Chico, pregúntele que por qué.	pórke↓	Chico: ¿Por qué?
Luis, contéstele que porque no era de uno de los médicos aceptados por la Embajada.	pórke̦nǫe̦ra |de̦únode̦lózmedikos |aṣe̦ptados porlae̦mbahádá↓	Luis: Porque no era de uno de los médicos aceptados por la Embajada.
Chico, pregúntele si todos los otros documentos estaban en orden.	todoz |losótrozdokuméntos |estabanenórden↑	Chico: ¿Todos los otros documentos estaban en orden?
Luis, contéstele que Ud. no sabe todavía. Que el Sr. White dice que no ha tenido tiempo de revisarlos todos.	nosé|todábíá↓ e̦lse̦ɲorhwaytdiṣe |ke̦nǫ atenidotyempo |de̦rrébisarlostódós↓	Luis: No sé todavía. El Sr. White dice que no ha tenido tiempo de revisarlos todos.

NARRATIVE 3

1 Chico can't understand what's the matter. It's been two months already since Luis applied for his visa.	´chiko |no̦e̦ntyendekepásá↓ yáṣe̦dozméses |ke̦lwis iṣo |lásóliṣituḓparalabísá↓	Chico no entiende que pasa. Ya hace dos meses que Luis hizo la solicitud para la visa.
2 Luis can't understand it either.	lwiz |no̦e̦ntyende |tampokó↓	Luis no entiende tampoco.

3 Sometimes he thinks that it's just that   ábeṣespyénsa |késkènóselakyérendár↓   A veces piensa que es que no se la
   they don't want to give it to him.   quieren dar.

4 Chico's going to talk with White to see   chiko |báblárkòɲhwàyt |pàràber |képásà↓   Chico va a hablar con White para ver
   what's the trouble.   qué pasa.

5 That friend of Chico's is driving Luis   éṣẹàmigo |dèchiko↑ẹstábòlbyéndòlókọ |àlwís↓   Ese amigo de Chico está volviendo loco
   crazy.   a Luis.

DIALOG 3

Chico, dígale que Ud. no entiende qué pasa;   nóẹntyéndo |képásà↓ yáṣẹdòzmésés |kẹiṣíste |là   Chico: No entiendo que pasa; ya hace dos
   que ya hace dos meses que él hizo la solicitud   sòliṣitúdpàràlàbísà↓   meses que hiciste la solicitud para
   para la visa.   la visa.

Luis, dígale que Ud. tampoco entiende.   yotampokọ |èntyéndò↓ ábeṣespyénso| Luis: Yo tampoco entiendo. A veces pienso
   Que a veces Ud. piensa que es que no se   kèskènomelakyérendár↓   que es que no me la quieren dar.
   la quieren dar.

Chico, dígale que Ud. va a hablar con White   bóyablár |kòɲhwàyt |pàràber |képásà↓   Chico: Voy a hablar con White para ver qué
   para ver qué pasa.   pasa.

Luis, dígale a Chico que ese amigo de él   éṣẹàmigotúyo |mestàbolbyéndolókò↓   Luis: Ese amigo tuyo me está volviendo
   lo está volviendo loco a Ud.   loco.

26.4   READINGS

26.40   List of cognate loan words

la formalidad	là—fórmálídád↓
la coincidencia	là—kȯynȿídenȿyà↓

26.41   Reading selection

Día de Mercado

Era viernes y Marta estaba haciendo la lista de las cosas que tenía que comprar, cuando oyó el teléfono. Era Virginia de Robinson. Eran como las siete y media de la mañana.

—La llamo para molestarla con un pequeño problema que tengo, Sra. de Fuentes, y perdóneme por haberla llamado tan temprano—le dijo, después de saludarla y preguntarle por don Ricardo y los hijos.

—Primero que todo—interrumpió Marta—mis amigas no me dicen 'Sra. de Fuentes' y por eso Ud. no debe decirme así tampoco. Yo soy Marta para Ud., y si me permite, yo prefiero decirle a Ud. Virginia. Como amigas y vecinas que somos es mejor tratarse por el nombre. Eso de 'Sra. de Robinson' y 'Sra. de Fuentes' es una formalidad horrible, ¿no le parece?

—Sí, claro, tiene toda la razón, Marta; en mi país hacemos lo mismo, pero aquí prefiero no tratar a nadie de 'tú' o por su nombre hasta estar segura de que no voy a meter la pata si lo hago. Muchas gracias por decírmelo y por mi parte Ud. también puede decirme Virginia y no 'Sra. de Robinson.' A mí tampoco me gusta esa formalidad, francamente. Pero lo que sí me preocupa es tener que molestarla con mis problemas.

—No se preocupe por eso, Virginia, al contrario; a mí me alegra mucho poderla ayudar en algo. Como le dije la primera noche que estuvimos en su casa, para eso son los vecinos y aquí nos tienen Uds. para cualquier cosa que necesiten. Nosotros sabemos muy bien que Uds. deben encontrar en este país cosas que son muy diferentes de como son en los Estados Unidos.

—Sí, en realidad hay algunas, pero ya vamos acostumbrándonos poco a poco. El problema con que me encuentro en este momento es el de la comida, y le digo que es una gran lata. Mi marido se queja de que nunca le hago lo que a él le gusta: comida americana. Pero es que no he podido encontrar nada en los mercados de aquí. Ayer fui al mercado de este barrio y luego a otro en el centro, pero en ninguno de los dos encontré nada bueno, y además todo tan caro.... No sé qué hacer. Mi marido me dijo que iba a divorciarse de mí si no le tenía algo bueno para esta noche—Virginia terminó diciendo en broma.

—No se preocupe, Virginia, no vamos a permitirle a su esposo divorciarse de Ud. —dijo Marta siguiéndole la broma. Yo voy a llevarla a un mercado donde vamos a encontrar de todo lo que Ud. busca y barato. Yo voy allí todos los viernes; vea que coincidencia, en este momento estaba haciendo la lista. Ud. puede ir ahora mismo?

—¡Claro que puedo!—exclamó Virginia. Déme diez minutos para vestirme, por favor.

—Muy bien, llámeme cuando esté lista y yo paso por Ud.

26.42   Response drill

1 ¿Qué día de la semana era éste?

2 ¿A dónde iba Marta siempre ese día?

3 ¿Qué estaba haciendo cuando oyó el teléfono?

4 ¿Quién era?

5 ¿Qué hora era?

6 ¿Para qué la llamaba Virginia?

7   Cuando la saludó, ¿le dijo 'Sra. de Fuentes' o le dijo 'Marta'?

8 ¿Le gusta a Marta tratarse con mucha formalidad con sus amigas?

9 ¿Cómo se debe tratar a las personas que acabamos de conocer, de 'tú' o de 'Ud.'?

10 ¿Cuándo podemos tratar a otra persona de 'tú'?

11 ¿Puede uno meter la pata si trata de 'tú' a una persona que uno no conoce muy bien?

12 ¿Por qué dijo Virginia en broma que su marido iba a divorciarse de ella?

13 ¿A cuántos mercados fue ella ayer?

14 ¿Encontró algo bueno en esos mercados?

15 ¿A dónde va a llevarla Marta?

27.1   BASIC SENTENCES.   Sports.

      Molina and White are talking while they are having lunch.

ENGLISH SPELLING	AID TO LISTENING	SPANISH SPELLING
the sport	èl—dépórtè↓	el deporte
favorite	fåbòritò↓	favorito
White		*White*
What's your favorite sport?	kwál│èstúdèpórte│fåbòritò↓	¿Cuál es tu deporte favorito?
the football	èl—fútbòl↓	el fútbol
Molina		*Molina*
Football.	èlfútbòl↓	El fútbol.
(I) lose, miss (to lose, to miss)	pyérdò↓ pèrdér↓	pierdo (perder)
the game	èl—pàrtidò↓	el partido
I never miss a single game. (1)	nópyérdo│nɹumpartídò↓	No pierdo ni un partido.
to practice, to participate in	pràktikár↓	practicar
White		*White*
But which one do you *play?*	pèrókwálpraktíkàs↓	Pero ¿cuál practicas?
frankly	fraŋkaméntè↓	francamente

none, not one   niŋgúnó↓   ninguno

Molina   Molina   Molina
Frankly, not a one.   fraŋkamente |niŋgúnó↓   Francamente, ninguno.

to get fat   éŋgòrɑ́ar↓   engordar

White   White   White
You're going to get fat that way.   àsí |bás̠a̠éŋgòrɑ́ar↓   Así vas a engordar.

to play [2]   húga̒r↓   jugar

Why don't we play some golf tomorrow? [3]   pòrké |nohugamozgólf |màɲyáná↓   ¿Por qué no jugamos golf mañana?

the (letter) jota (j); jot, tittle   là→hótá↓   la jota

Molina   Molina   Molina
I don't know the first thing about golf. [4]   yónóse |nihotá |ɗégólf↓   Yo no sé ni jota de golf.

(it) matters (to matter, be important)   impórtá↓ impòrta̒r↓   importa (importar)

that (you) know (to know)   kè→sepàs↓ sàbér↓   que sepas (saber)

let's play (to play)   húgemòs↓ húga̒r↓   juguemos (jugar)

White   White   White
It doesn't matter that you don't know how.   no̠impórta |kenosépàs↓   No importa que no sepas.

Let's play. I'll teach you. [5]   húgemòs↓ yòtenséɲyò↓   Juguemos. Yo te enseño.

the equipment   èl→èkipò↓   el equipo

Molina
But I don't have any equipment, either. (6)

pérǫes |kĕ |tàmpókò |téŋgǫèkipò↓

Molina
Pero es que tampoco tengo equipo.

the beginning

èl—prinşipyò↓

el principio

in the beginning

àl—prinşipyò↓

al principio

White
To begin with you don't need it. We'll both play with mine.

àlprinşipyo |nonęęesítàs↓ kònlómìò |

hùgamoɤlozᴅós↓

White
Al principio no necesitas. Con lo mío jugamos los dos.

to win, earn, gain

gànár↓

ganar

to convince

kòmbènşér↓

convencer

Molina
Okay. You win. You convinced me.

bwénò↓ tugánàs↓ mékòmbènşistè↓

Molina
Bueno, tú ganas. Me convenciste.

the hall

èl—pàsiᴅyò↓

el pasillo

White
Then we'll meet in the hall at six in the morning. (7)

ȩntonşez |nósęnkòntrámosenȩlpasiᴅyǫ |

àlà(s)seyzᴅelamaŋyánà↓

White
Entonces nos encontramos en el pasillo a las seis de la mañana.

Molina
What! At *six!* Are you mad?

ke↑ àlà(s)seys↑ éstázlokò↑

Molina
¿Qué? ¿A las seis? ¿Estás loco?

leave it (to leave)

dehàló↓ déhàr↓

déjalo (dejar)

Leave it for eleven o'clock.

dehalo |páralas.ónşė↓

Déjalo para las once.

| lazy, loose | flóhó↓ | flojo |
| don't be (to be) | nó—seás↓ sér↓ | no seas (ser) |

White
Don't be lazy, chum.   nóseasflóhǫ|ómbré↓   *White*
No seas flojo, hombre.

| be (to be) | sé↓ sér↓ | sé (ser) |
| punctual | púntwa·l↓ | puntual |

I'll expect you at six. And be on time.   àlá(s)séys|tespéró↓ isépuntwál↓   A las seis te espero. Y sé puntual.

27.10   Notes on the basic sentences

(1) Literally, 'I do not miss not even one game.' Note doubling of negative.

(2) /hugár/ *jugar* is the only example of a stem-vowel changing verb which has the change /u > wé/ . See Unit 22 for other stem-vowel changing verbs.

(3) In continental Spanish the equivalent of 'to play golf' is /hugár—al—gólf/ *jugar al golf*, but in American Spanish it is simply /hugár—gólf/ *jugar golf*. Indeed, in American Spanish /hugár—al—gólf/ has the special meaning of 'to play around at golf,' i.e. not to take the game seriously. As in other instances in this text where there was no clear compromise usage that would be acceptable both in Spain and in America, the American usage has been put into the dialogs with a note to indicate the divergent continental usage whenever the data were clear. Students preparing to use the language in Spain should of course substitute the Spanish usage for the American one.

(4) Literally, 'I don't know not even iota about golf.' As in note (1) above.

(5) /hugémos/ *juguemos* requires that attention be called to it in two ways: it is an example of the so-called 'hortatory subjunctive,' the command form that includes both speaker and receiver (a form that will be examined closely in the next unit); and it is an instance of a spelling change in the paradigm of the verb that reflects no change of pronunciation (i.e. the *u* is inserted after the *g* before *e* in order that the *g* may not be interpreted as /h/).

(6) Note that when a negative word other than /nó/ *no* appears before the verb, /nó/ does not occur. /tampóko/ is the negative word here, 'not...either.'

(7) You will remember that White and Molina live in the same apartment building, hence to meet in the hall.

27.2   DRILLS AND GRAMMAR

27.21   Pattern drills

27.21.1   Formal command forms for regular verbs

   A. Presentation of pattern

ILLUSTRATIONS

_____

_____

	1. míré |kélázmúcháchaz |lôs͈ės͈tánės͈pérándô↓	*Mire,* que las muchachas los están esperando.
	2. pérᶜone |kélaɑ̂ɣame |tántempráno↓	*Perdone* que la llame tan temprano.
Drink more milk.	3. bebamaᶻléché↓	*Beba* más leche.
Write the following.	4. éskriba |losigyénté↓	*Escriba* lo siguiente.
Take (pl) this application.	5. tomen |estasolįşitúd↓	*Tomen* esta solicitud.
Clean the apartment.	6. limpyen |elapartaméntô↓	*Limpien* el apartamento.
Don't sell the car.	7. nobendan |eláwtô↓	No *vendan* el auto.
Don't live at that hotel.	8. nobiban |enés͈ç̌otél↓	No *vivan* en ese hotel.

EXTRAPOLATION

		−ár	−ér−ír
2	**sg**	−e	−a
	pl	−en	−an

NOTES

a. Formal command forms differ from present tense forms only by a trade in theme vowels between /−ár/ and /−ér−ír/ theme classes.

27.21.11 Substitution drills — Person-tense substitution

Problem 1:

kármen|áblaiŋglés↓

Answer:

áblęiŋglés↓

Problem 2:

ánąilwísa|kómenąkí↓

Answer:

kómanąkí↓

Problem 1:

Carmen *habla* inglés.

Answer:

Hable inglés.

Problem 2:

Ana y Luisa *comen* aquí.

Answer:

Coman aquı.

1. ánajántónyǫ |éstudyanǫspaṇyól↓   éstudyenǫspaṇyól↓

2. élófiṣyal |rrébisalazmalétàs↓   rrébiselazmalétàs↓

3. hòsé |ǫyébạélkárrǫ |alạofiṣínà↓   ǫyebelkárrǫ |alạofiṣínà↓

4. àntónyǫipablo |limpyansusẹskritóryòs↓   limpyen |susẹskritóryòs↓

5. páblo |manda |làskámisas |alalabandería↓ mande |laskamisas |alalabandería↓

6. éltényénte |rréspóndeporél↓   rréspóndaporél↓

---

1 Ana y Antonio *estudian* español.   Estudien español.
2 El oficial *revisa* las maletas.   Revise las maletas.
3 José *lleva* el carro a la oficina.   Lleve el carro a la oficina.
4 Antonio y Pablo *limpian* sus escritorios. Limpien sus escritorios.
5 Pablo *manda* las camisas a la lavandería. Mande las camisas a la lavandería.

6 El teniente *responde* por él.   Responda por él.

7. hwanilwisa |kómeŋko(n)nosótros↓   kómaŋko(n)nosótros↓

8. ana |bebeléchê↓   bebaléchê↓

9. lámúchacha |barrelakoşíná↓   barralakoşíná↓

10. lósharriz |nobendensukásá↓   nobendansukásá↓

11. antónyo |bibekonsuspádrès↓   bibakonsuspádrès↓

12. lwisá |éskribeninglés↓   éskribáeninglés↓

13. pábloihwan |noabrenlozlíbros↓   noabran |lozlíbros↓

---

7 Juan y Luisa *comen* con nosotros.   Coman con nosotros.

8 Ana *bebe* leche.   Beba leche.

9 La muchacha *barre* la cocina.   Barra la cocina.

10 Los Harris no *venden* su casa.   No vendan su casa.

11 Antonio *vive* con sus padres.   Viva con sus padres.

12 Luisa *escribe* en inglés.   Escriba en inglés.

13 Pablo y Juan no *abren* los libros.   No abran los libros.

Number substitution

.. lábelaskamísàs↓   lábenlaskamísàs↓

2. fírmeldokuméntô↓   fírmeneldokuméntô↓

3. λyamen|alıŋhenyérò↓   λyamealıŋhenyérò↓

4. noestúdyen|lo(s)sábàdòs↓   noestúdye|lo(s)sábàdòs↓

5. bendalozmwéblés↓   bendanlozmwéblés↓

6. éskribanlozlúnès↓   éskribalozlúnès↓

7. nobíba|enelşéntrò↓   nobíban|enelşéntrò↓

---

1 *Lave* las camisas.   Laven las camisas.

2 *Firme* el documento.   Firmen el documento.

3 *Llamen* al ingeniero.   Llame al ingeniero.

4 No *estudien* los sábados.   No estudie los sábados.

5 *Venda* los muebles.   Vendan los muebles.

.6 *Escriban* los lunes.   Escriba los lunes.

7 No *viva* en el centro.   No vivan en el centro.

8. dèṣiḍanạȯrá↓   déṣiḍaȯrá↓

9. ⁀yebenlasfúndàs↓   ⁀yebelasfúndàs↓

10. ⁀yamẹ|alméḍikȯ↓   ⁀yamen|alméḍikȯ↓

11. nokoma|tantárḍé↓   nokoman|tantárḍé↓

12. bebanménȯs↓   bebaménȯs↓

13. ȧbrasuzmalétȧs↓   ȧbransuzmalétȧs↓

14. subanlozbaúlès↓   subalozbaúlès↓

15. prȯnunṣyemehȯr↓   prȯnunṣyenmehȯr↓

---

8 *Decidan* ahora.   Decida ahora.

9 *Lleven* las fundas.   Lleve las fundas.

10 *Llame* al médico.   Llamen al médico.

11 No *coma* tan tarde.   No coman tan tarde.

12 *Beban* menos.   Beba menos.

13 *Abra* sus maletas.   Abran sus maletas.

14 *Suban* los baúles.   Suba los baúles.

15 *Pronuncie* mejor.   Pronuncien mejor.

27.21.12 Response drill

1. kómemos̩aki↑ǫeṇelrrestorán↓   komaṇakí↓

2. komǫaki↑ǫeṇelrrestorán↓   komakí↓

3. éskribǫelsábaḍo↑ǫeldomíngó↓   éskribǫeldomíngó↓

4. éskribimos|elsábaḍo↑ǫeldomíngó↓   éskriban|eldomíngó↓

5. bebóléchę↑okafé↓   bebaléchè↓

[élpàsápórtè↓]   6. kefírmò↓   fírmę|elpasapórtè↓

[làlèkşyón↓]   7. késplíkò↓   èsplike|lalekşyón↓

[kàfé↓]   8. ketomámòs↓   tomeŋkafé↓

[lòzlíbròs↓]   9. kębrímòs↓   ábran|lozlíbròs↓

[èlkárró↓]   10. kebéndò↓   bendǫelkárrò↓

---

1 ¿Comemos aquí o en el restorán?   Coman aquí.

2 ¿Como aquí o en el restorán?   Coma aquí.

3 ¿Escribo el sábado o el domingo?   Escriba el domingo.

4 ¿Escribimos el sábado o el domingo?   Escriban el domingo.

5 ¿Bebo leche o café?   Beba leche.

(el pasaporte)   6 ¿Qué firmo?   Firme el pasaporte.

(la lección)   7 ¿Qué explico?   Explique la lección.

(café)   8 ¿Qué tomamos?   Tomen café.

(los libros)   9 ¿Qué abrimos?   Abran los libros.

(el carro)   10 ¿Qué vendo?   Venda el carro.

[ênųnrrèstòránↆ]   11. dóndekómòↆ   kómạ|enųnrrestoránↆ

[åhòséↆ]   12. àkyenꞶꞵámòↆ   Ꞷꞵámẹahoséↆ

[ènệspàɲyó'lↆ]   13. áblọ|eninglés↑   noↆ áblenẹspaɲyólↆ

[ènệspàɲyó'lↆ]   14. áblamos|eninglés↑   noↆ áblen|enẹspaɲyólↆ

[èldòmíŋgòↆ]   15. èstúɗyámos|elsábaɗo↑   noↆ èstúɗyen|eldomíŋgòↆ

[èldòmíŋgòↆ]   16. èstúɗyọ|elsábaɗo↑   noↆ èstúɗyẹ|eldomíŋgòↆ

[làmésàↆ]   17. límpyo|los(ș)enișeros↑   noↆ límpyèlamésàↆ

                    18. bahòyá↑   sí'|bahèↆ

                    19. bàhamozyá↑   sí'|bahènↆ

                    20. subꞡáorá↑   sí'|subàↆ

                    21. súbimos|aorá↑   sí'|subànↆ

(en un restorán)   11 ¿Dónde como?   Coma en un restorán.

(a José)   12 ¿A quién llamo?   Llame a José.

(en español)   13 ¿Hablo en inglés?   No, hable en español.

(en español)   14 ¿Hablamos en inglés?   No, hablen en español.

(el domingo)   15 ¿Estudiamos el sábado?   No, estudien el domingo.

(el domingo)   16 ¿Estudio el sábado?   No, estudie el domingo.

(la mesa)   17 ¿Limpio los ceniceros?   No, limpie la mesa.

                   18 ¿Bajo ya?   Sí, baje.

                   19 ¿Bajamos ya?   Sí, bajen.

                   20 ¿Subo ahora?   Sí, suba.

                   21 ¿Subimos ahora?   Sí, suban.

27.21.13 Translation drill

1 Take the shirts to the laundry.	λyébe | láskámisas | alalabandería↓	Lleve las camisas a la lavandería.
2 Check (pl) the list.	rrébisen | lalísta↓	Revisen la lista.
3 Rent (pl) the apartment.	álkilen | elapartaméntó↓	Alquilen el apartamento.
4 Eat more fruit.	kóma | masfrútás↓	Coma más frutas.
5 Sign (pl) the application.	fírmen | lasoli§itúd↓	Firmen la solicitud.
6 Help my friend.	áyúde | ámįámígó↓	Ayude a mi amigo.
7 Call (pl) the agency.	λyámen | alahén§yá↓	Llamen a la agencia.
8 Don't vouch (pl) for her.	nórrespóndan | porélλyá↓	No respondan por ella.
9 Decide (on) the date.	dé§idaláféchá↓	Decida la fecha.
10 Sell the furniture cheap.	béndalozmwéblez | bárátó↓	Venda los muebles barato.
11 Buy (pl) some meat.	kómpreŋkárné↓	Compren carne.
12 Buy enough fresh fish.	kómpre | súfi§yéntepeskádofréskó↓	Compre suficiente pescado fresco.
13 Don't live (pl) in the commercial district.	nóbíbàn | énélséktórkómér§yál↓	No vivan en el sector comercial.

14 Go down (pl) in the elevator.	báhen |enelas(s)ensór↓	Bajen en el ascensor.
15 Invite your neighbors.	ímbıte |asuzbesínós↓	Invite a sus vecinos.
16 Don't believe that.	nókréá |ésó↓	No crea eso.
17 Go up (pl) that way.	súbamporaí↓	Suban por ahí.
18 Pay the bill.	págelakwéntá↓	Pague la cuenta.
19 Look for (pl) another house.	búskenotrakásá↓	Busquen otra casa.

B. Discussion of pattern

ormal command forms for regular verbs show a theme vowel /e/ in verbs from the /—ár/ theme class and a theme vowel /a/ in verbs from the /—ér—ír/ theme class. The final /—n/ after the theme vowel is the typical person-number ending to indicate 2 (or 2-3) pl in all tenses.

Formal command forms are used to give commands (instructions, directions, requests, etc.) to persons who are addressed with /ustéd/ . Command forms usually do not appear with pronoun subjects, though they may, in which case the pronoun normally follows immediately after the command form of the verb:

/eskríbansusnómbres↓/ 'Write your names.'

/eskríbanustédes \|susnómbres↓/

In English, command forms (except in archaic usage, 'Go ye and do likewise') appear with a pronoun subject only in emphatic or contrastive contexts; they always precede the verb: '*You* come here.' 'I don't want to. *You* do it.' In negative commands, the pronoun subject appears (in emphatic or contrastive contexts) between 'Don't' and the following infinitive form, i.e. before the nucleus verb: 'Don't you dare.'

Similar constructions are possible in Spanish, though not especially common: /ustéd \|báyase—kon—hwán↑ ı—ustéd \|kédese—akí↓/

The subject /ustéd/, however, could never occur between the negative /nó/ and the verb, as in English.

Spanish clitic pronouns follow all command forms when they express an affirmative command, but precede when they express a negative command, i.e. when /nó/ appears before the verb. Thus:

/mándelas—a—la—labandería↓/   but

/no—las—mánde—a—la—labandería↓/

As the hyphens indicate, in the writing system when the clitics follow they are written together with the verb as one word.

27.21.2 Formal command forms for irregular verbs

A. Presentation of pattern

ILLUSTRATIONS

English		Spanish
Remember about the golf date.	1. rrékwérde│loðelgólf↓	*Recuerde* lo del golf.
Don't lose the certificate.	2. nópyérða│elṣertifikáðó↓	No *pierda* el certificado.
———————————	3. rrépitá↓	*Repita.*
———————————	4. tráðuṣká↓	*Traduzca.*
———————————	5. téngalabondáð│deábrir│elbaúl│priméró↓	*Tenga* la bondad de abrir el baúl primero.
Say 'goodbye'.	6. díga│áðyós↓	*Diga* 'adiós'.
For the time being, don't do anything.	7. pórlóprónto│noáganáðá↓	Por lo pronto, no *haga* nada.
———————————	8. tráyga│paralozðós↓	*Traiga* para los dos.
Be here at one o'clock.	9. ésteakí│alaúná↓	*Esté* aquí a la una.
Don't be so nervous.	10. nóséan│ta(n)nerbyósós↓	No *sean* tan nerviosos.
	11. démelaplúmá↓	*Déme* la pluma.

27.15

481

_____   12. báyanųstédês↓   *Vayan* ustedes.

Know the lesson by this afternoon.   13. sépan |làlékşyóm |párąestatárđê↓   *Sepan* la lección para esta tarde.

EXTRAPOLATION

I Irregular types:	—wé—	—yé—	—í—	—k—	—g—	—yg—
1 sg present	bwélb—o	şyérr—o	síg—o	tradúşk—o	sálg—o	tráyg—o
command sg	bwélb—a	şyérr—e	síg—a	tradúşk—a	sálg—a	tráyg—a
command pl	bwélb—an	şyérr—en	síg—an	tradúşk—an	sálg—an	tráyg—an

II Individually irregular	aşér	deşír	kabér
1 sg present	ág—o	díg—o	kép—o
command sg	ág—a	díg—a	kép—a
command pl	ág—an	díg—an	kép—an

III Non-predictable	estár	dár	sér	ír	sabér
command sg	est—é	d—é	sé—a	báy—a	sép—a
command pl	est—én	d—én	sé—an	báy—an	sép—an

NOTES

a. Most irregular command forms (all except those in chart III) can be derived by adding regular endings to the irregular stem of the 1 sg present tense form.

27.21.21 Substitution drills - Person-tense substitution

1. kárlos̨alis̨ya |trȧɗus̨embyén↓   trȧɗus̨kambyén↓

2. ȧntónyo̧ana |bwelbemprónto↓   bwelbamprónto↓

3. márta |no̧almwers̨atárɗė↓   no̧almwers̨etárɗė↓

4. lwísa |nopiɗenáɗà↓   nopiɗanáɗà↓

5. márta̧anȧ |ȧtyéndėmbyén |aloznín̨yòs↓   ȧtyendambyén |aloznín̨yòs↓

6. hósé |ɗís̨étoɗọen̨espaɳyól↓   ɗígȧtoɗọ |en̨espaɳyól↓

7. ȧntónyo̧ipáblo |traen̯elkóchė↓   tráygan̯elkóchė↓

8. páblo |byénelwégò↓   ben̨galwégò↓

---

1 Carlos y Alicia *traducen* bien.   Traduzcan bien.

2 Antonio y Ana *vuelven* pronto.   Vuelvan pronto.

3 Marta no *almuerza* tarde.   No almuerce tarde.

4 Luisa no *pide* nada.   No pida nada.

5 Marta y Ana *atienden* bien a los niños.   .Atiendan bien a los niños.

6 José *dice* todo en español.   Diga todo en español.

7 Antonio y Pablo *traen* el coche.   Traigan el coche.

8 Pablo *viene* luego.   Venga luego.

27.17

9. ánąikármen |așen lakomíɗá↓   agan lakomíɗá↓

10. lósęstúɗyantes |pónėn lóz libros |enlamésá↓   póngan |lóz librosęnlamésá↓

11. márıa |tyéne |lakomiɗalístą |álåskwátró↓   téŋga |lakomiɗalístą |alaskwátró↓

12. ántónyọipab̶lo |syémpreɗampropínàs↓   dempropínàs↓

13. hóse |b̶alatyéndá↓   bayalatyéndá↓

14. kármen |nọęznerbyósá↓   noseanerbyósá↓

15. ålıșyąihwan |estaŋkonténtós↓   éstęŋkonténtós↓

---

9 Ana y Carmen *hacen* la comida.   Hagan la comida.

10 Los estudiantes *ponen* los libros en la mesa.   Pongan los libros en la mesa.

11 María *tiene* la comida lista a las cuatro.   Tenga la comida lista a las cuatro.

12 Antonio y Pablo siempre *dan* propinas.   Den propinas.

13 José *va* a la tienda.   Vaya a la tienda.

14 Carmen no *es* nerviosa.   No sea nerviosa.

15 Alicia y Juan *están* contentos.   Estén contentos.

Person-tense affirmative-negative substitution

Problem 1:

trádușkomál↓

Answer:

nótrađușkamál↓

Problem 2:

nósébyén│lalekşyón↓

Answer:

sépabyén│lálèkşyón↓

Problem 1:

Traduzco mal.

Answer:

No traduzca mal.

Problem 2:

No sé bien la lección.

Answer:

Sepa bien la lección.

1. béngǫ|ala(s)syétè↓   nobéngala(s)syétè↓

2. salgotárdè↓   nosálgatárdè↓

3. téngo|dosẚwtòs↓   noténga|dosẚwtòs↓

4. digolaberdá̇d↓   nodigalaberdá̇d↓

5. agolo(s)sáṇwichès↓   nǫagalo(s)sáṇwichès↓

6. póngǫ|èlsòmbrérǫaí↓   nopóngǫ|èlsòmbrérǫaí↓

7. óygǫesapyéşà↓   nǫóygǫesapyéşà↓

8. nodóypropínà↓   depropínà↓

9. nobóyalatyéndà↓   bayalatyéndà↓

10. noǫstóytrankílò↓   èstetrankílò↓

11. nosóyamáblè↓   seamáblè↓

---

1 Vengo a las siete.   No venga a las siete.

2 Salgo tarde.   No salga tarde.

3 Tengo dos autos.   No tenga dos autos.

4 Digo la verdad.   No diga la verdad.

5 Hago los sandwiches.   No haga los sandwiches.

6 Pongo el sombrero ahí.   No ponga el sombrero ahí.

7 Oigo esa pieza.   No oiga esa pieza.

8 No doy propina.   Dé propina.

9 No voy a la tienda.   Vaya a la tienda.

10 No estoy tranquilo.   Esté tranquilo.

11 No soy amable.   Sea amable.

Number substitution

1. sálgaporaíↆ   sálgamporaíↆ

2. tráɖuşkanlalekşyónↆ   tráɖuşkalalekşyónↆ

3. poṇga|lózbáules,enelkwártôↆ   poṇgan|lózbáulesenelkwártôↆ

4. beṇganeldomíngôↆ   beṇgaeldomíngôↆ

5. trayganlakwéntâↆ   traygalakwéntâↆ

6. noagarrwíɖôↆ   noaganrrwíɖôↆ

7. diganéso|ótràbéşↆ   digaéso|ótràbéşↆ

8. sepalalekşyóm|pàràmáṇyánâↆ   sepanlalekşyóm|pàràmáṇyánâↆ

9. piɖamaságwàↆ   piɖanmaságwàↆ

10. álmwerşen|enlaeskwélâↆ   álmwerşenlaeskwélâↆ

---

1 *Salga* por ahí.   Salgan por ahí.

2 *Traduzcan* la lección.   Traduzca la lección.

3 *Ponga* los baúles en el cuarto.   Pongan los baúles en el cuarto.

4 *Vengan* el domingo.   Venga el domingo.

5 *Traigan* la cuenta.   Traiga la cuenta.

6 No *haga* ruido.   No hagan ruido.

7 *Digan* eso otra vez.   Diga eso otra vez.

8 *Sepa* la lección para mañana.   Sepan la lección para mañana.

9 *Pida* más agua.   Pidan más agua.

10 *Almuercen* en la escuela.   Almuerce en la escuela.

11. prwében|lakárnè↓   prwébelakárnè↓

12. bwélbaotrabéş↓   bwélbanotrabéş↓

13. rrépitanésó↓   rrépitaésó↓

14. átyéndan|amisíhòs↓   átyendamisíhòs↓

15. téŋgàtodolistọ|alaúnà↓   téŋgàntodolistọ|alaúnà↓

16. seamáblé↓   seanamáblès↓

17. denmaspropínàs↓   demaspropínàs↓

18. éstenaki|alaskwátrò↓   ésteąki|alaskwátrò↓

19. bayan|aúnąéskweladeléŋgwàs↓   bayą|únąéskweladeléŋgwàs↓

_____

11 *Prueben* la carne.   Pruebe la carne.

12 *Vuelva* otra vez.   Vuelvan otra vez.

13 *Repitan* eso.   Repita eso.

14 *Atiendan* a mis hijos.   Atienda a mis hijos.

15 *Tenga* todo listo a la una.   Tengan todo listo a la una.

16 *Sea* amable.   Sean amables.

17 *Den* más propinas.   Dé más propinas.

18 *Estén* aquí a las cuatro.   Esté aquí a las cuatro.

19 *Vayan* a una escuela de lenguas.   Vaya a una escuela de lenguas.

27.21.22 Response drill

1. álmòrṣámòsàki↑ṣenṵnrrestorán↓   álmwérṣen |enṵnrrestorán↓

2. álmwérṣọàki↑ṣenṵnrrestorán↓   álmwérṣẹ |enṵnrrestorán↓

3. pídòṣérbéṣa↑owíski↓   pídaṣerbéṣà↓

4. pédímòs(ṣ)érbeṣa↑owíski↓   pídanṣerbéṣà↓

5. bwélbọáorạ↑omaŋyánà↓   bwélbamaŋyánà↓

6. bólbémòsàorạ↑omaŋyánà↓   bwélbanmaŋyánà↓

[élkárrò↓]   7. ketráygò↓   tráygạelkárrò↓

[élkárrò↓]   8. ketraémòs↓   tráyganẹlkárrò↓

[lạénsáladà↓] 9. keágò↓   ágalạensaládà↓

[lạénsáladà↓] 10. kẹaṣémòs↓   áganlạensaládà↓

[làbérdád↓] 11. kẹdeṣímòs↓   díganlaberdád↓

---

	1 ¿Almorzamos aquí o en un restorán?	Almuercen en un restorán.
	2 ¿Almuerzo aquí o en un restorán?	Almuerce en un restorán.
	3 ¿Pido cerveza o whiskey?	Pida cerveza.
	4 ¿Pedimos cerveza o whiskey?	Pidan cerveza.
	5 ¿Vuelvo ahora o mañana?	Vuelva mañana.
	6 ¿Volvemos ahora o mañana?	Vuelvan mañana.
(el carro)	7 ¿Qué traigo?	Traiga el carro.
(el carro)	8 ¿Qué traemos?	Traigan el carro.
(la ensalada)	9 ¿Qué hago?	Haga la ensalada.
(la ensalada)	10 ¿Qué hacemos?	Hagan la ensalada.
(la verdad)	11 ¿Qué decimos?	Digan la verdad.

27.23

[làɹěkşyón↓]   12. kétraɖúşkò↓   tràɖuşkalaleksyón↓

[ùndólàr↓]   13. kwàntoɖoy|ɖepropína↓   deundólàr↓

[álşéntrò↓]   14. àɖondebóy↓   bayalşéntrò↓

[ěⓦlúněs↓]   15. beŋgoeldomiŋgo↑   nó↓ beŋgaeⓦlúněs↓

[ěⓦlúněs↓]   16. běnimos|eldomíŋgo↑   nó↓ beŋganeⓦlúněs↓

[kàfé↓]   17. piɖoléche↑   nó↓ piɖakafé↓

[élbyérněs↓]   18. sálgoelsábaɖo↑   nó↓ sálgaelbyérněs↓

               19. bámos|alaşyuɖáɖ↑   sí|bayán↓

               20. sègímoznosótros|áora↑   sí|sígán↓

               21. sígɖyo|áora↑   sí|sígá↓

(la lección)   12 ¿Qué traduzco?   Traduzca la lección.

(un dólar)   13 ¿Cuánto doy de propina?   Dé un dólar.

(al centro)   14 ¿A dónde voy?   Vaya al centro.

(el lunes)   15 ¿Vengo el domingo?   No, venga el lunes.

(el lunes)   16 ¿Venimos el domingo?   No, vengan el lunes.

(café)   17 ¿Pido leche?   No, pida café.

(el viernes)   18 ¿Salgo el sábado?   No, salga el viernes.

                19 ¿Vamos a la ciudad?   Sí, vayan.

                20 ¿Seguimos nosotros ahora?   Sí,,sigan.

                21 ¿Sigo yo ahora?   Sí, siga.

27.21.23 Translation drill

1 Don't go out tomorrow.	nosálgà |màŋyánà↓	No salga mañena.
2 Go together to the corner.	báyàŋhùntos |alạeskínà↓	Vayan juntos a la esquina.
3 Go take a walk.	bayadarunabwéltà↓	Vaya a dar una vuelta.
4 Get acquainted with more cities.	kònòṣkama(ṣ)ṣyudádès↓	Conozca más ciudades.
5 Put your name, too.	poŋgan |sùnómbrè |tàmbyén↓	Ponga su nombre también.
6 Don't think so much.	nopyènsetántò↓	No piense tanto.
7 Bring those sheets.	traygạesa(ṣ)sábànàs↓	Traiga esas sábanas.
8 Come once in a while.	beŋga |debeṣeŋkwándò↓	Venga de vez en cuando.
9 Don't make (pl) any more noise.	nọaganmazrrwídò↓	No hagan más ruido.
10 Listen to that piece again.	oygạesapyéṣạ |òtràbéṣ↓	Oiga esa pieza otra vez.
11 Keep on that way.	sígaporaí↓	Siga por ahí.
12 Repeat (pl) please.	rrèpitàm |pòrfàbór↓	Repitan por favor.
13 Don't give (pl) any more presents.	nóden |mázrregálòs↓	No den más regalos.
14 Be (pl) calm here.	éstentraŋkílòs |àkí↓	Estén tranquilos aquí.

15 Don't be so nervous.	nóseáta(n)nerbyósól	No sea tan nervioso.
16 Take care of my children, too.	átyéndą |ámiznínyòs |támbyén↓	Atienda a mis niños también.
17 Mind you (know that) I'm married.	sépa |kèsóykasáɗà↓	Sepa que soy casada.

B. **Discussion of pattern**

Formal command forms for irregular verbs are similar to the pattern for regular verbs in the distribution of theme vowels and person-number endings. The irregularity is in the stem.

Most irregular formal command forms can be derived by adding regular endings to the irregular stem of the 1 sg present tense form. The following lists of verbs have occurred so far in this text as examples of irregular types:

—wé—	—yé—	—í—	—k—	—g—	—yg—
almorşár	atendér	bestír	agradeşér	*balér	kaér
bolár	*kerér	despedír	konoşér	benír	oír
bolbér	pensár	rrepetír	*naşér	ponér	traér
enkontrár	perdér	segír	*pareşér	salír	
**hugár	sentír		perteneşér	tenér	
kostár	sentír		traduşír		
*ɷyobér	şerrár				
*podér					
probár					
rrekordár					

* This is a list of all the irregular verbs which have so far occurred in this text in each type of irregularity. The starred forms are not likely to be used as direct commands, but are included for the sake of completeness.

** The verb /hugár/ has a stem change /u>wé/ . It is the only verb with this particular change; otherwise it is the same pattern as the /o>wé/ changing verbs.

There are five verbs whose command forms cannot be predicted from their 1 sg present tense forms. Two of these, /estár/ and /dár/, suggest regularity; the stem for command forms is the same as the infinitive stem. One, the verb /sér/, has a command form stem /se—/, extended from the infinitive stem /s—/. The other two verbs are more irregular; the verb /ír/ has a new stem (a suppleted stem) /bay—/, and the verb /sabér/ has a command form stem /sep—/. One other verb, /abér/, would be irregular, but it never occurs in direct commands.

The use of subject pronouns and the position of clitic pronouns is the same for irregular formal command forms as for regular.

27.21.3   Familiar command forms for regular verbs

A.   Presentation of pattern

ILLUSTRATIONS

————————	1. pasaðelánte↓	*Pasa* adelante.
Don't come in.	2. nopáses↓	No *pases.*
————————	3. mira|eseşekwarentaisyete| kestaterrişándo↓	*Mira* ese C-47 que está aterrizando.
Don't look now.	4. nomiresaórà↓	No *mires* ahora.
Drink wine.	5. bebebíno↓	*Bebe* vino.
Don't drink water.	6. nobebaságwà↓	No *bebas* agua.
Write this afternoon.	7. eskribestatárde↓	*Escribe* esta tarde.
Don't write tomorrow.	8. noeskribasmanyáná↓	No *escribas* mañana.

EXTRAPOLATION

	Affirmative		Negative	
	—ár	—ér—ír	—ár	—ér—ír
2 fam	—a	—e	—es	—as

NOTES

a. For 2 sg fam commands there are distinct forms for affirmative and negative.

b. Affirmative command forms for regular verbs are identical with 2-3 sg forms of the present tense — they have the same theme vowel as the infinitive, and they lack the final /—s/ that usually occurs with 2 fam forms.

c. Negative command forms show the same trade in theme vowels as formal commands; in addition, they have the typical person-number /—s/ of 2 fam forms in other tenses.

27.21.31 Substitution drills — Person-tense substitution

Problem 1:

kármen |ábląįnglés↓

Answer:

kármęn↓ ábląįnglés↓

Problem 2:

kármen |noábląįnglés↓

Answer:

kármęn↓ noáblesįnglés↓

Problem 1:
Carmen *habla* inglés.

Answer:

Carmen, habla inglés.

Problem 2:
Carmen no *habla* inglés.

Answer:

Carmen, no hables inglés.

1. aná |estudyaespanyóĺ↓   aná↓ èstudyaespanyóĺ↓

2. hòsé |Qyebaelkárro |alaofiṣíná↓   hòsé↓ Qyebaelkárro |alaofiṣíná↓

3. pàblo |dapropíná↓   pàbló↓ dapropíná↓

4. lwísa |kòmeko(n)nosótròs↓   lwísá↓ kòmeko(n)nosótròs↓

5. hwàmbebeléchè↓   hwàn↓ bebeléchè↓

6. lwísa |eskríbeninglés↓   lwísà↓ éskríbeninglés↓

7. pàblo |abreloz líbròs↓   pàbló↓ abreloz líbròs↓

8. àna |noestudyaespanyóĺ↓   aná↓ noestudyesespanyóĺ↓

9. hòsé |noQyebaelkárro |alaofiṣíná↓   hòsé↓ noQyebes |elkárro |alaofiṣíná↓

1 Ana *estudia* español.   Ana, estudia español.

2 José *lleva* el carro a la oficina.   José, lleva el carro a la oficina.

3 Pablo *da* propina.   Pablo, da propina.

4 Luisa *come* con nosotros.   Luisa, come con nosotros.

5 Juan *bebe* leche.   Juan, bebe leche.

6 Luisa *escribe* en inglés.   Luisa, escribe en inglés.

7 Pablo *abre* los libros.   Pablo, abre los libros.

8 Ana no *estudia* español.   Ana, no estudies español.

9 José no *lleva* el carro a la oficina.   José, no lleves el carro a la oficina.

10. pablo|nómandalaskamísas|alalabandería↓   pabló↓ nómandez|laskamísas|alalabandería↓

11. ana|nótrabáha|lo(s)sábáɖos↓   aná↓ nótrabahez|lo(s)sábáɖos↓

12. hwa(n)noɖa|muchapropína↓   hwán↓ noɖez|muchapropína↓

13. lwísa|nokómekonéȴȴòs↓   lwísà↓ nokómaskonéȴȴòs↓

14. hwan|nóbebeléchè↓   hwán↓ nóbebazléchè↓

15. marta|noẹskribeninglés↓   martá↓ noẹskribasẹninglés↓

16. pablo|noạbrelozlíbros↓   pabló↓ noạbrazlozlíbros↓

17. hwan|nóbibenẹlsẹ́ntro↓   hwán↓ nóbibasẹnẹlsẹ́ntro↓

18. karmen|noẹskribelakárta↓   karmén↓ noẹskribazlakárta↓

19. mária|nósubẹ|enẹlas(ṣ)ensór↓   mária↓ nósubas|enẹlas(ṣ)ensór↓

---

10 Pablo no *manda* las camisas a la lavandería.   Pablo, no mandes las camisas a la lavandería.

11 Ana no *trabaja* los sábados.   Ana, no trabajes los sábados.

12 Juan no *da* mucha propina.   Juan, no des mucha propina.

13 Luisa no *come* con ellos.   Luisa, no comas con ellos.

14 Juan no *bebe* leche.   Juan, no bebas leche.

15 Marta no *escribe* en inglés.   Marta, no escribas en inglés.

16 Pablo no *abre* los libros.   Pablo, no abras los libros.

17 Juan no *vive* en el centro.   Juan, no vivas en el centro.

18 Carmen no *escribe* la carta.   Carmen, no escribas la carta.

19 María no *sube* en el ascensor.   María, no subas en el ascensor.

27.21.32 Response drill

1. kómǫàkíʈ ǫenǫlrrestorán↓   kómǫàkí↓

2. èskríbǫelsábadoʈ ǫeldòmíŋgò↓   èskríbeldòmíŋgò↓

3. bébòléchǫʈokafé↓   bébeléchǫ↓

[èlpàsàpórtè↓] 4. kefírmò↓   fírmǫelpasapórte↓

[làlèkṣyón↓]   5. kesplíkò↓   èsplíkalalekṣyón↓

[èlkárrò↓]   6. kebéndò↓   bendelkárrò↓

[ènǫnrrèstòrán↓] 7. dóndekómò↓   kómǫ |enǫnrrestorán↓

---

1 ¿Como aquí o en el restorán?   Come aquí.

2 ¿Escribo el sábado o el domingo?   Escribe el domingo.

3 ¿Bebo leche o café?   Bebe leche.

(el pasaporte)   4 ¿Qué firmo?   Firma el pasaporte.

(la lección)   5 ¿Qué explico?   Explica la lección.

(el carro)   6 ¿Qué vendo?   Vende el carro.

(en un restorán) 7 ¿Dónde como?   Come en un restorán.

[énⱥspàɲyól↓]   8. áblⱥeninglést   nó↓ nǫábles|eninglés↓ áblⱥenⱥspaɲyól↓

[éldòmíŋgò↓]   9. èstuɗyǫelsábadoↄ   nó↓ nǫestuɗyes|elsábàɗò↓ èstuɗyⱥeldomíŋgò↓

[làmésà↓] 10. límpyo|los(ş)enişerosↄ   nó↓ nolímpyez|los(ş)enişéròs↓ límpyalamésà↓

11. súbǫaoraↄ   sí|súbè↓

12. bahǫaoraↄ   sí|bàhà↓

13. èstuɗyomaɲyanaↄ   sí|ęstuɗyà↓

_____

(en español)	8 ¿Hablo en inglés?	No, no hables en inglés, habla en español.
(el domingo)	9 ¿Estudio el sábado?	No, no estudies el sábado, estudia el domingo.
(la mesa)	10 ¿Limpio los ceniceros?	No, no limpies los ceniceros, limpia la mesa.
	11 ¿Subo ahora?	Sí, sube.
	12 ¿Bajo ahora?	Sí, baja.
	13 ¿Estudio mañana?	Sí, estudia.

27.21.33 Translation drill

1 Check the list.	rrėbisalalístå↓	Revisa la lista.
2 Don't eat much.	nokómazmúchô↓	No comas mucho.
3 Call the agency.	ⱺyámalahénşyå↓	Llama a la agencia.
4 Don't work on Sundays.	nótrabáhez∤lozdomíŋgòs↓	No trabajes los domingos.
5 Buy some meat.	komprakárnê↓	Compra carne.
6 Don't live in the commercial sector.	nobíbas∤ėnėlsėktórkomerşyál↓	No vivas en el sector comercial.
7 Don't arrive late.	noⱺyegestárdê↓	No llegues tarde.
8 Go down in the elevator.	bahaenelas(ş)ensór↓	Baja en el ascensor.
9 Invite your neighbors.	imbitatuzbeşínòs↓	Invita a tus vecinos.
10 Drink more milk.	bebemazléchê↓	Bebe más leche.
11 Don't believe that.	nókreas̩és̩ô↓	No creas eso.
12 Pay the bill now.	págalakwéntą∤åórå↓	Paga la cuenta ahora.
13 Don't look for another apartment.	nóbuskes∤ótroapartaméntô↓	No busques otro apartamento.

B. Discussion of pattern

Familiar command forms are used to give commands (requests, instructions, etc.) to persons who are addressed with /tú/.

As we have seen, clitic pronouns position differently with formal affirmative and negative commands: they follow affirmative and precede negative command forms.

With familiar commands this same difference of arrangement with clitic pronouns occurs, but in addition the command forms themselves are different. Affirmative forms of 2 fam commands are identical with the regular 2-3 sg forms of the present tense, while negative command forms of 2 fam commands are similar to 2 for command forms; but in addition to the vowel trade, the 2 fam command forms add the /—s/ that is typical of 2 fam forms in other tense patterns. These possibilities, illustrated in chart form with common verbs, are:

	-ár		-ér-ír	
	Affirmative	Negative	Affirmative	Negative
2 fam	ábl-a	no ábl-es	kóm-e, bíb-e	no kóm-as, no bíb-as

27.21.4 Familiar command forms for irregular verbs

A. Presentation of pattern

ILLUSTRATIONS

Translate the lesson.	1. tráduşe|lalekşyón↓	*Traduce* la lección.
Don't translate the lesson.	2. notráduşkaz|lalekşyón↓	No *traduzcas* la lección.
Bring your mother-in-law too.	3. trae|átúswegrá|támbyén↓	*Trae* a tu suegra también.
Don't bring the children.	4. notráygas|aloznínyòs↓	No *traigas* a los niños.

Know this by tomorrow.	5. sábésto |páramaŋyánà↓	*Sabe* esto para mañana.
Come back tomorrow, John.	6. bwélbemaŋyánà |hwán↓	*Vuelve* mañana, Juan.
Don't come back alone.	7. nobwélba(s)sóló↓	No *vuelvas* solo.
Don't come back until Thursday.	8. nobwélbas |ástaélhwebès↓	No *vuelvas* hasta el jueves.
Close the book.	9. ṣyérrael̮líbró↓	*Cierra* el libro.
Don't close the office so early.	10. noṣyérrez |laòfiṣina |tantempránó↓	No *cierres* la oficina tan temprano.
Go on ahead.	11. sigeadelántè↓	*Sigue* adelante.
Don't keep on bothering.	12. nosígaz |molestándò↓	No *sigas* molestando.
_____	13. óyè↓pòrfín |àkyembás |al̮yebár↓	*Oye*, por fin ¿a quién vas a llevar?
Don't listen if you don't like it.	14. noóygas |sinotegústà↓	No *oigas* si no te gusta.
_____	15. bén↑ itèlòprèsentò↓	*Ven* y te lo presento.
But don't come too early.	16. pérò |nobéŋgaz |múytempránó↓	Pero no *vengas* muy temprano.
Put the cup on the table.	17. pónlakopa |enlamésà↓	*Pon* la copa en la mesa.
Don't put anything there, please.	18. nopóŋgaz |naðaí |pòrfàbór↓	No *pongas* nada ahí, por favor.

Leave early tonight.	19. sáltempránọ|èstànóchè↓	*Sal* temprano esta noche.
And don't leave late.	20. inòsalgastárdè↓	Y no *salgas* tarde.
Please come with me.	21. tén|làbóndadẹakompañyármè↓	*Ten* la bondad de acompañarme.
Don't be in a hurry.	22. nótéŋgasprísà↓	No *tengas* prisa.
Do what I told you.	23. aṣ|loketedíhè↓	*Haz* lo que te dije.
Don't make so much noise.	24. nọagas|tantorrwídò↓	No *hagas* tanto ruido.
Tell the truth.	25. dilaberdád↓	*Di* la verdad.
Don't say that in English.	26. nódigasésọ|èniŋglés↓	No *digas* eso en inglés.
You go if you want.	27. bétú|sikyérès↓	*Ve* tú, si quieres.
_____	28. kwidadò↓ nóbayas|àmétérlapátà↓	Cuidado, no *vayas* a meter la pata.
_____	29. àlà(s)séys|tespéró↓isépuntwál↓	A las seis te espero; y *sé* puntual.
_____	30. nóséasflóhọ|ómbrè↓	No *seas* flojo, hombre.

EXTRAPOLATION

	Affirmative forms	Negative forms
Verb types	No irregularity	Command form irregularities
/‑k‑/ stem extension	tradúş‑e	no tradúşk‑as
/‑γg‑/ stem extension	trá‑e	no tráyg‑as
Individual verbs		
/kabér/	káb‑e	no kép‑as
/sabér/	sáb‑e	no sép‑as

Verb types	Present tense irregularities	Command form irregularities
Stem vowel changing	bwélb‑e	no bwélb‑as
	şyérr‑a	no şyérr‑es
	síg‑e	no síg‑as
Individual verbs		
/oír/	óy‑e	no óyg‑as

	Affirmative forms	Negative forms
Verb types	Command form irregularities	
/—g—/ stem extension	bál	no bálg—as
	bén	no béng—as
	pón	no póng—as
	sál	no sálg—as
	tén	no téng—as
Stem final /ş > g/	áş	no ág—as
	dí	no díg—as
Individual verbs /ír/ /sér/ /abér/	b—é s—é —é	no báy—as no sé—as no áy—as

NOTES

a. All irregular negative familiar command forms are like formal command forms with the addition of the final /—s/ of 2 fam forms.

b. Affirmative familiar command forms do not have a final /—s/ as do most other 2 fam forms.

c. Compared with irregular negative forms, the corresponding affirmative forms may be (1) regular, (2) irregular in the same way as their corresponding present tense forms, or (3) uniquely irregular.

d. Verbs with a /—g—/ stem extension or modification are uniquely irregular; they usually consist of a form identical with the infinitive stem.

27.21.41 Substitution drill — Person-tense substitution

1. àlíşya|tráɗuşelalekşyón↓   àlíşyà↓ tráɗuşelalekşyón↓

2. ána|bwélbęotrabéş↓   anà↓ bwélbęotrabéş↓

3. hwán|àlmwerşakí↓   hwán↓ àlmwerşakí↓

4. mártą|àtyendęaloznínyòs↓   martà↓ àtyendęaloznínyòs↓

5. páblo|tráelkóchè↓   pàblò↓ tràelkóchè↓

6. hóse|ɗíşétoɗǫeninglés↓   hóse↓ ditoɗǫeninglés↓

7. kármem|byénelwéǧó↓   kàrmèn↓ benlwégó↓

8. áną|áşelakomíɗà↓   anà↓ aźlakomíɗà↓

---

1 Alicia *traduce* la lección.   Alicia, traduce la lección.

2 Ana *vuelve* otra vez.   Ana, vuelve otra vez.

3 Juan *almuerza* aquí.   Juan, almuerza aquí.

4 Marta *atiende* a los niños.   Marta, atiende a los niños.

5 Pablo *trae* el coche.   Pablo, trae el coche.

6 José *dice* todo en inglés.   José, di todo en inglés.

7 Carmen *viene* luego.   Carmen, ven luego.

8 Ana *hace* la comida.   Ana, haz la comida.

9. hwámpóne |lózlíbrosenlamésá↓   hwán↓ pónlozlíbros |enlamésá↓

10. máriatyéne |lákómídalístá↓   mária↓ ténlakómídalístá↓

11. hósebalatyéndá↓   hósé↓ beąlatyéndá↓

12. anąesąmáblé↓   aná↓ seamáblé↓

13. álišyaęstáki |ala(s)syétè↓   álišyà↓ èstáki |ąla(s)syétè↓

14. álišya |notradušelaleksyón↓   álišyà↓ notraduškaz |laleksyón↓

15. ana |nobwélbę |otrabés↓   aná↓ nóbwelbas |otrabés↓

16. márta |ŋoátyendę |aloznínyòs↓   martá↓ noątyéndas |aloznínyòs↓

17. hóse |nodišetodǫ |eninglés↓   hósé↓ nodigastodǫ |eninglés↓

---

9 Juan *pone* los libros en la mesa.   Juan, pon los libros en la mesa.

10 María *tiene* la comida lista.   María, ten la comida lista.

11 José *va* a la tienda.   José, ve a la tienda.

12 Ana *es* amable.   Ana, sé amable.

13 Alicia *está* aquí a las siete.   Alicia, está aquí a las siete.

14 Alicia no *traduce* la lección.   Alicia, no traduzcas la lección.

15 Ana no *vuelve* otra vez.   Ana, no vuelvas otra vez.

16 Marta no *atiende* a los niños.   Marta, no atiendas a los niños.

17 José no *dice* todo en inglés.   José, no digas todo en inglés.

18. pablo|notráelkóchè↓   pablò↓ notráygaşelkóchè↓

19. karmen|nobyénetárdè↓   karmèn↓ nobeŋgastárdè↓

20. ana|noąşelakomídà↓   anà↓ noągazlakomídà↓

21. hwan|nopóne|lózlibrosɛnlamésà↓   hwan↓ nopóngas|lózlibrosɛnlamésà↓

22. hòsé|notyénechofér↓   hòsé↓ noteŋgaschofér↓

23. hòsé|nobálatyéndà↓   hòsé↓ nobáyas|alatyéndà↓

24. ana|noęznerbyósà↓   anà↓ noseaznerbyósà↓

25. àlişya|noęstapreokupádà↓   àlişyà↓ noęstespreokupádà↓

---

18 Pablo no *trae* el coche.   Pablo, no traigas el coche.

19 Carmen no *viene* tarde.   Carmen, no vengas tarde.

20 Ana no *hace* la comida.   Ana, no hagas la comida.

21 Juan no *pone* los libros en la mesa.   Juan, no pongas los libros en la mesa.

22 José no *tiene* chofer.   José, no tengas chofer.

23 José no *va* a la tienda.   José, no vayas a la tienda.

24 Ana no *es* nerviosa.   Ana, no seas nerviosa.

25 Alicia no *está* preocupada.   Alicia, no estés preocupada.

27.21.42 Response drill

	1. àlmwérşǫakı↑ǫeņunrrestorán↓	àlmwérşǫakí↓
	2. píɗòkàfè↑oléchè↓	píɗekafé↓
	3. bwélbóy↑omaŋyánà↓	bwélbemaŋyánà↓
[èlkárrò↓]	4. kétráygò↓	tráelkárrò↓
[lǎènsàlàɗà↓]	5. keágò↓	aҙlǎensaláɗà↓
[làbèrɗàɗ↓]	6. keɗígò↓	dilaberɗáɗ↓
[làlèkҙyón↓]	7. kétraɗúşkò↓	tráɗuşelalekҙyón↓
[àlàúnà↓]	8. àkҫorasálgò↓	salalaúnà↓
[àlҙéntrò↓]	9. àɗondebóy↓	beҙlҙéntrò↓

	1 ¿Almuerzo aquí o en un restorán?	Almuerza aquí.
	2 ¿Pido café o leche?	Pide café.
	3 ¿Vuelvo hoy o mañana?	Vuelve mañana.
(el carro)	4 ¿Qué traigo?	Trae el carro.
(la ensalada)	5 ¿Qué hago?	Haz la ensalada.
(la verdad)	6 ¿Qué digo?	Di la verdad.
(la lección)	7 ¿Qué traduzco?	Traduce la lección.
(a la una)	8 ¿A qué hora salgo?	Sal a la una.
(al centro)	9 ¿A dónde voy?	Ve al centro.

[é(l)lúnès↓]   10. beŋgọeldomíŋgo   nobéŋgas│eldomíŋgô↓ bené(l)lúnès↓

[kàfé↓]   11. piɖoléchê↑   nopiɖazléchê↓ piɖekafé↓

[élbyérnès↓]   12. salgọelsábaɖo↑   nosálgas│elsábàɖo↓ sálelbyérnès↓

             13. bóyalşéntro↑   sí│bé↓

             14. beŋgomaɲyána↑   sí│béŋ↓

             15. piɖọagwa↑   sí│piɖé↓

(el lunes)   10 ¿Vengo el domingo?   No vengas el domingo, ven el lunes.

(café)   11 ¿Pido leche?   No pidas leche, pide café.

(el viernes)   12 ¿Salgo el sábado?   No salgas el sábado, sal el viernes.

             13 ¿Voy al centro?   Sí, ve.

             14 ¿Vengo mañana?   Sí, ven.

             15 ¿Pido agua?   Sí, pide.

27.21.43   Translation drill

1 Put your name, too.	pontunómbrè |tàmbyén↓	Pon tu nombre también.
2 Go take a walk.	béàđár | ùnàƀwéltà ↓	Ve a dar una vuelta.
3 Don't put those trunks there.	nópóŋgàs | ésòzbàúlès | àí ↓	No pongas esos baúles ahí.
4 Bring your girl friend.	traǥatunóɓyà↓	Trae a tu novia.
5 Don't go to school today.	nobàyas |alạeskwélạ |óy↓	No vayas a la escuela hoy.
6 Don't bring the car tomorrow.	nótraygàs |elkárrò |màŋyánà↓	No traigas el carro mañana.
7 Don't make a lot of noise.	nọagaz |múchòrrwíɑ̀ò↓	No hagas mucho ruido.
8 Listen to the same piece again.	oỵe |lamízmapyéşạ |ótràbéş↓	Oye la misma pieza otra vez.
9 Get the meal.	aşlakomíɑ̀à↓	Haz la comida.
10 Keep on this way.	sigeporaí↓	Sigue por ahí.

11 Repeat please.   rrépité |pòrfåbór↓   Repite por favor.

12 Be less strict.   sémenozrrigurósó↓   Sé menos riguroso.

13 Don't be so nervous.   nóséàs | tà(n)nèrbyósò ↓   No seas tan nervioso.

B. Discussion of pattern

    Irregular familiar command forms comprise a very complex pattern, since affirmative and negative forms belong to two different systems with independent patterns of irregularities.

    The negative familiar command forms follow the same patterns (have the same irregularities) as the corresponding formal command forms. Negative familiar command forms always end in /—s/ , the typical person-number ending of 2 fam forms.

    Affirmative familiar forms usually follow the patterns of 3 sg present tense. There are a number of exceptions, however, all listed in the third chart in the extrapolation. These forms (which can usually be associated with a /—g—/ stem modification in 1 sg of the present tense) are usually identical with the infinitive stem. It is interesting to note that in some dialect areas there is a tendency to restructure some of these irregular familiar command forms by adding a theme vowel; so forms like /sál—e,pón—e,áş—e/ are used. This restructuring seems to occur only when similar forms can appear in the present tense.

    A couple of these forms, /bál/ and /é/ , are unlikely to occur in conversational Spanish. They are included here for the sake of completeness.

27.22   Replacement drills

A   kwál|estudepórte|faborító↓

1. kwáles_____↓   kwáles|sóntuzdepórtes|faborítôs↓

2. _____komidas_____↓   kwáles|sóntuskomidas|faborítâs↓

3. _____sus_____↓   kwáles|sónsuskomidas|faborítâs↓

4. _____nómbre_____↓   kwál|e(s)sunómbre|faborító↓

5. _____kompléto↓   kwál|e(s)sunómbre|kompléto↓

6. komo_____↓   komo|e(s)sunómbre|kompléto↓

7. ____sepronunşya_____↓   komo|sepronunşya|súnombrekompléto↓

A   ¿Cuál es tu deporte favorito?

1 ¿Cuáles_____?   ¿Cuáles son tus deportes favoritos?

2 ¿_____comidas_____?   ¿Cuáles son tus comidas favoritas?

3 ¿_____sus_____?   ¿Cuáles son sus comidas favoritas?

4 ¿_____nombre_____?   ¿Cuál es su nombre favorito?

5 ¿_____completo?   ¿Cuál es su nombre completo?

6 ¿Cómo_____?   ¿Cómo es su nombre completo?

7 ¿____se pronuncia_____?   ¿Cómo se pronuncia su nombre completo?

B   àsí |bás̩a̩e̩ŋgordár↓

1. _____akostumbrártė↓   àsí |bás̩akostumbrártė↓

2. _____bóy_____↓   àsí |bóyakostumbrármė↓

3. núŋka_____↓   núŋka |bóyakostumbrármė↓

4. _____sentárnôs↓   núŋka |bamos̩asentárnôs↓

5. àora_____↓   àora |bamos̩asentárnôs↓

6. _____ban_____↓   àora |ban̩asentársė↓

7. _____lebantártė↓   àora |bás̩alebantártė↓

B   Así vas a engordar.

1 _____acostumbrarte.   Así vas a acostumbrarte.

2 ____voy_____.   Así voy a acostumbrarme.

3 Nunca_____.   Nunca voy a acostumbrarme.

4 _____sentarnos.   Nunca vamos a sentarnos.

5 Ahora_____.   Ahora vamos a sentarnos.

6 ____van_____.   Ahora van a sentarse.

7 _____levantarte.   Ahora vas a levantarte.

C   yónosé |nihótadególf↓

1. _____espaŋyól↓   yónosé |nihótadespaŋyól↓

2. tú_____↓   túnósabez |nihótadespaŋyól↓

3. ___ablamoz_____↓   nósotroz |nóablamoz |nihótadespaŋyól↓

4. _____iŋglés↓   nósotroz |nóablamoz |nihótadeiŋglés↓

5. él_____↓   élnóabla |nihótadeiŋglés↓

6. ___a |apréndido_____↓   élnóa |apréndido |nihótadeiŋglés↓

7. nósotroz_____↓   nósotroz |nóemosaprendido|nihótadeiŋglés↓

C   Yo no sé ni jota de golf.

1 _____ español.   Yo no sé ni jota de español.

2 Tú _____ .   Tú no sabes ni jota de español.

3 ___ hablamos _____ .   Nosotros no hablamos ni jota de español.

4 _____ inglés.   Nosotros no hablamos ni jota de inglés.

5 El _____ .   El no habla ni jota de inglés.

6 ___ ha aprendido ___ .   El no ha aprendido ni jota de inglés.

7 Nosotros _____ .   Nosotros no hemos aprendido ni jota de inglés.

D   èntónṣéztnósѐŋkòntrámos |enѐlpasíĺᴐyóↆ

1. _____ kásàↆ   èntónṣéztnósѐŋkòntrámos |enlakásàↆ

2. _____bemos_____ↆ   èntónṣéztnòzbémos |enlakásàↆ

3. dѐspwez_____ↆ   dѐspwéztnòzbémos |enlakásàↆ

4. _____ otélↆ   dѐspwéztnozbémos |enѐlotélↆ

5. _____kèɗamos_____ↆ   dѐspwéztnóskèɗamos |enѐlotélↆ

6. _____mѐ_____ↆ   dѐspwéztmѐkèɗǫ |enѐlotélↆ

7. _____bóy |àl _____ↆ   dѐspwéztmѐbóy |alotélↆ

D   Entonces, nos encontramos en el pasillo.

1 _____ casa.   Entonces, nos encontramos en la casa.

2 _____ vemos _____ .   Entonces, nos vemos en la casa.

3 Después, _____ .   Después, nos vemos en la casa.

4 _____ hotel.   Después, nos vemos en el hotel.

5 _____quedamos _____ .   Después, nos quedamos en el hotel.

6 _____ me _____ .   Después, me quedo en el hotel.

7 _____ voy al _____ .   Después, me voy al hotel.

E   nóseasflóhǫ|ómbrè↓

1. _____ómbrès↓   nóseamflóhòs|ómbrès↓

2. _____lókǫ_____↓   nósealókǫ|ómbrè↓

3. _____chíkàs↓   nóseanlókàs|chíkàs↓

4. _____así_____↓   nóseanasí|chíkàs↓

5. _____chíkò↓   nóseas), así|chíkò↓

6. __dïgas_____↓   nódïgas,así|chíkò↓

7. _____ésò_____↓   nódïgasésò|chíkò↓

E   No seas flojo, hombre.

1 _____, hombres.   No sean flojos, hombres.

2 _____loco ,_____.   No sea loco, hombre.

3 _____, chicas.   No sean locas, chicas.

4 _____así , _____.   No sean así, chicas.

5 _____, chico.   No seas así, chico.

6 __digas_____.   No digas así, chico.

7 _____eso,_____.   No digas eso, chico.

F   àlà(s)séys|tespérò↓ ísépuntẃál↓

1. _____ los _____↓   àlà(s)séyz|los̬espérò↓ íseampuntẃálès↓

2. __una _____↓   àlàuna|los̬espérò↓ íseampuntẃálès↓

3. _____ bwénàs↓   àlàuna|las̬espérò↓ íseambwénàs↓

4. __şıŋko _____↓   àlàs(ş)ıŋko|las̬espérò↓ íseambwénàs↓

5. _____ ⱴⱨámò _____↓   àlàs(ş)ıŋko|laz⻑ámò↓ íseambwénàs↓

6. _____ la _____↓   àlàs(ş)ıŋko|la⻑ámò↓ íseabwénà↓

7. _____ puntẃálés↓   àlàs(ş)ıŋko|laz⻑ámò↓ íseampuntẃálès↓

F   A las seis te espero. Y sé puntual.

1 _____ los ____ . _____ .   A las seis los espero. Y sean puntuales.

2 ___ una _____ . _____ .   A la una los espero. Y sean puntuales.

3 _____ . ___ buenas.   A la una las espero. Y sean buenas.

4 ___ cinco _____ . _____ .   A las cinco las espero. Y sean buenas.

5 _____ llamo. _____ .   A las cinco las llamo. Y sean buenas.

6 _____ la ____ . _____ .   A las cinco la llamo. Y sea buena.

7 _____ . ___ puntuales.   A las cinco las llamo. Y sean puntuales.

27.23   **Variation drills**

A   nópyérdo |nɹumpartídó↓   No pierdo ni un partido.

  1 I don't miss a single day.   nópyérdo |nɹundíá↓   No pierdo ni un día.

  2 I don't miss a single weekend.   nópyérdo |nɹumfindesémáná↓   No pierdo ni un fin de semana.

  3 I don't miss a single business (deal).   nópyérdo |nɹu(n)negóşyó↓   No pierdo ni un negocio.

  4 He doesn't miss a single trip.   nópyérde |nɹumbyáhê↓   No pierde ni un viaje.

  5 He doesn't miss a single mass.   nópyérde |nɹunamísá↓   No pierde ni una misa.

  6 He doesn't miss a single (musical)   nópyérde |nɹunapyéşá↓   No pierde ni una pieza.
     piece.

  7 He doesn't miss a single party.   nópyérde |nɹunafyéstá↓   No pierde ni una fiesta.

B   noɹmpórta |kenosépás↓   No importa que no sepas.

  1 It doesn't matter that you don't know   noɹmpórta |kenosépashugár↓   No importa que no sepas jugar.
     how to play.

  2 It doesn't matter that you don't know   noɹmpórta |kenosépazbaylár↓   No importa que no sepas bailar.
     how to dance.

  3 It doesn't matter that you don't know   noɹmpórta |kenosépasensenyár↓ No importa que no sepas enseñar.
     how to teach.

4 It doesn't matter that you don't know   no̧ımpórta |kėnȯsépastraḑuşír↓   No importa que no sepas traducir.
    how to translate.

5 It doesn't matter that you don't know   no̧ımpórta |kėnȯsépas̩aşérésȯ↓   No importa que no sepas hacer eso.
    how to do that.

6 It doesn't matter that you don't know   no̧ımpórta |kėnȯsépas̩ablaringlés↓   No importa que no sepas hablar inglés.
    how to speak English.

7 It doesn't matter that you don't know   no̧ımpórta |kėnȯsépas̩inglés↓   No importa que no sepas inglés.
    English.

C   pérȩ|ėskėtámpóko|téŋgȩȩkípȯ↓   Pero es que tampoco tengo equipo.

1 But I'm not hungry either.   pérȩ|ėskėtámpóko|téŋgȩambré↓   Pero es que tampoco tengo hambre.

2 But I'm not cold either.   pérȩ|ėskėtámpóko|téŋgȯfriȯ↓   Pero es que tampoco tengo frío.

3 But I'm never cold.   pérȩ|ėskėnuŋka|téŋgȯfriȯ↓   Pero es que nunca tengo frío.

4 But I never have any money.   pérȩ|ėskėnuŋka|téŋgȯdínerȯ↓   Pero es que nunca tengo dinero.

5 But I hardly have any clothes.   pérȩ|ėskȩápenas|téŋgȯrropá↓   Pero es que apenas tengo ropa.

6 But I hardly have any time.   pérȩ|ėskȩápenas|téŋgotyémpȯ↓   Pero es que apenas tengo tiempo.

7 But I always have enough.   pérȩ|ėskėsyémpre|téŋgȯsúfişyénté↓   Pero es que siempre tengo suficiente.

D   álprinṣipyo |noneṣesítàs↓   Al principio no necesitas.

    1   At first you don't need anything.   álprinṣipyo |noneṣesítaznáďà↓   Al principio no necesitas nada.

    2   Afterwards you don't need anything.   dèspwéz |noneṣesítaznáďà↓   Después no necesitas nada.

    3   Afterwards you don't do anything.   dèspwéz |noaṣeznáďà↓   Después no haces nada.

    4   You still don't owe anything.   tòďabía |noďebeznáďà↓   Todavía no debes nada.

    5   You still don't know anything.   tòďabía |nòsabeznáďà↓   Todavía no sabes nada.

    6   We still don't know anything.   tòďabía |nòsàbemoznáďà↓   Todavía no sabemos nada.

    7   We still haven't eaten anything.   tòďabía |noemos |komiďonáďà↓   Todavía no hemos comido nada.

E   bwénò ↓ túgánàs ↓ mèkòmbènṣìstè ↓   Bueno, tú ganas. Me convenciste.

    1   OK, you pay. You convinced me.   bwénò↓tupágàs↓ mèkòmbènṣìstè↓   Bueno, tú pagas. Me convenciste.

    2   OK, you go. You convinced me.   bwénò↓tubás↓ mèkòmbènṣìstè↓   Bueno, tú vas. Me convenciste.

    3   OK, I lose. You won from me.   bwénò ↓ yópyérďò ↓ túmègànástè ↓   Bueno, yo pierdo. Tú me ganaste.

    4   OK, I win. You lost.   bwénò ↓ yógánò ↓ túpèrďístè ↓   Bueno, yo gano. Tú perdiste.

5 OK, let's go. You've already eaten.   bwenò↓bamòs↓ yakomísté↓   Bueno, vamos. Ya comiste.

6 OK, let's go. You've already paid.   bwenò↓bamòs↓ yapagásté↓   Bueno, vamos. Ya pagaste.

7 OK, let's go. You've already put
   your foot in it.   bwenò↓bamòs↓ yametisté|lapátà↓   Bueno, vamos. Ya metiste la pata.

F   déhalo|pàràlàs,onșé↓   Déjalo para las once.

1 Leave (frml) it for one o'clock.   déhelo|pàràlàunà↓   Déjelo para la una.

2 Open (fam) it right away.   ábrelopróntò↓   Abrelo pronto.

3 Open (frml) it right away.   ábralopróntò↓   Abralo pronto.

4 Translate (fam) it right now.   tràɖușelọaórà↓   Tradúcelo ahora.

5 Translate (frml) it right now.   tràɖușkalọaórà↓   Tradúzcalo ahora.

6 Say (fam) it right now.   dílọaórà↓   Dilo ahora.

7 Say (frml) it right now.   dígalọaórà↓   Dígalo ahora.

27.24   Review drill. — Nominalized possessives

1 My car is the green one. How about
  yours?
  mìkárroȩs̩elbérḋȩ↓ ̩ͣȩlsúyo↑
  Mi carro es el verde, ¿y el suyo?

2 His last name is Molina. How about hers?
  sṵ̩àpèꝇyiḋoȩzmolínȧ↓ ̩ͣélde(ꝇ)yȧ↑
  Su apellido es Molina, ¿y el de ella?

3 Your-mother-in-law isn't here. How
  about John's?
  sùswégra|noȩstakí↓ ilàḋèhwan↑
  Su suegra no está aquí, ¿y la de Juan?

4 My wife isn't here. How about yours?
  m̩ͣȩspósa|noȩstakí↓ ilàḋȩùsteḋ↑
  Mi esposa no está aquí, ¿y la de Ud?

5 My house has five bedrooms. How
  many does yours have?
  mikása|tyéné§iŋkoḋormitóryòs↓ ilàḋȩùsteḋ↑
  Mi casa tiene cinco dormitorios, ¿y la de
  usted?

6 Here's your pencil. Where's mine?
  àki̩ȩstatulápi§↓ iḋondestaȩlmíò↓
  Aquí está tu lápiz, ¿y dónde está el mío?

7 Here's my pen. Where's yours?
  àki̩ȩstamiplúmȧ↓ iḋondesta|laḋȩùsteḋ↓
  Aquí está mi pluma, ¿y dónde está la de Ud?

8 Is this my drink or yours?
  éstȧȩzmikópa̩↑olatúya̩↓
  ¿Esta es mi copa o la tuya?

9 Are these my books or yours?
  éstòs|sònmízlibros↑olo(s)súyòs↓
  ¿Estos son mis libros o los suyos?

10 Is this my pencil or yours?
  éstȩzmilápi§↑ȩelsúyȯ↓
  ¿Este es mi lápiz o el suyo?

11 Are these my shirts or yours?
  éstȧs|sònmiskȧmisàs↑olastúyȧs↓
  ¿Estas son mis camisas o las tuyas?

27.3   CONVERSATION STIMULUS

NARRATIVE 1

1 Jaime and his friend Pedro are talking about sports.

haymeɪsʉamigo |ɛstánáblandodedepórtɛs↓

Jaime y su amigo Pedro están hablando de deportes.

2 Jaime plans to go play soccer tomorrow.

haymepyensa↑írahúgar |àlfutbòl |màɲyánà↓

Jaime piensa ir a jugar al fútbol mañana.

3 He hasn't played for a long time.

áşémuchotyempo |kènohwégà↓

Hace mucho tiempo que no juega.

4 Pedro tells him that he shouldn't go.

pedroledişe |kènodebèír↓

Pedro le dice que no debe ir.

5 He's crazy if he goes.

èsûnlokosibá↓

Es un loco si va.

6 It may be hard on him.

lèpwede |àşérdaɲyò↓

Le puede hacer daño.

7 'Nonsense,' says Jaime.

kebá |díşéháymè↓

Qué va—dice Jaime.

8 He says he has very good health.

díşékeltyene |múybwenasalúd↓

Dice que él tiene muy buena salud.

9 Pedro says that may be true.

pedrodişe |kesopwede |serberdád↓

Pedro dice que eso puede ser verdad.

10 But that he's too old for that game.

pérokel |yáęstámuybyehò |pàrąéşédepórtè↓

Pero que él ya está muy viejo para ese deporte.

DIALOG 1

Pedro, pregúntele a Jaime que qué va
a hacer mañana.

kébas,așér |mañyáná↓

Pedro: ¿Qué vas a hacer mañana?

Jaime, contéstele que piensa ir a jugar
al fútbol. Que hace mucho tiempo que
no juega.

pyensọir |åhúgaralfútból↓
áșệmuchotyempo |kenohwégó↓

Jaime: Pienso ir a jugar al fútbol. Hace
mucho tiempo que no juego.

Pedro, dígale que no sea loco, que no
vaya. Que le puede hacer daño.

nóseazlókó↓nobáyảs↓ tẹpwẹdẹ |áșẹrdảñyó↓

Pedro: No seas loco, no vayas. Te puede
hacer daño.

Jaime, dígale que qué va, que Ud. tiene
muy buena salud.

kebá↓ yoteñgo |múybwénasalúd↓

Jaime: Qué va. Yo tengo muy buena salud.

Pedro, dígale que sí, pero que ya él está
muy viejo para ese deporte.

sí |péró |yátúẹstáz |múybyehó |pårẹésẹ
dẹpórtẹ↓

Pedro: Sí, pero ya tú estás muy viejo para
ese deporte.

NARRATIVE 2

1 It isn't good for Jaime to play football,
   really.

åhayme |rrẹålmenté↑nólekombyéne |hugárfútból↓

A Jaime realmente no le conviene jugar
fútbol.

2 He ought to play something else, like
   golf.

eldébehugár |otrakóså↓kómógólf↓

El debe jugar otra cosa, como golf.

3 Golf isn't harmful to old people.

ẹlgolf |nólẹs,ảșẹdañyọ |ålòzbyéhòs↓

El golf no les hace daño a los viejos.

4 The trouble is that he doesn't like that game.

lómalo |eskęáelȋnóległustą |ésȇdȇpórtȇↄ

Lo malo es que a él no le gusta ese deporte.

5 So he says.

ésȍdíşé lↄ

Eso dice él.

6 But Pedro asks him how he can tell (know) whether he likes it or not.

pèròpeɗro |lèprègunta↑kȇkómopweɗel | saber |silȇgustąonóↄ

Pero Pedro le pregunta que cómo puede él saber o no.

7 Without having ever played it.

sinąberlo |húgáɗonuŋkàↄ

Sin haberlo jugado nunca.

8 Pedro asks him why doesn't he go play with him tomorrow.

peɗrolepregúnta↑kȇpòrke |nobàhugárkonȇl | màŋyánàↄ

Pedro le pregunta que por qué no va a jugar con él mañana.

9 And he'll be glad to teach him.

ɪel |kònmuchoguśto |lensȇŋyàↄ

Y él con mucho gusto le enseña.

10 Jaime says all right, he'll try.

háymeleɗışe |kȇstabyénↄ kȇbátratárↄ

Jaime le dice que está bien, que va a tratar.

DIALOG 2

Pedro, dígale que a él realmente no le conviene jugar fútbol. Que debe jugar otra cosa.

àtí↑rrȩàlménte |nòtȇkòmbyenȇ |hùgárfútbòlↄ tuɗebeshugar |otrakósàↄ

Pedro: A ti realmente no te conviene jugar fútbol. Tú debes jugar otra cosa.

Jaime, pregúntele que cómo qué.

kómòkéↄ

Jaime: ¿Cómo qué?

Pedro, dígale que como golf. Que el golf no les hace daño a los viejos.

kómògólfↄ èlgólf |nólesàşeɗaŋyǫ |àlòzbyehòsↄ

Pedro: Como golf. El golf no les hace daño a los viejos.

Jaime, dígale que lo malo es que a Ud. no
le gusta ese deporte.

lómaloęskęami |nòmęgusta̧ |ésęćępórtę↓

Jaime: Lo malo es que a mí no me gusta
ese deporte.

Pedro, pregúntele que cómo puede saber sí
le gusta o no, sin haberlo jugado nunca.

kómopwećę(s)saber |sitegustąonó↓
sinąberlo |hùgáćònuŋkà↓

Pedro: ¿Cómo puedes saber si te gusta o
no, sin haberlo jugado nunca?

Jaime, dígale que sí, es verdad, que tiene
razón.

si |ęzberćáá↓ tyénezrraşón↓

Jaime: Sí, es verdad, tienes razón.

Pedro, pregúntele que por qué no viene a
jugar con Ud. mañana; que Ud. le enseña.

pòrkè |nobyénesa̧hugar |kònmigoma̧ŋyáná↓
yotenséŋyò↓

Pedro: ¿Por qué no vienes a jugar conmigo
mañana? Yo te enseño.

Jaime, dígale que está bien, que va a tratar,
que lo llame a Ud. temprano.

éstabyém↓bóyàtràtár↓ ⓛ̧yamametempránò↓

Jaime: Está bien, voy a tratar. Llámame
temprano.

NARRATIVE 3

1 Pedro calls Jaime up very early.

pećro |ⓛ̧y̧ámàhayme↑múytempránò↓

Pedro llama a Jaime muy temprano.

2 He calls him up at five in the morning.

lóⓛy̧ama̧ |ålà(s)şiŋkoćelama̧ŋyáná↓

Lo llama a las cinco de la mañana.

3 Jaime doesn't want to get up.

haymè |nokyérelebantársè↓

Jaime no quiere levantarse.

4 He says he's too tired.

dişé |kèstámúykansáćò↓

Dice que está muy cansado.

5 And that he has a headache, besides.

ikęáćémas |tyénéćólorćekabéşa̧↓

Y que, además, tiene dolor de cabeza.

6 He wants to put it off for (some) other
day.

kyérèdéharlo|párạotrodíá↓ .

Quiere dejarlo para otro día.

7 'Don't be lazy, don't complain so much
and get dressed', Pedro tells him.

nóseasflóhò↓ notekehestánto|ibístètè|
lèdísèpédrò↓

No seas flojo, no te quejes tanto y vístete
—le dice Pedro.

8 Jaime gets up, then.

hayme|sèlèbántạ|éntónsès↓

Jaime se levanta, entonces.

9 But he says it'll be the first and last
time.

pérödisèîkèsprimera|ʒultimabés↓

Pero dice que es primera y última vez.

DIALOG 3

Pedro, dígale a Jaime que se levante, que
son las cinco.

lèbantàtè|háymè↓ sónlà(s)sìŋkò↓

Pedro: ¡Levántate, Jaime! Son las cinco.

Jaime, dígale que no lo moleste. Que Ud.
está muy cansado.

nómemoléstés↓ èstóymuykansádò↓

Jaime: No me molestes. Estoy muy cansado.

Pedro, dígale que no sea flojo, que ya es
tarde.

nóseasflóhò↓ yậẹstardè↓

Pedro: No seas flojo, ya es tarde.

Jaime, dígale que mejor lo deje para otro
día. Que además Ud. tiene dolor de
cabeza.

mèhordéhalo|párạotrodíá↓ ädémás|
teŋgodolordekabésậ↓

Jaime: Mejor déjalo para otro día. Además,
tengo dolor de cabeza.

Pedro, dígale que no se queje tanto y que
se vista.

nótekehestánto|ibistètè↓

Pedro: No te quejes tanto y vístete.

Jaime, dígale que bueno, que se va a
levantar, pero que es primera y última
vez.

bwenò↓ mèbóyalèbantár↓ pérôẹsprimera|
ʒultimabés↓

Jaime: Bueno, me voy a levantar; pero es
primera y última vez.

27.4   READINGS

27.40   List of cognate loan words.

la técnica	là—téknikà↓
exótico	éksotıkó↓
los productos	lòs—próduktós↓
importados (importar)	impòrtadós↓ impòrtár↓
el aspecto	èl—áspektó↓
la actitud	là—áktitúd↓
desinteresada (desinteresar)	dèsintérèsadá↓ dèsintèrèsár↓
standard	èstandárd↓
competir	kómpétír↓

27.41   Reading selection

La Técnica de Comprar

—¿Ha estado usted en la parte antigua de la ciudad, Virginia?—le preguntó Marta a la Sra. de Robinson cuando pasó por ella para llevarla al mercado.

—No—respondió ella—pero he oído hablar mucho de ese sector y me dicen que es muy interesante y exótico. ¿Por qué? ¿Vamos a ir allí?

—Sí, porque allí hay un mercado donde se encuentra de todo lo que uno necesita, incluyendo productos importados y todo muy fresco, muy barato y muy bueno, va a ver. El edificio tiene un aspecto viejo y sucio, como todo ese sector de la ciudad que está tan abandonado; pero, como le digo, todas las cosas que allí venden son siempre mucho más baratas que en cualquier otra parte...eso es, si uno sabe comprar, porque si no, puede resultar más bien muy caro. Lo que quiero decir con ésto es que, para poder comprar barato en ese mercado, hay que saber decir que sí, cuando conviene, y que no, cuando no conviene; ya va a ver Ud. la técnica que tengo yo. Yo voy a un puesto donde venden por ejemplo, unos huevos grandes y que parecen muy frescos, yo los miro y le pregunto al hombre, con actitud desinteresada, que a cómo están. Si él me dice que están a tres pesos la docena, inmediatamente le digo que no me conviene, que están carísimos, muy pequeños y además que no parecen ser frescos, y que mejor voy a otro puesto donde me los venden más baratos. Entonces va a ver Ud. que el hombre va a decirme que me los deja a dos cincuenta. Yo lo pienso un momento y luego le digo que no, que no le puedo dar más de uno cincuenta por la docena, y así seguimos: él me dice una cosa y yo le digo otra, hasta que por fin termina dándomelos a mi precio, o casi a mi precio.

——Ay, qué interesante——dijo Virginia——yo quisiera poder hacer lo mismo en los Estados Unidos, pero allá casi no se puede hacer eso. Allá los mercados grandes generalmente pertenecen a grandes compañías que tienen precios standard para todos los productos, y la gente que trabaja en esos mercados son solamente empleados que no pueden vender ni más barato ni más caro del precio fijado para cada cosa.

——Pues aquí sí pueden porque cada puesto pertenece a una persona y esa persona puede competir con los otros puestos. Así pues, Ud. tiene que acostumbrarse a comprar en esa forma porque si no, todo le resulta carísimo. Pero no se preocupe, yo le enseñaré cómo se hace. Esta vez Ud. no va a comprar nada; dígame lo que quiere comprar y yo se lo compro.

——Muy bien, entonces; aquí tengo la lista y mejor se la doy ahora. Y si quiere, nos vamos, yo ya estoy lista. ¿Vamos a pie?

——No, porque está bastante lejos de aquí. Yo llamé un taxi y, a propósito, creo que ya está aquí——dijo Marta, mirando por la ventana de la sala——sí, ahí está. El taxi nos deja a la entrada de la parte antigua y de ahí tenemos que ir a pie hasta el mercado porque las calles son muy estrechas y los carros no pueden pasar.

Las dos señoras subieron al taxi y veinte minutos después estaban allá.

27.42   Response drill

    1 ¿A qué parte de la ciudad van a ir las dos señoras?

    2 ¿Por qué van a ir allí?

    3 ¿Ha estado la Sra. de Robinson en ese sector?

    4 ¿Qué aspecto tiene el edificio del mercado?

    5 ¿Qué hay que tener para saber comprar barato en ese mercado?

    6 ¿Es la Sra. de Fuentes experta en compras?

    7 Si en un puesto venden huevos a tres pesos la docena, ¿qué le dice ella al hombre que los vende?

    8 ¿En cuánto termina dándoselos por fin?

    9 ¿Por qué no se puede usar esa técnica en los Estados Unidos?

   10 ¿A quién pertenecen generalmente los grandes mercados en los Estados Unidos?

   11 ¿Por qué tiene Virginia que acostumbrarse a seguir la técnica de Marta?

   12 ¿Quién le va a hacer las compras a Virginia esta vez?

   13 ¿Por qué no van a ir a pie hasta el mercado?

   14 ¿Hasta dónde las puede dejar el taxi?

   15 ¿Por qué no pueden llegar en el taxi hasta el mercado?

28.1   BASIC SENTENCES.   At the golf course.

Molina and White happen to meet Colonel Harris at the golf course.

ENGLISH SPELLING	AID TO LISTENING	SPANISH SPELLING
the boy	èl—múchachó↓	el muchacho
early rising	mådrùgådór↓	madrugador
Harris Hi, lads! You're up mighty early! [1]	ólå |múcháchòs↓ ke |màdrùgådòrès↓	*Harris* ¡Hola, muchachos! ¡Qué madrugadores!
Molina, I didn't know you played golf.	mòlínà↓ nósàbià|kęùstédhùgábàgólf↓	Molina, no sabía que Usted jugaba golf.
to commit oneself, obligate oneself	kòmpròmétersè↓	comprometerse
Molina I don't play. But White has promised to teach me.	nóhwégò↓ péròhwáyt|sęákòmpròmétidò| ₂ensęŋyármé↓	*Molina* No juego. Pero White se ha comprometido. a enseñarme.
the player	èl—húgådór↓	el jugador
Harris Ah! He's a fine player.	á↓ él|èsúmbwęŋhugadór↓	*Harris* ¡Ah! Él es un buen jugador.
to stop, to leave off	dèhar—dè↓	dejar de
stop joking	dehese—de—brómàs↓	déjese de bromas

White
Stop pulling my leg, colonel. With you I always
lose.

dehèsèdèbrómáz |kòrònél↓ kònústèd↑

syemprepyérdò↓

White
Déjese de bromas, coronel. Con usted
siempre pierdo.

Harris
Hadn't you been here before, Molina?

nòàbiaestàdoaki |antez |mòlínà |

Harris
¿No había estado aquí antes, Molina?

the club

èl—klub↓

el club

Molina
Yes, in the club. At several evening parties. (2)

ènélklub |sí↓ èmbaryasfyestazdenóchè↓

Molina
En el club, sí. En varias fiestas de
noche.

the course, field

èl—kámpò↓

el campo

Harris
Hadn't you seen the course? (3)

èlkampò↓ nólòábíábistò↑

Harris
El campo, ¿no lo había visto?

Molina
No, and it's worth the trouble seeing it.

nó↓ ibálelapéna |bérlò↓

Molina
No, y vale la pena verlo.

beautiful

èrmosò↓

hermoso

the grass

èl—sespéd↓

el césped

to care for

kwidar↓

cuidar

It's very beautiful, and they take good care
of the grass.

ezmuyermósò |ièlsespéd↑èsta |múybyénkwidádò↓

Es muy hermoso y el césped está muy
bien cuidado.

Harris
They sure do.

ezberdád↓

Harris
Es verdad.

than	ké↓	que
the hole	èl—oyó↓	el hoyo
Well, I'll leave you now. I'm only going to play nine holes.	bwenó↓ lózдehó↓ nóbóyahugar |máskènwebȩ óyòs↓	Bueno, los dejo. No voy a jugar más que nueve hoyos.
to leave, go away	márcharsè↓	marcharse
I have to leave early.	teņgokemarcharme |tempránó↓	Tengo que marcharme temprano.
that (she) remember (to remember)	kè—rrékwerдè↓ rrékòrдár↓	que recuerde (recordar)
the tennis	èl—tenis↓	el tenis

Molina
Please tell your wife to remember the tennis date with Carmen.

pòrfábór↓ dígalȩ \|àsyéspósa↑kèrrékwerдe \| lóдèltenis \|koņkármèn↓

Molina
Por favor. Dígale a su esposa que recuerde lo del tenis con Carmen.

Harris
Of course. Glad to.

kómonó↓ kònmuchogústò↓

Harris
Cómo no. Con mucho gusto.

| that to you (it) go (to go) | kè—lèz—báyà↓ ír↓ | que les vaya (ir) |
| Take it easy, gentlemen. | kèlézbayabyén \|sèņyórès↓ | Que les vaya bien, señores. |

28.10   Notes on the basic sentences

(1) /maдrugaдór/ *madrugador* is an adjective meaning literally 'dawn-rising.' In this sentence it is nominalized, literally 'What dawn-rising (characters you are).'

(2)   It was remarked in an earlier note that the correspondence between Spanish prepositions and English prepositions is not very considerable. Here is an instance of *en* meaning 'at,' a rather common correspondence.

(3)   The word order of this Spanish sentence seems quite dramatic, indeed even exaggerated, if translate literally into English: 'The field, hadn't you seen it?' Such inversion is, however, quite frequent and not particularly emphatic in Spanish.

28.2   DRILLS AND GRAMMAR

28.21   Pattern drills

28.21.1   Indirect command forms — regular and irregular

A.   Presentation of pattern

ILLUSTRATIONS

Hope you rent the house.	1. keálkilezlakásá↓	Que *alquiles* la casa.
Hope you sell the car.	2. kebéndas̩elkárró↓	Que *vendas* el carro.
Don't let Mary talk English.	3. kemária |nǫablęinglés↓	Que María no *hable* inglés.
Have them take my clothes to the cleaners.	4. keɑ̨yeben |mirrópalatintorería↓	Que *lleven* mi ropa a la tintorería.
Have the gentleman come up.	5. késubg̩elseŋyór↓	Que *suba* el señor.
Don't let them open the books.	6. kenǫabranlozlíbros↓	Que no *abran* los libros.
Hope you get everything soon.	7. kerrȩ̄s̩iba |tod̩oprónto↓	Que *reciba* todo pronto.
Let the girls go out.	8. késalganlazmuchácha̩s↓	Que *salgan* las muchachas.

And may it be worth while.   9. ikébálgalapéná↓   Y que *valga* la pena.

Make him tell the truth.   10. kédigalaberdád↓   Que *diga* la verdad.

Hope it's the last time.   11. kèsea|lạúltimabés↓   Que *sea* la última vez.

——————————   12. kèlèzbạyabyén|sènyórès↓ Que les *vaya* bien, señores.

EXTRAPOLATION

	sg			pl		
	−ár	−ér−ír	−ár	−ér−ír
2 fam	−es	−as		
2 - 3	−e	−a	−en	−an

NOTES

a. Indirect command forms for all second and third person forms are identical with (negative) direct command forms.

b. In function, they differ by the placement of /ke/ before the verb (and subject), and they either express instructions to be carried out by a person not present or a hope that a stated desire may be fulfilled for someone (whether present or not).

28.21.11 Substitution drills — Tense substitution — 3rd person

Problem 1:

  ána | lában larrópá↓

Answer:

  kélábelarrópá↓

Problem 2:

  ánailwísa | límpyanlakásá↓

Answer:

  kélímpyenlakásá↓

Problem 1:
  Ana *lava* la ropa.

Answer:
  Que lave la ropa.

Problem 2:
  Ana y Luisa *limpian* la casa.

Answer:
  Que limpien la casa.

1. hôsé |kómpralaşerbéşà↓   kèkómprelaşerbéşà↓

2. anaimariạ |ablanẹspaŋyól↓   kẹablenẹspaŋyól↓

3. hwan |trábahaí↓   kètrábahẹaí↓

4. lôzniŋyoz |nokómentárdè↓   kènokómantárdè↓

5. lwisa |barrelasálà↓   kèbarralasálà↓

6. êltènyentè |bendelkárrò↓   kèbendạelkárrò↓

7. lôsẹstúdyantez |noẹskríbenạkí↓   kènoẹskríbanạkí↓

---

1 José *compra* la cerveza.   Que compre la cerveza.

2 Ana y María *hablan* español.   Que hablen español.

3 Juan *trabaja* ahí.   Que trabaje ahí.

4 Los niños no *comen* tarde.   Que no coman tarde.

5 Luisa *barre* la sala.   Que barra la sala.

6 El teniente *vende* el carro.   Que venda el carro.

7 Los estudiantes no *escriben* aquí. Que no escriban aquí.

28.7

8. kárlos|tráđuşelalekşyón↓   kètráđuşka|lalekşyón↓

9. àntónyoɹana|nopíđe(n)náđà↓   kènopíđa(n)náđà↓

10. mârta|nođíşéšò↓   kènođígaéšò↓

11. pâbloɹantónyo|traenɐlkóchè↓   kètrayganɐlkóchè↓

12. mâria|byeŋgalazđós↓   kèbeŋgalazđós↓

13. mártɐɹlwisɐ|aşenɐlpóstrè↓   kɛaganɐlpóstrè↓

---

8 Carlos *traduce* la lección.   Que traduzca la lección.

9 Antonio y Ana no *piden* nada.   Que no pidan nada.

10 Marta no *dice* eso.   Que no diga eso.

11 Pablo y Antonio *traen* el coche.   Que traigan el coche.

12 María *viene* a las dos.   Que venga a las dos.

13 Marta y Luisa *hacen* el postre.   Que hagan el postre.

Tense substitution — 2nd person

Problem 1:

    ústéd |bárrelakásà↓

Answer:

    kèbárralakásà↓

Problem 2:

    tú |bárrezlakásà↓

Answer:

    kèbárrazlakásà↓

Problem 1:
    Ud. *barre* la casa.

Answer:
    Que barra la casa.

Problem 2:
    Tú *barres* la casa.

Answer:
    Que barras la casa.

1. ústéđ |ábrelazmalétás↓   kęábralazmalétás↓

2. ústéđ |súbelozbaúlês↓   kęsúbalozbaúlês↓

3. ústéđes |tráenęlkóchê↓   kętráyganęlkóchê↓

4. ústéđes |kómenenęlpátyò↓   kękóman |enęlpátyò↓

5. ústéđ |èskríbelakártâ↓   kęskríbalakártâ↓

6. tú |ábrezlazmalétás↓   kęábrazlazmalétás↓

7. tú |súbezlozbaúlês↓   kęsúbazlozbaúlês↓

1 Ud. *abre* las maletas.   Que abra las maletas.

2 Ud. *sube* los baúles.   Que suba los baúles.

3 Uds. *traen* el coche.   Que traigan el coche.

4 Uds. *comen* en el patio.   Que coman en el patio.

5 Ud. *escribe* la carta.   Que escriba la carta.

6 Tú *abres* las maletas.   Que abras las maletas.

7 Tú *subes* los baúles.   Que subas los baúles.

8. tú |traeṣelkóchè↓   kètraygaṣelkóchè↓

9. tukómes |enؠlpátyò↓   kèkómas |enؠlpátyò↓

10. tuؠskríbez |lakártà↓   kèskríbaz |lakártà↓

11. tukómpraz |laskókakólàs↓   kèkómprez |laskókakólàs↓

12. tutraɗuṣez |lalekşyón↓   kètràɗuṣkaz |lalekşyón↓

13. tubas |almerkáɗò↓   kèbayas |almerkáɗò↓

14. tulímpyaz |lamésà↓   kèlímpyez |lamésà↓

15. tú |noؠstuɗyaz |lo(s)sábàɗòs↓   kènoؠstuɗyez |lo(s)sábàɗòs↓

---

8 Tú *traes* el coche.   Que traigas el coche.

9 Tú *comes* en el patio.   Que comas en el patio.

10 Tú *escribes* la carta.   Que escribas la carta.

11 Tú *compras* las coca-colas.   Que compres las coca-colas.

12 Tú *traduces* la lección.   Que traduzcas la lección.

13 Tú *vas* al mercado.   Que vayas al mercado.

14 Tú *limpias* la mesa.   Que limpies la mesa.

15 Tú no *estudias* los sábados.   Que no estudies los sábados.

Construction substitution

Problem 1:

 kẹ́ana│limpyelozmwéblés↓

Answer:

 áná↓ límpyelozmwéblés↓

Problem 2:

 kélwis│trabahestatárdé↓

Answer:

 lwís↓ trábahạestatárdé↓

Problem 1:

Que Ana *limpie* los muebles.

Answer:

Ana, limpie los muebles.

Problem 2:

Que Luis *trabaje* esta tarde.

Answer:

Luis, trabaja esta tarde.

1. ke̊ali̥syḁ |ablenespaŋyólↆ   ali̥syàↆ ablenespaŋyólↆ

2. kȇkarmen |eskribalakártȃↆ   karmȇnↆ eskribalakártȃↆ

3. kȇkarlos |subạesebaúlↆ   karlȏsↆ subạesebaúlↆ

4. ke̊ȁntonyo |bahelazmalétȃsↆ   ȁntonyȏↆ bahelazmalétȃsↆ

5. kȇmȁria |beŋgamaŋyánȃↆ   mȁriȃↆ beŋgamaŋyánȃↆ

6. kȇlwis |estuɗyẹaórȁↆ   lwi̥sↆ estuɗyẹaórȁↆ

7. kȇrrosa |traygạelkaféↆ   rrosȃↆ traygạelkaféↆ

8. kȇhȍse̊ |komamásↆ   hȍseↆ komemásↆ

---

1 Que Alicia *hable* en español.   Alicia, hable en español.

2 Que Carmen *escriba* la carta.   Carmen, escriba la carta.

3 Que Carlos *suba* ese baúl.   'Carlos, suba ese baúl.

4 Que Antonio *baje* las maletas.   Antonio, baje las maletas.

5 Que María *venga* mañana.   María, venga mañana.

6 Que Luis *estudie* ahora.   Luis, estudie ahora.

7 Que Rosa *traiga* el café.   Rosa, traiga el café.

8 Que José *coma* más.   José, come más.

9. kèkárloz |beṇgatempránò↓   karlôs↓ bentempránò↓

10. kệàlìṣyạ |estúɗyemás↓   àlìṣyá↓ èstúɗyamás↓

11. kệaṇạ |abrạeⓁlíbrò↓   anà↓ abreⓁlíbrò↓

12. kèlwíz |bendạelàwtobyéhò↓   lwìs↓ bendelàwtobyéhò↓

13. kèhòsé |bebabínò↓   hòsé↓ bebebínò↓

14. kèmárìa |komprẹotrobestíɗò↓   màrià↓ komprạotrobestíɗò↓

15. kèlwísa |Ⓛyamẹalozmolínà↓   lwìsà↓ Ⓛyamalozmolínà↓

---

9 Que Carlos *venga* temprano.   Carlos, ven temprano.

10 Que Alicia *estudie* más.   Alicia, estudia más.

11 Que Ana *abra* el libro.   Ana, abre el libro.

12 Que Luis *venda* el auto viejo.   Luis, vende el auto viejo.

13 Que José *beba* vino.   José, bebe vino.

14 Que María *compre* otro vestido.   María, compra otro vestido.

15 Que Luisa *llame* a los Molina.   Luisa, llama a los Molina.

28.14

Number substitution

1. kẹábralozbaúlês↓   kẹábranlozbaúlês↓

2. kẹnoẹstúdyen|lozdomíŋgòs↓   kẹnoẹstúdye|lozdomíŋgòs↓

3. kẹáblekonẹlhéfè↓   kẹáblenkonẹlhéfè↓

4. kẹímbitẹalkoronél↓   kẹímbiten|alkoronél↓

5. kẹnobében|mazléchè↓   kẹnobéba|mazléchè↓

6. kẹskríbalakártà↓   kẹskríban|lakártà↓

7. kẹnopóŋgan|là(s)síɰyasẹnẹlkwártò↓   kẹnopóŋga|là(s)síɰyasẹnẹlkwárto↓

8. kẹdén|larropabyéhà↓   kẹdélarropabyéhà↓

9. kẹbayamísà↓   kẹbayanamísà↓

10. kẹstenakí|ẹnlanóchè↓   kẹsteakí|ẹnlanóchè↓

11. kẹséa|menozrrigurósò↓   kẹséan|menozrrigurósòs↓

1	Que *abra* los baúles.	Que abran los baúles.
2	Que no *estudien* los domingos.	Que no estudie los domingos.
3	Que *hable* con el jefe.	Que hablan con el jefe.
4	Que *invite* al coronel.	Que inviten al coronel.
5	Que no *beban* más leche.	Que no beba más leche.
6	Que *escriba* la carta.	Que escriban la carta.
7	Que no *pongan* las sillas en el cuarto.	Que no ponga las sillas en el cuarto.
8	Que *den* la ropa vieja.	Que de la ropa vieja.
9	Que *vaya* a misa.	Que vayan a misa.
10	Que *estén* aquí en la noche.	Que esté aquí en la noche.
11	Que *sea* menos riguroso.	Que sean menos rigurosos.

28.21.12 Translation drill

1 Have Louise sweep the bedrooms.	kḗlwísa │bárralozdormitóryòs↓	Que Luisa barra los dormitorios.
2 Have Ana wash the cups.	kḛ́ana │lábelastáşàs↓	Que Ana lave las tazas.
3 Have Ana bring the children.	kḛ́ana │tráygaloznínyòs↓	Que Ana traiga a los niños.
4 Let Ana and Martha wait here.	kḛ́anạimártạ │espérenạkí↓	Que Ana y Marta esperen aquí.
5 Let her get the meal.	kḛ́eⓌyạ │agalakomída↓	Que ella haga la comida.
6 May they come right away.	kḗbeŋgan │ensegída↓	Que vengan en seguida.
7 (See that) you clean the desk.	kḛústed │límpyeleskritóryò↓	Que Ud. limpie el escritorio.
8 (See that) you don't talk so much English.	kḛústed │nọáble │tántọiŋglés↓	Que Ud. no hable tanto inglés.
9 (See that) you all get the meal this afternoon.	kḛústedes │aganlakomídạ │éstàtárdè↓	Que Uds. hagan la comida esta tarde.
10 (See that) you buy the bread and butter.	kḛústedes │kómprenẹlpán │ilàmàntékiⓌyà↓	Que Uds. compren el pan y la mantequilla.
11 (See that) you work tomorrow too.	kḛústedes │tràbahenmạnyánà │tàmbyén↓	Que Uds. trabajen mañana también.
12 (See that) you come.too, Alice.	kḗbeŋgas │tutambyén │àlíşyà↓	Que vengas tú también, Alicia.
13 (See that) you don't get dinner today, Mary.	kḗnọagaskomídạ │óy │màríà↓	Que no hagas comida hoy, María.

14 (I hope) you make out OK, Joseph.   kḙtḙbayabyén |hòsé↓   Que te vaya bien, José.

15 (I hope) you learn enough, Carmen.   kḙaprendazbastánte |kármḙn↓   Que aprendas bastante, Carmen.

B. Discussion of pattern

Indirect commands in Spanish can often be translated more or less literally into English by an expression with 'may': /ke—le—báya—byén↓/ 'may it go well with you (him).' This hope could be expressed more informally as 'I hope you make out OK,' which does not at all correlate structurally with the Spanish construction.

A more frequent correlation of meaning is with an English construction using 'let' or 'have':/ke—éntre↓/'Have him come in,'/ke—lo—ɯ̨ébe|entónṣes↓/ 'Let him take it, then.' In English this is a direct command to one person giving instructions to another person. The Spanish indirect command, as this rubric implies, indirectly gives instructions to a person not present (and therefore a person that cannot be directly addressed), or expresses a hope. This hope might be directed in second or even in first person if the fulfillment is imminent, as /ke—gáne↓ke—gáne↓/ 'I hope I win, I hope I win.'

Indirect command constructions are actually another function of the same forms given for negative direct commands, and show, therefore, the same stem irregularities.

In a chant, the usual introductory /ke—/ may be omitted; thus: /bíba—el—koronél—hárris↓/ 'Long live colonel Harris!'

28.21.2 Hortatory command forms

A. Presentation of pattern

ILLUSTRATIONS

Let's sign the documents.   1. firmémoz |lozḏokuméntòs↓   *Firmemos* los documentos.

Let's use *tú* forms.   2. trátemonozḏetú↓   *Tratémonos* de tú.

Let's eat in a restaurant.   3. kómamos |enɯnrrestorán↓   *Comamos* en un restorán.

———————————

Let's go up now.

Let's translate the letter.

Let's put the coffee on.

Let's tell the truth.

      let's sleep (to sleep)

Let's sleep another hour.

Let's not feel so sorry about it.

Let's keep on with the same lesson.

4. bèamoṣe lmenú↓

5. sùbamoṣ aóra↓

6. tràdúṣkamoz lakárta↓

7. pòŋgamoṣe lkafé↓

8. dígamoz laberdáḍ↓

      dùrmamòṣ↓ dòrmír↓

9. dùrmamos |unạoramás↓

10. nólosíntamos tántò↓

11. sígamos |kònlàmízmalekṣyón↓

Veamos el menú.

Subamos ahora.

Traduzcamos la carta.

Pongamos el café.

Digamos la verdad.

      durmamos (dormir)

Durmamos una hora más.

No lo sintamos tanto.

Sigamos con la misma leccion.

EXTRAPOLATION

		Affirmative		Negative
(1 pl) Hortatory	form	—ár —ér—ír		
		—émos —ámos		
	construction	/bámos—a____'r/		xxxx

NOTES

a. Hortatory means exhorting; these expressions are usually translated by the English equivalent 'Let's....'

b. Hortatory forms are like formal command forms, with the 1 pl person-number ending /—mos/ occurring.

c. The hortatory construction /bámos—a—(infinitive)/ usually occurs with this meaning only in affirmative utterances.

d. Clitic pronouns follow affirmative hortatory forms (final /—s/ drops before /n/: /sentémonos/), but precede negative hortatory forms.

28.21.21 Substitution drills — Tense substitution

1. kántamos |enespanyól↓   kántemos |enespanyól↓

2. trábáhamos |ochóràs↓   trábáhemos |ochóràs↓

3. limpyamoz |la(s)síꞷyàs↓   limpyemoz |la(s)síꞷyàs↓

4. nopraktikámos |elinglés↓   nopraktikémos |elinglés↓

5. nokreemoznáɗà↓   nokreamoznáɗà↓

6. kómemos |enlakásà↓   kómamos |enlakásà↓

7. bárremos |toɗalakásà↓   bárramos |toɗalakásà↓

8. béndemoz |lozmwéblès↓   béndamoz |lozmwéblès↓

---

1 *Cantamos* en español.   Cantemos en español.

2 *Trabajamos* ocho horas.   Trabajemos ocho horas.

3 *Limpiamos* las sillas.   Limpiemos las sillas.

4 No *practicamos* el inglés.   No practiquemos el inglés.

5 No *creemos* nada.   No creamos nada.

6 *Comemos* en la casa.   Comamos en la casa.

7 *Barremos* toda la casa.   Barramos toda la casa.

8 *Vendemos* los muebles.   Vendamos los muebles.

9. ábrimoz│lozlíbròs↓   ábramoz│lozlíbròs↓

10. èskribimospókò↓   èskribamospókò↓

11. tràdúşimoz│lalekşyón↓   tràdúşkamoz│lalekşyón↓

12. nopedimoznáɗà↓   nopidamoznáɗà↓

13. noɗeşimoşésò↓   noɗigamoşésò↓

14. tràemoz│lozlíbròs↓   tràygamoz│lozlíbròs↓

15. bènimoşentáksi↓   bèŋgamos│entáksi↓

16. àşemoz│lakomíɗà↓   àgamoz│lakomíɗà↓

17. èstamoşakí│àļunà↓   èstemoşakí│àļunà↓

---

9 *Abrimos* los libros.   Abramos los libros.

10 *Escribimos* poco.   Escribamos poco.

11 *Traducimos* la lección.   Traduzcamos la lección.

12 No *pedimos* nada.   No pidamos nada.

13 No *decimos* eso.   No digamos eso.

14 *Traemos* los libros.   Traigamos los libros.

15 *Venimos* en taxi.   Vengamos en taxi.

16 *Hacemos* la comida.   Hagamos la comida.

17 *Estamos* aquí a la una.   Estemos aquí a la una.

Person-number substitution

Problem:

        àlkilẹustéɗ|lakásà↓

        _____ nòsótroz _____

Answer:

        àlkilémoz |nòsótroz |lakásà↓

    1. ábleустéɗ |konẹlhéfè↓

      ____ nòsótros _____   àblémoz |nòsótros |konẹlhéfè↓

    2. imbitẹustéɗ |alkoronél↓

      _____ nòsótros _____   imbitémoz |nòsótros |alkoronél↓

Problem:

    Alquile Ud. la casa.

    _____ nosotros ____.

Answer:

    Alquilemos nosotros la casa.

    1 Hable Ud. con el jefe.

      _____ nosotros _____.   Hablemos nosotros con el jefe.

    2 Invite Ud. al coronel.

      _____ nosotros _____.   Invitemos nosotros al coronel.

28.21

3. kómɑustéơ |aórà↓
    _____nósótros_____

    kòmámoz |nósótros |aórà↓

4. ábrɑustéơ |lozbaúlès↓
    _____nósótroz _____

    ábrámoz |nósótroz |lozbaúlès↓

5. póngɑustéơ |lɑmɑlétaí↓
    _____nósótroz_____

    pòngámoz |nósótroz |lɑmɑlétaí↓

6. déɥstéơ |lapropínà↓
    _____nósótroz _____

    démoz |nósótroz |laropínà↓

7. nóséɑustéơ |ta(ɲ)nerbyósò↓
    _____ nósótros_____

    nóséámoz |nósótros |ta(ɲ)nerbyósòs↓

---

3 Coma Ud. ahora.
  _____nosotros_____.

Comamos nosotros ahora.

4 Abra Ud. los baúles.
  _____nosotros_____.

Abramos nosotros los baúles.

5 Ponga Ud. la maleta ahí.
  _____nosotros_____.

Pongamos nosotros la maleta ahí.

6 De Ud. la propina.
  _____nosotros_____.

Demos nosotros la propina.

7 No sea Ud. tan nervioso.
  _____nosotros_____.

No seamos nosotros tan nerviosos.

Construction substitution

Problem:

bámos |alkilár |un␣apartaméntô↓

Answer:

àlkilémos |un␣apartaméntô↓

1 bámos |a␣gstuɖyár |àórà↓   èstúɖyemòs |àórà↓

2 bámos |abuskárkásà↓   bùskémoskásà↓

3 bámos |akómprármwéblès↓   kómpremozmwéblès↓

4 bámos |ablár |konálgyèn↓   àblemoskonálgyèn↓

Problem:
Vamos a alquilar un apartamento.

Answer:

Alquilemos un apartamento.

1 Vamos a estudiar ahora.   Estudiemos ahora.
2 Vamos a buscar casa.   Busquemos casa.
3 Vamos a comprar muebles.   Compremos muebles.
4 Vamos a hablar con alguien.   Hablemos con alguien.

5 bámos |abarrér |labitaşyón↓   bárramoz labitaşyón↓

6 bámos |akomeraí↓   kómamosaí↓

7 bámos |aeskribir |enespaŋyól↓   éskribamos |enespaŋyól↓

8 bámos |asubir |enelas(ş)ensór↓   súbamos |enelas(ş)ensór↓

9 bámos |atenerunafyéstá↓   téŋgamosunafyéstá↓

10 bámos |aóiresapyéşá↓   óygamosesapyéşá↓

11 bámos |abenirmaŋyáná↓   béŋgamozmaŋyáná↓

12 bámos |aşerlo(s)sáŋwichès↓   ágamozlo(s)sáŋwichès↓

13 bámos |atráeraloznínŋyòs↓   tráygamosaloznínŋyòs↓

---

5 Vamos a barrer la habitación.   Barramos la habitación.

6 Vamos a comer ahí.   Comamos ahí.

7 Vamos a escribir en español.   Escribamos en español.

8 Vamos a subir en el ascensor.   Subamos en el ascensor.

9 Vamos a tener una fiesta.   Tengamos una fiesta.

10 Vamos a oír esa pieza.   Oigamos esa pieza.

11 Vamos a venir mañana.   Vengamos mañana.

12 Vamos a hacer los sándwiches.   Hagamos los sándwiches.

13 Vamos a traer a los niños.   Traigamos a los niños.

28.21.22 Response drill

1. éstúdyamos↑ǫablámòs↓   éstúdyemòs↓

2. kómemos↑obebémòs↓   kómamòs↓

3. limpyamos↑obarrémòs↓   limpyemòs↓

[àkí↓]   4. dondekomémòs↓   kómamosˌakí↓

[làbérdad↓] 5. kedeşímòs↓   dɪgamozlaberdád↓

[làkòmɪdà↓] 6. keaşémòs↓   ágamozlakomída↓

[élkárrò↓] 7. ketraémòs↓   tráygamosˌelkárrò↓

---

1 ¿Estudiamos o hablamos?   Estudiemos.

2 ¿Comemos o bebemos?   Comamos.

3 ¿Limpiamos o barremos?   Limpiemos.

(aquí)   4 ¿Dónde comemos?   Comamos aquí.

(la verdad) 5 ¿Qué decimos?   Digamos la verdad.

(la comida) 6 ¿Qué hacemos?   Hagamos la comida.

(el carro)   7 ¿Qué traemos?   Traigamos el carro.

[màɲyánà↓] 8. kwándobenímòs↓   bèŋgamozmaɲánà↓

[làkòmíđà↓] 9. tráemoz│laskókakólas↑   nó↓ tráygamoz│làkòmíđà↓

[léchè↓] 10. bèbemoskafé↑   nó↓ bèbamoz│léchè↓

[àkarmèn↓] 11. bisitámosˌahose↑   nó↓ bisitemos│àkármèn↓

             12. kàntamʋs│eɲespaɲyol↑   sí│kàntemòs↓

             13. súbimos│eɲelas(ʂ)ensór↑   sí│súbamòs↓

             14. èmpèʂamos│aẹstuđyar↑   sí│ẹmpèʂèmòs↓

             15. àlmòrʂamoz│yá↑   sí│ạlmòrʂemòs↓

(mañana)   8 ¿Cuándo venimos?   Vengamos mañana.

(la comida) 9 ¿Traemos las coca colas?   No, traigamos la comida.

(leche) 10 ¿Bebemos café?   No, bebamos leche.

(a Carmen) 11 ¿Visitamos a José?   No, visitemos a Carmen.

            12 ¿Cantamos en español?   Sí, cantemos.

            13 ¿Subimos en el ascensor?   Sí, subamos.

            14 ¿Empezamos a estudiar?   Sí, empecemos.

            15 ¿Almorzamos ya?   Sí, almorcemos.

28.21.23 Translation drill

1 Let's clean the table.   límpyémoz lamésá↓   Limpiemos la mesa.

2 Let's help Mary.   àyúdemos,amaríá↓   Ayudemos a María.

3 Let's check the luggage.   rrèbisémos |elekipáhè↓   Revisemos el equipaje.

4 Let's never do that.   núŋka |agámos,ésò↓   Nunca hagamos eso.

5 Let's ask for the visa.   pídamoz labísá↓   Pidamos la visa.

6 Let's study some more this week.   èstúdyemozmás |éstàsèmáná↓   Estudiemos más esta semana.

7 Let's say everything in Spanish.   dígamostódo |enespaŋyól↓   Digamos todo en español.

8 Let's write the letter.   èskríbamoz |lakártà↓   Escribamos la carta.

9 Let's rent a furnished house.   àlkilémos |únàkasamwebládà↓   Alquilemos una casa amueblada.

10 Let's look for another excuse.   búskémos |otropretéstò↓   Busquemos otro pretexto.

11 Let's not buy antique furniture.   nókomprémoz |mwébles,antígwòs↓ No compremos muebles antiguos.

12 Let's go down in the elevator.   bàhémos |enelas(ş)ensór↓   Bajemos en el ascensor.

13 Let's not put anything there.   nópoŋgamoz |nadaí↓   No pongamos nada ahí.

14 Let's not bring the children.   nótraygámos |alozníɲyòs↓   No traigamos a los niños.

15 Let's be here with her.   éstemos̩akı |koɲéɔ̀yà↓   Estemos aquí con ella.

B. Discussion of pattern

Hortatory forms are first person plural equivalents of second person direct commands; that is, they are like a direct command given, usually in the form of a suggestion, to a group that includes the speaker. They are usually translated in English by an expression beginning with 'Let's...'

The hortatory form for the verb /ír/ is /bámos/, in affirmative constructions, but the expected form /bayámos/ in negative constructions.

In addition to the hortatory *forms*, there is a hortatory *construction*, consisting of /bámos‒a/ plus an infinitive, which is usually used only in affirmative utterances. Actually there is probably a slight difference between the meaning of hortatory forms and that of hortatory constructions, but this does not often affect their distribution:

/bámos‒a‒komér↓/   'Let's go eat.'   (spoken on the street)

/komámos↓/   'Let's eat.'   (spoken at the table)

There are certain stem irregularities in hortatory forms, mostly corresponding to patterns already presented. These include verbs with /‒k‒/ or /‒g‒/ modified stems (such as /traduşkámos, salgámos, traygámos, agámos, digámos/), and most of the verbs previously listed as uniquely irregular (/seámos, sepámos/).

One additional feature of irregularity occurs with some stem vowel changing verbs. In /‒ár/ and /‒ér/ verbs the hortatory form has the same stem as the infinitive; thus /bolbámos, şerrémos/. With /‒ír/ verbs, however, there is a different stem unless the stem vowel change is /e ⇒í/ , in which case this change is extended to the hortatory forms. The change is a vowel change, either /o⇒u/ or /e⇒ı/. The pattern of change is as follows:

Infinitive stem	Present tense singular and 2-3 stem	Hortatory stem
o	wé	u
e	yé	ı
e	í	ı

This same pattern illustrated by sample verbs is:

	Infinitive	1 sg present	Hortatory
o ⇒ wé⇒u	dorm‒ír	dwérm‒o	durm‒ámos
e ⇒ yé⇒ i	sent‒ír	syént‒o	sint‒ámos
e ⇒ i	seg‒ír	síg‒o	sig‒ámos

28.22   Replacement drills

A   nósabía |kęús teơ |húgábag6lf↓

1. _____tántô↓   nósabía |kęústeơ |húgabatántô↓

2. _____ênsêŋyaba___↓   nósabía |kęústeơ |ênsêŋyabatántô↓

3. _____espaŋ6l↓   nósabía |kęústeơ |ênsêŋyabąespaŋ6l↓

4. _____hôsé_____↓   nósabía |kêhôsé |ęnsêŋyabąespaŋ6l↓

5. _____âblabą_____↓   nósabía |kêhôsé |âblabąespaŋ6l↓

6. _____ùsteơes_____↓   nósabía |kęústeơes |âblabanęspaŋ6l↓

7. _____eran____↓   nósabía |kęústeơes |eranęspaŋ6lês↓

A   No sabía que usted jugaba golf.

1 _____tanto.   No sabía que usted jugaba tanto.

2 _____enseñaba___.   No sabía que usted enseñaba tanto.

3 _____español.   No sabía que usted enseñaba español.

4 _____José_____   No sabía que José enseñaba español.

5 _____hablaba____.   No sabía que José hablaba español.

6 _____ustedes_____.   No sabía que ustedes hablaban español.

7 _____eran_____.   No sabía que ustedes eran españoles.

B   hwáyt|sẹákòmpròmètíd̦o̦|ae̦nsẹnyármè↓

1. ústedes_____↓

2. _____ e̦nsẹnyárlès↓

3. _____emos_____↓

4. _____ír↓

5. _____kòmpròmètímos____↓

6. tú_____↓

7. _____e̦nsẹnyármè↓

ústedes|sẹánkòmpròmètíd̦o̦|ae̦nsẹnyármè↓

ústedes|sẹánkòmpròmètíd̦o̦|ae̦nsẹnyárlès↓

nòsotroz|nòsẹemos|kòmpròmètíd̦o̦ae̦nsẹnyárlès↓

nòsotroz|nòsẹemos|kòmpròmètíd̦o̦aír↓

nòsotroz|nòskòmprómètímos|aír↓

tú|tèkòmpròmètístẹaír↓

tú|tèkòmpròmètístẹ|ae̦nsẹnyármè↓

B   White se ha comprometido a enseñarme.

1 Ustedes _____ .

2 _____enseñarles.

3 _____hemos_____ .

4 _____ ir.

5 _____comprometimos_____ .

6 Tú _____ .

7 _____ enseñarme.

Ustedes se han comprometido a enseñarme.

Ustedes se han comprometido a enseñarles.

Nosotros nos hemos comprometido a enseñarles.

Nosotros nos hemos comprometido a ir.

Nosotros nos comprometimos a ir.

Tú te comprometiste a ir.

Tú te cómprometiste a enseñarme.

C   él|ésúmbweŋhugaɗórↆ

1. éⱴos_____ↆ   éⱴos|sónúnòzbwénoshugaɗórèsↆ

2. _____amígòsↆ   éⱴos|sónúnòzbwénosamígòsↆ

3. tú_____ↆ   tú|érèsúmbwenamígòↆ

4. _____malↆ   tú|érèsúnmalamígòↆ

5. éⱴa_____ↆ   éⱴa|èsúnàmálamígàↆ

6. ___ótrà_____ↆ   éⱴa|ès,ótràmálamígàↆ

7. _____hugaɗóràↆ   éⱴa|ès,ótràmálahúgaɗóràↆ

C   El es un buen jugador.

1 Ellos_____.   Ellos son unos buenos jugadores.

2 _____amigos.   Ellos son unos buenos amigos.

3 Tú_____.   Tú eres un buen amigo.

4 ___mal_____.   Tú eres un mal amigo.

5 Ella_____.   Ella es una mala amiga.

6 ___otra_____.   Ella es otra mala amiga.

7 _____jugadora.   Ella es otra mala jugadora.

D   élşéspéátéstá |múybyeŋkwiáááò↓

1. _párkes_____↓   lòspárkestéstán |múybyeŋkwiáááòs↓

2. _____arreglááò↓   élparketęstá |múybyęnąrregláò↓

3. _niŋyas_____↓   làzniŋyastéstán |múybyęnąrregláàs↓

4. _____bestíáàs↓   lazniŋyastéstán |múybyęmbestíáàs↓

5. _____mal _____↓   làzniŋyastéstán |múymalbestíáàs↓

6. _niŋyo_____↓   élniŋyotęstá |múymalbestíáò↓

7. éstòz_____↓   éstòzniŋyostéstán |múymalbestíáòs↓

D   El césped está muy bien cuidado.

1 __parques_____.   Los parques están muy bien cuidados.

2 _____arreglado.   El parque está muy bien arreglado.

3 __ niñas_____.   Las niñas están muy bien arregladas.

4 _____vestidas.   Las niñas están muy bien vestidas.

5 _____mal_____.   Las niñas están muy mal vestidas.

6 __ niño _____.   El niño está muy mal vestido.

7 Estos_____.   Estos niños están muy mal vestidos.

E   óy |noból yahúgár |máskènwèbẹóyòs↓

1. _____ bamos _____ ↓   óy |nobamos |àhúgár |máskènwèbẹóyòs↓

2. _____ kẹustéđès↓   óy |nobamos |àhúgár |maskẹustéđès↓

3. mǎɲyana _____ ↓   mǎɲyana |nobamos |àhúgár |maskẹustéđès↓

4. _____ tràbáhar _____ ↓   mǎɲyana |nobamos |àtràbáhar |maskẹustéđès↓

5. _____ tenemos _____ ↓   mǎɲyana |notenemos |kétràbáhar |maskẹustéđès↓

6. _____ đebemos _____ ↓   mǎɲyana |nođebemos |tràbáhar |maskẹustéđès↓

7. _____ menos _____ ↓   mǎɲyana |nođebemos |tràbáhar |menoskẹustéđès↓

E   Hoy no voy a jugar más que nueve hoyos.

1 _____ vamos _____ .   Hoy no vamos a jugar más que nueve hoyos.

2 _____ que ustedes.   Hoy no vamos a jugar más que ustedes.

3 Mañana _____ .   Mañana no vamos a jugar más que ustedes.

4 _____ trabajar _____ .   Mañana no vamos a trabajar más que ustedes.

5 _____ tenemos _____ .   Mañana no tenemos que trabajar más que ustedes.

6 _____ debemos _____ .   Mañana no debemos trabajar más que ustedes.

7 _____ menos _____ .   Mañana no debemos trabajar menos que ustedes.

28.33

F   téŋgo |kèmàrchármetempránȯ↓

1. tyéne_____↓   tyéne |kèmàrchársetempránȯ↓

2. _____ensegíɖà↓   tyéne |kèmàrcharsȩ |ensegíɖà↓

3. _____írnos_____↓   tènémos |kȩírnosȩnsegíɖà↓

4. áy_____↓   áykȩirsȩ |ensegíɖà↓

5. _____bèstírsȩ_____↓   áy |kèbèstírsȩ |ensegíɖà↓

6. téŋgo_____↓   téŋgo |kèbèstírmȩ |ensegíɖà↓

7. _____bàŋyarnos_____↓   tènémos |kèbàŋyarnos |ensegíɖà↓

F   Tengo que marcharme temprano.

1 Tiene_____.   Tiene que marcharse temprano.

2 _____ en seguida.   Tiene que marcharse en seguida.

3 _____ irnos_____.   Tenemos que irnos en seguida.

4 Hay_____.   Hay que irse en seguida.

5 _____vestirse_____.   Hay que vestirse en seguida.

6 Tengo_____.   Tengo que vestirme en seguida.

7 _____bañarnos_____.   Tenemos que bañarnos en seguida.

28.23   Variation drills

A   kémadrugadórès↓   ¡Qué madrugadores!

1 You sure are crazy!   kelókòs↓   ¡Qué locos!

2 You sure are lazy!   keflóhòs↓   ¡Qué flojos!

3 You sure are punctual!   képuntwálès↓   ¡Qué puntuales!

4 You sure are strict!   kerrigurósòs↓   ¡Qué rigurosos!

5 You sure are nervous!   kenerbyósòs↓   ¡Qué nerviosos!

6 You sure are calm!   ketrankílòs↓   ¡Qué tranquilos!

7 You sure are nice!   keamáblès↓   ¡Qué amables!

B   dehesedebrómàs↓ kónústed |syémprepyérdò↓   Déjese de bromas. Con Ud. siempre pierdo.

1 Stop joking. I always win with you.   dehesedebrómàs↓ kónústed |syémpregánò↓   Déjese de bromas. Con Ud. siempre gano.

2 Stop joking. I never win with him.   dehesedebrómàs↓ kònél |nuŋkagánò↓   Déjese de bromas. Con él nunca gano.

3 Stop joking. I never go with him.   dehesedebrómàs↓ kònél |nuŋkabóy↓   Déjese de bromas. Con él nunca voy.

4 Stop joking. I never dance with her.   dehesedebrómàs↓ kòneOya |nuŋkabáylò↓   Déjese de bromas. Con ella nunca bailo.

5 Stop joking. I never go out with her.   déhesedebrómàs↓ kòneꞐya |nuꞐkasálgò↓   Déjese de bromas. Con ella nunca salgo.

6 Stop joking. I never study with them.   déhesedebrómàs↓ kòneꞐyoz |nuꞐkaestúdyò↓   Déjese de bromas. Con ellos nunca estudio.

7 Stop joking. I never practice with them.   déhesedebrómàs↓ kòneꞐyoz |nuꞐkapraktíkò↓   Déjese de bromas. Con ellos nunca practico.

C   nǫábiaęstadǫakí |antes↑   ¿No había estado aquí antes?

1 Hadn't you been there before?   nǫábiaęstadǫaꞐyá |antes↑   ¿No había estado allá antes?

2 Hadn't you ever been there?   nuꞐkabiaęstadǫ |aꞐyá↑   ¿Nunca había estado allá?

3 Hadn't you ever eaten there?   nuꞐkabiakomidǫ |aꞐyá↑   ¿Nunca había comido allá?

4 Hadn't you ever gone out with Mary?   nuꞐkabiasalidǫ |konmaría↑   ¿Nunca había salido con María?

5 Hadn't you ever danced with Mary?   nuꞐkabiabayladǫ |konmaría↑   ¿Nunca había bailado con María?

6 Hadn't you ever lost anything?   nuꞐkabiꞐperdidǫ |nada↑   ¿Nunca había perdido nada?

7 Hadn't you ever won before?   nuꞐkabiaganadǫ |antes↑   ¿Nunca había ganado antes?

D   èlkampò↓ nólǫàbíàbisto↑   El campo, ¿no lo había visto?

1 Hadn't you seen the park?   èlparkè↓ nólǫàbíàbisto↑   El parque, ¿no lo había visto?

2 Hadn't you seen the church?   laiglésyà↓ nólàbíàbisto↑   La iglesia, ¿no la había visto?

3 Hadn't you seen the cathedral?　　làkàtèdrál↓ nólàbíàbistoↄ↑　　La catedral, ¿no la había visto?

4 Hadn't you eaten that (kind of) meat?　èsàkarnè↓ nólàbíàkómidoↄ↑　　Esa carne, ¿no la había comido?

5 Hadn't you eaten that (kind of) fruit?　èsàfrutà↓ nólàbíàkòmidoↄ↑　Esa fruta, ¿no la había comido?

6 Hadn't you eaten that (kind of) fish?　èsèpèskadò↓ nóloàbíàkòmidoↄ↑　Ese pescado, ¿no lo había comido?

7 Hadn't you decided on that business (deal)?　èsènègoşyò↓ nóloàbíàdèşídidoↄ↑　Ese negocio, ¿no lo había decidido?

E　nó↓ ibálelapéna|bérló↓　　No, y vale la pena verlo.

1 No, and it's worth the trouble buying it.　nó↓ ibále|lapéna|komprárló↓　No, y vale la pena comprarlo.

2 No, and it's worth the trouble including it.　nó↓ ibálelapéna|iŋklwírló↓　No, y vale la pena incluirlo.

3 No, and it's worth the trouble getting acquainted with it.　nó↓ ibálelapéna|konoşérló↓　No, y vale la pena conocerlo.

4 No, and it's worth the trouble collecting it.　nó↓ ibálelapéna|kobrárló↓　No, y vale la pena cobrarlo.

5 No, and it's worth the trouble having a good time.　nó↓ ibálelapéna|dibertírsé↓　No, y vale la pena divertirse.

6 No, and it's not worth the trouble   nó↓ inóbalelapéna |komfundírsé↓   No, y no vale la pena confundirse.
  getting confused.

7 No, and it's not worth the trouble moving. nó↓ inóbalelapéna |mudársé↓   No, y no vale la pena mudarse.

F   dígalẹ |àsẹ̀spósatkèrrèkwéṛde |lóḍelténis↓   Dígale a su esposa que recuerde lo
                                                        del tenis.

1 Tell your wife to remember about the   dígalẹ |àsẹ̀spósatkèrrèkwéṛde |lóḍelmerkáḍô↓   Dígale a su esposa que recuerde lo
  market.   del mercado.

2 Tell her to clean the house.   dígalẹ |àe◍yatkèlímpyelakásâ↓   Dígale a ella que limpie la casa.

3 Tell her to go soon.   dígalẹ |àe◍yatkèbayaprónto↓   Dígale a ella que vaya pronto.

4 Tell John to finish soon.   dígalẹ |àhwaŋtkẹàkabeprónto↓   Dígale a Juan que acabe pronto.

5 Tell María to come tomorrow.   dígalẹ |àmàriatkèbéŋgamaŋyánâ↓   Dígale a María que venga mañana.

6 Tell Louis to bring the prices.   dígalẹ |àlwístkètráygalospréṣyòs↓   Dígale a Luis que traiga los precios.

7 Tell Louis to do something.   dígalẹ |àlwístkẹagálgô↓   Dígale a Luis que haga algo.

28.24   Review drill — Review of past I tense forms

Problem:

   nòbátòmárkafé↑

Answer:

   yátomé↓

1	nòbaysteᵈ ‖àᶒstúᵈyár↑	yaᶒstuᵈyé↓
2	nòbaysteᵈ ‖àlmòrşár↑	yalmorşé↓
3	nòbaysteᵈ ‖àkòmpra(r)rrópa↑	yakompré↓
4	nòbaysteᵈ ‖àlìmpyár↑	yalìmpyé↓

Problem:

   ¿No va a tomar café?

Answer:

   Ya tomé.

1 ¿No va Ud. a estudiar?	Ya estudié.
2 ¿No va Ud. a almorzar?	Ya almorcé.
3 ¿No va Ud. a comprar ropa?	Ya compré.
4 ¿No va Ud. a limpiar?	Ya limpié.

5 nòbaustéd |áblar |konelhéfe↑   yablé↓

6 nòbael |àtòmarkafé↑   yatomó↓

7 nòbael |àlmórşar↑   yalmorşó↓

8 nòbael |àkòmpra(r)rrópa↑   yakompró↓

9 nòbael |àblar |konelhéfe↑   yabló↓

10 nòbanustéder |álìmpyar↑   yalimpyámòs↓

11 nòbanustéder |àkòmpra(r)rrópa↑   yakomprámòs↓

12 nòbanustéder |àtòmarkafé↑   yatomámòs↓

13 nòbaneⓁyos |àlmórşar↑   yalmorşáròn↓

---

5 ¿No va Ud. a hablar con el jefe?   Ya hablé.

6 ¿No va él a tomar café?   Ya tomó.

7 ¿No va él a almorzar?   Ya almorzó.

8 ¿No va él a comprar ropa?   Ya compró.

9 ¿No va él a hablar con el jefe?   Ya habló.

10 ¿No van Uds. a limpiar?   Ya limpiamos.

11 ¿No van Uds. a comprar ropa?   Ya compramos.

12 ¿No van Uds. a tomar café?   Ya tomamos.

13 ¿No van ellos a almorzar?   Ya almorzaron.

14 nòbané()yos|àlìmpyár↑   yàlìmpyáròn↓

15 nòbané()yos|àblár|konelhéfe↑   yàbláròn↓

16 nòbané()yos|àkómpra(r)rrópa↑   yàkompráròn↓

17 nòbaysteđ|àkómer↑   yàkomí↓

18 nòbaysteđ|àbèberágwa↑   yàbebí↓

19 nòbaysteđ|àeskríbir↑   yàeskribí↓

20 nòbaysteđ|àsúbir↑   yàsubí↓

21 nòbael|àkómer↑   yàkomyó↓

22 nòbael|àbèberágwa↑   yàbebyó↓

---

14 ¿No van ellos a limpiar?   Ya limpiaron.

15 ¿No van ellos a hablar con el jefe?   Ya hablaron.

16 ¿No van ellos a comprar ropa?   Ya compraron.

17 ¿No va Ud. a comer?   Ya comí.

18 ¿No va Ud. a beber agua?   Ya bebí.

19 ¿No va Ud. a escribir?   Ya escribí.

20 ¿No va Ud. a subir?   Ya subí.

21 ¿No va él a comer?   Ya comió.

22 ¿No va él a beber agua?   Ya bebió.

23 nóbáel|aẹskríbɪr↑   yaẹskriby̌ó↓

24 nóbáél|ásúbɪr↑   yasuby̌ó↓

25 nóbanustéɗes|ákómér↑   yakomímòs↓

26 nóbanustéɗes|ábéberagwa↑   yabebímòs↓

27 nóbanustéɗes|aẹskríbɪr↑   yaẹskribímòs↓

28 nóbanustéɗes|ásúbɪr↑   yasubímòs↓

29 nóbanéɡyos|ákómér↑   yakomy̌érón↓

30 nóbanéɡyos|ábéberagwa↑   yabebyérón↓

31 nóbanéɡyos|aẹskríbɪr↑   yaẹskriby̌érón↓

---

23 ¿No va él a escribir?   Ya escribió.
24 ¿No va él a subir?   Ya subió.
25 ¿No van Uds. a comer?   Ya comimos.
26 ¿No van Uds. a beber agua?   Ya bebimos.
27 ¿No van Uds. a escribir?   Ya escribimos.
28 ¿No van Uds. a subir?   Ya subimos.
29 ¿No van ellos a comer?   Ya comieron.
30 ¿No van ellos a beber agua?   Ya bebieron.
31 ¿No van ellos a escribir?   Ya escribieron.

28.3 CONVERSATION STIMULUS

NARRATIVE 1

1 Pedro and Jaime are at the golf course.

pédrọihaymẹ |éstan |énėlkampọdególf↓

Pedro y Jaime están en el campo de golf.

2 Pedro sees a friend of his there and introduces Jaime to him.

pédrobé |àụṅàmígòsuyọ |àꝏ̧ý í↓ḻléprèsèntaháymé↓

Pedro ve a un amigo suyo allí y le presenta a Jaime.

3 His name is Victor Blanco.

sẽꝏ̧yama |bíktorblán̜kö↓

Se llama Víctor Blanco.

4 Jaime's last name is Ortiz.

élápẽꝏ̧yiḍo |ḍèhaymẹ |esọrtíṣ↓

El apellido de Jaime es Ortiz.

5 Pedro tells Victor Jaime is just learning.

péḍro |lèḍiş̣ẹabíktor↑kèhaymẹ |éstápénas aprendyéndö↓

Pedro le dice a Víctor que Jaime está apenas aprendiendo.

6 Jaime likes golf, although it's very difficult for him.

àhaymé |legústẹelgólf↓àwṅkèlèkwèstamúchö↓

A Jaime le gusta el golf, aunque le cuesta mucho.

7 But Pedro has promised to teach him.

pérọpédro |sẹákòmpròmètiḍọạensẹṇyárlè↓

Pero Pedro se ha comprometido a enseñarle.

8 Victor tells Jaime not to worry, then.

bìktor |lèḍíş̣ẹàhaymé↑kènosepreokúpẹ |èntónṣès↓

Víctor le dice a Jaime que no se preocupe, entonces.

9 He'll learn soon.

baprendérprónt ö↓

Va a aprender pronto.

10 Because Pedro knows a lot about golf.

pórkèpédro |sábèmúchısimó |ḍègólf↓

Porque Pedro sabe muchísimo de golf.

11 Pedro tells Victor to stop joking.

pédro |lèḍíş̣ẹàbìktor |kèsèḍèhèḍebrómàs↓

Pedro le dice a Víctor que se deje de bromas.

DIALOG 1

Pedro, dígale a Víctor que le deje presentarle a un amigo, Jaime Ortiz. Que Jaime está aprendiendo a jugar.	déhame │prèséntártȩaun̠amígò↓ haymȩortíș↓ haymȩ │èstáprèndyendȩahugár↓	Pedro: Déjame presentarte a un amigo, Jaime Ortiz. Jaime está aprendiendo a jugar.
Víctor, dígale que mucho gusto y déle su nombre, Víctor Blanco.	múchogústò↓bìktorblánkò↓	Víctor: Mucho gusto, Víctor Blanco.
Jaime, dígale que igualmente y repítale su nombre, Jaime Ortiz.	igwalméntè↓haymȩortíș↓	Jaime: Igualmente, Jaime Ortiz.
Víctor, pregúntele a Jaime que qué le parece el golf; si le gusta.	kéleparȩȩelgólf↓ lègustà↑	Víctor: ¿Qué le parece el golf?, ¿le gusta?
Jaime, dígale que sí, aunque le cuesta mucho. Pero que Pedro se ha comprometido a enseñarle.	si↓áwŋkè │mèkwestamúchò↓ pérȯpeḑro│ sȩákòmprȯmètiḑȯ│àȩnsèn̠yarmè↓	Jaime: Sí, aunque me cuesta mucho. Pero Pedro se ha comprometido a enseñarme.
Víctor, dígale que entonces no se preocupe. Que pronto va a aprender. Que Pedro sabe muchísimo de golf.	èntónșez │nòsepreokúpè↓ pròntobȧaprendér↓ peḑro│sábèmùchísimò│ḑègólf↓	Víctor: Entonces no se preocupe. Pronto va a aprender. Pedro sabe muchísimo de golf.
Pedro, dígale a Víctor que se deje de bromas.	déhateḑebrómàz │bíktór↓	Pedro: Déjate de bromas, Víctor.

NARRATIVE 2

1 It's obvious that a lot of people like golf.	sèbékelgólf │lègustȩ│àmúchahéntè↓	Se ve que el golf le gusta a mucha gente.
2 The course is full.	èlkámpo │ȩstáⓄyénò↓	El campo está lleno.
3 It's a great game, particularly for businessmen.	èsúngrandepórtȩ↓ènèspèȩyál│pàrȩ ombrezḑenegóȩyòs↓	Es un gran deporte, en especial para hombres de negocios.

English	Phonetic	Spanish
4 Players can be playing and at the same time discussing other subjects.	lòshúgáɗores |pwéɗenèstárhúgando↑ ↓àlmizmotyempo |kómbèrsandoɗɛotraskósàs↓	Los jugadores pueden estar jugando y al mismo tiempo conversando de otras cosas.
5 Golf is an excuse for getting together and discussing business.	èlgólf |èsúmprétesto↑páràrréwnirsɛ |à kòmbèrsarɗenegóşyòs↓	El golf es un pretexto para reunirse a conversar de negocios.
6 Although most of the time it is just the opposite.	áwŋkè |kásisyemprɛ↑èstoɗolokòntráryò↓	Aunque casi siempre es todo lo contrario.
7 Discussing business is an excuse for playing golf.	kòmbèrsar |ɗenègóşyos↑èsúmprètesto | páràhúgargólf↓	Conversar de negocios es un pretexto para jugar golf.

DIALOG 2

Jaime, dígale a Víctor que se ve que el golf le gusta a mucha gente. Que el campo está lleno.	sèbekelgólf↑lègustɑ |àmúchahéntè↓ èlkampo |ɛstáɱyenò↓	Jaime: Se ve que el golf le gusta a mucha gente. El campo está lleno.
Víctor, dígale que es un gran deporte, en especial para hombres de negocios.	es |ùŋgrandepórtɛ↓ènɛspèşyal |párɑombrez | ɗenègoşyòs↓	Víctor: Es un gran deporte, en especial para hombres de negocios.
Jaime, pregúntele que por qué en especial para hombres de negocios.	pòrkénɛspèşyal |parɑombrezɗenegóşyòs↓	Jaime: ¿Por qué en especial para hombres de negocios?
Víctor, contéstele que porque los jugadores pueden estar jugando y al mismo tiempo conversando de otras cosas.	pórkèlòshúgáɗores |pwéɗenèstárhúgandò↓ ↓àlmizmotyempo↑kòmbèrsandoɗɛotraskósàs↓	Víctor: Porque los jugadores pueden estar jugando y al mismo tiempo conversando de otras cosas.
Jaime, dígale que claro, que entonces el golf es un pretexto para reunirse a conversar de negocios.	klarò↓ èntonşes |èlgólf |èsúmprétestò↓ páràrréwnírsɛ |àkòmbèrsárɗenègóşyòs↓	Jaime: Claro. Entonces el golf es un pretexto para reunirse a conversar de negocios.
Víctor, dígale que sí, que aunque casi siempre es todo lo contrario.	si |áwŋkè |kásisyemprɛ |èstoɗo |lòkóntráryò↓	Víctor: Sí, aunque casi siempre es todo lo contrario.

Jaime, dígale que cómo, que no entiende.

komȯↆ nóęntyéndȯↆ

Jaime: ¿Cómo? No entiendo.

Víctor, explíquele que conversar de negocios es un pretexto para jugar golf.

kȯmbèrsarⱡenegóşyos |èşûmprétésto |

pàràhúgárgóɫfↆ

Víctor: Conversar de negocios es un pretexto para jugar golf.

NARRATIVE 3

1 'Let's play only nine holes today', says Pedro.

húgemos |sólónwebęóyȯs |óy |ⱡíşèpéⱡrȯↆ

Juguemos sólo nueve hoyos hoy —dice Pedro.

2 He has to leave early.

tyéne |kèmàrchàrsetempránȯↆ

Tiene que marcharse temprano.

3 'Let's come and play again tomorrow', says Jaime.

bęŋgamos̩ahugár |otrabéẓ |maṇyánȧ |ⱡíşè

háymèↆ

Vengamos a jugar otra vez mañana —dice Jaime.

4 He wants to learn.

él |kyéręaprendérↆ

El quiere aprender.

5 Pedro says he'll call him up at five, then.

peⱡroⱡíşè |kèlóộyamą |àlà(s)şiŋkǫ |èntónşèsↆ

Pedro dice que lo llama a las cinco, entonces.

6 Because if Jaime wants to learn, he has to be an early bird.

pórkèsîhaymè |kyéręàprendér↑

tyenekesér |maⱡrugaⱡórↆ

Porque si Jaime quiere aprender, tiene que ser madrugador.

DIALOG 3

Pedro, dígale a Jaime que jueguen sólo nueve hoyos hoy. Que Ud. tiene que marcharse temprano.

húgemos |sólónwebęóyȯs |óyↆ

teŋgo |kèmàrchàrmetempránȯↆ

Pedro: Juguemos sólo nueve hoyos hoy. Tengo que marcharme temprano.

Jaime, dígale que vengan a jugar otra vez mañana. Que Ud. quiere aprender.

bęŋgamos̩ahugár |otrabéẓ |màṇyánȧↆ

yȯkyerǫ |àpréndérↆ

Jaime: Vengamos a jugar otra vez mañana. Yo quiero aprender.

Pedro, dígale que muy bien. Que Ud. lo   múybyén↓ téɫyámǫ|ala(s)ṣíŋkó↓   Pedro: Muy bien. Te llamo a las cinco.
llama a las cinco.

Jaime, pregúntele si está loco, que tan   èstázloko↑ tántèmprano↑   Jaime: ¿Estás loco? ¿Tan temprano?
temprano.

Pedro, dígale que sí, que tiene que ser   sí↓ tyénéskèser|màdrûgádor|sikyéres   Pedro: Sí, tienes que ser madrugador si
madrugador si quiere aprender.   quieres aprender.

                                                               aprendér↓

28.4   READINGS

28.40   List of cognate loan words

físico	físikó↓
el contraste	èl–kòntrasté↓
tradicional	tràdiṣyòná'l↓
enteras	ènteràs↓
la variedad	là–bàryèdàd↓
los estilos	lós–èstilós↓
arquitectónicos	àrkitéktonikòs↓
la época	lạ̀–epókà↓
colonial	kòlònya'l↓
el núcleo	èl–núklęó↓
urbano	ûrbanó↓
adobe	àdobè↓
las mansiones	làz–mànsyónès↓

aristocráticas	àristòkrátikàs↓
la plaza	là—pláşà↓
las armas	làs—armàs↓
el tipo	èl—típò↓
existe (existir)	èksistè↓ èksistír↓
progresiva	prògrèsibà↓
la industrialización	là—indùstryàlişàşyón↓
aumentar	àwmèntár↓
la población	là—pòblàşyón↓
las clases	làs—klasès↓
ricas	rrikás↓
construir	kònstrwir↓
el detalle	èl—détàllyé↓
la aristocracia	là—àristòkraşyà↓
los vestigios	lòz—bèstihyòs↓
desaparecer	dèsàpàréşér↓

28.41   Reading selection

Ciudades Latinoamericanas

    Observando el aspecto físico de las ciudades latinoamericanas, podemos ver que muchas de ellas presentan un gran contraste de lo viejo con lo nuevo, lo tradicional con lo moderno. En algunas ciudades este contraste es muy claro porque hay allí secciones enteras muy antiguas que todavía están casi igual a como estaban hace muchos años. Estos son los barrios antiguos que encontramos en las ciudades de la América Latina y aun en algunas de los Estados Unidos, tales como Nueva Orleans y Washington.

En el barrio antiguo encontramos una gran variedad de estilos arquitectónicos que va desde el principio de la época colonial hasta el fin de la misma. Este sector representa generalmente el núcleo urbano de otros tiempos. Las calles allí son estrechas y se ven muchísimas casas pequeñas de adobe; pero también existen otros edificios mejores y más grandes que en otros tiempos probablemente fueron mansiones aristocráticas. En el centro del sector se encuentra una plaza generalmente llamada Plaza de Armas. Este tipo de plan urbano todavía existe en muchas de las ciudades pequeñas de la América Latina.

Como resultado de la progresiva industrialización en estos países durante los últimos cincuenta años, al aumentar la población de estos centros urbanos, las nuevas clases ricas buscaron otros sectores donde construir sus casas y poco a poco se formaron nuevos barrios de tipo más moderno.

Pero en algunas ciudades, el sector antiguo, por otras razones que no vamos a explicar ahora para no entrar en mucho detalle, continúa siendo el barrio donde aun viven familias de la antigua aristocracia. En otras, esta parte es ahora un sector comercial. Pero en otros casos, especialmente en las grandes ciudades capitales, quedan apenas algunos vestigios de la parte antigua; y como resultado de construcciones modernas de edificios comerciales y casas de apartamentos, aun estos últimos vestigios tienen que desaparecer algún día.

28.42   Response drill

1 ¿Qué se refleja en el aspecto físico de algunas ciudades latinoamericanas?

2 ¿Por qué es tan claro este contraste en algunas ciudades?

3 ¿Cuál es una ciudad en los Estados Unidos muy conocida por su barrio antiguo?

4 ¿Son estos barrios antiguos solamente de un estilo arquitectónico?

5 ¿Cómo son las calles de esos barrios?

6 ¿Cómo son las casas?

7 ¿Cómo se llamaba generalmente la plaza que está en el centro del barrio?

8 ¿Existe todavía este tipo de plan urbano?

9 ¿Por qué se formaron nuevos barrios de tipo más moderno?

10 ¿Qué hicieron las nuevas clases ricas al aumentar la población?

11 ¿Existen todavía barrios antiguos donde aun viven las familias de la antigua aristocracia?

12 ¿En otros casos, ¿en qué se han convertido esos barrios?

13 ¿Qué ha pasado en otras ciudades?

14 ¿Especialmente en cuáles ciudades ha pasado eso?

15 ¿Por qué hay sólo vestigios del sector antiguo?

28.49

29.1   BASIC SENTENCES.   At the tennis court.

Carmen and Mrs. Harris have just completed a set of tennis.

ENGLISH SPELLING   AID TO LISTENING   SPANISH SPELLING

to congratulate   fèlis̩itár↓   felicitar

Mrs. Harris   *Sra. Harris*
Congratulations, Carmen. You play very well. (1)   làfélis̩itó|kármèn↓ hwégàmuybyén↓   La felicito Carmen. Juega muy bien.

the service, serve   èl-sákè↓   el saque

very good   bwènísimò↓   buenísimo

You've got an exceptional serve.   tyéng̩ùnsáke |bwènísimò↓   Tiene un saque buenísimo.

Carmen   *Carmen*
You're very kind, Jean.   ùsted |èzmúyamáblè |yín↓   Usted es muy amable, Jean.

to handle, to drive (a car)   mànèhár↓   manejar

the racquet   là—rràketà↓   la raqueta

But *you're* the one who can really handle a racquet.   péróláke̩mànéha |làrràketa |múybyéntès̩ùsted↓   Pero la que maneja la raqueta muy bien
es usted.

the practice   là—práktikà↓   la práctica

Mrs. Harris   *Sra. Harris*
Nonsense! I need practice. (2)   kébá↓ me̩ás̩èfalta |práktikà↓   ¡Que vá! Me hace falta práctica.

from now on, henceforth	dę̀‒ákı‒ę̀n‒adelántê↓	de aquí en adelante
(we) will be able (to be able)	pòdrémòs↓ pòdér↓	podremos (poder)
to see ourselves (each other) [3]	bèrnòs↓	vernos
the court	là‒kánchà↓	la cancha
the frequency	là‒frèkwènşyà↓	la frecuencia
frequently, often	kòm‒frèkwènşyà↓	con frecuencia

Carmen
From now on, we'll be able to meet on the court often, won't we?

dę̀ákı |ę̀nàdèlánte↑pòdrémozbérnos |
ènlàkanchà↑kòmfrèkwènşyà↓ nó↑

Carmen
De aquí en adelante podremos vernos en la cancha con frecuencia, ¿no?

the maid	là‒kryadà↓	la criada
competent	kòmpètèntê↓	competente
difficult	dıfíşıl↓	difícil

Mrs. Harris
Yes, because now I've got a very competent maid, and it's not so difficult for me.

sı |pòrkę̀aóra |téŋgǫ̀ùnàkryada |múy
kompeténtê↓ınómes |tàndıfíşıl↓

Sra. Harris
Sí, porque ahora tengo una criada muy competente, y no me es tan difícil.

Carmen
Shall we come Sunday afternoon?

bènimos |èldòmıŋgo |porlatárde↑

Carmen
¿Venimos el domingo por la tarde?

Mrs. Harris
It can't be *this* Sunday.

estèdomıŋgo |nòpwèdesér↓

Sra. Harris
Este domingo no puede ser.

the entrance, admission ticket	là‒èntradà↓	la entrada

the bull   èl—tóròↆ   el toro

the bullfights   lòs—toròsↆ   los toros

Carmen   *Carmen*
Oh, yes. Jose already bought   á|síↆ yahosé|kómprolasentraɗas|para   ¡Ah, sí! ya José compró las entradas
tickets for the bullfights.   lostórósↆ   para los toros.

to remain   kèɗarsèↆ   quedarse

to miss going   kèɗarse—sin—írↆ   quedarse sin ir

the bullfight   là—kòrriɗàↆ   la corrida

the world   èl—mundòↆ   el mundo

Mrs. Harris   *Sra. Harris*
And I wouldn't miss going to that   iyó|nómekéɗo|sinír|ạesakorriɗa↑   Y yo no me quedo sin ir a esa corrida
fight for anything in the world.   pòrnaɗaɗelmúndòↆ   por nada del mundo.

29.10   Notes on the basic sentences

(1) It should be noted that the equivalent of English 'Congratulations' is actually 'I congratulate you.'

(2) Literally, of course, 'Practice is lacking to me.'

(3) This verb, especially in 1 pl /nos—bémos/ *nos vemos,* is very common as a parting expression. 'I'll be seeing you' or 'We'll be seeing you' is its closest
     equivalent.

29.2　DRILLS AND GRAMMAR

29.21　Pattern drills

29.21.1　Clitic pronouns with command forms

　A.　Presentation of pattern

ILLUSTRATIONS

————————————

Don't sit down.

————————————

————————————

————————————

Don't sit down.

Tell me the truth.

————————————

1. syéntèsè↓　　　　　　　　　　　　　　*Siéntese.*

2. nósesyéntè↓　　　　　　　　　　　　　*No se siente.*

3. súbamela |despwés↓　　　　　　　　*Súbamela después.*

4. nóselodiga |amiespósà↓　　　　　*No se lo diga a mi esposa.*

5. syentàtè↓　　　　　　　　　　　　　　*Siéntate.*

6. nótesyéntès↓　　　　　　　　　　　　*No te sientes.*

7. dime |laberdád↓　　　　　　　　　　*Dime la verdad.*

8. nomedígàs↓　　　　　　　　　　　　　*No me digas.*

EXTRAPOLATION

	Commands
Affirmative	Command form — clitic(s)
Negative	/nó/ — clitic(s) — command form

NOTES

a. Clitic pronouns follow command forms of verbs used affirmatively.

b. They precede (and are themselves preceded by /nó/) command forms of verbs used negatively.

29.21.11 Substitution drills — Pronominal substitution

Problem:

ábrąe⊚llíbró↓

Answer:

ábrálô↓

1. éskríba│lakártá↓   éskríbálá↓
2. tráyga│laz⊚ŷábès↓   traygálàs↓
3. kómprę│elsofá↓   komprélô↓
4. kámbye│loschékès↓   kambyélôs↓

Problem:

Abra *el libro.*

Answer:

Abralo.

1 Escriba *la carta.*   Escríbala.
2 Tráiga *las llaves.*   Tráigalas.
3 Compre *el sofá.*   Cómprelo.
4 Cambie *los cheques.*   Cámbielos.

29.5

5. bénda | lamésá↓   bendálá↓

6. míre | loşabrígòs↓   mirélòs↓

7. èstúɽye | laleḳṣyón↓   èstúɽyélá↓

8. kwídę | elşéspéd↓   kwíɽélò↓

9. bárra | lozɗormitóryòs↓   bárrálòs↓

10. èskríbe | lakártá↓   èskríbélá↓

11. tráè | làz(l)yábès ↓   tráélàs↓

---

5   Venda *la mesa.*   *Véndala.*

6   Mire *los abrigos.*   *Mírelos.*

7   Estudie *la lección.*   *Estúdiela.*

8   Cuide *el césped.*   *Cuídelo.*

9   Barra *los dormitorios.*   *Bárralos.*

10 Escribe *la carta.*   *Escríbela.*

11 Trae *las llaves.*   *Tráelas.*

29.6

12. kómpra|elsofá↓   kómprálô↓

13. kámbya|loschékès↓   kámbyálôs↓

14. bénde|lamésá↓   bèndélá↓

15. míra|los,abrígòs↓   mírálôs↓

16. kwíḍa|elṣéspéḍ↓   kwíḍálô↓

17. bárre|lozḍormitóryòs↓   barrélôs↓

---

12 Compra *el sofá*.   Cómpralo.

13 Cambia *los cheques*.   Cámbialos.

14 Vende *la mesa*.   Véndela.

15 Mira *los abrigos*.   Míralos.

16 Cuida *el césped*.   Cuídalo.

17 Barre *los dormitorios*.   Bárrelos.

29.21.11

Affirmative — negative substitution

Problem 1:

      dígáséló↓

Answer:

      nóseloɑígá↓

Problem 2:

      nómelotráygá↓

Answer:

      tráygámèló↓

Problem 1:
    Dígaselo.

Answer:
    No se lo diga.

Problem 2:
    No me lo traiga.

Answer:
    Tráigamelo.

1. digásèló↓   nóselodígà↓

2. pagémèlà↓   nomelapágè↓

3. èskríbàsélàs↓   noselaseskríbà↓

4. mandènózlà↓   nonozlamándè↓

5. lèbantésè↓   nóselebántè↓

6. àfeytésè↓   nosçaféytè↓

7. kómprèmèlòs↓   nomeloskómprè↓

8. nóselazbéndà↓   bendàsèlàs↓

9. nómeloçsplíkè↓   èsplikémèló↓

10. nóselàtráygà↓   traygàsèlà↓

11. nónozlodígà↓   digànózló↓

12. nóselaçé↓   desèlà↓

---

1 Dígaselo.   No se lo diga.

2 Páguemela.   No me la pague.

3 Escríbaselas.   No se las escriba.

4 Mándenosla.   No nos la mande.

5 Levántese.   No se levante.

6 Aféitese.   No se afeite.

7 Cómpremelos.   No me los compre.

8 No se las venda.   Véndaselas.

9 No me lo explique.   Explíquemelo.

10 No se la traiga.   Tráigasela.

11 No nos lo diga.   Díganoslo.

12 No se la dé.   Désela.

13. nómelospágè↓

14. èskribémèlà↓

15. mandámèlà↓

16. traémélà↓

17. dimélò↓

18. lébantátè↓

19. àfeytátè↓

20. nómelakómprès↓

21. nóselabéndàs↓

22. nóseloęsplíkès↓

23. nónozlatráygàs↓

pagémèlòs↓

nómelaęskríbas↓

nómelamándès↓

nómelatráygàs↓

nómelodígàs↓

notelebántès↓

notęaféytès↓

kompràmèlà↓

bendèsélà↓

èsplikàsèló↓

traénòzlà↓

---

13 No me los pague.

14 Escríbemela.

15 Mándamela.

16 Tráemela.

17 Dímelo.

18 Levántate.

19 Aféitate.

20 No me la compres.

21 No se la vendas.

22 No se lo expliques.

23 No nos la traigas.

Páguemelos.

No me la escribas.

No me la mandes.

No me la traigas.

No me lo digas.

No te levantes.

No te afeites.

Cómpramela.

Véndesela.

Explícaselo.

Tráenosla.

29.21.12 Response drill

1. póngolozlíbros |ènlámesa↑ǫenǫleskritóryò↓   póngalos |enlamésà↓
2. tráygolasfótos |áorạ↑omaŋyánà↓   tráygalas |aórà↓
3. lèsplíkolaleķyón |áorạ↑omaŋyánà↓   èsplíkemelaórà↓
4. lèdóyelrregálọ |àkarmen |áorạ↑omaŋyánà↓   déselo |maŋyánà↓
5. lèstráyggelkafé |áorạ↑odespwés↓   tráyganozlọ |aórà↓
6. tèsplíkolaleķyón |áorạ↑omaŋyánà↓   èsplíkamelaórà↓
7. tèdóyelrregálọ |áorạ↑omaŋyánà↓   damelọaórà↓
8. tètráyggelkafé |áorạ↑odespwés↓   traemelo |despwés↓

[yá↓] 9. kwándo |lestráyggelkafé↓   tráyganozlo |yá↓
[màŋyánà↓] 10. kwándo |lelímpyọelkárró↓   límpyemelo |maŋyánà↓

---

1 ¿Pongo los libros en la mesa o en el escritorio?   Póngalos en la mesa.
2 ¿Traigo las fotos ahora o mañana?   Tráigalas ahora.
3 ¿Le explico la lección ahora o mañana?   Explíquemela ahora.
4 ¿Le doy el regalo a Carmen ahora o mañana?   Déselo mañana.
5 ¿Les traigo el café ahora o después?   Tráiganoslo ahora.
6 ¿Te explico la lección ahora o mañana?   Explícamela ahora.
7 ¿Te doy el regalo ahora o mañana?   Dámelo ahora.
8 ¿Te traigo el café ahora o después?   Tráemelo después.

(ya) 9 ¿Cuándo les traigo el café?   Tráiganoslo ya.
(mañana) 10 ¿Cuándo le limpio el carro?   Límpiemelo mañana.

[déspwés↓]   11. lètráyggelkafé|aòra↑   no↓ tráygamelo|déspwés↓

[màŋyánà↓]   12. lèzlímpyggelkárrg|aòra↑   no↓ límpyenozlo|maŋyánà↓

             13. mgàféyto↑   si↓ àféytèsè↓

             14. lèsplíkolalekşyón|àé(l)yà↑   si↓ èsplíkèsèlà↓

             15. lèdíggàé(l)yà|làbèrdáđ↑   si↓ dígàsèlà↓

             16. lèmándolakárta|àel↑   si↓ mándèsèlà↓

             17. lèzđóyàé(l)yòs|èlrrègálg|àórà↑ si↓ dèsèló↓

             18. tèdígólàbèrdáđ↑   si↓ dímèlà↓

             19. tètráygg|èlşènişérò↑   si↓ traémèló↓

(después)   11 ¿Le traigo el café ahora?   No, tráigamelo después.

(mañana)   12 ¿Les limpio el carro ahora?   No, límpienoslo mañana.

            13 ¿Me afeito?   Sí, aféitese.

            14 ¿Le explico la lección a ella?   Sí, explíquesela.

            15 ¿Le digo a ella la verdad?   Sí, dígasela.

            16 ¿Le mando la carta a él?   Sí, mándesela.

            17 ¿Les doy a ellos el regalo ahora? Sí, déselo.

            18 ¿Te digo la verdad?   Sí, dímela.

            19 ¿Te traigo el cenicero?   Sí, tráemelo.

29.21.13 Translation drill

1 The book? Give it to them.	ė(l)librot déselgaé(l)yós↓	¿El libro? Déselo a ellos.
2 The coffee? Bring it to me now.	ėlkåfét tráygamelǫ│aórå↓	¿El café? Tráigamelo ahora.
3 The children? Don't bring them.	lóznińyos↑ nólostráygå↓	¿Los niños? No los traiga.
4 The keys? Take them to Paul.	låz(l)yabes↑ (l)yébeselas│apáblǫ↓	¿Las llaves? Lléveselas a Pablo.
5 The ash tray? Don't put it there.	ėlşėníşerot nólopongas,aí↓	¿El cenicero? No lo pongas ahí.
6 The milk? Don't bring it to me yet.	láléchet nómelatráygås│tǫdåbíå↓	¿La leche? No me la traigas todavía.
7 The salad? Make it now.	lǫénsáladat agålå│yá↓	¿La ensalada? Hágala ya.
8 The letters? Write them now.	låskártas↑ ėskríbalas│aórå↓	¿Las cartas? Escríbalas ahora.
9 The furniture? Sell it to my sister.	lózmwéblest béndaselos│åmįėrmánå↓	¿Los muebles? Véndaselos a mi hermana.
10 The handbag? Send it to me tomorrow.	ėlmålėtint mándemelo│mańyánå↓	¿El maletín? Mándemelo mañana.
11 The list? Check it.	lálistat rrébisėlå↓	¿La lista? Revísela.
12 The lawn? Take care of it.	ėlşéspedt kwidėlǫ↓	¿El césped? Cuídelo.
13 The photos? Ask Mary.	låsfotos↑ pídaselas│amaríå↓	¿Las fotos? Pídaselas a María.

14 The living room? Don't sweep it   làsálat nólabárrạ|óyↄ   ¿La sala? No la barra hoy.
   today.

15 The chairs? Clean them now.   là(s)síɱɣast límpyelas|aóràↄ   ¿Las sillas? Límpielas ahora.

B. Discussion of pattern

   Clitic pronouns immediately follow command forms expressing affirmative commands. They immediately precede command forms expressing negative commands. In either case they are included in the stress and intonation pattern of the verb; that is to say, they are like 'endings,' becoming part of the same phonological phrase (or word) as the verb form.

   If two clitic pronouns appear together, they have the same order relative to each other (as discussed in units 20, 25, and 26) regardless of whether they precede or follow the verb.

   The close linking of verb and clitic is recognized in the writing system of Spanish when the clitic follows the verb (they are written together as one word), but when the clitic precedes, they appear as separate words, even though the same close relationsuip prevails.

   With some command form and clitic combinations, certain transpositions of sounds are made by many speakers. For example:

$$\text{/dénmelaplúma↓/} \quad \text{becomes} \quad \text{/démenlaplúma↓/}$$
$$\text{/dénselo|ąéɱyos↓/} \quad \text{becomes} \quad \text{/désenlo|ąéɱyos↓/}$$

   These analogical re-formations (where the person-number ending of the verb is placed *after* the clitic) underscore the closeness of the verb-clitic relation. Though widely used, these changes are considered a mark of substandard usage by many educated speakers of Spanish.

29.21.2 Clitic pronouns in constructions with infinitives and with /—ndo/ forms

A. Presentation of pattern

ILLUSTRATIONS

Having so much fun, you're never going   1. dibirtyéndotetánto|nuŋkabàsạaprendérↄ   Divirtiéndote tanto, nunca vas a aprender.
   to learn.

————————————————————————   2. èŋkàntaɗa|ɗekonoşérlàↄ   Encantada de conocerla.

I was brushing my teeth.   3. yómeٍstába|limpyándolozáyéntés↓   Yo *me* estaba limpiando los dientes.

_____   4. yoٍestába|limpyándomelozáyéntés↓   Yo estaba limpiándome los dientes.

_____   5. nomelobárrebisár↑   ¿No *me lo* va a revisar?

Aren't you going to check it for me?   6. nóbárrébisármelo↑   ¿No va a revisár*melo?*

EXTRAPOLATION

infinitive — clitic
/...ndo/ — clitic

Sample verb constructions	
Periphrastic future	las‒bóy‒a‒komprár↓ bóy‒a‒komprár‒las↓
Progressive	las‒estóy‒eskrıbyéndo↓ estóy‒eskrıbyéndo‒las↓

NOTES

a. Clitic pronouns follow infinitives and /‒ndo/ forms.

b. When infinitives and /‒ndo/ forms occur in constructions with conjugated verbs, clitic pronouns may appear before the conjugated verb or after the non-conjugated form (infinitive or /‒ndo/ form), but never between them.

29.21.21 Substitution drills — Pronominal substitution

Problem 1:

éstoy |éskríbyéndolaskártás↓

Answer:

éstoy |éskríbyéndólás↓

lás,éstoyeskríbyéndó↓

Problem 2:

bóy |ákómprárlaschulétás↓

Answer:

bóyakomprárlás↓

lázbóyakomprár↓

Problem 1:

Estoy escribiendo *las cartas.*

Answer:

Estoy escribiéndolas.

Las estoy escribiendo.

Problem 2:

Voy a comprar *las chuletas.*

Answer:

Voy a comprarlas.

Las voy a comprar.

1. ėstóybyéndọlakásà↓

    ėstóybyéndọlà↓

    làẹstóybyéndọ↓

2. ėstámoz |bėndyéndọelkárrò↓

    ėstámozbendyéndọlò↓

    lòẹstámozbendyéndọ↓

3. ėstás |kwiɗandọaloznínyòs↓

    ėstaskwiɗándọlòs↓

    lòsẹstaskwiɗándọ↓

---

1 Estoy viendo *la casa.*

Estoy viéndola.

La estoy viendo.

2 Estamos vendiendo *el carro.*

Estamos vendiéndolo.

Lo estamos vendiendo.

3 Estás cuidando *a los niños.*

Estás cuidándolos.

Los estás cuidando.

4. èstá |bàrryéndoloskwártòs↓   èstábarryéndòlòs↓

                                        lòsèstábarryéndò↓

5. èstáz |byéndolasfótòs↓   èstazbyéndòlàs↓

                                        làsèstazbyéndò↓

6. èstáșyéndolasópà↓   èstașyéndòlà↓

                                        làșstașyéndò↓

---

4   Está barriendo *los cuartos*.   Está barriéndolos.

                                            Los está barriendo.

5   Estás viendo *las fotos*.   Estás viéndolas.

                                            Las estás viendo.

6   Está haciendo *la sopa*.   Está haciéndola.

                                            La está haciendo.

7. bóy|ǎkómprárlazlegúmbrès↓   bóyakomprárlàs↓
                                      làzboyakomprár↓

8. bás|ǎẹskríbírlaskártàs↓   básaẹskríbírlàs↓
                                      làzbasaẹskríbír↓

9. bamós|ǎpǎgárlakwéntà↓   bamosapagárlà↓
                                      làbamosapagár↓

---

7 Voy a comprar *las legumbres.*   Voy a comprarlas.

                                          Las voy a comprar.

8 Vas a escribir *las cartas.*   Vas a escribirlas.

                                          Las vas a escribir.

9 Vamos a pagar *la cuenta.*   Vamos a pagarla.

                                          La vamos a pagar.

10. bás|àkòmprárlos(s̹)apátòs↓   bas̹akomprárlòs↓
                                         lózbas̹akomprár↓

11. pwéde|limpyárlasála↑   pwédelimpyárla↑
                                         lápwédelimpyár↑

12. kyéro|kòmprárelrregálò↓   kyérokomprárló↓
                                         lókyérokomprár↓

13. bán|àlimpyárlozdormitóryòs↓   banạlimpyárlòs↓
                                         lózbanạlimpyár↓

10 Vas a comprar *los zapatos*.   Vas a comprarlos.
                                         Los vas a comprar.

11 ¿Puede limpiar *la sala?*   ¿Puede limpiarla?
                                         La puede limpiar.

12 Quiero comprar *el regalo*.   Quiero comprarlo.
                                         Lo quiero comprar.

13 Van a limpiar *los dormitorios*.   Van a limpiarlos.
                                         Los van a limpiar.

Construction substitution

Problem:

sėlàɗoyạél↓

Answer:

sėlàȩstoyɗandọaél↓

sėlàbóyaɗarạél↓

1. sėlȯɗiȿȩapáblȯ↓   sėlȯȩstáɗiȿyéndọ|apáblȯ↓

sėlȯbaɗeȿír|apáblȯ↓

Problem:

    Se la doy a él.

Answer:

    Se la estoy dando a él.

    Se la voy a dar a él.

    1 Se lo dice a Pablo.   Se lo está diciendo a Pablo.

Se lo va a decir a Pablo.

2. sèlàsèskríbe̦ |a̦é0yòs↓   sèlàsèsta̦e̦skribyéndo̦ |a̦é0yòs↓

                                      sèlàzba̦e̦skríbir |a̦é0yòs↓

3. tèlósèskribél↓   tèlósèsta̦e̦skribyéndo̦ |él↓

                                      tèlózba̦e̦skríbir |él↓

4. sèlàzmándan |amaríà↓   sèlàsèstánmandándo̦ |amaríà↓

                                      sèlàzbánamandár |amaríà↓

---

2 Se las escribe a ellos.   Se las está escribiendo a ellos.

                                      Se las va a escribir a ellos.

3 Te los escribe él.   Te los está escribiendo él.

                                      Te los va a escribir él.

4 Se las mandan a María.   Se las están mandando a María.

                                      Se las van a mandar a María.

5. sélózlímpyàn |múybyén↓

sélóséstànlimpyándo |múybyén↓

sélózbànalimpyár |múybyén↓

6. sélákwiḋa |laseŋyóràↄ

sélậstákwiḋando |laseŋyóràↄ

sélậbákwiḋar |laseŋyóràↄ

7. télázlímpyàmbyén↓

télàséstànlímpyándo |byén↓

télàzbànalímpyár |byén↓

---

5 Se los limpian muy bien.

Se los están limpiándo muy bien.

Se los van a limpiar muy bien.

6 Se la cuida la señora.

Se la está cuidando la señora.

Se la va a cuidar la señora.

7 Te las limpian bien.

Te las están limpiando bien.

Te las van a limpiar bien.

29.21.22 Translation drill

1	The old clothing? I'm giving it to Louise.	làrrópàbyéha↑ sèlàẹstóyơandọ│alwísà↓	¿La ropa vieja? Se la estoy dando a Luisa.
2	The books? I'm loaning them to John.	lòzlíbros↑ èstóyprestándoselos │ahwán↓	¿Los libros? Estoy prestándoselos a Juan.
3	The pencil? I'm going to give it to Carmen.	èⓂlápiṣ↑ sèlóbóyàơár │àkármèn↓	¿El lápiz? Se lo voy a dar a Carmen.
4	The letter? I'm going to send it to her.	làkárta↑ sèlàbóy │àmàndàraⒺⓁṳà↓	¿La carta? Se la voy a mandar a ella.
5	The letters? I'm going to write them for you.	làskártas↑ bóyạèskríbirsélàs↓	¿Las cartas? Voy a escribírselas.
6	The photo? I want to see it.	làfóto↑ làkyéróbér↓	﹒a foto? La quiero ver.
7	The shoes? They're cleaning them.	lòs(ṣ)ápatos↑ lòsẹèstánlimpyándò↓	¿Los zapatos? Los están limpiando.
8	The luggage? They're checking it for us.	èlèkipáhe↑ nòzlòẹstánrrébísandò↓	¿El equipaje? Nos lo están revisando.
9	The names? I'm going to write them.	lòznómbres↑ bóyạèskríbirlòs↓	¿Los nombres? Voy a escribirlos.

B.   Discussion of pattern

When an infinitive is used as a noun, and when an /—ndo/ form is used as a modifier, any associated clitic pronouns must follow these verb forms.

When an infinitive or /—ndo/ form appears in a construction with a conjugated verb, any associated clitics either precede the conjugated verb or follow the infinitive or /—ndo/ form. A clitic may occur between these construction elements only when certain command forms occur with nón-conjugated forms, as in /permítame—ablár↓/.

Apparently there is no meaning difference reflected in the occurrence of the clitic before or after the entire verb construction, other than stylistic variation. Two clitics normally either both precede or both follow.

29.22   Replacement drills

A   tyéņęúnsáke |bwéņisímò↓

1. _____rráketa_____↓   tyéņęúnàrràketa |bwéņisímà↓

2. _____fàntástikà↓   tyéņęúnàrràketa |fàntástikà↓

3. _____kósas_____↓   tyéņęúnàskosas |fàntástikàs↓

4. éskrib̧ę_____↓   éskrib̧ę |ùnàskosas |fàntástikàs↓

5. _____múyagraɗáblès↓   éskrib̧ę |ùnàskosaz |múyagraɗáblès↓

6. áşȩ_____↓   áşȩúnàskosaz |múyagraɗáblès↓

7. _____día_____↓   áşȩúndia |múyagraɗáblè↓

A   Tiene un saque buenísimo.

1 _____raqueta_____.   Tiene una raqueta buenísima.

2 _____fantástica.   Tiene una raqueta fantástica.

3 _____cosas_____.   Tiene unas cosas fantásticas.

4 Escribe_____.   Escribe unas cosas fantásticas.

5 _____ muy agradables.   Escribe unas cosas muy agradables.

6 Hace_____.   Hace unas cosas muy agradables.

7 _____ día_____.   Hace un día muy agradable.

B   ùstéđ |êzmúyamáb lê |yín↓

1. _____ sèŋyórès↓   ùsteđes |sònmúyamáblès |sèŋyórès↓

2. _____ pun twálès_____↓   ùsteđes |sònmúypuntwálès |sèŋyórès↓

3. _____sèŋyòrítá↓   ùstéđ |êzmúypuntwál|sèŋyòrítá↓

4. _____rrigurósà_____↓   ùstéđ |êzmúyrrigurósà |sèŋyòrítá↓

5. ùsteđes_____↓   ùsteđes |sònmúyrrigurósàs |sèŋyòrítàs↓

6. _____sèŋyór↓   ùstéđ |êzmúyrrigurósò |sèŋyór↓

7. _____ pàréşê_____↓   ùstéđ |pàréşêmúyrrigurósò |sèŋyór↓

B   Usted es muy amable, Jean.

1 _____ , señores.   Ustedes son muy amables, señores.

2 _____ puntuales , _____.   Ustedes son muy puntuales, señores.

3 _____ , señorita.   Usted es muy puntual, señorita.

4 _____rigurosa, _____.   Usted es muy rigurosa, señorita.

5 Ustedes_____ , _____.   Ustedes son muy rigurosas, señoritas.

6 _____ , señor.   Usted es muy riguroso, señor.

7 _____ parece_____ , _____.   Usted parece muy riguroso, señor.

C   kebá↓ męáşéfalta |práktiká↓   kláró↓ męáşéfalta |práktiká↓

1. kláró_____↓   kláró↓ nòsáşéfalta |práktiká↓

2. _____ nós_____↓   kláró↓ nòsáşéfalta |práktikár↓

3. _____ práktikár↓   kláró↓ nòsáşébyem |práktikár↓

4. _____ byem_____↓   kláró↓ nòsáşébyem |práktikár↓

5. dézdélwegó_____↓   dézdélwegó↓ nòsáşébyem |práktikár↓

6. _____ tę_____↓   dézdélwegó↓ tęáşébyem |práktikár↓

7. _____ húgár↓   dézdélwegó↓ tęáşébyen |húgár↓

C   ¡Qué va! Me hace falta práctica.   ¡Claro! Me hace falta práctica.

1 ¡Claro! _____.   ¡Claro! Nos hace falta práctica.

2 ¡____! Nos _____.   ¡Claro! Nos hace falta practicar.

3 ¡____! _____ practicar.   ¡Claro! Nos hace bien practicar.

4 ¡____! _____ bien _____.   ¡Desde luego! Nos hace bien practicar.

5 ¡Desde luego! _____.   ¡Desde luego! Te hace bien practicar.

6 ¡_____! Te _____.   ¡Desde luego! Te hace bien jugar.

7 ¡_____! _____ jugar.

D   téŋgǫ̀ûnâkríađa |múykompeténtê↓

1. _____đos_____↓   téŋgǒđoskriađaz |múykompeténtês↓

2. _____bwénâs↓   téŋgǒđoskriađaz |múybwénâs↓

3. _____kríađo_____↓   téŋgǫ̀ûŋkríađo |múybwénô↓

4. kǒnǫ̧ško_____↓   kǒnǫ̧ško |ûŋkríađo |múybwénô↓

5. _____hénte_____↓   kǒnǫ̧ško |ûnâhénte |múybwénâ↓

6. _____amáblê↓   kǒnǫ̧ško |ûnâhénte |múyamáblê↓

7. _____kâbâⓁyeroz_____↓   kǒnǫ̧ško |ûnǒskâbâⓁyeroz |múyamáblês↓

D   Tengo una criada muy competente.

1 _____dos _____.   Tengo dos criadas muy competentes.

2 _____ buenas.   Tengo dos criadas muy buenas.

3 _____criado_____.   Tengo un criado muy bueno.

4 Conozco_____.   Conozco un criado muy bueno.

5 _____ gente_____.   Cónozco una gente muy buena.

6 _____ amable.   Conozco una gente muy amable.

7 _____caballeros _____.   Conozco unos caballeros muy amables.

E   hóse |kómprólas,entrádás↓

1. tú_____↓   tú |kómprástelas,entrádás↓

2. _____líbrós↓   tú |kómprásteloz líbrós↓

3. ____pérdimoz_____↓   nósotros |pérdimoz loz líbrós↓

4. _____partídó↓   nósotros |pérdimos,elpartídó↓

5. _____otro_____↓   nósotros |pérdimos |otropartídó↓

6. _____kósás↓   nósotros |pérdimos |otraskósás↓

7. ____gánaste_____↓   tú |gánaste |otraskósás↓

E   José compró las entradas.
1 Tú_____.   Tú compraste las entradas.

2 _____libros.   Tú compraste los libros.

3 ____perdimos_____.   Nosotros perdimos los libros.

4 _____partido.   Nosotros perdimos el partido.

5 _____otro____.   Nosotros perdimos otro partido.

6 _____cosas.   Nosotros perdimos otras cosas.

7 ____ganaste_____.   Tú ganaste otras cosas.

F   yó|nómekéđo|sin̠ir|ǫésakorríđà↓

1. él_____↓   él|nósekéđa|sin̠ir|ǫésakorríđà↓

2. _____partíđò↓   él|nósekéđa|sin̠ir|ǫésepartíđò↓

3. _____ber_____↓   él|nósekéđa|simber|ésepartíđò↓

4. _____keđamos_____↓   nòsótroz|nónoskéđamos|simber|ésepartíđò↓

5. _____iglésyà↓   nòsótroz|nónoskéđamos|simber|ésǫiglésyà↓

6. _____bòy_____↓   yó|nómeđoy|simber|ésǫiglésyà↓

7. _____konoṣer_____↓   yó|nómeđoy|siŋkonoṣer|ésǫiglésyà↓

F   Yo no me quedo sin ir a esa corrida.

1 El_____.   El no se queda sin ir a esa corrida.

2 _____partido.   El no se queda sin ir a ese partido.

3 _____ver_____.   El no se queda sin ver ese partido.

4 _____quedamos_____.   Nosotros no nos quedamos sin ver ese partido.

5 _____iglesia.   Nosotros no nos quedamos sin ver esa iglesia.

6 _____voy_____.   Yo no me voy sin ver esa iglesia.

7 _____conocer_____.   Yo no me voy sin conocer esa iglesia.

29.23   Variation drills

A   láfélíşítò|kármén↓ hwégàmúybyén↓   La felicito, Carmen. Juega muy bien.

   1 Congratulations, Carmen. You dance   láfélíşítò|kármén↓ báylàmúybyén↓   La felicito, Carmen. Baila muy bien.
      very well.

   2 Congratulations, Carmen. You drive   láfélíşítò|kármén↓ mànéhàmuybyén↓   La felicito, Carmen. Maneja muy bien.
      very well.

   3 Congratulations, Lieutenant. You fly   lòfélíşítò|tènyénté↓ bwélàmúybyén↓   Lo felicito, Teniente. Vuela muy bien.
      very well.

   4 Congratulations, Jose. You play golf   lòfélíşítò|hòsé↓ hwégàçolf|muybyén↓   Lo felicito, José. Juega golf muy bien.
      very well.

   5 Congratulations, Juan. You play tennis lòfélíşítò|hwán↓ hwégàténiz|múybyén↓   Lo felicito Juan. Juega tenis muy bien.
      very well.

   6 Congratulations, Mr. White. You speak   lòfélíşítò|sènyórhwáyt↓ áblàéspàŋyol|múybyén↓ Lo felicito, Sr. White. Habla español muy
      Spanish very well.   bien.

   7 Congratulations, Carmen. You speak   láfélíşítò|kármén↓ áblàinglez|múybyén↓   La felicito, Carmen. Habla inglés muy bien.
      English very well.

B   pérólàkèmànéha|làrràketa|múybyén|ésùstéà↓   Pero la que maneja la raqueta muy bien es
                                   usted.

   1 But *she's* the one who can really drive pérólàkèmànéhà|elkóche|múybyén|ésèlyà↓   Pero la que maneja el coche muy bien es
      a car.   ella.

   2 But *Carmen's* the one who can really   pérólàkèprónunşyà|éspàŋyol|múybyén|éskármén↓ Pero la que pronuncia español muy bien
      pronounce Spanish.   es Carmen.

   3 But *I'm* the one who always loses   pérǫélkèpyérde|àínérosyémpre|sóyyó↓   Pero el que pierde dinero siempre soy yo.
      money.

4 But *you're* the one who complains
 every day.

péroélkésékeha |todozlozdias |ésústéá↓

Pero el que se queja todos los días es Ud.

5 But *we're* the ones who get up at seven.

pérólóskéséĺébantan |álá(s)syete |sómóznósotrós↓

Pero los que se levantan a las siete somos nosotros.

6 But *they're* (f) the ones that notice
 everything.

pérólàskéséfihan |éntoóo |sóneɲɟàs↓

Pero las que se fijan en todo son ellas.

7 But *my wife* is the one that forgets
 everything.

pérólàkésęólbiɗa |óétoɗǫ |ézmɟéspósà↓

Pero la que se olvida de todo es mi esposa.

C dęáki |ęnáóélante |póórémozbérnos |énlákánchá↓nót

De aquí en adelante, podremos vernos en la cancha, ¿no?

1 From now on, we'll be able to see each
 other at the club, won't we?

dęáki |ęnáóélante |póórémozbérnos |énélklúb↓nót

De aquí en adelante, podremos vernos en el club, ¿no?

2 From now on, we'll be able to see each
 other from time to time, won't we?

dęáki |ęnáóélante |póórémozbérnoz |óébęşęn kwándó↓nót

De aquí en adelante, podremos vernos de vez en cuando, ¿no?

3 From now on, we'll be able to see each
 other often, won't we?

dęáki |ęnáóélante |póórémozbérnos |áménuóó↓nót

De aquí en adelante, podremos vernos a menudo, ¿no?

4 From now on, we'll be able to go out
 often, won't we?

dęáki |ęnáóélante |póórémo(s)salír |áménuóó↓nót

De aquí en adelante, podremos salir a menudo, ¿no?

5 Apparently, we'll be able to leave early,
 won't we?

pórlóbisto |póórémosịrnos |témpranó↓nót

Por lo visto, podremos irnos temprano, ¿no?

6 Apparently, we'll be able to return early,
 won't we?

pórlóbisto |póórémozbolbérnos |témpranó↓nót

Por lo visto, podremos volvernos temprano, ¿no?

7 Apparently, we'll be able to say goodbye
 soon, won't we?

pórlóbisto |póórémozóespeóirnos |prontó↓nót

Por lo visto, podremos despedirnos pronto, ¿no?

D inomés |tandifíşil↓   Y no me es tan difícil.

   1 And it's not so easy for me.   inomés |tamfáşil↓   Y no me es tan fácil.

   2 And it's not so easy for us.   inonoş,es |tamfáşil↓   Y no nos es tan fácil.

   3 And it's not so comfortable for them.   inoleş,es |taŋkómòďò↓   Y no les es tan cómodo.

   4 And it's very comfortable for him.   ilesmuykómòďò↓   Y le es muy cómodo.

   5 And it seems very comfortable to him.   ilèpàreşemuykómòďò↓   Y le parece muy cómodo.

   6 And it seems excellent to us.   inòspàreşeks(ş)eléntè↓   Y nos parece excelente.

   7 And it seems terrific (stupendous) to me.   imèpàreşestupéndò↓   Y me parece estupendo.

E bènimos |èldómingo |porlatarďe↑   ¿Venimos el domingo por la tarde?

   1 Shall we come Saturday evening?   bènimos |èlsábaďo |porlanóche↑   ¿Venimos el sábado por la noche?

   2 Shall we leave Friday morning?   sàlimos |èlbyérnes |porlamaɲyana↑   ¿Salimos el viernes por la mañana?

   3 Shall we go Thursday of this week?   bamos |èlhwèťez |ďestasemana↑   ¿Vamos el jueves de esta semana?

   4 Shall we eat tonight at my house?   kòmemos |éstànochę |enmikasa↑   ¿Comemos esta noche en mi casa?

5 Shall we close this afternoon at six?   șḙrrámos |éstâtárdḙ |ala(s)séys↑   ¿Cerramos esta tarde a las seis?

6 Shall we open tomorrow early?   ȧbrímoz |mȧŋyanatempránot   ¿Abrimos mañana temprano?

7 Shall we dance this number now?   bȧylámos |éstȧpyeșaora↑   ¿Bailamos esta pieza ahora?

F   éstḙdómiŋgo |nȯpwedesér↓   Este domingo, no puede ser.

1 It's impossible *this* Saturday.   éstḙsábado |nȯpwedesér↓   Este sábado, no puede ser.

2 It's impossible *this* Friday.   éstḙbyérnez |nȯpwedesér↓   Este viernes, no puede ser.

3 It's impossible *this* Thursday.   éstḙhwébez |nȯpwedesér↓   Este jueves, no puede ser.

4 It's impossible *this* afternoon.   éstâtárde |nȯpwedesér↓   Esta tarde, no puede ser.

5 It's impossible tonight.   éstȧnóche |nȯpwedesér↓   Esta noche, no puede ser.

6 It's impossible *this* week.   éstȧsḙmána |nȯpwedesér↓   Esta semana, no puede ser.

7 It's impossible tomorrow.   mȧŋyana |nȯpwedesér↓   Mañana, no puede ser.

29.24   Review drill — Review of present perfect construction

Problem:

yálmòrṣó|ụsteat↑

Answer:

nó↓ nọẹạlmorṣáào|tòàbíà↓

1. yáẹstùàyó|ụsteat↑   nó↓ nọẹstùàyáào|tòàbíà↓

2. yáẹstùàyáron|usteàest↑   nó↓ nọẹmos,ẹstùàyáào|tòàbíà↓

3. yáẹstùàyáron|ẹ(ᵭᵭos↑   nó↓ nọanẹstùàyáào|tòàbíà↓

4. yálmòrṣaste|tú↑   nó↓ nọẹạlmorṣáào|tòàbíà↓

Problem:

    ¿Ya almorzó Ud.?

Answer:

    No, no he almorzado todavía.

1 ¿Ya estudió Ud.?   No, no he estudiado todavía.

2 ¿Ya estudiaron Uds.?   No, no hemos estudiado todavía.

3 ¿Ya estudiaron ellos?   No, no han estudiado todavía.

4 ¿Ya almorzaste tú?   No, no he almorzado todavía.

5. yálmòrşáron |ustéɗest   nóↄ nǫemosₐalmorşáɗò |tòɗàbíàↄ

6. yákòmyó |ʊstéɗt   nóↄ nǫekomíɗò |tòɗàbíàↄ

7. yákòmiste |tút   nóↄ nǫekomíɗò |tòɗàbíàↄ

8. yákòmyó |elt   nóↄ nǫakomíɗò |tòɗàbíàↄ

9. yákòmyéron |ustéɗest   nóↄ nǫemoskomíɗò |tòɗàbíàↄ

10. yákòmyéron |éɑyost   nóↄ nǫaŋkomíɗò |tòɗàbíàↄ

11. yárrèpètiste |tút   nóↄ nǫerrepetíɗò |tòɗàbíàↄ

12. yárrèpityó |ʊstéɗt   nóↄ nǫerrepetíɗò |tòɗàbíàↄ

13. yárrèpityéron |éɑyost   nóↄ nǫanrrepetíɗò |tòɗàbíàↄ

---

5 ¿Ya almorzaron Uds.?   No, no hemos almorzado todavía.

6 ¿Ya comió Ud.?   No, no he comido todavía.

7 ¿Ya comiste tú?   No, no he comido todavía.

8 ¿Ya comió él?   No, no ha comido todavía.

9 ¿Ya comieron Uds.?   No, no hemos comido todavía.

10 ¿Ya comieron ellos?   No, no han comido todavía.

11 ¿Ya repetiste tú?   No, no he repetido todavía.

12 ¿Ya repitió Ud.?   No, no he repetido todavía.

13 ¿Ya repitieron ellos?   No, no han repetido todavía.

29.3   **CONVERSATION STIMULUS**

NARRATIVE 1

1 Jean and Carmen played tennis this morning.

yíni̯kármeŋ |húgáròntènis |éstàmàŋyánà↓

Jean y Carmen jugaron tenis esta mañana.

2 Jean won, and her husband congratulated her.

yiŋganó |i̯sy̯ésposolafèlíṣitó↓

Jean ganó y su esposo la felicitó.

3 They played two sets.

húgáròndospartíɗòs↓

Jugaron dos partidos.

4 Jean won both of them.

yiŋ |gànólozɗós↓

Jean ganó los dos.

5 She beat Carmen 6-1, 6-2.

lègàno |a̯kármen↑séys̯uno |séyzɗós↓

Le ganó a Carmen 6-1, 6-2.

DIALOG 1

Bob, pregúntele a Jean si jugó tenis con Carmen esta mañana.

húgasteténis↑kòŋkármen |éstamaŋyánà↑

Bob: ¿Jugaste tenis con Carmen esta mañana?

Jean, contéstele que sí, y que Ud. le ganó. Pregúntele que qué le parece.

sí |i̯lègáné↓ kétepáréṣè↓

Jean: Sí, y le gané. ¿Qué te parece?

Bob, dígale que le parece muy bien, que la felicita. Pregúntele que cuántos partidos jugaron.

mèpàréṣè |múybyén↓tèfèlíṣitó↓
kwantospartíɗos |hugáròn↓

Bob: Me parece muy bien, te felicito. ¿Cuántos partidos jugaron?

Jean, contéstele que dos; y que Ud. le ganó los dos: 6-1, 6-2.

dós↓i̯lègánelozɗós↓ séys̯uno |séyzɗós↓

Jean: Dos; y le gané los dos: 6-1, 6-2.

NARRATIVE 2

1 Carmen handles the racquet fairly well.	kármen |mánéhalarrakéta |bástántebyén↓	Carmen maneja la raqueta bastante bien.
2 But she lacks a good serve.	pérólẹáṣéfalța |úmbwensákẹ↓	Pero le hace falta un buen saque.
3 They played at the club.	húgaronẹnẹlklúb↓	Jugaron en el club.
4 They have grass courts at that club.	tyénénkanchaz |dẹṣéspéd |énṣéklúb↓	Tienen canchas de césped en ese club.
5 Jean thought they were excellent.	áyín |lépáréṣyéron |éks(ṣ)éléntés↓	A Jean le parecieron excelentes.
6 It's the first time she's played on grass courts.	ézláprimérabéṣ |kéhwégạ |énkanchazdẹṣéspéd↓	Es la primera vez que juega en canchas de césped.

DIALOG 2

Bob, dígale a Jean que Ud. creía que Carmen jugaba muy bien.	yókréía |kékármen |húgábàmúybyén↓	Bob: Yo creía que Carmen jugaba muy bien.
Jean, dígale que Carmen maneja la raqueta bastante bien, pero que le hace falta un buen saque.	kármen |mánéhálárrákéta |bástántebyém↓ pérólẹáṣefalța |úmbwensákẹ↓	Jean: Carmen maneja la raqueta bastante bien, pero le hace falta un buen saque.
Bob, pregúntele que qué le parecieron las canchas.	kéteparéṣyéron |laskánchàs↓	Bob: ¿Qué te parecieron las canchas?
Jean, contéstele que excelentes, que es la primera vez que Ud. juega en canchas de césped.	éks(ṣ)éléntés↓ ézláprimérabéṣ |kéhwégọ | énkanchazdẹṣéspéd↓	Jean: Excelentes. Es la primera vez que juego en canchas de césped.

29.38

617

NARRATIVE 3

1 Changing the subject, Bob already bought the tickets for the bullfight.

àblandode̯otrakósa↓ bobyakompró|làsȩ̀ntraḑas| párálàkòrriḑaḑetórós↓

Hablando de otra cosa, Bob ya compró las entradas para la corrida de toros.

2 The bullfight is this coming Sunday.

làkòrriḑa̯|è̯sȩ̀stè̯ḑòmiŋgokebyéné↓

La corrida es este domingo que viene.

3 Jean says she can't go, really.

yindiṣe|kènòpwed̯ȩ̀ír|ènrrȩ̀áliḑáḑ↓

Jean dice que no puede ir, en realidad.

4 Because she and Bob told the children they'd take them to the country.

pórkȩ̀l̯ya̯ibób↑léd̯ihéron|àlòzniŋyos↑ kèlósị̀ban|à(l̯y)ȩ̀baralkámpó↓

Porque ella y Bob le dijeron a los niños que los iban a llevar al campo.

5 'Let's tell them we'll take them some other day', says Bob.

digámozles|kèlòz(l̯y)ȩ̀bamos|otrodíà|d̯íṣèbób↓

Digámosles que los llevamos otro día-dice Bob.

6 But Jean can't tell them that now.

péróyin|nòpwed̯ȩ̀d̯ȩṣirlesȩ̀so|à̯órà↓

Pero Jean no puede decirles eso, ahora.

7 *She'll* have to take them, then.

e(l̯y)à|tyénèkè(l̯y)ȩ̀bárlós|èntónṣès↓

Ella tiene que llevarlos, entonces.

8 Because Bob says he wouldn't miss the fight for anything in the world.

pórkèbób|d̯íṣèkel̯|nosekeḑa|simbérlakorriḑa↑ pòrnad̯aḑelmúndó↓

Porque Bob dice que él no se queda sin ver la corrida por nada del mundo.

DIALOG 3

Bob, dígale a Jean, hablando de otra cosa, que Ud. ya compró las entradas para la corrida de toros.

àblandode̯otrakósa↓ya̯ákòmprelasȩ̀ntraḑas| párálàkòrriḑaḑetórós↓

Bob: Hablando de otra cosa, ya compré las entradas para la corrida de toros.

Jean, pregúntele que para cuándo.

párákwandó↓

Jean: ¿Para cuándo?

Bob, contéstele que para este domingo que
viene. Y que no le diga que no puede ir.

páráéstédòmingokebyéné↓inómedigas|

kenopwedesír↓

Bob: Para este domingo que viene. Y no
me digas que no puedes ir.

Jean, dígale que Ud. no puede ir, en realidad.

nòpwedoír|ênrreàlidád↓

Jean: No puedo ir, en realidad.

Bob, pregúntele que qué pretexto tiene para
no ir.

kepretéstotyénès|páràngír↓

Bob: ¿Qué pretexto tienes para no ir?

Jean, contéstele que ya Uds. les dijeron a
los niños que los iban a llevar al campo.

yanosotroz|lèzdihimos|àlòzninyos↑

kélósibamos|àllyèbáràlkampò↓

Jean: Ya nosotros les dijimos a los niños
que los íbamos a llevar al campo.

Bob, dígale que Uds. les digan que los llevan
otro día.

digámozles|kelozllyebámos|otrodíá↓

Bob: Digámosles que los llevamos otro día.

Jean, dígale que Uds. no pueden decirles
eso ahora.

nòpódemòz|dèsírlésésọ|àórà↓

Jean: No podemos decirles eso ahora.

Bob, dígale que los lleve ella, entonces. Que
Ud. no se queda sin ver la corrida por nada
del mundo.

llyébalostú|entónsès↓ yonomekedo|

simberlakorrída↑pòrnádadelmúndò↓

Bob: Llévalos tú, entonces. Yo no me quedo
sin ver la corrida por nada del mundo.

29.4   READINGS

29.40   List of cognate loan words

originalmente   òrihinalméntè↓

fundada (fundar)   fùndadà↓ fùndár↓

públicos   publikòs↓

la atracción   là-àtráksyon↓

el turista   él-túristá↓

principal   prinsipá↓l↓

exclusivamente   èsklùsibaméntè↓

los propietarios	lòs-pròpyètaryòs↓
prohibido (prohibir)	pròybidò↓ pròybìr↓
la distancia	là-distanşyà↓
el kilómetro	èl-kilòmétrò↓

29.41   Reading selection

El Barrio Viejo de Las Palmas

        Toda la parte norte de Las Palmas, capital de Surlandia, es lo que la gente en general llama 'barrio viejo'. Todo este sector es lo que originalmente fue la ciudad de Las Palmas cuando fue fundada por los españoles hace muchos años, y su aspecto físico ha cambiado muy poco desde entonces. De calles estrechas y casas y edificios públicos de un estilo colonial español, esta sección es hoy día un centro de gran atracción para el turista norteamericano. Por esta razón en la calle principal hay ahora cantidades de pequeñas tiendas que venden casi exclusivamente cosas típicas del país. En el centro del barrio, en lo que hace muchos años fue una plaza, hay ahora un mercado muy grande donde la mayor parte de la gente que vive por ahí hace sus compras. El edificio mismo del mercado no se puede decir que es exactamente un edificio; es más bien una serie de pequeños puestos, juntos unos a otros, que pertenecen a diferentes propietarios. Todo por ahí tiene un aspecto feo, sucio y viejo, pero vale la pena comprar en ese mercado porque, como le decía Marta a su vecina Virginia de Robinson, es ahí donde se compra mejor y más barato, y por eso fue a ese mercado adonde las señoras fueron a hacer sus compras ese día.

        El taxi las había dejado a la entrada del barrio, es decir, donde las calles se hacen tan estrechas que está prohibido el tráfico. De ahí en adelante tuvieron que ir a pie hasta el mercado, una distancia de casi un kilómetro. Pero a Virginia no le importó eso ni se cansó de andar; al contrario, estaba encantada de ver la cantidad de cosas tan bonitas y típicas que vendían en todas las tiendas por donde pasaban. En cada una de ellas quería entrar y comprar todo lo que ahí tenían; pero aunque le costó mucho convencerla, Marta no la dejó comprar nada y por fin llegaron al mercado.

29.42   Response drill

  1 ¿Cómo se llama la capital de Surlandia?

  2 ¿En qué parte de la ciudad está situada la parte antigua?

  3 ¿Por cuál otro nombre conoce la gente ese sector también?

  4 ¿Qué fue originalmente la parte antigua de Las Palmas?

  5 ¿Por quién y cuándo fue fundada esa ciudad?

6 ¿Por qué hay muchas tiendas de productos típicos en la calle principal?

7 ¿Dónde está el mercado de ese barrio?

8 ¿Qué había antes donde está ahora ese mercado?

9 ¿Cómo es el mercado en su aspecto físico?

10 ¿Pertenece todo el mercado a un solo propietario?

11 Si todo es viejo, sucio y feo por ahí, ¿por qué fueron las dos señoras a ese mercado?

12 ¿Dónde las dejó el taxi?

13 ¿Por qué está prohibido el tráfico en las calles de ese barrio?

14 ¿Qué distancia tuvieron que andar Virginia y Marta para llegar al mercado?

15 ¿Qué quería hacer Virginia en todas las tiendas por donde pasaba?

30.1   BASIC SENTENCES.   Bullfighting.

The Harrises, Carmen, Molina, and White are sitting in a bar discussing the bullfight.

ENGLISH SPELLING	AID TO LISTENING	SPANISH SPELLING
phenomenal	fénòméná'l↓	fenomenal
Harris What a terrific bullfight!	ke|kòrriďå|támfènòménál↓	*Harris* ¡Qué corrida tan fenomenal!
by little, almost, nearly	pòr‑pokò↓	por poco
to faint	dèsmáyarsé↓	desmayarse
Mrs. Harris Don't say that. I wasn't far from fainting. (1)	noďigas̜és̜ò↓ yó|pòrpokomeďezmáyò↓	*Sra. Harris* No digas eso. Yo por poco me desmayo.
to behave, conduct oneself	pòrtarsé↓	portarse
valiant	bályentè↓	valiente
Carmen Arruza acted like a hero.	àrruşa|sèpòrtó|kómo̜umbályentè↓	*Carmen* Arruza se portó como un valiente.
the bullfighting	èl‑tòreò↓	el toreo
cruel	krwe'l↓	cruel
White I think bullfighting's a very cruel sport.	yókreo|kèltòre̜ò|ès̜úndèpórte|múykrwél↓	*White* Yo creo que el toreo es un deporte muy cruel.

the game	él-hwégȯↄ	el juego
the art	él-arté↓	el arte

Molina
The thing is that it's not a game. It's an art. **(2)**

és |kȅngȩsұnhwégȯↄ ȇsún̩arté↓

Molina
Es que no es un juego. Es un arte.

the bullfighter	él-tȯrérȯↄ	el torero
to play, to gamble	hửgár↓	jugar
the life	lȧ—bídȧ↓	la vida

The bullfighter risks his life. **(3)**

éltȯréro |sȅhwégalabídȧ↓

El torero se juega la vida.

poor	pȯbré↓	pobre

Mrs. Harris
And the poor bull?

ᶎélpȯbretórơ↑

Sra. Harris
¿Y el pobre toro?

to die	mȯrír↓	morir
to defend	dȅfénder↓	defender

Molina
The bull dies defending himself.

éltoro |mwȇredefendyéndȯsé↓

Molina
El toro muere defendiéndose.

the liveliness, animation	lȧ—ȧnimȧṣyón↓	la animación
the plaza	lȧ—plaṣȧ↓	la plaza

Carmen
The thing that *I* like best is the excitement in the plaza.

àmí│lòkèmázmègústạ↑èzlànìmàṣyóndelapláṣà↓

Carmen
A mí lo que más me gusta es la animación de la plaza.

well

pwés↓

pues

exciting, touching

èmòṣyónantè↓

emocionante

the race

là—kárrèrà↓

la carrera

the horse

èl—kàbaⓁyò↓

el caballo

White
Well, for *me* the most exciting thing is horseracing. [4]

pwés│pàràmí│lómasèmoṣyónantè↑sónlàs kàrrèrazdekabá⒧yòs↓

White
Pues para mí lo más emocionante son las carreras de caballos.

Carmen
It's not bad to go once in a while.

dèbèṣènkwandò↑noꞔstàmál│ír↓

Carmen
De vez en cuando no está mal ir.

to bet

àpòstár↓

apostar

White
Why don't we go the 15th and place a few bets?

pòrké│nobàmosẹlkínṣe↑ạ̀pòstamós↓

White
¿Por qué no vamos el quince y apostamos?

that...(they) may leave

kè—dèhén↓

que...dejen

clean

límpyò↓

limpio

Mrs. Harris
You go on, and I hope they clean you out.

bàyạustèd│ikélòdèhenlímpyò↓

Sra. Harris
Vaya usted y que lo dejen limpio.

the luck

là—swertè↓

la suerte

as for us

lò—kę—ęz—nosótròs↑

lo que es nosotros

to get bored   àbừrrìrsè↓   aburrirse

Harris   *Harris*
As for us, we just aren't lucky. (5)   lòkéznosótroz↑nótènémo(s)swértè↓   Lo que es nosotros, no tenemos suerte.
                                                                                         Y yo no quiero aburrirme.
And I'd just as soon not be bored.   iyó|nòkyérọ̀àbừrrìrmè↓

30.10   Notes on the basic sentences

(1) Literally 'I'm almost fainting,' or 'I don't lack much of fainting.' From context, however, it appears that it was during the fight that she felt this way, so that 'I wasn't far from fainting' is evidently the sense of the utterance.

(2) This statement is typical, and is entirely serious. Bullfighting is not thought of as a sport in the same sense as horseracing or football (soccer). It is conceived of as an art and so defended when an American reacts unfavorably to the cruelty (from our 'be kind to dumb animals' point of view) of killing the bulls. In some places, the death of the bull is further justified by the argument that the meat is subsequently sold cheaply or given away in charity. To what extent this is generally true is not known by your commentator.

(3) Note the use of the reflexive pronoun in a simple possessive sense: the bullfighter risks the life that belongs to him.

(4) Note that the agreement of the verb /son/ *son is with* /las—karréras/ *las carreras* rather than with /lo—más—emoșyonánte/ *lo más emocionante.* Given a nominalized phrase on one side and a singular or plural noun on the other, the number of the latter dominates.

(5) /lo—kẹ—és..... / *lo que es...* followed by a noun or pronoun literally says 'that which is (us)...' A more normal English translation is 'As far as (we)'re concerned...'

30.2   DRILLS AND GRAMMAR

30.21   General review

30.21.1   Verb review

30.21.11   Translation-substitution drill (1) — verb forms

1 Are you going down in the elevator?	bahạ|enẹlas(ș)ensór↑	¿Baja en el ascensor?
Were you going down in the elevator?	bàhabạ|enẹla(ș)ensór↑	¿Bajaba en el ascensor?
Did you go down in the elevator?	bàho|ẹnẹlas(ș)ensór↑	¿Bajó en el ascensor?

(1) In the following translation drill, change basic sentences to reflect verb tense patterns previously drilled.

2 Do you speak English, Mr. Molina?

  Were you speaking English, Mr. Molina?

  Did you speak English, Mr. Molina?

áblàustéđinglés |señyormolina↑

àblabàustéđinglés |señyormolina↑

àblòustéđinglés |señyormolina↑

¿Habla Ud. inglés, señor Molina?

¿Hablaba Ud. inglés, señor Molina?

¿Habló Ud. inglés, señor Molina?

3 They live in an apartment just like mine.

  They were living in an apartment just like
    mine.

  They lived in an apartment just like mine.

bíben |énùnàpàrtàmentǫ |ìgwàlalmíô↓

bìbían |énùnàpàrtàmentǫ |ìgwàlalmíô↓

bìbyéron |énùnàpàrtàmentǫ |ìgwàlalmíô↓

Viven en un apartamento igual al mío.

Vivían en un apartamento igual al mío.

Vivieron en un apartamento igual al mío.

4 I have to change my clothes.

  I had to (was supposed to) change my clothes.

  I had to change my clothes.

téngo |kèkàmbyàrmeđerrópà↓

tènía |kèkàmbyàrmeđerrópà↓

túbe |kèkàmbyàrmeđerrópà↓

Tengo que cambiarme de ropa.

Tenía que cambiarme de ropa.

Tuve que cambiarme de ropa.

5 Where do you send your laundry?

  Where did you (use to) send your laundry?

  Where did you send your laundry?

dóndemándas |turrópà↓

dóndemàndábas |turrópà↓

dóndemàndáste |turrópà↓

¿Dónde mandas tu ropa?

¿Dónde mandabas tu ropa?

¿Dónde mandaste tu ropa?

6 It's not convenient for me.

  It wasn't (didn't use to be) convenient
    for me.
  It wasn't convenient for me.

nómekombyénè↓

nómekombeníà↓

nómekombínò↓

No me conviene.

No me convenía.

No me convino.

7 What's the matter, John?

  What was (used to be) the matter, John?

  What happened to you, John?

kétepásà |hwán↓

kétepasábà |hwán↓

kétepasó |hwán↓

¿Qué te pasa, Juan?

¿Qué te pasaba, Juan?

¿Qué te pasó, Juan?

8 We barely have half an hour to get dressed.

ápenasteném̥oz |meɗyaóra |parabestírnos↓

Apenas tenemos media hora para vestirnos.

   We barely had (used to have) half an hour to get dressed.

ápenasteníamoz |meɗyaóra |parabestírnos↓

Apenas teníamos media hora para vestirnos.

   We barely had half an hour to get dressed.

ápenastubimoz |meɗyaóra |parabestírnos↓

Apenas tuvimos media hora para vestirnos.

9 Are they coming by boat?

byenen̥embarko↑

¿Vienen en barco?

   Were they coming by boat?

bènian̥embarko↑

¿Venían en barco?

   Did they come by boat?

binyeron̥embarko↑

¿Vinieron en barco?

10 Yes, she's coming with my wife and the children.

sí↓ byene |kònmi̥espósa̩ |iloznínyòs↓

Sí, viene con mi esposa y los niños.

   Yes, she was coming with my wife and the children.

sí↓ bènia |kònmi̥espósa̩ |iloznínyòs↓

Sí, venía con mi esposa y los niños.

   Yes, she came with my wife and the children.

sí↓ bino |kònmi̥espósa̩ |iloznínyòs↓

Sí, vino con mi esposa y los niños.

11 A married sister of mine lives there.

úna̩ermanamia |kàsaɗa |bibea(l)yí↓

Una hermana mía casada vive allí.

   A married sister of mine used to live there.

úna̩ermanamia |kàsaɗa |bibia(l)yí↓

Una hermana mía casada vivía allí.

   A married sister of mine lived there.

úna̩ermanamia |kàsaɗa |bibyoa(l)yí↓

Una hermana mía casada vivió ahí.

12 No ma'am, it's not necessary.

nosenyórà↓ n̥ezneşesáryò↓

No señora, no es necesario.

   No ma'am, it wasn't necessary.

nosenyórà↓ n̥eraneşesáryò↓

No señora, no era necesario.

   No ma'am it wasn't (didn't turn out to be) necessary.

nosenyórà↓ nòfweneşesáryò↓

No señora, no fué necesario.

13 It isn't worth while.

nobalelapénà↓

No vale la pena.

   It wasn't worth while.

nòbàlialapénà↓

No valía la pena.

   It wasn't (didn't turn out to be) worth while.

nòbàlyolapénà↓

No valió la pena.

15 This building here...Does it belong to
    the American Mission?

    This building here...Did it (use to) belong
    to the American Mission?

    This building here...Did it belong to the
    American Mission?

éstedifíşyó↓ pèrténeşé |alamısyonạmerıkanaↆ

éstedifíşyó↓ pèrténéşıạ |alamısyonạmerıkanaↆ

éstedifíşyó↓ pèrténéşyo |ạlamısyonạmerıkanaↆ

Este edificio ¿pertenece a la Misión
Americana?

Este edificio ¿pertenecía a la Misión
Americana?

Este edificio ¿perteneció a la Misión
Americana?

15 Do you buy your supplies here?

    Did you (used to) buy your supplies here?

    Did you buy your supplies here?

kómpran |súspròbisyónes̩akıↆ

kómpraban |súspròbisyónes̩akıↆ

kómpraron |súspròbisyónes̩akıↆ

¿Compran sus provisiones aquí?

¿Compraban sus provisiones aquí?

¿Compraron sus provisiones aquí?

16 I can be dressed in half an hour.

    I used to get dressed in half an hour.

    I got dressed in half an hour.

yoↆènmeḏyạora |mebístó↓

yoↆènmeḏyạora |mebestíá↓

yoↆènmeḏyạora |mebestí↓

Yo, en media hora me visto.

Yo, en media hora me vestía.

Yo, en media hora me vestí.

17 By the way, do you do your own cooking?

    By the way, were you doing your own
    cooking?

    By the way, did you do your own cooking?

àpróposító↓ aşelakomıḏạ |usteḏmızmaↆ

àpróposító↓ àşıalakomıḏạ |usteḏmızmaↆ

àpróposító↓ ışolakomıḏạ |usteḏmızmaↆ

A propósito, ¿hace la comida Ud. misma?

A propósito, ¿hacía la comida Ud. misma?

A propósito, ¿hizo la comida Ud. misma?

18 What's the purpose of your trip?

    What was (to be) the purpose of your trip?

    What was the purpose of your trip?

kwal |es̩elproposíto |ḏesubyáhè↓

kwal |erạelproposíto |ḏesubyáhè↓

kwal |fwelproposíto |ḏesubyáhè↓

¿Cuál es el propósito de su viaje?

¿Cuál era el propósito u su viaje?

¿Cuál fue el propósito de su viaje?

19 Are you going with your family?

    Were you going with your family?

    Did you go with your family?

sèba |konsufamılyaↆ

sęıba |konsufamılyaↆ

sèfwe |konsufamılyaↆ

¿Se va con su familia?

¿Se iba con su familia?

¿Se fue con su familia?

30.21.12 Translation substitution drill — Verb construction

1 Do you speak English, Mr. Molina?

ablạustẹďiŋglés |seŋyọrmolinat

¿Habla Ud. inglés, señor Molina?

Have you spoken English, Mr. Molina?

áblaďọustẹď |iŋglés |seŋyọrmolinat

¿Ha hablado Ud. inglés, señor Molina?

Are you speaking English, Mr. Molina?

éstáblandọustẹď |iŋgles |seŋyọrmolinat

¿Está hablando Ud. inglés, señor Molina?

Are you going to speak English, Mr. Molina?

báblarustẹď |iŋglés |seŋyọrmolinat

¿Va a hablar Ud. inglés, señor Molina?

2 They live in an apartment just like mine.

biben |ẹnụ̆nặpạ́rtạ́mẹ́ntọ |igwalalmíót

Viven en un apartamento igual al mío.

They have lived in an apartment just like mine.

ámbibiďọ |ẹnụ̆nặpạ́rtạ́mẹ́ntọ |igwalalmíót

Han vivido en un apartamento igual al mío.

They are living in an apartment just like mine.

éstámbibyendọ |ẹnụ̆nặpạ́rtạ́mẹ́ntọ |igwalalmíót

Están viviendo en un apartamento igual al mío.

They are going to live in an apartment just like mine.

bánặbibir |ẹnụ̆nặpạ́rtạ́mẹ́ntọ |igwalalmíót

Van a vivir en un apartamento igual al mío.

3 Where do you send your laundry?

donde |mandasturrópȧ↓

¿Dónde mandas tu ropa?

Where have you sent your laundry?

dondẹ |azmandaďoturrópȧ↓

¿Dónde has mandado tu ropa?

Where are you sending your laundry?

dondẹ |estazmandándoturrópȧ↓

¿Dónde estás mandando tu ropa?

Where are you going to send your laundry?

dondẹ |bas̩amandarturrópȧ↓

¿Dónde vas a mandar tu ropa?

4 What's the matter, John?

ketepásá |hwán↓

¿Qué te pasa, Juan?

What has happened to you, John?

ketẹapasáďȯ |hwán↓

¿Qué te ha pasado, Juan?

What is happening to you, John?

ketestapasándȯ |hwán↓

¿Qué te está pasando, Juan?

What's going to happen to you, John?

ketebapasár |hwán↓

¿Qué te va a pasar, Juan?

30.8

5 Hey, do they throw these parties here often?

oyê↓dan |éstàsfyéstas,akı |muyamenúďo↑   Oye, ¿dan estas fiestas aquí muy a menudo?

Hey, have they given these parties here often?

oyê↓ándadǫ |éstàsfyéstas,akı |muyamenúďo↑   Oye, ¿han dado estas fiestas aquí muy a menudo?

Hey, are they giving these parties here often?

oyê↓éstándandǫ |éstàsfyéstas,akı |muyamenúďo↑   Oye, ¿están dando estas fiestas aquí muy a menudo?

Hey, are they going to give these parties here often?

oyê↓bánáďar |éstàsfyéstas,akı |muyamenúďo↑   Oye, ¿van a dar estas fiestas aquí muy a menudo?

6 A married sister of mine lives there.

ûnǫ̀ermánamía |kàsáďa |bíbe̦ạ̀ⱳ̇í↓   Una hermana mía casada vive allí.

A married sister of mine has lived there.

ûnǫ̀ermánamía |kàsáďa |ábibíďǫ̀ạ̀ⱳ̇í↓   Una hermana mía casada ha vivido allí.

A married sister of mine is living there.

ûnǫ̀ermánamía |kàsáďa |ęstábibyéndǫ̀ạ̀ⱳ̇í↓   Una hermana mía casada está viviendo allí.

A married sister of mine is going to live there.

ûnǫ̀ermánamía |kàsáďa |bábibírà̀ⱳ̇í↓   Una hermana mía casada va a vivir allí.

7 Do you all buy your supplies here?

kómpran |susprǫbisyónes,akí↑   ¿Compran sus provisiones aquí?

Have you all bought your supplies here?

áṅkómpraďo |sùsprǫ̀bisyónes,akí↑   ¿Han comprado sus provisiones aquí?

Are you all buying your supplies here?

éstaṅkomprando |sùsprǫ̀bisyónes,akí↑   ¿Están comprando sus provisiones aquí?

Are you all going to buy your supplies here?

bánǫ̀kómprar |sùsprǫ̀bisyónes,akí↑   ¿Van a comprar sus provisiones aquí?

8 Do you buy ready-made clothes?

ûstéďkómpra |larrópạecha↑   ¿Ud. compra la ropa hecha?

Have you bought ready-made clothes?

ûstéď |àkómpraďo |larrópạecha↑   ¿Ud. ha comprado la ropa hecha?

Are you buying ready-made clothes?

ûstéďéstákómprando |larrópạecha↑   ¿Ud. está comprando la ropa hecha?

Are you going to buy ready-made clothes?

ûstéďbákómprar |larrópạecha↑   ¿Ud. va a comprar la ropa hecha?

9 Do you sew?	ùstéɑ́kose↑	¿Ud. cose?
Have you sewed?	ùstéɑ́ákòsíɑo↑	¿Ud. ha cosido?
Are you sewing?	ùstédèstákòsýendo↑	¿Ud. está cosiendo?
Are you going to sew?	ùstéɑbákòser↑	¿Ud. va a coser?

30.21.2 Response drill — Clitic pronoun review

A Pancho, Luis y Pablo van a ir esta tarde a conocer la ciudad. Van a ver el sector comercial, la catedral y el Ministerio de Relaciones Exteriores. Luego van a visitar los mejores cafés. Pablo no va con ellos porque ya los conoce. Además, tiene que trabajar.

1 kwando |banɑir |éꞓyos |akònòşerlaşyuɑ́ɑ́↓   làbànɑir |àkònòşer |estatárɑè↓

2 bánàber |elsektorkomerşyal↑   si↓ lòbanɑbér↓

3 bánàber |lakateɑral↑   si↓ làbànɑbér↓

4 bánàber |élministéryo |ɑèrrèláşyónes.esteryóres↑   si↓ lòbanɑbér↓

5 bánàbisitar |lozmehóreskafes↑   si↓ lòzbanɑbisitár↓

6 lózbàbisitár |pablo↑   no↓ pablo |nolozbàbisitár↓

7 pòrkè |nolozbàbisitár↓   pórkè |yaloskonóşè↓

A 1 ¿Cuándo van a ir ellos a conocer la ciudad?   La van a ir a conocer esta tarde.

2 ¿Van a ver el sector comercial?   Sí, lo van a ver.

3 ¿Van a ver la catedral?   Sí, la van a ver.

4 ¿Van a ver el Ministerio de Relaciones Exteriores? Sí, lo van a ver.

5 ¿Van a visitar los mejores cafés?   Sí, los van a visitar.

6 ¿Los va a visitar Pablo?   No, Pablo no los va a visitar.

7 ¿Por qué no los va a visitar?   Porque ya los conoce.

B Ayer llegó mi suegra de los Estados Unidos. Nos trajo muchas cosas. A mi esposa le trajo un vestido que le pareció muy bonito. A mis hijos les trajo unas camisas que a ellos les gustaron mucho. A mí me trajo un par de zapatos.

1 kénostraho|miswégrà↓   lèstraho|muchaskósàs↓

2 keletrahọ|amṛespósà↓   lètrahọumbestíd̶ò↓

3 keleparẹșyó↓   lèpàrèșyó|muybonítò↓

4 kelestrahọ|amisíhòs↓   lèstrahọ|unạskamísàs↓

5 lèzgùstaronaellọoz|laskamísast↑   sí↓ lèzgùstaronmúchò↓

6 ặamị↓kemetráhò↓   lètrahọ|umpardèșapátòs↓

7 mètrahọami|kamisast↑   nó↓ àụsted̶|noletrahokamísàs↓

B 1 ¿Qué nos trajo mi suegra?   Les trajo muchas cosas.
   2 ¿Qué le trajo a mi esposa?   Le trajo un vestido.
   3 ¿Qué le pareció?   Le pareció muy bonito.
   4 ¿Qué les trajo a mis hijos?   Les trajo unas camisas.
   5 ¿Les gustaron a ellos las camisas? Sí, les gustaron mucho.
   6 ¿Y a mí que me trajo?   Le trajo un par de zapatos.
   7 ¿Me trajo a mí camisas?   No, a Ud. no le trajo camisas.

C   Todos los lunes, Luisa le presta el carro a su amigo Carlos. El se lleva el carro por la mañana y lo trae por la noche. El le cuida mucho el carro a Luisa.

1   kélePréstalwisa̧|asu̧amígo↓   lépréstą̧elkárro↓

2   léPréstalwisa̧|elkárro̧|asu̧amigo|lozdomíŋgos↑   no↓ noseloprésta|lozdomíŋgòs↓

3   kédias|sélopréstá↓   sélópresta|lozlúnès↓

4   kwandoseloⱡⱡyébá↓   séloⱡⱡyeba|porlamaŋyáná↓

5   kwando|létra̧ękarlos|ęlkárro̧alwísá↓   sélótra̧ę|porlanóchè↓

6   sélókwidat   si↓ sélókwidamúcho↓

7   ùsté̞d↓léprésta̧ęlkárro̧|asuşamigos↑   no↓ noselopréstó↓

C   1 ¿Qué le presta Luisa a su amigo?   Le presta el carro.

    2 ¿Le presta Luisa el carro a su amigo los domingos?   No, no se lo presta los domingos.

    3 ¿Qué días se lo presta?   Se lo presta los lunes.

    4 ¿Cuándo se lo lleva?   Se lo lleva por la mañana.

    5 ¿Cuándo le trae Carlos el carro a Luisa?   Se lo trae por la noche.

    6 ¿Se lo cuida?   Sí, se lo cuida mucho.

    7 ¿Ud. le presta el carro a sus amigos?   No, no se lo presto.

D   Francisco le escribió una carta en inglés a su novia que estaba en California. Mandó la carta por avión. En la carta le decía que la iba a ver muy pronto.

1   àkyén | lèskrìbyofrànşískò↓

2   keleskrìbyó↓

3   lèskrìbyólakártą | enęspaɲyól↑

4   lèskrìbyólakártą | eninglés↑

5   sèlámàndò | porabyón↑

6   komòselamàndó↓

7   kéleɾeşią | enlakártà↓

lèskrìbyo | ąsunóbyà↓

lèskrìbyo | ųnakártà↓

nó↓ nòsełąeskrìbyó | enęspaɲyól↓

sí↓ sèląéskrìbyo | eninglés↓

sí↓ sèlámàndo | porabyón↓

sèlámàndo | pòrąbyón↑

kèląibaber | muyprónto↓

D 1 ¿A quién le escribió Francisco?

2 ¿Qué le escribió?

3 ¿Le escribió la carta en español?

4 ¿Le escribió la carta en inglés?

5 ¿Se la mandó por avión?

6 ¿Cómo se la mandó?

7 ¿Qué le decía en la carta?

Le escribió a su novia.

Le escribió una carta.

No, no se la escribió en español.

Sí, se la escribió en inglés.

Sí, se la mandó por avión.

Se la mandó por avión.

Que la iba a ver muy pronto.

30.13

E   Esta mañana se me olvidó decirles algo a Uds.   Anoche, en la fiesta de Carmen, a Luis se le cayó una copa y se le rompió, y después se le cayeron las gafas y
    también se le rompieron.

1   késeméolbidó |deşírlés |éstámáŋyáná↓   sélęólbidó |deşirnosálgó↓

2   keselekayoąlwís |ánóché↓   sélékáyoųnakópá↓

3   sélérrómpyo↑   sí↓ sélérrómpyó↓

4   kemás |selekayó↓   sélékáyeron |lazgáfás↓

5   sélékáyeron |lazgafas |alwís↑   sí↓ sélékáyerón↓

6   sélérrómpyerón↑   sí↓ sélęrrómpyerón↓

7   dondeselekayérón↓   sélékáyeron |enlafyéstá↓

8   kwándo |selerrómpyeronlazgáfás |álwís↓   sélérrómpyeronąnóché↓

9   kesemekayo |ąmí↓   áųsted |noselekayo |nádá↓

10 keselerrompyó |ąkármén↓   ákarmen |noselerrompyó |nádá↓

E 1 ¿Qué se me olvidó decirles esta mañana?   Se le olvidó decirnos algo.

  2 ¿Qué se le cayó a Luis anoche?   Se le cayó una copa.

  3 ¿Se le rompió?   Sí, se le rompió.

  4 ¿Qué más se le cayó?   Se le cayeron las gafas.

  5 ¿Se le cayeron las gafas a Luis?   Sí, se le cayeron.

  6 ¿Se le rompieron?   Sí, se le rompieron.

  7 ¿Dónde se le cayeron?   Se le cayeron en la fiesta.

  8 ¿Cuándo se le rompieron las gafas a Luis?   Se le rompieron anoche.

  9 ¿Qué se me cayó a mí?   A Ud. no se le cayó nada.

 10 ¿Qué se le rompió a Carmen?   A Carmen no se le rompió nada.

30.21.3 Response drill — Content review

1 lėgústo̧ęlkwárto | de̯lotél |álse̯ņyórhwáyt↑   sí↓ lėgústomúchó↓

2 dėspwéz |de̯ŷégaralkwártó↓ke̯lesubyo̧ẹlmó̧ṣó↓ lėsúbyo |ag̊wamınerál↓

3 báho̧ęlse̯ņyórhwáyt |alprımérpísó↑   sí↓báho̧↓

4 ke̯ıṣo̧entóņṣės↓   kámbyo |ynchékebyahéró↓

5 dėspwéz |de̯kambyarelchékę↓ádóndefwé↓ fwe̯a̧ląembahádà↓

6 komofwe̯a̧ląembahádà↓   fwentáksí↓

7 kwantole̯dyo |de̯propíną |álchófér↓   lėdyo̧ympésó↓

8 kyemfwé |súprımeramígo̧ |e̯nląembahádà↓ hósemolíná↓

9 e̯ņkeseḳṣyón |ıbatrabahár↓   ė̯nlásėḳṣyoņkonsulár↓

10 ketál |fwélbyahe |dėlse̯ņyórhwáyt↓   fweks(ṣ)elénté↓

---

1 ¿Le gustó el cuarto del hotel al Sr. White?   Sí, le gustó mucho.

2 Después de llegar al cuarto, ¿qué le subió el mozo? Le subió agua mineral.

3 ¿Bajó el señor White al primer piso?   Sí, bajó.

4 ¿Qué hizo entonces?   Cambió un cheque viajero.

5 Después de cambiar el cheque, ¿a dónde fue? Fue a la Embajada.

6 ¿Cómo fue a la Embajada?   Fue en taxi.

7 ¿Cuánto le dió de propina al chofer?   Le dió un peso.

8 ¿Quién fue su primer amigo en la Embajada? José Molina.

9 ¿En qué sección iba a trabajar?   En la sección consular.

10 ¿Qué tal fué el viaje del Sr. White?   Fue excelente.

11 dóndę |àprèndyóel |espaŋyól↓   ėnunaėskwela |dėlėngwas |ėnlòsėstádosunídos↓

12 dėképarte |dėlòsėstádosunídos |eraél↓   dėsàmfrànşiskò↓kàlifornyà↓

13 éràkàsàďo↑   no↓ éràsòlteró↓

14 èlprimérďią |enląembahádą↓
    àlmórşaroŋhúntos |hwaytimolína↑   sí↓ àlmórşaroŋhúntòs↓

15 kebebyéroŋ |konlakomíďà↓   hwayt |bėbyóşėrbeşąțimólína |bebyobíno↓

16 iďépostrė↓ kekomyéròn↓   kòmyérom |pàsteldemanşáná↓

17 dèspwezdekomér↓ sètràtáron |dęùstéďoďetú↓ sėtràtaron |dėtú↓

18 hwáyt↓àlkilóynàkasạțọunapartaménto↓   àlkilo |ynàpàrtàménto↓

19 lọàlkilo |sìnmwebles↑ọamwebládo↓   lọàlkiloạmwebládo↓

20 kyęnęra |làmúchachaďelafóto |kėbyóhwayt |
    ėnėlàpàrtàmentoďęmolíná↓   éra |lànòbyaďehosé↓

21 ėstábạęstúďyandọ |ęůyạ↑   no↓ éstabatrabahándo↓

---

11 ¿Dónde aprendió él español?   En una escuela de lenguas en los Estados Unidos.

12 ¿De qué parte de los Estados Unidos era él?   De San Francisco, California.

13 ¿Era casado?   No, era soltero.

14 El primer día en la Embajada, ¿almorzaron juntos White y Molina?   Sí, almorzaron juntos.

15 ¿Qué bebieron con la comida?   White bebió cerveza y Molina bebió vino.

16 Y de postre, ¿qué comieron?   Comieron pastel de manzana.

17 Después de comer, ¿se trataron de Ud. o de tú?   Se trataron de tú.

18 ¿White alquiló una casa o un apartamento?   Alquiló un apartamento.

19 ¿Lo alquiló sin muebles o amueblado?   Lo alquiló amueblado.

20 ¿Quién era la muchacha de la foto que vió White en el apartamento de Molina?   Era la novia de José.

21 ¿Estaba estudiando ella?   No, estaba trabajando.

22 donde |mandabalostrahez |molínȧ↓

23 iláskámisast↑

24 kyenlelimpyabạ |ẹlạpȧr̥tȧmentọ |ȧmȯlínȧ↓

25 komọẹstubo |lạprimerafyestạ |ȧkȩfweron |

hwaytimolínȧ↓

26 ȧkyenⓂyebo |hwáyt↓

27 dondekonọ§yohwáyt |ȧlkȯrȯnelhárris↓

28 Ⓜyego |lafamilyadeharris |pȯrbárkot↑

29 kwantosịhos |tẹnia |ẹlkȯrȯnelhárris↓

30 komọạtendyeron |ȧlȧsẹꞑyoraharris |enlaᴅwánȧ↓

31 Ⓜyẹbohose |ȧlȯsharris |ȧkȯnȯ§erlạ§yudadt↑

32 komosepuso |lasẹꞑyórȧ↓

ȧlȧtintȯréría |kestabạemfrénteᴌ↓

ȧlȧlȧbȧndéría |delaẹskínȧ↓

únȧmúchachȧ↓

ẹstubọ |ẹstúpendȧ↓

ȧlẹgȯrdita |ᴅẹlȧzgafȧs↓

lȯkȯnȯ§yo |ẹnụnafyéstȧ↓

noᴌ Ⓜyẹgoporabyón↓

treᴢᴌᴅọzbaronẹs |ẏunaníꞑyȧ↓

lȧtẹndyeron |muybyén↓

síᴌ lȯzⓂyébo↓

sẹpuso |nẹrbyósȧ↓

---

22 ¿Dónde mandaba los trajes Molina?

23 ¿Y las camisas?

24 ¿Quién le limpiaba el apartamento a Molina?

25 ¿Cómo estuvo la primera fiesta a que fueron White y Molina?

26 ¿A quién llevó White?

27 ¿Dónde conoció White al coronel Harris?

28 ¿Llegó la familia de Harris por barco?

29 ¿Cuántos hijos tenía el coronel Harris?

30 ¿Cómo atendieron a la Sra. Harris en la Aduana?

31 ¿Llevó José a los Harris a conocer la ciudad?

32 ¿Cómo se puso la señora?

A la tintorería que estaba en frente.

A la lavandería de la esquina.

Una muchacha.

Estuvo estupenda.

A la gordita de las gafas.

Lo conoció en una fiesta.

No, llegó por avión.

Tres, dos varones y una niña.

La atendieron muy bien.

Sí, los llevó.

Se puso nerviosa.

30.17

33　ákyenesimbito |ęlkòrònélhárris |åbisitárlamisyón |

　　dèláfwerşaéręå↓

34　púdǫir |karmen↑

35　pòrke |nopúdǫír↓

36　komoseⓜyamabą |elseŋyór |kèkèría |låbísa |párålòs

　　èstądosyníđòs↓

37　era |tènyénte↑

38　kwalerą |èldèpórtefaborito |đemolínå↓

39　kwalpraktikábå↓

40　såbia |hugárgolf |molina↑

41　kyenlenseŋyo |ąhugárđespwés↓

42　kehugában |karmen |ilåsèŋyoráhárris↓

43　kéleparęşyo |låkòrriđađetoros |ålkòrònélhárris↓

åhòsé |åkarmen |ịahwáyt↓

nó↓ nòpúdǫír↓

pòrkètènía |kèsálirđekompras |kònlåsèŋyora

hárris↓

hòsélwiz |mòrenorròhâs↓

nó↓ érąịŋhènyerò↓

èlfútbòl↓

niŋgunò↓

nó↓ nosabíå↓

hwayt |lènsèŋyó↓

húgabanténis↓

lèpåręşyo |fènòmènál↓

33　¿A quiénes invitó el coronel Harris a visitar la Misión de la Fuerza Aérea?　　A José, a Carmen y a White.

34　¿Pudo ir Carmen?　　No, no pudo ir.

35　¿Por qué no pudo ir?　　Porque tenía que salir de compras con la Sra. Harris.

36　¿Cómo se llamaba el señor que quería la visa para los Estados Unidos?　　José Luis Moreno Rojas.

37　¿Era teniente?　　No, era ingeniero.

38　¿Cuál era el deporte favorito de Molina?　　El fútbol.

39　¿Cuál practicaba?　　Ninguno.

40　¿Sabía jugar golf Molina?　　No, no sabía.

41　¿Quién le enseñó a jugar después?　　White le enseñó.

42　¿Qué jugaban Carmen y la Sra. Harris?　　Jugaban tenis.

43　¿Qué le pareció la corrida de toros al coronel Harris?　　Le pareció fenomenal.

30.18

30.22   Replacement drills

A   yó |pòrpókomeđezmáyò↓

1. _____ noz _____↓   nósotros |pòrpóko |nozđezmayámòs↓

2. tú_____↓   tú |pòrpókotedezmáyàs↓

3. _____mwérés↓   tú |pòrpókotemwérès↓

4. __kási_____↓   tú |kasitemwérès↓

5. _____káçs↓   tú |kásitekáçs↓

6. ûsteđ_____↓   ûsteđ |kásisekáç↓

7. _____káygò↓   yó |kásimekáygò↓

A   Yo por poco me desmayo.

1 _____ nos _____.   Nosotros por poco nos desmayamos.

2 Tú _____.   Tú por poco te desmayas.

3 _____ mueres.   Tú por poco te mueres.

4 __ casi _____.   Tú casi te mueres.

5 _____ caes.   Tú casi te caes.

6 Usted _____.   Usted casi se cae.

7 _____ caigo.   Yo casi me caigo.

B   àrrú&a |sèpòrtó |kómǫùmbàlyèntè↓

1. ùstèđes_____↓   ùstèđes |sèpòrtàroŋ |kómǫùnòzbàlyèntès↓

2. _____flóhòs↓   ùstèđes |sèpòrtàroŋ |kómǫùnòsflóhòs↓

3. _____mè_____↓   yó |mèpòrté |kómǫùmflóhò↓

4. _____ómbrè↓   yó |mèpòrté |kómǫùnǫmbrè↓

5. tú_____↓   tú |tèpòrtàste |kómǫùnǫmbrè↓

6. _____mùhèr↓   tú |tèpòrtàste |kómǫùnàmùhèr↓

7. _____nìŋyò↓   tú |tèpòrtàste |kómǫù(ŋ)nìŋyò↓

B   Arruza se portó como un valiente.

1 Ustedes_____.   Ustedes se portaron como unos valientes.

2 _____flojos.   Ustedes se portaron como unos flojos.

3 _____me_____.   Yo me porté como un flojo.

4 _____hombre.   Yo me porté como un hombre.

5 Tú_____.   Tú te portaste como un hombre.

6 _____mujer.   Tú te portaste como una mujer.

7 _____niño.   Tú te portaste como un niño.

C   èltóre̯ǫ |és̬únděpórtè |múykrwél↓

1. _____ kósa _____ ↓   èltóre̯ǫ |és̬únåkósa |múykrwél↓

2. _____ _____emos̯yonánte̤↓   èltóre̯ǫ |és̬únåkósa |muyemos̯yonánte̤↓

3. ésǫ _____↓   ésǫ |és̬únåkósa |muyemos̯yonánte̤↓

4. _____ féå↓   ésǫ |és̬únåkósa |múyféå↓

5. ést̬ą_____↓   ést̬ą |és̬únåkósa |múyféå↓

6. _____fás̨il↓   ést̬ą |és̬únåkósa |múyfás̨il↓

7. _____ bída _____↓   ést̬ą |és̬únåbída |múyfás̨il↓

C   El toreo es un deporte muy cruel.

1 _____ cosa _____.   El toreo es una cosa muy cruel.

2 _____ emocionante.   El toreo es una cosa muy emocionante.

3 Eso _____.   Eso es una cosa muy emocionante.

4 _____ fea.   Eso es una cosa muy fea.

5 Esta_____.   Esta es una cosa muy fea.

6 _____fácil.   Esta es una cosa muy fácil.

7 _____ vida _____.   Esta es una vida muy fácil.

D   éltòréro|sèhwégalabídá↓

1. nòsótroz_____↓   nòsótroz|nòshúgámozlabídá↓

2. _____tóɗò↓   nòsótroz|nòshúgamostóɗò↓

3. ____kámbyamos___↓   nòsótroz|nòskámbyamostóɗò↓

4. _____larrópà↓   nòsótroz|nòskámbyámozlarrópà↓

5. ùsteɗes_____↓   ùsteɗes|sèkámbyanlarrópà↓

6. ____pónen_____↓   ùsteɗes|sèpónenlarrópà↓

7. yó_____↓   yó|mèpóŋgolarrópà↓

D   El torero se juega la vida.

1 Nosotros_____.   Nosotros nos jugamos la vida.

2 _____todo.   Nosotros nos jugamos todo.

3 ____cambiamos__.   Nosotros nos cambiamos todo.

4 _____la ropa.   Nosotros nos cambiamos la ropa.

5 Ustedes_____.   Ustedes se cambian la ropa.

6 ____ponen____.   Ustedes se ponen la ropa.

7 Yo_____.   Yo me pongo la ropa.

E   éltóro |mwéredefendyéndòsê↓

1. ──ómbrez _____↓   lós,ombrez |mwérendefendyéndòsê↓

2. _____éstán_____↓   lós,ombres |éstandefendyéndòsê↓

3. nòsótros_____↓   nòsótros |éstamozdefendyéndònòs↓

4. naɗyɐ_____↓   naɗyɐ |estadefendyéndòsê↓

5. _____dezmayándòsê↓   naɗyɐ |estadezmayándòsê↓

6. álgyen_____↓   álgyen |estadezmayándòsê↓

7. _____kayéndòsê↓   álgyen |estakayéndòsê↓

──

E   El toro muere defendiéndose.

1 ──hombres_____.   Los hombres mueren defendiéndose.

2 _____están_____.   Los hombres están defendiéndose.

3 Nosotros_____.   Nosotros estamos defendiéndonos.

4 Nadie_____.   Nadie está defendiéndose.

5 _____desmayándose.   Nadie está desmayándose.

6 Alguien_____.   Alguien está desmayándose.

7 _____cayéndose.   Alguien está cayéndose.

F   nòsótroz |nóténémo(s)swértê↓

  1. yó _____↓   yó |nóténgóswértê↓

  2. _____nádà↓   yó |nóténgónádà↓

  3. _____agó_____↓   yó |ngagónádà↓

  4. karmen_____↓   karmen |ngaşénádà↓

  5. _____múchô↓   karmen |ngaşémúchô↓

  6. _____dişe_____↓   karmen |nódişémúchô↓

  7. tú_____↓   tú |nódişezmúchô↓

F   Nosotros no tenemos suerte.

  1 Yo_____ .   Yo no tengo suerte.

  2 _____ nada.   Yo no tengo nada.

  3 _____ hago_____ .   Yo no hago nada.

  4 Carmen_____ .   Carmen no hace nada.

  5 _____ mucho.   Carmen no hace mucho.

  6 _____ dice_____ .   Carmen no dice mucho.

  7 Tú_____ .   Tú no dices mucho.

30.23   **Variation drills**

A   kekorriḋa |tamfenomenál↓ ̧   ¡Qué corrida tan fenomenal!

1   What a terrific idea!   ke̜ḋea |tamfenomenál↓   ¡Qué idea tan fenomenal!

2   What terrific weather!   ketyempo |tamfenomenál↓   ¡Qué tiempo tan fenomenal!

3   What a fine bullfighter!   ketorero |tambwénȯ↓   ¡Qué torero tan bueno!

4   What a dirty business deal!   kenego̧syo |tansú̧syȯ↓   ¡Qué negocio tan sucio!

5   What a competent servant!   kekryaḋa |taŋkompeténtė↓   ¡Qué criada tan competente!

6   What an exciting race!   kekarrera |tan̜emo̧syonántė↓ ¡Qué carrera tan emocionante!

7   What a punctual man!   ke̜ombre |tampuntwál↓   ¡Qué hombre tan puntual!

B   éskė |nǫésu̜ŋhwégȯ↓ ėsún̜artė↓   Es que no es un juego. Es un arte.

1   But it's not a sport. It's an art.   éskėnǫés |undepórtė↓ ėsún̜artė↓   Es que no es un deporte. Es un arte.

2   But it's not a restaurant. It's a club. éskėnǫés |unrrestorán↓ ėsú̜ŋklub↓   Es que no es un restorán. Es un club.

3   But it's not a check. It's a bill.   éskėnǫésu̜nchékė↓ ėsú̜mbi(ly)etė↓   Es que no es un cheque. Es un billete.

4 But it's not a month. It's two months.

pèrònǫésụnmés↓ sòndòzmésès↓

Pero no es un mes. Son dos meses.

5 But it's not agreeable. It's a nuisance.

pèrònǫés|agraḍáblè↓ èsụ́nạ̀latà↓

Pero no es agradable. Es una lata.

6 But it's not pretty. It's ugly.

pèrònǫézbòníto↓ èsfèò↓

Pero no es bonito. Es feo.

7 But it's not just stupendous. It's fantastic.

pèrònósólǫ|esẹstupéndò↓ èsfàntástikò↓

Pero no sólo es estupendo. Es fantástico.

C àmí|lòkèmázmegústạ↑ èzlànimàşyón|dèlàplášà ↓

A mí, lo que más me gusta es la animación de la plaza.

1 The thing I like best is the excitement of the party.

àmí|lòkèmázmegústạ↑èzlànimàşyón|dela fyéstà↓

A mí, lo que más me gusta es la animación de la fiesta.

2 The thing I like best is the activity in the stores.

àmí|lòkèmázmegústạ↑èsẹ̀lmòbìmyéntǫ|enlas tyéndàs↓

A mí, lo que más me gusta es el movimiento en las tiendas.

3 The thing I like least is the movement of the ship.

àmí|lòkèménozmẹgústạ↑èsẹ́lmòbìmyénto|del bárkò↓

A mí, lo que menos me gusta es el movimiento del barco.

4 The thing she likes least is the bad luck of the bull.

àé(l)yà|lòkèménozlegústạ↑èzlàmálaswerte|del tórò↓

A ella, lo que menos le gusta es la mala suerte del toro.

5 The thing that bothers him most is the noise of the traffic.

àé1|lòkèmázlemolésta↑èsẹ̀lrrwiḍoḍeltráfikǫ↓

A él, lo que más le molesta es el ruido del tráfico.

30.26

647

6 The thing that bothers *John* most is
waiting for a person.

àhwán |lókèmázlemoléstạtésẹspérár |ạunapersónà↓   A Juan, lo que más le molesta es esperar
a una persona.

7 The thing that bothers *us* most is
traveling by plane.

ànòsótroz |lòkèmáznozmoléstạtèzbyàharporabyón↓   A nosotros, lo que más nos molesta es viajar
por avión.

D páràmịtlómasẹmoşyonàntetsònlàskàrréràs↓   Para mí, lo más emocionante son las carreras.

1 For *me* the most exciting thing is the
bullfights.

pàràmịtlómasẹmoşyonàntetsònlàskòrriḑàs↓   Para mí, lo más emocionante son las corridas.

2 For *her* the most pleasant thing is the
sunny days.

pàrạeḷyatlómasạgraḑàbletsònlòzḑiazḑesól↓   Para ella, lo más agradable son los días de
sol.

3 For *John* the most pleasant thing is the
trips by boat.

pàràhwantlómasạgraḑàbletsònlòzbyahèsporbárkò↓   Para Juan, lo más agradable son los viajes
por barco.

4 For *him* the most difficult thing is
convincing his wife.

pàrạeltlómazḑifíşịltèskòmbènşerasụespósà↓   Para él, lo más difícil es convencer a su
esposa.

5 For *them* the most difficult thing is
translating the lesson.

pàrạeḷyoztlómazḑifíşịltèstràḑụşịrlalekşyón↓   Para ellos, lo más difícil es traducir la
lección.

6 For *them* (f) the easiest thing is putting
their foot in it.

pàrạeḷyaztlómasfáşịltèzmèterlapátà↓   Para ellas, lo más fácil es meter la pata.

7 For *us* the most expensive thing is the gas.

pàrànòsótroztlómaskárọtèsẹlgás↓   Para nosotros, lo más caro es el gas.

E pòrké |nobàmosẹlkínşetạapostámòs↓   ¿Por qué no vamos el quince y apostamos?

1 Why don't we go the 20th and play?

pòrké |nobàmosẹelbéyntẹtịhugámòs↓   ¿Por qué no vamos el veinte y jugamos?

2 Why don't we come tomorrow and play?

pòrké |nobenímozmaɲyanạtịhugámòs↓   ¿Por qué no venimos mañana y jugamos?

3 Why don't we come tomorrow and eat? pórké |nobeními̱ozmaɳyánaɪ̯ikomémòs↓ ¿Por qué no venimos mañana y comemos?

4 Why don't we leave word now and go out? pórké |nọabísamos̬aorạɪ̯isalímòs↓ ¿Por qué no avisamos ahora y salimos?

5 Why don't we leave now and go by your house? pórké |nosalímos̬aorạɪ̯ipásamos̬atukásà↓ ¿Por qué no salimos ahora y pasamos a tu casa?

6 Why don't we go up now and look for the letter? pórké |nosubímos̬aorạɪ̯ibúskamoz lakártà↓ ¿Por qué no subimos ahora y buscamos la carta?

7 Why don't we come back afterwards and settle (arrange) the bills? pórké |nobolbémozdespwésɪ̯ạ̀rréglámoz laskwéntàs↓ ¿Por qué no volvemos después y arreglamos las cuentas?

F bayạusteđ |ikḛlóđehenlímpyò↓ Vaya Ud., y que lo dejen limpio.

1 You go on, and I hope they leave you there. bayạusteđ |ikḛlóđehenạí↓ Vaya Ud., y que lo dejen ahí.

2 You go on, and I hope they leave you without a nickel. bayạusteđ |ikḛlóđehen |sinụmpésò↓ Vaya Ud., y que lo dejen sin un peso.

3 You go on, and I hope they leave you without any money. bayạusteđ |ikḛlóđehen |sindinérò↓ Vaya Ud., y que lo dejen sin dinero.

4 You go on, and I hope they leave you without anything. bayạusteđ |ikḛlóđehen |si(n)náđà↓ Vaya Ud., y que lo dejen sin nada.

5 You go on, and I hope they drive you crazy. bayạusteđ |ikḛlóbwélbanlókò↓ Vaya Ud., y que lo vuelvan loco.

6 You go on, and I hope they make you nervous. bayạusteđ |ikḛlópoɳga(n)nerbyósò↓ Vaya Ud., y que lo pongan nervioso.

7 You go on, and I hope they put you out in the street. bayạusteđ |ikḛlópoɳgan |enlakáọyè↓ Vaya Ud., y que lo pongan en la calle.

30.3   CONVERSATION STIMULUS

NARRATIVE 1

1 Bob mustn't make any engagements for this Sunday.	bób |nòɗebékómprometérse |párạestéɗomíngòↆ	Bob no debe comprometerse para el domingo.
2 He wants to go to the bullfights again.	kyérẹir |àlàkòrríɗaɗetóròs |ótràbéʂↆ	Quiere ir a la corrida de toros otra vez.
3 But Jean tells him he can't.	péròyin |lèɗiʂekenopwéɗèↆ	Pero Jean le dice que no puede.
4 Because last Sunday they told the children they were going to take them out to the country.	pórkèldòmíngopasaɗo↑ lèzɗihéron |àlòzniṇyos↑ kèlòsịban |àⓂ̀yèbáralkámpòↆ	Porque el domingo pasado les dijeron a los niños que los iban a llevar al campo.
5 And they didn't take them.	inolozⓂ̀yebárònↆ	Y no los llevaron.
6 Then, they'll have to take them this Sunday.	èntónʂes |tyéneṇkeⓂ̀yebárlos |ésteɗomíngòↆ	Entonces, tienen que llevarlos este domingo.
7 It's true that the children can go with the maid.	èzbèrɗaɗ |kèlózniṇyos |pwéɗeṇịr |kònlàkryáɗàↆ	Es verdad que los niños pueden ir con la criada.
8 But they want to go with their parents, not with the maid.	pérọeⓂ̀yos |kyérenịr |kònsùspáɗrèsↆ nokònlakryáɗàↆ	Pero ellos quieren ir con sus padres, no con la criada.
9 And Bob shouldn't be so mean.	ibób |noɗebíasertaṇkrwélↆ	Y Bob no debía ser tan cruel.

DIALOG 1

Jean, dígale a Bob que no se comprometa para este domingo.

noțekomprométas |párąestedomíŋgò |bób↓

Jean: No te comprometas para este domingo, Bob.

Bob, pregúntele que por qué. Que Ud. quiere ir otra vez a la corrida de toros.

pórke↓ yokyérǫir |ótrȧbẹ§ |ȧlȧkȯrrícȧdétoròs↓

Bob: ¿Por qué? Yo quiero ir otra vez a la corrida de toros.

Jean, dígale que no puede, que Uds. tienen que llevar a los niños al campo.

nopwédės↓ ténemoske⊕yebar |ȧlózniŋyosąlkámpȯ↓

Jean: No puedes. Tenemos que llevar a los niños al campo.

Bob, dígale que vayan con la criada.

kėbȧyaŋkonlakryádȧ↓

Bob: Que vayan con la criada.

Jean, dígale que no sea tan cruel. Que ellos quieren ir con sus padres, no con la criada.

noseastaŋkrwél↓ e⊕yostkyérẹnir |kȯnsúspadrės↓
nokonlakryádȧ↓

Jean: No seas tan cruel. Ellos quieren ir con sus padres, no con la criada.

NARRATIVE 2

1 Besides, Jean thinks that bullfighting is an awful and cruel thing.

ȧdėmast̀ȧyinlepareşę |kéltȯreot̀ęsúnȧkosą |
ȯrriblęikrwél↓

Además, a Jean le parece que el toreo es una cosa horrible y cruel.

2 But Bob thinks it's very exciting.

pérǫȧbob |lėpȧreşe |kézmuyemoşyonánté↓

Pero a Bob le parece que es muy emocionante.

3 And that Sunday's fight was terrific.

ikėlȧkȯrrída |deldomíŋgo t̀ęstúbo |fénȯmėná̀l↓

Y que la corrida del domingo estuvo fenomenal.

4 Jean doesn't see how Bob can say such a thing.

yin |nȯbékómobob |pwédėdęşir |talkósȧ↓

Jean no ve cómo Bob puede decir tal cosa.

5. She got so nervous she almost fainted.

e⊕ya |sępúsȯtá(n)nerbyosat̀kėpȯrpokosedesmáyȧ↓

Ella se puso tan nerviosa que por poco se desmaya.

6 Bob believes that happened to her
  because it was the first bullfight
  she'd seen.

bòbkréę |késólepasó |pòrkézláprimèra
korriđa |keǫyabístò↓

Bob cree que eso le pasó porque es la
primera corrida que ella ha visto.

7 It may be, but as for Jean, she doesn't
  want to see any more bullfights.

pweđesér↓ péròlòkézyin↑nòkyéreber |
maskorríđàs↓

Puede ser, pero lo que es Jean, n'o quiere
ver más corridas.

DIALOG 2

Jean, dígale a Bob que además el toreo es
una cosa horrible y cruel.

àđémás |éltòréǫ |ésúnákosą |òrriblęıkrwél↓

Jean: Además, el toreo es una cosa
      horrible y cruel.

Bob, dígale que a Ud. le parece que es muy
emocionante. Que la corrida del domingo
estuvo fenomenal.

àmí |mèpáreşe |kèzmuyemoşyonántè↓
làkòrriđadeldomingǫ |èstúbòfènòmènál↓

Bob: A mí me parece que es muy emocio-
     nante. La corrida del domingo estuvo
     fenomenal.

Jean, pregúntele que cómo puede decir tal
cosa. Que Ud. se puso tan nerviosa que
por poco se desmaya.

kómopweđez |đeşirtalkósà↓ yó |mèpúsè |ta(n)
nerbyosa↑kèpòrpokomeđezmáyò↓

Jean: ¿Cómo puedes decir tal cosa? Yo me
      puse tan nerviosa que por poco me
      desmayo.

Bob, dígale que eso le pasó porque es la
primera corrida que ha visto.

esotepasó |pòrkézláprimerakorriđa |kęazbístò↓

Bob: Eso te pasó porque es la primera
     corrida que has visto.

Jean, contéstele que puede ser, pero lo que
es Ud., no quiere ver más corridas.

pweđesér↓ péròlòkézyo↑nòkyérober |
maskorríđàs↓

Jean: Puede ser, pero lo que es yo, no
      quiere ver más corridas.

NARRATIVE 3

1 Bob and Jean want to go to the races this evening.	bōbíyín |kyérenɪr |álaskárrérazdekabáⱳós | éstānóchė↓	Bob y Jean quieren ir a las carreras de caballos esta noche.
2 But Jean doesn't know whom to leave the children with.	pėróyin |nòsábe |kònkyéndeharalozníɲyòs↓	Pero Jean no sabe con quién dejar a los niños.
3 'Let them stay with the maid,' says Bob.	kėsėkeḋen |kònlàkryaḋá |ḋíṣėbób↓	Que se queden con la criada —dice Bob.
4 But Jean tells him that's not possible.	pėróyinleḋiṣe |kėnósepwéḋė↓	Pero Jean le dice que no se puede.
5 Because the maid wants to go out this evening.	pórkėlàkryaḋa |kyéresalír |éstānóchė↓	Porque la criada quiere salir esta noche.
6 'Well, don't let her go out this evening, let her go out tomorrow; it's the same thing,' says Bob.	pwés |kėnósálgą |éstānóchė↓kėsálga |màɲyanȧ↓ ėzlómɪzmȯ |ḋíṣėbób↓	Pues, que no salga esta noche, que salga mañana; es lo mismo —dice Bob.

DIALOG 3

Bob, pregúntele a Jean si quiere ir a las carreras de caballos esta noche.	kyéresɪr |álaskárrérazdekabáⱳos |éstánóchė↑	Bob: ¿Quieres ir a las carreras de caballos esta noche?
Jean, contéstele que bueno, pero que con quién dejan a los niños.	bwenȯ |pėrókòŋkyéndehámos |alozníɲyòs↓	Jean: Bueno, pero ¿con quién dejamos a los niños?
Bob, dígale que se queden con la criada.	kėsėkeḋen |kònlàkryaḋȧ↓	Bob: Que se queden con la criada.
Jean, dígale que es que la criada quiere salir esta noche.	éskėlàkryaḋa |kyérėsálir |éstānóchė↓	Jean: Es que la criada quiere salir esta noche.
Bob, dígale que pues que no salga esta noche, que salga mañana; que es lo mismo.	pwestkėnósálgą |éstānóchė↓kėsálgàmàɲyanȧ↓ ėzlómɪzmȯ↓	Bob: Pues que no salga esta noche, que salga mañana; es lo mismo.

30.4   READINGS

30.40   List of cognate loan words

las ofertas	làs—òfertàs↓
el comentario	èl—kòméntaryò↓
simplemente	sìmpleméntè↓
el gesto	èl—hestò↓
significaba (significar)	sìgnifikàbà↓ sìgnifikár↓
etcétera	é(t)şetérà↓
el italiano	èl—itàlyanò↓
Italia	itályà↓
la cliente	là—klyéntè↓
los empleados	lòs—èmpleàđòs↓
inteligente	ìntèlihéntè↓
la cuestión	là—kwèstyón↓
pretendiendo (pretender)	prètèndyéndò↓ prètèndér↓
depende (depender)	dèpéndè↓ dèpèndér↓
los kilos	lòs—kilòs↓
los céntimos	lòs—şéntimòs↓
la calidad	là—kàlidàđ↓
ofende (ofender)	òféndè↓ òfèndér↓
cultiva (cultivar)	kùltibà↓ kùltibár↓

produce (producir)	pródusé↓ pródúsír↓
imitando (imitar)	imitandó↓ imitár↓
la desesperación	la—déséspérásyón↓
la discusión	la—diskúsyón↓
la curiosidad	la—kúryósídád↓
pacientemente	pásyenteménté↓
las ocasiones	lás—ókásyonés↓
furioso	fúryosó↓
el asilo	él—ásiló↓
la aspirina	la—áspíriná↓
la experiencia	la—éspéryensyá↓
adaptar	ádáptár↓
representar	rrépreséntár↓
sincero	sinseró↓
actuar	áktwár↓
los surlandeses	lós—súrlándesés↓
populares	pópúlarés↓
la colonia	la—kólónyá↓

30.41 Reading selection

En el Mercado

—¡Venga para acá, señora! ¿Qué le damos hoy? ¡Mire estas verduras tan frescas! Me las acaban de traer, ¡mire qué tomates, qué lechugas...! ¿Qué busca Ud.? Dígame qué busca que aquí tenemos de todo, fresco y barato. Un momento, señora, no se vaya, vea estos huevos que acaban de llegar, y a tres pesos la docena solamente; un regalo, ¿no cree Ud.? Pero señora, ¿cómo cree que los puedo dar a uno cincuenta cuando a mí me costaron dos y medio? No gano casi nada; pero venga, no se vaya, se los dejo un poco más baratos. ¿Cuánto me da? Le apuesto que no va a encontrar nada mejor en todo el mercado. Tómelos, se los doy a dos cincuenta...dos cuarenta, entonces...¡señora!...¡venga, no se vaya!

Esto mismo le decían a Marta o a Virginia en cada puesto por donde pasaban, y todo el mundo parecía hablar al mismo tiempo. El ruido era enorme, aquello parecía una casa de locos. Pero Marta, que estaba acostumbrada a estas cosas, seguía andando muy tranquila sin poner atención a las ofertas que le hacían; y Virginia, que sólo iba ese día para aprender, tomaba la misma actitud de su amiga. De vez en cuando Marta preguntaba el precio de alguna cosa, y cuando se lo decían, contestaba con un pequeño comentario, tal como 'carísimo', 'no me gusta', etc., o simplemente hacía un gesto que significaba lo mismo. Otras veces no decía nada y seguía muy tranquila, dejando a la persona que vendía, llamándola y diciéndole la misma cosa de siempre: 'Un momento, señora, no se vaya, hágame una oferta, se lo dejo más barato, etcétera, etcétera.'

Por fin llegaron a un puesto, que se llamaba 'El Regalo.' El propietario era un italiano que hacía muchos años que vivía en Surlandia y que siempre estaba hablando de volver a Italia para pasar allá los últimos años de su vida. Su nombre era Vittorio Martini, y aunque había vivido muchos años en Surlandia nunca había podido, o no se había preocupado, de aprender a hablar bien en español; hablaba con un acento tan grande que a veces no se sabía si era en italiano o en español que estaba hablando. Don Vittorio sabía que a la *signora Fonti*, como le decía él a la Sra. Fuentes, aunque era buena cliente, le gustaba mucho discutir por los precios y fácilmente podía confundir y convencer a cualquiera de sus empleados. Por eso él mismo en persona prefería atenderla cada vez que ella venía a comprar.

—Don Vittorio—dijo Pedro, un empleado, llamando a su jefe—allá viene la Sra. Fuentes. ¿La atiendo yo? Va a ver que a mí no me confunde.

—Estás loco, *bambino*, la *signora Fonti* es *molto intelligente* para ti—responde don Vittorio con una ensalada de italiano y español.—Esta *signora* es *buona* cliente, pero hay que tener mucho cuidado con la cuestión de los precios. Ah, pero yo, Vittorio Martini, también soy *molto intelligente*. Déjame, yo mismo la voy a atender.

—Aquél es el puesto, Virginia, aquél que dice 'El Regalo'—le dijo la Sra. Fuentes a su amiga americana, indicándole el puesto del italiano. —El propietario es una persona muy amable, y aunque discute mucho por los precios y cuesta un poco convencerlo, siempre termina vendiéndome todo más barato que en cualquiera otra parte. Déjeme ver lo que tengo en la lista; arroz, carne, huevos, mantequilla y algunas verduras. Voy a comprar las cosas mías primero y luego compro las suyas. Aquí estamos. Ahora observe con mucho cuidado para que aprenda.

signora Fonti	señora Fuentes
bambinos	niño
molto intelligente	muy inteligente
buona	buena

—Buenos días, don Vittorio— le dijo — ¿Cómo le va y qué tal la señora y los *bambinos?*

—*¡Signora Fonti!,* ¿Qué sorpresa tan agradable!, *¡molto piacere* de verla por aquí! —contestó el italiano pretendiendo no haberla visto cuando venía. —Los *bambinos* y la *signora* están *molto bene, grazie, grazie.* ¿Y qué le vendemos hoy, *signora?*

—Tengo mucho que comprarle, pero eso depende del precio. Primero, necesito diez kilos de arroz.

—*Molto bene,* signora, mire Ud. que arroz tan bonito tenemos, no hay otro mejor en todo el mercado. Y le voy a dar un precio especial, a cincuenta céntimos el kilo, pero sólo a Ud. por ser tan buena cliente nuestra.

—¡Cincuenta céntimos! Ni loca. ¿Eso llama Ud. precio especial? Además, este arroz no parece de muy buena calidad.

—*Signora,* Ud. ofende a Vittorio Martini al decir tal cosa. ¿Cómo puede decir que no es de *buona qualitá* cuando es importado directamente de Italia donde se cultiva el mejor arroz de *tutto il mondo?* Italia produce *tutto....*

—Sí, sí, sí, ya lo sé, no me diga. Italia produce *tutto* lo mejor de *tutto il mondo*— le interrumpió Marta imitando su acento.y en un tono que indicaba haber oído a don Vittorio decir muchas veces la misma cosa. —Está bien, no vamos a discutir la calidad, pero tiene que darme un precio mejor. Si me lo da a treinta el kilo, bueno; si no, no.

—*¡Mamma mía!, ¡impossibile!* A treinta céntimos mejor cierro el negocio y me voy para Italia. A cuarenta y cinco es lo menos, pero 'shhh', no se lo diga a nadie. —Y sin esperar más, empezó a llenar una bolsa.

—Un momento, don Vittorio, yo dije treinta, ni un céntimo más.

—*¡Pero signora, per favore!,* ¡son diez *bambinos* los que tengo! Mire esta foto si no me cree—exclamó don Vittorio con desesperación, al mismo tiempo que le enseñaba una foto de él con su señora y diez hijos. —Algo tengo que ganar.

—Bueno, está bien, se lo voy a pagar a treinta y cinco el kilo, pero eso sí es lo último.

—Cuarenta, por ser Ud.

—No, a treinta y cinco.

bambinos	niños	*tutto il mondo*	todo el mundo
Signora Fonti	señora Fuentes	*tutto*	todo
molto piacere	mucho gusto	*mamma*	mamá
molto bene	muy bien	*impossibile*	imposible
grazie	gracias	*signora*	señora
buona qualitá	buena calidad	*per favore*	por favor

—No puedo, *signora*, lo siento mucho.

—Voy a comprarlo a otra parte, entonces. Vamos, Virginia.

—Bueno, bueno, no se vaya, no vamos a discutir más, Ud. gana otra vez, y yo pierdo.

—Muchas gracias, don Vittorio, Ud. es muy amable. Ahora vamos a ver, necesito unas buenas chuletas de cerdo pero....

Etcétera, etcétera. Empezó la misma discusión con la cuestión de la carne, y luego lo mismo con los huevos, y la mantequilla, y todas las otras cosas que Marta tenía que comprar: 'que le doy tanto, que imposible, que me voy, que sí, que no, que mis *bambinos*, que *Mamma* mía, que Italia...etc.' La Sra. Robinson observaba con curiosidad y esperaba pacientemente, poniendo mucha atención para aprender a hacer lo mismo que su amiga en ocasiones futuras.

Por fin, una hora después terminó Marta de comprar todo y muy contenta le dijo adiós a don Vittorio. Este apenas pudo contestarle el adiós; se sentía cansado y con '*molto*' dolor de cabeza de tanta discusión por los precios. Estaba además furioso porque sabía que la '*signora Fonti*' había salido ganando una vez más.

—¿Cómo le fue, don Vittorio?— le preguntó Pedro, el empleado—¿Hicimos buen negocio esta vez?

—¿¡Buen negocio!?, con diez clientes más como esta mujer, Vittorio Martini acaba sus días en un asilo de locos. ¡*Mamma* mía!, ¡qué dolor de cabeza! Dame una aspirina, *bambino*, *per favore*.

- -

Esta experiencia en el mercado fue una de las muchas cosas nuevas, o por lo menos diferentes, que los Robinson encontraron en Surlandia. A veces les parecía que algunas de esas cosas eran bastante difícil de comprender, pero ellos las aceptaban porque querían adaptarse al sistema de vida en Surlandia. Para representar mejor los intereses de su país, Estados Unidos, era necesario ser aceptado como amigo sincero de la gente de Surlandia, y para esto, era necesario aprender a vivir y a actuar como los surlandeses. Y así fue; poco a poco todos los Robinson, padres e hijas, fueron acostumbrándose y adaptándose a todo lo que era nuevo o diferente y, en menos de tres meses después de haber llegado, Fred, Virginia y sus hijas Jane y Ruth eran los más populares de toda la colonia norteamericana en Las Palmas.

signora	señora
bambinos	niños
mamma	mamá
molto	mucho
signora Fonti	señora Fuentes
per favore	por favor

30.42   Response drill

1 ¿A dónde fueron ese día las dos señoras?

2 ¿Qué les decían en cada puesto por donde pasaban?

3 ¿Qué parecía el mercado con tanto ruido?

4 ¿Para qué iba la Sra. Robinson al mercado?

5 ¿Qué comentarios hacía Marta cuando no le gustaba el precio de algo?

6 ¿A cuál puesto llegaron por fin?

7 ¿Cómo se llamaba ese puesto?

8 ¿Cómo se llamaba el propietario?

9 ¿De dónde era él?

10 ¿Cuánto tiempo hacía que vivía en Surlandia?

11 ¿Cómo hablaba el español?

12 ¿Por qué no había aprendido a hablarlo bien?

13 ¿Cuántos hijos tenía él?

14 ¿Cómo le decía él a la Sra. Fuentes?

15 ¿Por qué prefería él mismo en persona atender a esa señora?

16 ¿Qué tenía que comprar la señora ese día?

17 ¿Iba a comprar las cosas de su amiga primero o las de ella?

18 ¿Empezó por la carne, por la mantequilla, o por el arroz?

19 ¿Cuántos kilos tenía que comprar?

20 ¿A cómo quería vendérselo don Vittorio?

21 ¿A cómo quería pagárselo ella?

22 ¿Discutieron mucho por el precio?

23 ¿A cómo se lo dejó, don Vittorio, por fin?

24 ¿Qué pasó después con la cuestión de la carne, la mantequilla, etc.?

25 Mientras la Sra. Fuentes y don Vittorio discutían, ¿qué hacía Virginia?

26 ¿Por qué ponía atención y observaba con curiosidad?

27 ¿Por qué estaba furioso don Vittorio después de acabar el negocio con Marta?

28 ¿Por qué querían los Robinson adaptarse al sistema de vida en Surlandia?

29 ¿Qué tenían que hacer ellos para poder adaptarse a ese sistema de vida?

30 ¿En cuánto tiempo llegaron a ser ellos los más populares de la colonia norteamericana en Las Palmas?

AII.1   Vocabulary

Units 16 – 30

The following vocabulary list includes all words presented in Units 16-30. The format of presentation is the same as in the preceding volume.

Items which first appear in the basic dialogs are indicated by a figure one after the unit designation, as 16.1; items which first appear in illustration drills, by a figure two, as 16.2. New items in the readings, which in this volume are limited to cognate loan words, are indicated by a figure four, as 16.4.

The following abreviations are used:

(f)	feminine
(fam)	familiar
(frml)	formal
(m)	masculine
(n)	neuter
(neg)	negative
(pl)	plural
(sg)	singular

/a/

a

a—lo—último		at the end	26.1
al—prinşípyo		in the beginning	27.1
a—tyémpo		on time	19.1
abáho	(abajo)	down	24.1

	abandonádo, —a	(abandonado)	neglected	16.1
	abandonár	(abandonar)	to neglect, to abandon	16.1
	abér			
	abía		there was, there were	17.1
el	abrígo	(abrigo)	topcoat	24.1
	aburrír	(aburrir)		
	aburrírse		to get bored	30.1
	adaptár	(adaptar)	to adapt	30.4
	adelánte			
	de—akí—en—adelánte		from now on, henceforth	29.1
el	adóbe	(adobe)	adobe	28.4
	aéreo, —a	(aéreo)	aerial	19.1
la	aerolínea	(aerolínea)	airline	18.1
	ága (see aşér)			
	ágas (see aşér)			
	ágo (see aşér)			
	agradáble, —∅	(agradable)	pleasant, agreeable	21.1
	agradeşér	(agradecer)	to thank	21.1
	agradéşko		(I) thank	23.2
el	agregádo	(agregado)	attaché	19.1
	aká	(acá)	here	16.1
	akabár	(acabar)	to finish	16.1
	akabár—de		to have just	16.1
	akí			
	de—akí—en—adelánte		from now on, henceforth	29.1

	akompaɳyár	(acompañar)	to accompany	22.1
	akostár	(acostar)		
	akostárse		to go to bed	17.1
	akostumbrár	(acostumbrar)	to accustom	17.1
	akostumbrárse		to accustom oneself	17.1
la	aktıtúd	(actitud)	attitude	27.4
	aktwár	(actuar)	to act	30.4
	alarmádo, —a	(alarmado)	alarmed	22.4
	alarmár	(alarmar)	to alarm	22.4
	alegrár	(alegrar)	to gladden	22.1
	alegrárse		to be glad	22.1
	algúno, —a	(alguno)	some	22.1
	algún		some	22.1
	almorşár			
	almwérşa		(you) have lunch	22.2
	aɰyá	(allá)	over there	25.1
	andár	(andar)	to walk, to be out	21.1
	andúbe		(I) walked, was out	21.1
	andubímos		(we) were out	21.2
	andubíste		(you) walked (fam)	21.2
	andúbo		(you) were	21.2
	andubyéron		(they) were	21.2
la	anımaşyón	(animación)	liveliness, animation	30.1
	antígwo, —a	(antiguo)	old, ancient	16.1
el	áɳyo	(año)	year	16.1

/ape/

el	apeⓁyído	(apellido)	surname	25.1
	apostár	(apostar)	to bet	30.1
la	arıstokráṣya	(aristocracia)	aristocracy	28.4
	arıstokrátıko, —a	(aristocrático)	aristocratic	28.4
	arkıtektónıko, —a	(arquitectónico)	architectural	28.4
el	árma (f)	(arma)	arm	28.4
	arríba	(arriba)	up	24.1
el	árte	(arte)	art	30.1
el	artíkulo	(artículo)	article	24.1
el	asílo	(asilo)	asylum	30.4
el	aspékto	(aspecto)	aspect	27.4
la	aspırína	(aspirina)	aspirin	30.4
	ásta			
	ásta—la—bísta		see you later	20.1
	áṣ (see aṣér)			
el	aṣénto	(acento)	accent	20.4
	aṣeptádo, —a	(aceptado)	approved, accepted	26.1
	aṣeptár	(aceptar)	to accept	25.4
	aṣér			26.1
	ága		do	27.2
	ágas		do (fam neg)	27.2
	ágo		(I) do	23.1
	áṣ		do (fam)	27.2
	écho		made	24.1
	ıṣíste		(you) did (fam)	18.1

	íşo		(it) made	17.1
	áşe (unos días)		(a few days) ago	16.1
	aşér dányo		to be harmful, to harm	17.1
	aşér fálta		to (make a) lack	24.1
	aşér frío		to be cold (weather)	21.1
	aşér kalór		to be hot (weather)	21.1
	aşérse tárde		to become late	19.1
	désde áşe múcho tyémpo		for quite a while	18.1
	atendér			
	atyénden		(they) take care	22.2
la	atenşyón	(atención)	attention	22.4
	aterrışár	(aterrizar)	to land	19.1
la	atrakşyón	(atracción)	attraction	29.4
	atyénden (see atendér)			
	aún	(aún)	even	17.1
	awmentár	(aumentar)	to increase, to augment	28.4
	áwnke	(aunque)	even though, although	22.1

/b/

la	bakúna	(vacuna)	vaccination	26.1
	balér			
	bálga		(it may) be worth	28.2
	bálgo		(I) am worth	23.2
	balyénte, -ǿ	(valiente)	valiant	30.1
la	baryedád	(variedad)	variety	28.4

/bar/

	báryos, —as	(varios)	several	19.1
la	báse	(base)	base	19.1
	báya (see ír)			
	báyan (see ír)			
	bé (see ír)			
	beía (see bér)			
	beíamos (see bér)			
	beían (see bér)			
	beías (see bér)			
	bendér	(vender)	to sell	23.1
	benír			
		béngas	come (fam neg)	27.2
		béngo	(I) come	23.2
		bınyéron	(they) came	21.2
	(el—sábado)—ke—byéne		next (Saturday)	18.1
	bér			
		beía	(I) saw, was seeing	18.1
		beíamos	(we) saw, were seeing	18.2
		beían	(they) saw, were seeing	18.2
		beías	(you) saw, were seeing (fam)	18.2
		bísto	seen	16.1
	bérse		to see itself	24.1
	por—lo—bísto		from appearances, apparently	16.1
el	bérbo	(verbo)	verb	20.4
la	berdád	(verdad)	truth; is it, does it, can't we, etc.	18.2

665

la	berdúra	(verdura)	green (leafy vegetable)	23.1
el	bestído	(vestido)	dress	24.1
el	bestíhyo	(vestigio)	vestige, trace	28.4
	bestír			
		bísto	(I) dress	22.1
el	beysból	(beisbol)	baseball	21.4
la	bída	(vida)	life	30.1
	bınyéron (see benír)			
la	bísa	(bisa)	visa	25.1
la	bısíta	(visita)	visit	20.4
	bısıtár	(visitar)	to visit	18.1
la	bísta	(vista)	sight	20.1
	ásta—la—bísta		see you later	20.1
	bísto (see bér, bestír)			
la	blúsa	(blusa)	blouse	24.1
	bolár	(volar)	to fly	20.1
		bwéla	(it) flies	20.1
	bolbér	(volver)	to turn, to return	22.1
		bwélbas	come back (fam neg)	27.2
		bwélbe	come back (fam)	27.2
			(it) turns, returns	22.1
la	bólsa	(bolsa)	bag, sack	23.1
el	bombardéo	(bombardeo)	bombing	20.1
la	bóş	(voz)	voice	22.4

/brɪ/

el	brích	(bridge)	bridge	25.4
	bwéla (see bolár)			
	bwélbas (see bolbér)			
	bwélbe (see bolbér)			
la	bwélta			
	dár—una—bwélta		to take a ride (walk)	21.1
	bwéno, —a			
	bwenísɪmo, —a		very good	29.1
	byén	(bien)	very, good and	21.1
	más—byén		rather	21.1
el	byénto	(viento)	wind	21.1

/d/

el	dáɳyo	(daño)	damage, hurt	17.1
	aşér—dáɳyo		to be harmful, to harm	17.1
	dár			
	dí		(I) gave	21.2
	dímos		(we) gave	21.1
	díste		(you) gave (fam)	21.2
	dyéron		(they) gave	21.2
	dyó		(she) gave	21.2
	dár—una—bwélta		to take a ride (walk)	21.1
	de			
	akabár—de		to have just	16.1

	de—akí—en—adelánte		from now on, henceforth	29.1
	dedıkádo, —a	(dedicado)	dedicated	25.4
	dedıkár	(dedicar)	to dedicate	25.4
el	defékto	(defecto)	defect	16.4
	defendér	(defender)	to defend	30.1
la	defénsa	(defensa)	defense	23.4
	dehár			
	dehár—de		to leave off, to skip, to miss	17.1
			to stop	28.1
	dehárse—de—brómas		to stop joking	28.1
	delışyóso, —a	(delicioso)	delicious	17.4
el	departaménto	(departamento)	department	24.1
	dependér	(depender)	to depend	30.4
el	depórte	(deporte)	sport	27.1
	desapareşér	(desaparecer)	to disappear	28.4
el	desayúno	(desayuno)	breakfast	17.1
	désde			
	désde—áşe—mucho—tyémpo		for quite a while	18.1
la	desesperaşyón	(desesperación)	desperation	30.4
	desınteresádo, —a	(desinteresado)	disinterested	27.4
	desınteresár	(desinteresar)	to disinterest	27.4
	desmayár	(desmayar)		
	desmayárse		to faint	30.1
el	desórden	(desorden)	disorder	20.4
	despedír	(despedir)	to dismiss, to see off	22.1

	despído		(I) say goodbye	22.1
	despedírse		to say goodbye	22.1
	despegár	(despegar)	to take off	19.1
	despído (see despedír)			
	deşénte, —∅	(decente)	decent	16.4
	deşír			
	dí		tell (fam)	27.2
	díga		(he may) say	28.2
	dıgámos		(let's) tell	28.2
	dígas		say (fam neg)	27.2
	dígo		(I) say	23.1
	dího		(he) said	18.1
el	detáⓄye	(detalle)	detail	28.4
	dí ('see dár, deşír)			
	dıbertír	(divertir)		
	dıbertírse		to enjoy oneself	17.1
	dıbíno, —a	(divino)	divine	22.4
	dıborşyádo, —a	(divorciado)	divorced	25.1
	dıborşyár	(divorciar)	to divorce	25.1
	dıferénte, —∅	(diferente)	different	18.4
la	dıfıkultád	(dificultad)	difficulty	21.4
	dıfíşıl, —∅	(dificil)	difficult	29.1
	díga (see deşír)			
	dıgámos (see deşír)			
	dígas (see deşír)			
	dígo (see deşír)			

	díhitál, ─∅	(digital)	digital	26.1
	dího (see deşír)			
	dímos. (see dár)			
el	dinéro	(dinero)	money	25.1
	díplomátiko, ─a	(diplomático)	diplomatic	19.4
	diréktaménte	(directamente)	directly	18.4
	disgustádo, ─a	(disgustado)	displeased	20.4
	disgustár	(disgustar)	to displease	20.4
la	diskusyón	(discusión)	discussion	30.4
	diskutír	(discutir)	to discuss	17.4
la	distánşya	(distancia)	distance	29.4
	díste (see dár)			
el	dokuménto	(documento)	document	26.1
el	dolór	(dclor)	pain	17.1
	dolór─de─kabéşa		headache	17.1
	dormír	(dormir)	to sleep	28.2
	durmámos		(let's) sleep	28.2
la	doşéna	(docena)	dozen	23.1
	duránte	(durante)	during	19.4
	durmámos (see dormír)			
	dyéron (see dár)			
	dyó (see dár)			

/e/

	écho (see aşér)			
la	edukaşyón	(educación)	education	22.4
el	ehémplo	(ejemplo)	example	18.4
el	ekípo	(equipo)	equipment	27.1
	eksıstír	(existir)	to exist	28.4
	eksótıko, —a	(exótico)	exotic	27.4
	e(k)steryór, —∅	(exterior)	exterior	16.1
	emoşyonánte, —∅	(emocionante)	exciting, touching	30.1
el	empleádo	(empleado)	employee	30.4
	èn			
	en—totál		altogether	20.1
	engordár	(engordar)	to get fat	27.1
	enkontrár			
	enkwéntro		(I) find	22.2
	enórme, —∅	(enorme)	enormous	22.4
	enseŋyár	(enseñar)	to show, to teach	22.1
	entéro, —a	(entero)	whole	28.4
la	entráda	(entrada)	admission ticket	29.1
	entrár	(entrar)	to enter	19.4
				21.1
el	entusyásmo	(entusiasmo)	enthusiasm	21.4
la	époka	(época)	epoch	28.4
	éra (see sér)			
	éramos (see sér)			

	éras (see sér)			
	ermóso, —a	(hermoso)	beautiful	28.1
	esáktaménte	(exactamente)	exactly	17.4
	esklamár	(exclamar)	to exclaim	17.4
	esklusíbaménte	(exclusivamente)	exclusively	29.4
la	eskwadríỻya	(escuadrilla)	squadron	20.1
el	eskwadrón	(escuadrón)	squadron	20.1
	espérto, —a	(experto)	expert	25.4
la	esperyénşya	(experiencia)	experience	30.4
	espeşyál, —ø	(especial)	special	16.1
	(nada)—en—espeşyál		(nothing) special	16.1
	esplıkár	(explicar)	to explain	26.1
	espresár	(expresar)	to express	24.4
la	espresyón	(expresión)	expression	21.4
la	es(ş)epşyón	(excepción)	exception	25.4
	es(ş)épto	(excepto)	except	18.4
el	estándard	(standard)	standard	27.4
	estár			
	esté		be	27.2
	estúbe		(I) was	16.1
	estubímos		(we) were	21.2
	estubíste		(you) were (fam)	21.2
	estúbo		(you) were	21.2
	estubyéron		(they) were	21.2

	estendér	(extender)	to extend	24.4
el	estílo	(estilo)	style	28.4
	estrécho, —a	(estrecho)	narrow	16.1
	estúbe (see estár)			
	estubímos (see estár)			
	estubíste (see estár)			
	estúbo (see estár)			
	estubyéron (see estár)			
el	estudyánte	(estudiante)	student	17.2
el	estúdyo	(estudio)	study	19.4
	e(t)şétera	(etcétera)	etcetera	30.4

/f/

	faboríto, —a	(favorito)	favorite	27.1
la	fálda	(falda)	skirt	24.1
la	fálta	(falta)	lack	24.1
	aşér~fálta		to (make a) lack	24.1
	fantástıko, —a	(fantástico)	fantastic	17.1
	felışıtár	(felicitar)	to congratulate	29.1
	fenomenál, —∅	(fenomenal)	phenomenal	30.1
	féo, —a	(feo)	ugly	16.2
	fırmár	(firmar)	to sign	26.1
	físıko, —a	(físico)	physical	28.4
	flóho, —a	(flojo)	lazy, loose	27.1

la	fórma	(forma)	form	18.4
la	formalıdád	(formalidad)	formality	26.4
	formár	(formar)	to form	18.4
	fránkaménte	(francamente)	frankly	18.4 27.1
la	fráse	(frase)	phrase	21.4
la	frekwénşya	(frecuencia)	frequency	29.1
	kom—frekwénşya		frequently, often	29.1
	frésko, —a	(fresco)	fresh	23.1
el	frío	(frío)	cold	21.1
	aşér—frío		to be cold (weather)	21.1
la	frúta	(fruta)	fruit	23.1
	fundádo, —a	(fundado)	founded	29.4
	fundár	(fundar)	to found	29.4
	furyóso, —a	(furioso)	furious	30.4
el	fútbol	(fútbol)	football	27.1
el	futúro	(futuro)	future	21.4
	fwé (see ír, sér)			
	fwéron (see ír, sér)			
la	fwérşa—aérea	(Fuerza Aérea)	Air Force	18.1
	fwí (see ír, sér)			
	fwímos (see ír, sér)			
	fwíste (see ír, sér)			

/gan/

/g/

	ganár	(ganar)	to win, to earn, gain	27.1
la	gérra	(guerra)	war	19.1
el	gobyérno	(gobierno)	government	19.4
el	gólf	(golf)	golf	20.1
	gradwádo, —a	(graduado)	graduated	19.4
	gradwár	(graduar)		
	gradwárse		to graduate	19.4

/h/

el	héfe	(jefe)	boss, chief, manager	18.1
el	henerál	(general)	general	18.4
la	hénte	(gente)	people	16.1
el	hésto	(gesto)	gesture	30.4
la	hóta	(jota)	the (letter) jota (j); jot, tittle	27.1
el	hugadór	(jugador)	player	28.1
	hugár	(jugar)	to play	27.1
			to gamble	30.1
	hwégo		(I) play	28.1
el	hwégo	(juego)	game	30.1

/i/

	íbamos (see ír)			
	íban (see ír)			
	íbas (see ír)			
la	ıglésya	(iglesia)	church	16.1
	ımbestıgár	(investigar)	to investigate	22.4
	ımbıtár	(invitar)	to invite	18.1
	ımıtár	(imitar)	to imitate	30.4
la	ımpaşyénşya	(impaciencia)	impatience	22.4
	ımportádo, —a	(importado)	imported	27.4
la	ımportánşya	(importancia)	importance	22.4
	ımportánte, —∅	(importante)	important	17.4
	ımportár	(importar)	to matter, be important	27.1
	ımportár	(importar)	to import	27.4
	ındıkár	(indicar)	to indicate	21.4
la	ındustryalışaşyón	(industrialización)	industrialization	28.4
el	ınhenyéro	(ingeniero)	engineer	25.1
	ınmedyátaménte	(inmediatamente)	immediately	22.4
el	ınmıgránte	(inmigrante)	immigrant	25.1
	ınoşénte, —∅	(inocente)	innocent	22.4
	ınsıgnıfıkánte, —∅	(insignificante)	insignificant	17.4
	ınsıstír	(insistir)	to insist	22.4
la	ınspekşyón	(inspección)	inspection	20.1
	ıntelıhénte, —∅	(inteligente)	intelligent	30.4

el	interés	(interés)	interest	21.4
	ınteresánte, —∅	(interesante)	interesting	21.1
	ınternaşyonál, —∅	(internacional)	international	24.4
	ınterrumpír	(interrumpir)	to interrupt	17.4
	ír			
	báya		(it may) go	28.1
	báyan		go (pl)	18.1
	bé		go (fam)	27.2
	fwé		(it) went	17.1
	fwéron		(they) went	21.2
	fwí		(I) went	21.2
	fwímos		(we) went	21.1
	fwíste		(you) went (fam)	21.2
	íbamos		(we) went, were going	18.2
	íban		(they) went, were going	18.2
	íbas		(you) went, were going (fam)	18.2
	ír-a-pyé		to go by foot	16.1
	ír-de-kómpras		to go (of) shopping	18.1
	ké-bá		nonsense	16.1
	ke-les-báya-byén		take it easy	28.1
	ırrıtádo, —a	(irritado)	irritated	18.4
	ırrıtár	(irritar)	to irritate	18.4
	ışíste (see aşér)			
	íşo (see aşér)			
( )	ıtálya	(Italia)	Italy	30.4

	ıtalyáno, —a	(italiano)	Italian	30.4

/k/

el	kabaⓁyéro	(caballero)	gentleman	24.1
el	kabáⓁyo	(caballo)	horse	30.1
	kabér			
	kúpo		(it) fit	21.2
	kupyéron		(they) fit	21.2
la	kabéşa	(cabeza)	head	17.1
	dolór-de—kabéşa		headache	17.1
	kaér	(caer)		
	káygo		(I) fall	23.2
	kaérse		to fall	17.1
el	kafé	(café)	cafe	16.1
el	kafé	(café)	coffee	16.1
la	kalıdád	(calidad)	quality	30.4
el	kalór	(calor)	heat	21.1
	aşér—kalór		to be hot (weather)	21.1
el	kalşádo	(calzado)	footwear	24.1
	kalyénte, —Ø	(caliente)	warm	21.1
el	kámpo	(campo)	course	28.1
la	kanásta	(canasta)	basket	25.4

/kan/

la	kántcha	(cancha)	court	29.1
	kansádo, —a	(cansado)	tired	18.2
	kansár	(cansar)	to tire	18.2
	kantár	(cantar)	to sing	23.1
la	kapıtál	(capital)	capital	16.4
la	kárne	(carne)	meat	23.1
la	karréra	(carrera)	race	30.1
la	káşa	(caza)	hunt	20.1
la	katedrál	(catedral)	cathedral	16.1
la	káwsa	(causa)	cause	22.4
	káỳgo (see kaér)			
	ke	(que)	than	28.1
	pórke		because	16.1
	ké, —∅			
	ké—bá		nonsense	16.1
	kedár	(quedar)		
	kedár—en		to agree to, to decide on	18.1
	kedárse		to stay, to remain	18.1
	kedárse—sın—(ír)		to miss (going)	29.1
	kerér			
	kíso		(he) wanted	21.2
	kısyéra		(I) would like	16.1

	kısyéron		(they) wanted	21.2
el	kílo	(kilo)	kilo	30.4
el	kılómetro	(kilómetro)	kilometer	29.4
	kınyéntos, —as	(quinientos)	five hundred	20.1
	kíso, (see kerér)			
	kısyéra (see kerér)			
	kısyéron (see kerér)			
la	klarıdád	(claridad)	brightness	24.4
la	kláse	(clase)	class	28.4
el	klíma	(clima)	climate	19.4
el	klúb	(club)	club	28.1
la	klyénte	(cliente)	client	30.4
la	kolónya	(colonia)	colony	30.4
	kolonyál, —∅	(colonial)	colonial	28.4
el	kolór	(color)	color	16.4
	kombenír	(convenir)	to be advantageous	18.1
	kombenşér	(convencer)	to convince	27.1
	kombersár	(conversar)	to converse, to chat	16.1
la	kombersaşyón	(conversación)	conversation	23.4
	komentár	(comentar)	to comment	17.4
el	komentáryo	(comentario)	commentary	30.4
	komerşyál, —∅	(comercial)	commercial	16.1
la	komída	(comida)	food, meal	23.1
	komo	(como)	about, around	19.1
la	kompaŋyía	(compañía)	company	18.1
	kompeténte, —∅	(competente)	competent	29.1

	kompetír	(competir)	to compete	27.4
la	kómpra	(compra)	purchase	18.1
	ír—de—kómpras		to go (of) shopping	18.1
	komprendér	(comprender)	to understand	21.4
	komprometér	(comprometer)		
	komprometérse		to commit oneself, obligate oneself	28.1
	komunıkár	(comunicar)		
	komunıkárse		to communicate	19.1
	kon			
	kom—frekwénşya		frequently, often	29.1
la	kondışyón	(condición)	condition	21.4
la	kondúkta	(conducta)	conduct	26.1
	konhugár	(conjugar)	to conjugate	21.4
la	konhugaşyón	(conjugación)	conjugation	20.4
la	konmoşyón	(conmoción)	commotion	22.4
	konoşér			
	konóşko		(I) know	23.1
	konstrwír	(construir)	to construct	28.4
la	kontınwaşyón	(continuación)	continuation	18.4
el	kontráste	(contraste)	contrast	28.4
el	kontról	(control)	control	20.1
la	korbáta	(corbata)	tie	24.1
	korréktaménte	(correctamente)	correctly	21.4
la	korrída	(corrida)	bullfight	29.1
	kosér	(coser)	to sew	24.1

	kostár	(costar)	to be difficult	18.1
la	koynşıdénşya	(coincidencia)	coincidence	26.4
	krwél, —∅	(cruel)	cruel	30.1
la	kryáda	(criada)	maid	29.1
	kultıbár	(cultivar)	to cultivate	30.4
	kúpo (see kabér)			
	kupyéron (see kabér)			
la	kuryosıdád	(curiosidad)	curiosity	30.4
	kwarénta, —∅	(cuarenta)	forty	19.1
la	kwestyón	(cuestión)	question	30.4
	kwıdár	(cuidar)	to care for	28.1

/l/

	lárgo, —a	(largo)	long	20.1
la	láta	(lata)	nuisance	23.1
	latínoamerıkáno, —a	(Latinoamericano)	Latinamerican	16.4
	lebantár	(levantar)		
	lebantárse		to arise	17.1
la	léche	(leche)	milk	23.1
el	lechéro	(lechero)	milkman	23.1
la	lekşyón	(lección)	lesson	17.2
	límpyo, —a	(limpio)	clean	30.1
la	línea	(línea)	line	19.1
	lóko, —a	(loco)	crazy	22.1

/ǝyen/

/ǝy/

ǝyenár	(llenar)	to fill	26.1
ǝyéno, —a	(lleno)	full	16.1
ǝyobér	(llover)	to rain	21.1
ǝywébe		(it) rains	22.2

/m/

	madrugadór, —∅	(madrugador)	early rising	28.1
	magnífıko, —a	(magnífico)	magnificent	16.1
	málo, —a			
	ménos—mál		luckily; it could have been worse	17.1
la	mamá	(mamá)	mother	23.4
	manehár	(manejar)	to handle, to drive (a car)	29.1
la	manéra	(manera)	manner	18.4
la	mansyón	(mansión)	mansion	28.4
la	mantekíǝya	(mantequilla)	butter	23.1
	marchár	(marchar)		
	marchárse		to leave, go away	28.1
el	marído	(marido)	husband	24.1
	más			
	más—byén		rather	21.1
el	médıko	(médico)	doctor	26.1
( )	méhıko	(México)	Mexico	21.4
	mehór, —∅	(mejor)	better, best	16.1

	memorışár	(memorizar)	to memorize	21.4
la	memórya	(memoria)	memory	20.4
	ménos			
	ménos—mál		luckily, less injury; it could have been worse	17.1
	por—lo—ménos		at least	17.1
el	merkádo	(mercado)	market	22.1
el	més			
	el—més—pasádo		last month	17.1
	metódıko, —a	(metódico)	methodic	25.4
el	métro	(metro)	meter	20.1
	míl, —∅	(mil)	a thousand	20.1
el	mınıstéryo	(ministerio)	ministry	16.1
el	mınúto	(minuto)	minute	17.4 24.2
la	mísa	(misa)	mass	16.1
la	mısyón	(misión)	mission	18.1
el, la	modísta	(modista)	dressmaker	24.1
	morír	(morir)	to die	30.1
el	motór	(motor)	motor, engine	19.1
el	muchácho	(muchacho)	boy	28.1
la	muhér	(mujer)	woman	17.1
el	múndo	(mundo)	world	29.1
	myéntras	(mientras)	while	19.2

/naş/

/n/

	naşér	(nacer)	to be born	25.1
	naşyonál, —∅	(nacional)	national	18.1
el	negóşyo	(negocio)	business	26.1
	nerbyóso, —a	(nervioso)	nervous	17.1
	ponérse—nerbyóso		to get nervous	17.1
	ní	(ni)	not even	17.1
	nıngúno, —a	(ninguno)	none, not one	27.1
el	nórte	(norte)	north	16.4
	norteamerıkáno, —a	(Norteamericano)	North American	16.4 26.1
	nubládo, —a	(nublado)	cloudy	21.1
	nublár	(nublar)		
	nublárse		to cloud	21.1
el	núkleo	(núcleo)	nucleus	28.4

/o/

	obserbár	(observar)	to observe	22.4
	ofendér	(ofender)	to offend	30.4
la	oférta	(oferta)	offer	30.4
la	ofışína	(oficina)	office	18.1
el	ofışyál	(oficial)	official, officer	20.1
	oír			
	óye		(you) hear	23.2

	óyen		(you) hear (pl)	23.2
	óygas		listen (fam neg)	27.2
	óygo		(I) hear	23.1
la	okasyón	(ocasión)	occasion	30.4
	okupádo, —a			
	okupadísımo, —a		very busy	22.1
	olbıdár	(olvidar)		
	olbıdárse		to forget itself	20.1
la	opınyón	(opinión)	opinion	18.4
la	oportunıdád	(oportunidad)	opportunity	20.4
la	organışaşyón	(organización)	organization	25.4
	orıhınálménte	(originalmente)	originally	29.4
	orríble, —∅	(horrible)	horrible	17.1
	ótro, —a	(otro)	next	18.1
	óy	(hoy)	today	16.1
	óye (see oír)			
	óyen (see oír)			
	óygas (see oír)			
	óygo (see oír)			
el	óyɑ	(hoyo)	hole	28.1

/p/

el	pádre	(padre)	father	25.1
			(pl) parents	25.1

/pag/

	pagár	(pagar)	to pay	18.1
el	país	(país)	country	19.1
el	pán	(pan)	bread	23.1
el	pár	(par)	pair	24.1
	pareşér			
	paréşko		(I) look like	23.2
	pareşérse		to look like	23.2
el	partído	(partido)	game	27.1
	pasádo, —a	(pasado)	passed	17.1
	el-més-pasádo		last month	17.1
el	pasapórte	(pasaporte)	passport	26.1
	paseár	(pasear)	to stroll	16.1
el	pasíɯyo	(pasillo)	hall	27.1
	paşyénteméńte	(pacientemente)	patiently	30.4
la	páwsa	(pausa)	pause	24.4
	peór	(peor)	worse	17.1
	perdér	(perder)	to lose, to miss	27.1
	pyérda		lose	27.2
	pyérdo		(I) lose	27.1
	perdonár	(perdonar)	to pardon	19.1
	perféktaménte	(perfectamente)	perfectly	23.4
	permıtír	(permitir)	to permit	24.4
la	persóna	(persona)	person	17.4
				18.1
	perteneşér	(pertenecer)	to pertain, to belong	19.1

	perten**é**șko		(I) belong	23.2
el	peskádo	(pescado)	fish	23.1
el	pılóto	(piloto)	pilot	19.1
la	pımyénta	(pimienta)	pepper	23.1
la	písta	(pista)	runway, track	20.1
la	pıyáma	(pijama)	pajama(s)	22.4
el	plán	(plan)	plan	21.4
la	pláșa	(plaza)	plaza	28.4 30.1
el	pláto	(plato)	plate, dish	22.4
la	poblașyón	(población)	population	28.4
	póbre, —∅	(pobre)	poor	30.1
	podér			
	podrémos		(we) will be able	29.1
	pudímos		(we) could, were able	19.1
	pudyéron		(they) could, were able	21.2
	póko, —a			
	por—póko		by little, almost, nearly	30.1
la	polítıka	(política)	politics	24.4
	ponér			
	pón		put (fam)	27.2
	pongámos		(let's) put	28.2
	póngas		put (fam neg)	27.2
	póngo		(I) put	23.1
	púse		(I) put	21.2

/pop/

	púso		(she) put	17.1
	ponérse		to get, to become	17.1
	populár, —∅	(popular)	popular	30.4
	pór		around	22.1
	por—ehémplo		for example	18.4
	pórke		because	16.1
	por—lo—bísto		from appearances, apparently	16.1
	por—lo—ménos		at least	17.1
	por—lo—prónto		for the moment, time being	26.1
	por—póko		by little, almost, nearly	30.1
	por—supwésto		for certain, of course	22.1
	portár	(portar)		
	portárse		to behave, conduct oneself	30.1
la	práktɪka	(práctica)	practice	29.1
	praktɪkár	(practicar)	to practice, to participate in	27.1
	preferír	(preferir)	to prefer	21.4
	prefyéro		(I) prefer	21.4
	preokupár	(preocupar)		
	preokupárse		to worry	19.1
el	presénte	(presente)	present	21.4
	preşyóso, —a	(precioso)	precious	22.4
el	preté(k)sto	(pretexto)	pretext, excuse	16.1
	pretendér	(pretender)	to pretend	30.4
	prɪnşɪpál, —∅	(principal)	principal	29.4

el	prınşípyo	(principio)	beginning	27.1
	al—prınşípyo		in the beginning	27.1
	probábleménte	(probablemente)	probably	22.4
	probár			
	prwéba		(you) try	22.2
la	probısyón	(provisión)	provision, supply	20.1
el	probléma	(problema)	problem	22.1
el	prodúkţo	(producto)	product	27.4
	produşír	(producir)	to produce	30.4
el	profesór	(profesor)	professor	20.2
	progresíbo, —a	(progresivo)	progressive	28.4
	prónto			
	por—lo—prónto		for the moment, time being	26.1
la	pronunşyaşyón	(pronunciación)	pronunciation	20.4
el	propyetáryo	(propietario)	proprietor	29.4
	proybído, —a	(prohibido)	prohibited	29.4
	proy ír	(prohibir)	to prohibit	29.4
	prwéba (see probár)			
	públıko, —a	(público)	public	29.4
	pudímos (see podér)			
	pudyéron (see podér)			
	puntwál, —∅	(puntual)	pınctual	17.4 27.1
	púse (see ponér)			
	púso (see ponér)			
	pwés	(pues)	well	30.1

el	pwésto	(puesto)	stand, booth	23.1
el	pyé	(pie)	foot	16.1
	ír a pyé		to go by foot	16.1
	pyérda (see perdér)			
	pyérdo (see perdér)			
la	pyéŝa	(pieza)	piece (of music)	17.1

/r/

la	rrakéta	(raqueta)	racquet	29.1
la	rráta	(rata)	female rat	22.4
	rrekordár			
	rrekwérde		remember	27.2
	rrekwérde		(she may) remember	28.1
la	rrelaŝyón	(relación)	relation	16.1
	rrepetír			
	rrepíto		(I) repeat	22.2
	rrepresentár	(representar)	to represent	30.4
la	rrepúblıka	(república)	republic	16.4
	rrespektíbo, —a	(respectivo)	respective	24.4
el	rrespéto	(respeto)	respect	22.4
	rrespondér	(responder)	to answer	21.4
			to vouch	26.1
el	rresultádo	(resultado)	result	21.4
	rresultár	(resultar)	to result, turn out	17.1

la	rreşepşyón	(recepción)	reception	24.4
	rreşıbír	(recibir)	to receive	20.1
	rrewnír	(reunir)		
	rrewnírse		to get together, to assemble	16.1
	rríko, —a	(rico)	rich	28.4
	rrompér	(romper)		
	rrompérse		to break	17.1
la	rrópa			
	rrópa—écha		ready made clothes	24.1
el	rrwído	(ruido)	noise	17.1

/s/

	sabér			
	sépan		know (pl)	27.2
	sépas		(you may) know	27.1
	súpo		(he) knew	21.2
	supyéron		(they) knew	21.2
el	sáke	(saaque)	service, serve	29.1
	sál (see salír)			
la	sál	(sal)	salt	23.1
	sálgan (see salír)			
	sálgas (see salír)			
	sálgo (see salír)			
la	salída	(salida)	exit, way out	24.1
	salír			

SPOKEN SPANISH

	sál		leave (fam)	27.2
	sálgan		(they may) go out	28.2
	sálgas		leave (fam neg)	27.2
	sálgo		(I) go out	23.2
la	salúd	(salud)	health	26.1
	saludár	(saludar)	to greet	20.4
el	sarkásmo	(sarcasmo)	sarcasm	17.4
	se—	(se)	to her	16.1
			to you (sg and pl), him, them	20.2
	sé (see sér)			
	séa (see sér)			
	séan (see sér)			
	séas (see sér)			
	segír	(seguir)	to continue, to follow	22.1
	sıgámos		(let's) keep on	28.2
	sígas		continue (fam neg)	27.2
	síge		(it) continues, follows	22.1
			continue (fam)	27.2
	kómo-síge—tódo		how's everything going	22.1
	segúndo, —a	(segundo)	second	19.4
el	sektór	(sector)	sector, section	16.1
	sentár			
	syénto		(I) seat	22.2

693

sentír			
	sɪntámos	(let's) feel	28.2
	syénte	(you) feel	22.2
sépan (see sabér)			
sépas (see sabér)			
sér			
	éra	(he) was, was being	18.1
	éramos	(we) were, were being	18.2
	éras	(you) were, were being (fam)	18.2
	fwé	(it) was	17.1
	fwéron	(they) were	21.2
	fwí	(I) was	21.2
	fwímos	(we) were	17.1
	fwíste	(you) were (fam)	21.2
	sé	be (fam)	27.1
	séa	(it may) be	28.2
	séan	be (pl)	27.2
	séas	be (fam neg)	27.1
serbír	(servir)	to serve	24.4
el serbíṣyo	(servicio)	service	19.4
séryo, —a	(serio)	serious	21.4
sɪgámoṣ (see segír)			
sígas (see segír)			
síge (see segír)			

	sɪgnɪfɪkár	(significar)	to signify	30.4
	sɪgyénte	(siguiente)		
	lo-sɪgyénte		the following	26.1
el	sɪlénşyo	(silencio)	silence	23.4
	símpleménte	(simplemente)	simply	30.4
	sín			
	kedárse-sɪn-(ír)		to miss (going)	29.1
	sɪnşéro, —a	(sincero)	sincere	30.4
	sɪntámos (see sentír)			
el	sɪstéma	(sistema)	system	25.4
	sìstemátɪko, —a	(sistemático)	systematic	25.4
	sɪtwádo, —a	(situado)	situated	16.4
	sɪtwár	(situar)	to situate	16.4
el	sól	(sol)	sun	21.1
	sólaménte	(solamente)	only	19.1
la	solɪşitud	(solicitud)	application	26.1
el	sombréro	(sombrero)	hat	24.1
la	sorprésa	(sorpresa)	surprise	20.4
	sufɪşyénte; —∅	(suficiente)	sufficient, enough	23.1
	superyór, —∅	(superior)	superior	18.4
	súpo (see sabér)			
	supwésto	(supuesto)		
	por-supwésto		for certain, of course	22.1
	supyéron (see sabér)			

el	surlandés	(Surlandés)	Surlandian	30.4
la	swérte	(suerte)	luck	30.1
	syénte (see sentír)			
	syénto (see sentár)			

/ṣ/

el	ṣapáto	(zapato)	shoe	24.1
el	ṣéntɪmo	(céntimo)	centime (monetary unit)	30.4
	ṣerrár	(cerrar)	to close	22.2
	ṣyérra		close (fam)	27.2
	ṣyérran		(they) close	22.2
	ṣyérres		close (fam neg)	27.2
el	ṣertɪfɪkádo	(certificado)	certificate	26.1
el	ṣésped	(césped)	grass	28.1
el	ṣyégo	(ciego)	blind (man)	23.1
	ṣyérra (see ṣerrár)			
	ṣyérran (see ṣerrár)			
	ṣyérres (see ṣerrár)			
la	ṣyudád	(ciudad)	city	16.1

/t/

	tampóko	(tampoco)	neither	23.1
	tán	(tan)	so	16.1
	tárde			

SPOKEN SPANISH

	aʂérse—tárde		to become late	19.1
la	táʂa	(taza)	cup	17.1
la	téknika	(técnica)	technique	27.4
la	téla	(tela)	cloth	24.1
la	telebisyón	(televisión)	televisio:	22.4
el	teléfono	(teléfono)	telephone	17.4
	tempráno	(temprano)	early	22.1
	tenér			
	tén		have (fam)	27.2
	téngas		have (fam neg)	27.2
	tubíste		(you) had (fam)	21.2
	tubyéron		(they) had	21.2
	tyénen		(they) have	23.2
el	ténis	(tenis)	tennis	28.1
el	tenyénte	(teniente)	lieutenant	20.1
	terminár	(terminar)	to terminate	19.4
	terríble, —∅	(terrible)	terrible	22.1
	tímido, —a	(tímido)	bashful, timid	18.4
	típiko, —a	(típico)	typical	16.4
el	típo	(tipo)	type	28.4
	tomár	(tomar)	to drink	16.1
el	tóno	(tono)	tone	17.4
el	tópiko	(tópico)	topic	24.4
el	toréo	(toreo)	bullfighting	30.1

el	toréro	(torero)	bullfighter	30.1
el	tóro	(toro)	bull	29.1
			(pl) bullfights	29.1
la	tórre	(torre)	tower	20.1
el	totál	(total)	total	20.1
	en—totál		altogether	20.1
el	trabáho	(trabajo)	work	25.1
	tradışyonál, —∅	(tradicional)	traditional	28.4
	traduşír			
	tradúhe		(I) translated	21.2
	traduhíste		(you) translated (fam)	21.2
	traduşkámos		(let's) translate	28.2
	tradúşkas		translate (fam neg)	27.2
	tradúşko		(I) translate	23.2
	traér			
	tráhe		(I) brought	21.1
	trahéron		(they) brought	21.2
	trahímos		(we) brought	21.2
	trahíste		(you) brought (fam)	21.2
	tráho		(you) brought	21.2
	tráygas		bring (fam neg)	27.2
	tráygo		(I) bring	23.1
el	tráfıko	(tráfico)	traffic	17.1
	tráhe (see traér)			
	trahéron (see traér)			

/tra/

		trahímos (see traér)			
		trahíste (see traér)			
		tráho (see traér)			
		tráygas (see traér)			
		tráygo (see traér)			
		tréynta, —∅	(treinta)	thirty	20.1
		tubíste (see tenér)			
		tubyéron (see tenér)			
el,	la	turísta	(turista)	tourist	29.4
	el	tyémpo	(tiempo)	weather	21.1
		a—tyémpo		on time	19.1
				here	
	la	tyénda	(tienda)	store	16.1
		tyénen (see tenér)			

/u/

		últımo, —a	(último)	last	17.1
		a—lo—últımo		at the end	26.1
	la	unıbersıdád	(universidad)	university	19.4
		urbáno, —a	(urbano)	urban	28.4
		usár	(usar)	to use	21.4

/w/

	el	wébo	(huevo)	egg	23.1
	la	wéⓞya	(huella)	print	26.1